Druck von Dr. F. P. Datterer & Cie., Freising.

Gesetz über die
Aufwertung von Hypo
und anderen Ansprüc

vom 16. Juli 1925

nebst allen bisher erschienenen Durchführungs

Erläutert

von

Dr. jur. Walter von Karge

Rechtsanwalt am Kammergericht in Berli

1925

München, Berlin, Leipzig

J. Schweitzer Verlag (Arthur Se

Vorwort.

Angesichts der zahlreichen Veröffentlichungen zum Aufwertungsgesetz ist es ein gewisses Wagnis, noch mit einem weiteren Kommentar an die Öffentlichkeit zu treten. Wenn ich mich trotzdem entschlossen habe dieses zu tun, so ist es aus der Erwägung heraus geschehen, daß ich in mehrjähriger Tätigkeit bei einer Großbank Gelegenheit hatte, mich mit fast all den Problemen, die das Aufwertungsgesetz zu lösen versucht hat, in eingehender Weise zu beschäftigen. Mein Bestreben ist deshalb auch dahin gegangen, bei der Erörterung der einzelnen Bestimmungen des Aufwertungsgesetzes insbesondere die Fragen zu behandeln, die im Bankverkehr besonders häufig auftauchen.

Der Bearbeitung des Registers hat sich Herr Dr. Petersmann in dankenswerter Weise unterzogen.

Berlin, im Oktober 1925.

Dr. v. Karger.

Inhaltsverzeichnis.

Vierter Abschnitt. Aufwertung von Industrieobligationen und verwandten Schuldverschreibungen.

Fünfter Abschnitt. Aufwertung von Pfandbriefen und verwandten Schuldverschreibungen.

Sechster Abschnitt. Aufwertung von Schuldverschreibungen der Genossenschaften des öffentlichen Rechts und verwandter Körperschaften als Unternehmer wirtschaftlicher Betriebe.

Siebenter Abschnitt. Aufwertung von Sparkassenguthaben.

Achter Abschnitt. Aufwertung von Versicherungsansprüchen.

Neunter Abschnitt. Aufwertung anderer Ansprüche.

Einleitung.

Am 15. Juli 1925 ist das unter dem 16. Juli 1925 im RGBl. I S. 117 veröffentlichte Gesetz über die Aufwertung von Hypotheken und anderen Ansprüchen in Kraft getreten. Damit ist die Aufwertungsfrage in ein neues und hoffentlich ihr letztes Stadium getreten. Angesichts der ungeheueren Bedeutung, die diese Frage für unser Wirtschaftsleben bekommen hat, erscheint es angezeigt, einer Arbeit, die sich die Auslegung und Erläuterung des neuen Gesetzes zur Aufgabe gesetzt hat, eine kurze Übersicht über die geschichtliche Entwicklung des Aufwertungsproblems in den letzten Jahren vorauszuschicken.

Bereits während des Krieges verlor die Mark einen Teil ihres ursprünglichen Wertes, den sie im Verhältnis zu den Währungen der anderen Länder hatte. So erheblich dieser Wertverlust damals auch schien, so geringfügig war er verglichen mit dem, den die Mark in der eigentlichen Inflationsperiode erleiden sollte. Auch die Preise erlitten während des Krieges erhebliche Steigerungen, die aber wohl nur teilweise auf die Markentwertung zurückzuführen waren und im wesentlichen andere Ursachen (Zwangswirtschaft, Abschneidung Deutschlands vom Weltmarkt) hatten. Dieses Anziehen der Preise war zum Teil so erheblich, daß die Gerichte genötigt waren, sich mit ihm zu beschäftigen. Insbesondere führten langfristige Lieferungsverträge zu Schwierigkeiten, weil der Lieferant sich weigerte, zu einem Preise zu liefern, der weit unter seinen Gestehungskosten lag. Die Gerichte standen dem Problem zunächst ziemlich ratlos gegenüber, weil sie den Grundsatz der Vertragstreue in den Vordergrund rückten und weil nach damaliger Anschauung mit diesem die Weigerung des Lieferanten nicht zu vereinbaren war. Erst ganz allmählich suchte das Reichsgericht auf dem Umwege über die Annahme einer Unmöglichkeit der Leistung einen Ausweg und fing an, die Lehre von der clausula rebus sic stantibus auszubilden. Auch diese genügte auf die Dauer nicht; eine einigermaßen befriedigende Lösung brachten erst die Urteile vom 21. November 1921 (RGE. 103, 178) und vom 3. Februar 1922 (RGE. 103, 328), in denen das Reichsgericht die Lehre von der Äquivalenz von Leistung und Gegenleistung zu vertreten begann. Damit war den Bedürfnissen der Wirtschaft aber nur auf einem eng begrenzten Gebiet Rechnung getragen, und es kann nicht oft genug betont werden, daß das Reichsgericht in allen diesen Urteilen, die an sich einen Fortschritt bedeuteten, von dem Grundsatz Mark gleich Mark ausging und diesen Satz, der für die künftige Entwicklung so verhängnisvoll werden sollte, trotz aller zugelassenen Ausnahmen mit aller Nachdrücklichkeit vertrat. Insbesondere die Behandlung des Verzugsschadens beweist, wie ablehnend die Gerichte einschließlich des Reichsgerichts dem Aufwertungsproblem gegenüberstanden, da es andernfalls nicht dazu hätte kommen können, daß das Reichsgericht noch am 8. April 1921 (RGE. 102, 60) Ausländer hinsichtlich der Geltendmachung des durch die Entwertung bedingten Verzugsschadens bevorzugt behandelte; nur sehr zögernd hat die Rechtsprechung der höheren Gerichte diese Vorzugsbehandlung, die darauf hinauslief, daß ein durch die Entwertung bedingter Schaden ohne weiteres auf Grund von Erfahrungstatsachen angenommen wurde, auch auf Kaufleute ausgedehnt (vgl. Urteile der Oberlandesgerichte Köln und Karlsruhe — JW. 1922, 1592 und 1730 —). Ein weiteres Versagen der Rechtsprechung ist bei der Behandlung langfristiger Optionsverträge festzustellen. Noch am 16. April 1921 (RGE. 102, 98) hat das Reichsgericht einen Grundstückseigentümer für verpflichtet erklärt, sein Grundstück zu dem vor dem Kriege im Optionsvertrage vereinbarten, inzwischen aber entwerteten Kaufpreis herzugeben, und es hat erst durch Urteil vom 6. Januar 1923 (RGE. 106, 7) diese seine Auffassung revidiert.

Die Erkenntnis, daß man dem im Verzuge befindlichen Lieferanten nicht das Recht auf Aufwertung nehmen könne, ist in der reichsgerichtlichen Rechtsprechung erst gegen Ende der Inflationszeit durch Urteil vom 6. August 1923 (RGE. 106, 422) zum Ausdruck gelangt.

In der Frage der Hypothekenaufwertung hatte das Reichsgericht durch Urteile vom 18. Dezember 1920 (RGE. 101, 141) und vom 11. Januar 1922 (RGE. 103, 384) noch jede Aufwertung abgelehnt und dabei zum Ausdruck gebracht, daß die Rechtsauffassung des eine Aufwertung begehrenden Gläubigers im Hypotheken- und Grundstücksverkehr zu bedenklichen Stockungen führen würde, wobei der Hinweis auf das durch das nachträgliche Sinken der Währung herbeigeführte entgegenstehende Interesse des Gläubigers nicht durchschlagen könne. In dem bereits erwähnten Urteil vom 6. Januar 1923 (RGE. 106, 7) ist mittelbar zum Ausdruck gekommen, daß das Reichsgericht damals noch nicht an eine Aufwertung der Hypotheken dachte, da andernfalls diese Tatsache bei der Erhöhung des Kaufpreises, der fast ganz durch die Übernahme von Hypotheken belegt war, hätte zum Ausdruck kommen müssen.

Diese kurze Zusammenstellung höchstrichterlicher Entscheidungen zeigt, daß die Rechtsprechung ziemlich bis zum letzten Augenblick der Aufwertung ablehnend gegenüberstand, und es ist nützlich, hieran immer wieder zu erinnern, weil dieselbe seit dem Herbst 1923 vielfach diese Tatsache außer acht läßt und es jedem zum Vorwurf macht, der mit einer Aufwertung nicht gerechnet hat.

Im Frühjahr des Jahres 1923 erkannte das Oberlandesgericht Darmstadt durch einen Beschluß und ein Urteil das Aufwertungsverlangen des Hypothekengläubigers als berechtigt an; wie wenig Zutrauen man zu dieser Rechtsprechung hatte, beweist in amüsanter Weise der zweite vom OLG. Darmstadt entschiedene Fall, wo der Gläubiger es nicht wagte, eine die Revisionssumme erreichende Aufwertung zu fordern und so durch das Urteil einen Betrag zugesprochen erhielt, der gleichfalls zu dem ursprünglichen Wert seiner Forderung außer Verhältnis stand.

Am 28. November 1923 hat das Reichsgericht seine bisherige Rechtsprechung preisgegeben und sich grundsätzlich für die Aufwertung eingesetzt. Rückschauend kann gesagt werden, daß dieses Urteil eine Tat war, die nur leider viel zu spät kam. Das, was ihr aber einen großen Teil ihres Wertes nimmt, ist die außerordentlich anfechtbare Begründung, die sich fast Wort für Wort widerlegen läßt. Es war ein Fehler, daß das Reichsgericht versuchte, die Aufwertung aus den geltenden Gesetzen heraus zu rechtfertigen und dabei übersah, daß der Aufwertungsgedanke mit den Grundsätzen der Währung schlechthin nicht zu vereinbaren ist; in dem Augenblick, wo der feste Währungsbegriff verloren geht, geht überhaupt jeder Maßstab für den Güteraustausch verloren, und es bleibt eine Unsicherheit zurück, die jeden Handel unmöglich macht. Deshalb war es insbesondere verfehlt, daß das Reichsgericht auch § 607 BGB. zur Rechtfertigung seiner neuen Auffassung heranzog, trotzdem nicht einzusehen ist, warum diese Bestimmung, wenn sie auf Geld überhaupt anwendbar ist, nicht auch dann anwendbar sein soll, wenn es sich um eine Entwertung von geringerem Ausmaß als die, die wir im Jahre 1923 erlebten, handelt. Wert und Güte des Geldes sind eben verschiedene Begriffe und § 607 BGB. ist deshalb für die Regelung der Aufwertungsfrage die denkbar ungeeignetste Grundlage.

Weiter war es ein Fehler des Reichsgerichts, daß es einfach ausführte, der Schuldner besitze in dem gestiegenen Papiermarkwert des Grundstücks einen Ausgleich für seine Aufwertungspflicht. Dieser Satz ist solange haltbar, als die durch die Hypothek gesicherte Forderung mit dem durch sie belasteten Grundstück in engem wirtschaftlichem Zusammenhang steht, wie es z. B. bei Baugeldhypotheken und Meliorationsdarlehen der Fall ist. Fehlt es an einem solchen wirtschaftlichen Zusammenhang, dann sind die diesbezüglichen Ausführungen des Reichsgerichts unhaltbar, da die Aufwertung nicht pari passu erfolgt und es für den Schuldner ein schwacher Trost ist, daß der Papiermarkwert seines Grundstücks gestiegen ist, wenn er das aufgenommene Geld z. B. zur Zeichnung von Kriegsanleihe benutzt und diese in der Inflationszeit zu einem Nichts abgestoßen hat, weil damals kein Mensch an die Aufwertung derselben dachte.

Richtiger wäre es deshalb gewesen, wenn das Reichsgericht in ähnlicher Form, wie es später der Richterverein des Reichsgerichts getan hat, ausgesprochen hätte, daß nach dem Gesetz zwar der Satz Mark gleich Mark besteht, daß es aber keinem Gericht zugemutet werden kann, eine Rechtsnorm zur Anwendung zu bringen, die zu derart ungeheuerlichen Konsequenzen führt. Durch diesen Satz hätte das Reichsgericht zwar zugegeben, daß es sich in dem einen Fall über das Gesetz gestellt hat (was ja auch tatsächlich geschehen ist), hätte aber das mittelbare Zugeständnis vermieden, daß eine geradezu erschreckende Zahl von Urteilen, die in der Inflationszeit gefällt waren, rechtsirrtümlich sind, und daß die Gerichte durch diese Urteile einen Schaden angerichtet haben, der überhaupt nicht gutzumachen ist, wobei bemerkt ist, daß viel größer als der unmittelbare Schaden der mittelbare Schaden ist, der durch die Maßnahmen verursacht ist, die im Vertrauen auf die nachträglich als falsch erwiesene Rechtsprechung getroffen wurden.

Nachdem sich das Reichsgericht zur Aufwertung bekannt hatte, schlug die Tendenz der Rechtsprechung in ihr Gegenteil um; während vorher es kaum möglich war, auch in kraß liegenden Fällen die Berechtigung des Aufwertungsbegehrens nachzuweisen, machten sich nunmehr vielfach die Gerichte nicht mehr die Mühe, auszuführen, warum in dem zur Entscheidung stehenden Fall eine Aufwertung geboten ist, sondern führten einfach aus, daß Treu und Glauben eine solche bedinge.

Das Reichsgerichtsurteil vom 28. November 1923 fiel in die Zeit, in der der letzte Stabilisierungsversuch der Regierung glückte, und es hat deshalb nicht die Probe zu bestehen brauchen, ob es die in ihm niedergelegten Grundsätze in einer Zeit für die Wirtschaft tragbar sind, in der die Währung den wildesten Schwankungen ausgesetzt ist. Durch die Stabilisierung kam es weiter dazu, daß nach verhältnismäßig kurzer Zeit sich die Gerichte vielfach überhaupt nicht mehr vorstellen konnten, wie die Dinge während der Inflationszeit lagen; bezeichnend hierfür ist ein Urteil des Kammergerichts, das eine Provinzbank, die durch eine Berliner Bank Wertpapiere ihres Kunden im September 1923 verkauft und den Erlös verspätet abgeführt hatte, zur Aufwertung des aus dem Verkauf erzielten Erlöses — wogegen sich an sich aus dem Gesichtspunkt des Schadensersatzes wegen Verschuldens noch nicht einmal etwas sagen läßt — mit der Begründung verurteilt, daß sie durch die (natürlich in Papiermark erfolgte) Gutschrift des Gegenwertes seitens der Berliner Bank Goldmark erlangt hätte, die sie als Kommissionärin abzuführen verpflichtet sei!

Ein weiteres Urteil dieser Art ist die Entscheidung des Reichsgerichts vom 14. November 1924 (RGE. 109, 181), durch das der Empfänger einer Sicherheit zur Aufwertung verurteilt wurde, weil er verpflichtet gewesen sein soll, das bei ihm hinterlegte Geld wertbeständig anzulegen! Zu der Frage, wie entschieden worden wäre, wenn der Beklagte im Sinne des Reichsgerichts gehandelt hätte und bei gebessertem Markkurs einen entsprechend geringeren Betrag hätte zurückzahlen wollen, nimmt das Reichsgericht vorsichtshalber nicht Stellung (vgl. meine Kritik dieses Urteils in JW. Heft 12 vom 15. Juni 1925).

Schließlich sei auch noch das Urteil des Kammergerichts vom 2. Januar 1925 erwähnt, daß die Aufwertung der festen Gelder behandelt und der Meinung Ausdruck gibt, daß die Banken die ihnen anvertrauten Gelder hätten wertbeständig anlegen können. Über die Frage, wie dies angesichts der Devisenverordnungen ohne Gesetzesverletzung hätte geschehen sollen, schweigt sich das Kammergericht vorsichtshalber aus.

Das grundlegende Urteil des Reichsgerichts vom 28. November 1923 war für die Praxis wenig brauchbar, weil es zwar die Pflicht zur Aufwertung an sich anerkannte, über die Höhe der Aufwertung aber nur einige Redewendungen brachte, mit denen in der Praxis nicht allzu viel anzufangen war. Es drohten deshalb eine Unzahl von Prozessen und die Regierung erkannte mit scharfem Blick, daß die dadurch bedingte Unsicherheit für die Wirtschaft nicht tragbar war. Sie entschloß sich deshalb zu einem gesetzgeberischen Eingriff, der in der auf Grund des damals noch in Geltung befindlichen Ermächtigungsgesetzes erlassenen III. Steuernotverordnung zum Niederschlag kam. Bei allen Mängeln, die dieser Verordnung anhafteten, darf noch nicht übersehen werden, daß es damals um die Stabilisierung der Währung ging und daß es weniger darauf ankam, daß das, was geschaffen wurde, vollendet war, als daß überhaupt etwas geschah, was zu einer gewissen Beruhigung führen konnte.

Die III. Steuernotverordnung war von Anfang an den schärfsten Angriffen ausgesetzt; auch die Gerichte beteiligten sich an dem Kampf gegen dieselbe dadurch, daß sie sie, wie einzelne Untergerichte für rechtsunwirksam erklärten, oder daß sie eine Auslegung fanden, die dem Willen des Gesetzgebers zweifellos nicht gerecht wurde (vgl. die Loslösung der Hypothek von einer ihr zugrunde liegenden Forderung durch das Reichsgerichtsurteil vom 3. Dezember 1924 (JW. 25, 45). Ein besonders harter Kampf entbrannte über die Rechtsgültigkeit der Durchführungsverordnungen, deren Inhalt zum Teil zweifellos besser im Gesetz selbst Aufnahme gefunden hätte. Nachdem sowohl das Reichsgericht als auch das Kammergericht einzelne Bestimmungen für rechtsunwirksam erklärt hatten, griff die Regierung zu dem gewiß nicht unbedenklichen, aber ihr durch die Gerichte aufgezwungenen Mittel, alle Durchführungsverordnungen durch eine Notverordnung des Reichspräsidenten, die unter dem 4. Dezember 1924 ergangen ist, mit Gesetzeskraft ausstatten zu lassen. Wie wenig Verständnis die Regierung gerade auch in hohen Richterkreisen bei ihrem Kampf um die Erhaltung der deutschen Wirtschaft fand, beweist der Aufsatz des Senatspräsidenten Lobe vom Reichsgericht in der DJZ. 25, 15, der durchaus zutreffende Worte über den Mißbrauch des Artikel 48 der Reichsverfassung fand, aber übersah, daß nicht nur diese Bestimmung, sondern auch die zahlreichen Ermächtigungsgesetze des letzten Jahrzehnts oft weit schlimmer mißbraucht worden sind und daß die Regierung sich in einer Zwangslage befand, aus der sie — koste es, was es wolle — einen Ausweg finden mußte.

Nach langen Beratungen und mancherlei Kämpfen, die leider nicht immer nur sachlich geführt wurden, ist dann im Laufe der ersten Hälfte des Jahres 1925 das Aufwertungsgesetz geschaffen worden, das, wie ich eingangs schon zum Ausdruck brachte, hoffentlich den Schlußstein für die Behandlung der Aufwertungsfrage bilden wird. Mögen auch ihm noch manche Mängel anhaften und mag man bei der Durchsicht auch nur zu oft merken, daß nicht immer sachliche Gesichtspunkte für die getroffene Regelung entscheidend waren, so ist es doch wichtiger, daß das Problem endlich gelöst ist, als daß man einer idealen Lösung nachjagt, die bei der Eigenartigkeit der Materie nicht zu finden ist; nicht mit Unrecht äußerte sich gelegentlich der Vorarbeiten eine führende Persönlichkeit unseres Wirtschaftslebens dahin, daß das größte Unglück, das jemals ein Volk betroffen hat, nämlich die Inflation, sich nicht wie ein Kreidestrich von der Tafel wegwischen lasse.

Aufgabe der Gerichte wird es sein, bei der Auslegung des Aufwertungsgesetzes nicht nur einseitig die Interessen des Gläubigers zu schützen, sondern auch den ebenso schutzbedürftigen Interessen der Schuldner Rechnung zu tragen. Die Gerichte dürfen eins nicht vergessen: Sie sehen im Prozeß immer nur einen kleinen Ausschnitt und fühlen die Unbilligkeit, die die gesetzliche Regelung im Einzelfall bringt. Was sie regelmäßig nicht sehen, ist, daß der anscheinend bevorzugte Schuldner an anderer Stelle Gläubiger ist und als solcher gleichfalls von der Inflation betroffen wurde; sie sehen weiter nicht die allgemeinen wirtschaftlichen Zusammenhänge, die die gesetzliche Regelung notwendig gemacht haben. Zu denken sollte ihnen die Rolle geben, die eine politische Partei in der Aufwertungsfrage gespielt hat. Solange sie in der Opposition stand, gehörte sie zu den geschworenen Feinden der III. Steuernotverordnung und zu den begeistertsten Anhängern der ungehemmten Aufwertung, als sie aber zur Regierungspartei geworden war, erkannte sie die Notwendigkeit der gesetzlichen Regelung an. Glaubt wirklich jemand, daß dieser Umfall, der taktisch der betreffenden Partei ungeheuer geschadet hat, ohne zwingende Notwendigkeit geschehen ist? Bedauerlich bleibt es deshalb, daß schon am Tage der Verkündung des Aufwertungsgesetzes der demokratische Reichstagsabgeordnete Freiherr von Richthofen im Berliner Börsenkourier folgenden Satz schrieb: „Die Gerichte, die nun doch in ungezählten Fällen das

Recht zu finden versuchen müssen, werden schaudernd vor der Ungerechtigkeit der schematischen Bestimmungen des Gesetzes alle nur denkbaren Auswege suchen, um ihrem eigenen Rechtsgefühl wie dem Rechtsempfinden des Volkes den Gesetzesvorschriften zum Trotz Genüge zu tun." Solche Ausführungen unterscheiden sich kaum noch von einer Aufforderung zur Sabotage des Gesetzes und dürften mit den Grundsätzen einer wahren Demokratie kaum in Einklang zu bringen sein. Die Gerichte werden deshalb klug daran tun, sich nicht an sie zu halten, wenn sie nicht an ihrem Ansehen einen nicht wieder gutzumachenden Schaden erleiden wollen. Die von mir in den vorstehenden Ausführungen zitierten Urteile höherer Gerichte der letzten Zeit haben gerade in Wirtschaftskreisen stärkstes Befremden hervorgerufen und haben mit zu der in der Wirtschaft teilweise vorhandenen Mißstimmung beigetragen, über die auf dem jüngsten Richtertag von dem Referenten Klage geführt worden ist. Ebenso wie die Regierung im Aufwertungsgesetz vielen berechtigten und manchen unberechtigten Wünschen über den Rahmen der III. Steuernotverordnung hinaus Rechnung getragen hat, mögen nunmehr auch die Gerichte ihre grundsätzliche Einstellung zur Aufwertungsfrage einer Nachprüfung unterziehen und es ist zu hoffen, daß die dabei gewonnenen Erkenntnisse dahin führen, daß der offene Gegensatz, in dem sich in der Aufwertungsfrage Regierung und Gerichte vielfach zum Schaden beider befanden, aus der Welt geschafft wird.

Gesetz über die Aufwertung von Hypotheken und anderen Ansprüchen (Aufwertungsgesetz)

Vom 16. Juli 1925.

(RGBl. I S. 117 ff., 160)

Der Reichstag hat das folgende Gesetz beschlossen, das mit Zustimmung des Reichsrats hiermit verkündet wird:

Erster Abschnitt

Allgemeine Bestimmungen

I. Gegenstand der Aufwertung

§ 1. (1) Ansprüche, die auf vor dem 14. Februar 1924 begründeten Rechtsverhältnissen beruhen und die Zahlung einer bestimmten in Mark oder einer anderen nicht mehr geltenden inländischen Währung ausgedrückten Geldsumme zum Gegenstande haben, werden nach Maßgabe dieses Gesetzes aufgewertet, wenn sie durch den Währungsverfall betroffen sind. Dies gilt nicht, wenn der verbliebene Goldwert das für die Aufwertung vorgesehene Maß erreicht oder übersteigt.

(2) Soweit die Aufwertung durch ein Sondergesetz geregelt ist, finden die Vorschriften dieses Gesetzes keine Anwendung.

II. Berechnung des Goldmarkbetrags als Grundlage der Aufwertung

§ 2. (1) Als Goldmarkbetrag gilt bei Ansprüchen, die vor dem 1. Januar 1918 erworben sind, der Nennbetrag. Ist der Anspruch später erworben, so wird der Goldmarkbetrag dadurch festgestellt, daß der Nennbetrag, im Falle des entgeltlichen Erwerbes der Erwerbspreis, nach Maßgabe des Wertverhältnisses umgerechnet wird, das in der Anlage zu diesem Gesetze für den Tag des Erwerbes bestimmt ist; ist ein Umrechnungsverhältnis für diesen Tag nicht bestimmt, so ist das letzte vorhergehende Umrechnungsverhältnis maßgebend. An Stelle des Erwerbspreises ist der Nennbetrag der Berechnung zugrunde zu legen, wenn er, nach dem Zeitpunkt der Begründung des Anspruchs in Goldmark umgerechnet, niedriger ist. Ein Erwerb, der nach dem 13. Februar 1924 stattgefunden hat, bleibt für die Berechnung des Goldmarkbetrags außer Betracht.

(2) Für Industrieobligationen, Pfandbriefe, Rentenbriefe, Kommunalobligationen und andere verzinsliche oder an Stelle der Verzinsung mit einem Aufgeld rückzahlbare Schuldverschreibungen, die auf den Inhaber lauten oder durch Indossament übertragbar sind, gilt, wenn sie vor dem 1. Januar 1918 ausgegeben sind, als Goldmarkbetrag der Nennbetrag. Sind die Schuldverschreibungen später ausgegeben, so wird

der Nennbetrag nach Maßgabe des Wertverhältnisses umgerechnet, das in der Anlage zu diesem Gesetze für den Tag der Ausgabe bestimmt ist; ist ein Umrechnungsverhältnis für diesen Tag nicht bestimmt, so ist das letzte vorhergehende Umrechnungsverhältnis maßgebend. Die näheren Bestimmungen über die Feststellung des Ausgabetags trifft die Reichsregierung.

§ 3. (1) Für die Berechnung des Goldmarkbetrags ist maßgebend:

1. soweit in Ziffer 2 bis 11 nichts Abweichendes bestimmt ist, der Erwerb durch den Gläubiger selbst;
2. bei Erwerb von Todes wegen der Erwerb durch den Erblasser;
3. bei Erwerb durch Gütergemeinschaft der Erwerb durch den Ehegatten, der das Recht in die Gütergemeinschaft eingebracht hat;
4. bei Erwerb durch Auseinandersetzung einer Erbengemeinschaft oder einer Gütergemeinschaft der Erwerb durch die Gemeinschaft;
5. bei Erwerb als Ausstattung der Erwerb durch Vater oder Mutter;
6. bei Erwerb mit Rücksicht auf ein künftiges gesetzliches Erbrecht der werb durch den Veräußerer;
7. bei Erwerb auf Grund eines Treuhandverhältnisses der Erwerb durch den Geschäftsherrn oder, wenn zuerst der Treuhänder das Recht erworben hat, der Erwerb durch den Treuhänder;
8. bei Erwerb durch Übernahme eines Vermögens als Ganzen der Erwerb durch den Veräußerer;
9. bei Erwerb durch Übernahme eines der Deckung von Pfandbriefen dienenden Hypothekenbestandes als Ganzen der Erwerb durch den Veräußerer;
10. bei Erwerb durch Übernahme eines Versicherungsbestandes oder bei durch Währungsschwierigkeiten bedingter Übernahme einzelner Versicherungen durch eine andere Versicherungsunternehmung der Erwerb durch die übertragende Versicherungsunternehmung;
11. bei Erwerb durch Schenkung der Erwerb durch den Schenker.

(2) Änderungen des Inhalts des Rechtes, insbesondere die Hinausschiebung der Fälligkeit (Prolongation), bleiben für die Berechnung des Goldmarkbetrags außer Betracht. Ist im Falle der Gewährung eines Zusatzdarlehns oder aus anderen Gründen unter Aufhebung des bisherigen Rechtes zugunsten desselben Berechtigten ein neues einheitliches Recht begründet, so gilt für den bisherigen Betrag diese Vorschrift entsprechend.

Zweiter Abschnitt

Aufwertung von Hypotheken

I. Aufwertung des dinglichen Rechtes

1. Aufwertungsbetrag.

§ 4. Hypotheken werden auf 25 vom Hundert des Goldmarkbetrags, jedoch nicht höher aufgewertet als die durch sie gesicherten Forderungen (Aufwertungsbetrag).

§ 5. (1) Für die Berechnung des Goldmarkbetrags (§ 2) wird vermutet, daß die Hypothek an dem Tage erworben ist, an dem sie für den Gläubiger in das Grundbuch eingetragen ist. Ist die Hypothek durch Abtretungserklärung und Übergabe des Briefes abgetreten, so wird vermutet, daß sie an dem Ausstellungstage der Abtretungsurkunde erworben ist.

(2) Die an Stelle einer Rangänderung vorgenommene Abtretung oder Neueintragung bleibt für die Berechnung des Goldmarkbetrags außer Betracht. Das gleiche gilt, wenn eine Hypothek deshalb gelöscht und alsbald wieder eingetragen ist, weil nach landesgesetzlicher Vorschrift bei einem Eigentumswechsel die Beseitigung aller auf dem Grundstück ruhenden Lasten geboten ist; es gilt ferner im Falle der Auswechslung des belasteten Grundstücks gegen ein anderes Grundstück desselben Eigentümers.

(3) Der Goldmarkbetrag einer Hypothek für die Forderung aus einer verzinslichen oder an Stelle der Verzinsung mit einem Aufgeld rückzahlbaren Schuldverschreibung, die auf den Inhaber lautet oder durch Indossament übertragbar ist, wird nach den für die Forderung geltenden Vorschriften des § 2 Abs. 2 berechnet.

2. Rang der aufgewerteten Hypothek.

§ 6. (1) Die aufgewertete Hypothek behält ihren bisherigen Rang, soweit sich nicht aus den Vorschriften über den Rangvorbehalt für den Eigentümer (§ 7) oder über die Rückwirkung (§§ 20, 21) etwas anderes ergibt. Die Aufwertung der Hypothek ist auf Antrag des Gläubigers oder des Eigentümers in das Grundbuch einzutragen; wird der Antrag von dem Eigentümer gestellt, so bedarf es der Vorlegung des Hypothekenbriefs nicht.

(2) Den in der Zeit vom 14. Februar 1924 bis zum 1. Oktober 1924 von einem anderen erworbenen oder für ihn vorgemerkten Rechten geht die Hypothek insoweit im Range nach, als sich nach den Vorschriften dieses Gesetzes gegenüber den Vorschriften der Dritten Steuernotverordnung ein höherer Aufwertungsbetrag ergibt. Die Erhöhung bleibt unberücksichtigt, soweit sie auf der Einführung des Umrechnungsverhältnisses (§ 2) beruht.

3. Rangvorbehalt für den Eigentümer.

§ 7. (1) Der Eigentümer ist befugt, im Range nach dem an erster Stelle eingetragenen aufgewerteten Rechte und vor den diesem nachgehenden Rechten eine Hypothek oder Grundschuld in Höhe von 25 vom Hundert des Goldmarkbetrags des aufgewerteten Rechtes mit dem üblichen Zinsfuß eintragen zu lassen. Liegt der Goldmarkbetrag eines aufgewerteten, im Range nachgehenden Rechtes in voller Höhe innerhalb der für die Anlegung von Mündelgeld geltenden Sicherheitsgrenze, so ist der Eigentümer befugt, auch im Range nach diesem Rechte und vor den diesem im Range nachgehenden Rechten eine Hypothek oder Grundschuld in Höhe von 25 vom Hundert des Goldmarkbetrags mit dem üblichen Zinsfuß eintragen zu lassen. Sind in unmittelbarem Zusammenhang mit dem an erster Stelle eingetragenen aufgewerteten Recht zugunsten desselben Gläubigers andere aufgewertete Rechte eingetragen, so gelten, sofern der Gläubiger ein öffentlich-rechtliches oder unter Staatsaufsicht stehendes Unternehmen ist, das nach Gesetz oder Satzung bestimmte Beleihungsgrenzen einzuhalten hatte, die Rechte zusammen im Sinne dieser Vorschrift als ein einheitliches an erster Stelle eingetragenes Recht.

(²) Soweit es bei der Beurteilung der Mündelsicherheit auf das Verhältnis des Rechtes zum Grundstückswert ankommt, ist als Grundstückswert der berichtigte Wehrbeitragswert (Artikel II § 3 Abs. 1 Ziffer 1 der Zweiten Steuernotverordnung vom 19. Dezember 1923, Reichsgesetzbl. I S. 1205) oder, soweit ein berichtigter Wehrbeitragswert nicht festgestellt ist, der unter entsprechender Anwendung der bezeichneten Vorschriften durch die Aufwertungsstelle zu ermittelnde Wehrbeitragswert zugrunde zu legen.

(³) Die Befugnis, an der vorbehaltenen Rangstelle eine Hypothek oder Grundschuld eintragen zu lassen (Abs. 1) wird, auch solange die Befugnis nicht eingetragen ist, dadurch nicht berührt, daß ein im Range nachgehendes Recht von einem Dritten erworben ist. Die Befugnis ist bei der Eintragung der Aufwertung von Amts wegen, auf Antrag des Eigentümers auch früher, in das Grundbuch einzutragen.

(⁴) Bestehen an dem Grundstück Rechte, die auf Reichsmark, eine ausländische Währung, auf Feingold, Roggen oder einen anderen wertbeständigen Maßstab lauten, so nehmen sie in der Reihenfolge ihres Ranges die für den Eigentümer vorbehaltene Rangstelle ein. Der Gläubiger eines solchen Rechtes kann an Stelle des Eigentümers die Eintragung des Rechtes an der dem Eigentümer vorbehaltenen Rangstelle beantragen. Die Reichsregierung wird ermächtigt, Vorschriften zur Berechnung des Goldmarkwerts dieser Rechte zu erlassen.

(⁵) Der Eigentümer kann mit Zustimmung der im Abs. 4 bezeichneten Gläubiger auf die Befugnis, an der vorbehaltenen Rangstelle eine Hypothek oder Grundschuld eintragen zu lassen (Abs. 1), verzichten. Der Verzicht bedarf zu seiner Wirksamkeit der Eintragung in das Grundbuch. Soweit ein Verzicht erfolgt ist, findet die Vorschrift des Abs. 4 keine Anwendung.

4. Herabsetzung der Aufwertung.

§ 8. (¹) Der Eigentümer kann eine Herabsetzung der Aufwertung um höchstens 10 vom Hundert des Goldmarkbetrags verlangen, wenn dies mit Rücksicht auf seine wirtschaftliche Lage zur Abwendung einer groben Unbilligkeit unabweisbar erscheint. Die Herabsetzung der Aufwertung ist nur zulässig, wenn das Verlangen vor dem 1. April 1926 bei der Aufwertungsstelle gestellt wird. In den Fällen der §§ 203, 204, 206, 207 des Bürgerlichen Gesetzbuchs kann das Verlangen noch bis zum Ablauf von drei Monaten nach Fortfall des Hindernisses gestellt werden.

(²) Ist die Herabsetzung der Aufwertung rechtzeitig bei der Aufwertungsstelle beantragt, so ist auf Antrag des Eigentümers ein Widerspruch in das Grundbuch einzutragen. Die Eintragung des Widerspruchs setzt die Eintragung der Aufwertung nicht voraus.

II. Aufwertung der persönlichen Forderung

§ 9. Die durch die Hypothek gesicherte persönliche Forderung wird nach Maßgabe der für das dingliche Recht geltenden Vorschriften der §§ 4, 5, 8 aufgewertet. (Normaler Höchstsatz.)

§ 10. (¹) Eine höhere oder geringere Aufwertung der persönlichen Forderung nach allgemeinen Vorschriften unter Abweichung von dem normalen Höchstsatz ist unbeschadet der Herabsetzung nach § 8 nur zulässig,

1. wenn die Forderung auf einem Gesellschaftsvertrag oder einem anderen Beteiligungsverhältnis, oder

2. auf einem Gutsüberlassungsvertrag oder auf den Beziehungen aus der Auseinandersetzung unter Miterben, unter Ehegatten, unter geschiedenen Ehegatten, unter Eltern und Kindern oder zwischen Erben und Pflichtteilsberechtigten oder Vermächtnisnehmern, oder
3. auf den Beziehungen zwischen unterhaltsberechtigten und unterhaltsverpflichteten Personen beruht;
4. wenn es sich um eine Forderung auf wiederkehrende Leistungen handelt, die bei Abfindungen, Auseinandersetzungen, Überlassungen oder ähnlichen Rechtsvorgängen begründet ist;
5. wenn es sich um eine Kaufgeldforderung (Kaufgeld für den Erwerb des mit der Hypothek belasteten Grundstücks) handelt, die nach dem 31. Dezember 1908 begründet worden ist; dies gilt auch dann, wenn die Kaufgeldforderung bei ihrer Begründung in eine Darlehnsforderung umgewandelt worden ist.
6. bei Forderungen anderer als der in Ziffer 1 bis 5 bezeichneten Art, wenn die Hypothek eine Sicherungshypothek ist, mit Ausnahme von Darlehnsforderungen.

(2) Als allgemeine Vorschriften im Sinne dieser Bestimmungen gelten auch die Vorschriften der §§ 63 bis 66.

(3) In den Fällen des Abs. 1 Ziffer 5 und bei Gutsüberlassungsverträgen (Abs. 1 Ziffer 2) darf bei der Aufwertung nach allgemeinen Vorschriften, wenn die Forderung vor dem 1. Januar 1912 begründet worden ist, der Satz von 75 vom Hundert und, wenn sie vor dem 1. Januar 1922 begründet worden ist, der Satz von Hundert vom Hundert des Goldmarkbetrags der Forderung nicht überschritten werden.

§ 11. In den Fällen des § 10 Ziffer 1 bis 5 ist eine Abweichung von dem normalen Höchstsatz unzulässig, wenn die Forderung vor dem 14. Februar 1924 von dem ursprünglichen Gläubiger auf einen anderen übergegangen ist, es sei denn, daß es sich um einen Rechtsübergang der im § 3 Abs. 1 Ziffer 2 bis 11 bezeichneten Art handelt.

§ 12. Eine Abweichung von dem normalen Höchstsatz ist nur zulässig, wenn sie vor dem 1. April 1926 bei der Aufwertungsstelle beantragt ist. In den Fällen der §§ 203, 204, 206, 207 des Bürgerlichen Gesetzbuchs kann der Antrag noch bis zum Ablauf von drei Monaten nach Fortfall des Hindernisses gestellt werden.

§ 13. In die Bilanz ist die Forderung, unbeschadet der Vorschrift des § 38 der Dritten Steuernotverordnung, als Aktivum oder Passivum mit einem Betrage einzustellen, der unter Zugrundelegung des normalen Höchstsatzes errechnet wird, sofern nicht durch abweichende Vereinbarung oder durch rechtskräftige Entscheidung der Aufwertungsstelle eine höhere oder geringere Aufwertung bestimmt ist.

III. Aufwertung bei Vorbehalt der Rechte — Rückwirkung.

1. Vorbehalt der Rechte.

§ 14. Trotz der Bewirkung der Leistung findet die Aufwertung statt, wenn der Gläubiger sich bei der Annahme der Leistung seine Rechte vorbehalten hat. Liegt diese Voraussetzung für die persönliche Forderung vor, so wird neben dieser auch die Hypothek aufgewertet; dies gilt nicht, wenn der Gläubiger sich seiner Rechte auf Aufwertung der Hypothek ausdrücklich begeben hat. Liegt die Voraussetzung für die persönliche Forderung nicht vor, so findet auch eine Aufwertung der Hypothek nicht statt.

2. Rückwirkung.

§ 15. Hat der Gläubiger die Leistung in der Zeit vom 15. Juni 1922 bis zum 14. Februar 1924 angenommen, so findet eine Aufwertung der Hypothek und der persönlichen Forderung auch dann statt, wenn der Gläubiger sich bei der Annahme der Leistung seine Rechte nicht vorbehalten hat (Rückwirkung). Die Aufwertung kraft Rückwirkung findet nicht statt, soweit sie, ganz oder zum Teil,

1. für den Eigentümer des belasteten Grundstücks oder für den persönlichen Schuldner mit Rücksicht auf seine wirtschaftliche Lage, insbesondere auch auf erhebliche, auf den Währungsverfall oder die Verdrängung oder die Liquidation des Vermögens zurückzuführende Vermögensverluste, oder
2. für den persönlichen Schuldner mit Rücksicht auf die Höhe des bei der Veräußerung des belasteten Grundstücks erzielten Erlöses oder mit Rücksicht darauf, daß das belastete Grundstück nicht mehr im Inland liegt und deshalb die Inanspruchnahme des Eigentümers wesentlich erschwert ist, oder
3. deshalb für den Eigentümer des belasteten Grundstücks oder für den persönlichen Schuldner eine unbillige Härte bedeuten würde, weil er nachweislich durch die Kündigung des Gläubigers gezwungen wurde, Vermögensgegenstände weit unter dem wirklichen Werte zu veräußern, um die Hypothekenschuld zurückzahlen zu können.

3. Gemeinsame Vorschriften.

a) Anmeldezwang.

§ 16. (1) Die Aufwertung auf Grund des Vorbehalts der Rechte oder kraft Rückwirkung findet nur statt, wenn der Gläubiger den Anspruch auf Aufwertung bis zum 1. Januar 1926 bei der Aufwertungsstelle anmeldet. Die Aufwertungsstelle hat die Anmeldung dem Eigentümer des belasteten Grundstücks und dem ihm vom Gläubiger bezeichneten persönlichen Schuldner mitzuteilen. Innerhalb einer Frist von drei Monaten seit Mitteilung der Anmeldung kann der Eigentümer und der Schuldner bei der Aufwertungsstelle Einspruch erheben.

(2) Ist die Hypothek bereits gelöscht, so findet ihre Wiedereintragung, falls sie nicht der Eigentümer bewilligt, erst statt, nachdem die Einspruchsfrist abgelaufen ist, ohne daß ein Einspruch eingelegt ist, oder nachdem durch rechtskräftige Entscheidung festgestellt ist, daß ein wirksamer Vorbehalt der Rechte vorliegt oder eine Rückwirkung stattfindet. Der Anspruch auf Wiedereintragung der Hypothek ist auf Antrag des Gläubigers durch Eintragung eines Widerspruchs zu sichern.

(3) Ist die Hypothek noch nicht gelöscht und behauptet der Eigentümer, daß nach den Vorschriften der §§ 14, 15 eine Aufwertung nicht stattfindet, so ist auf seinen Antrag ein Widerspruch in das Grundbuch einzutragen.

b) Aufwertung nach Abtretung der Hypothek.

§ 17. Hat der Gläubiger die Hypothek abgetreten und die Gegenleistung nach dem 14. Juni 1922 oder unter Vorbehalt der Rechte angenommen, so wird die Hypothek und die persönliche Forderung auf der Grundlage des für ihn maßgebenden Goldmarkbetrags (§§ 2, 3), unbeschadet der Aufwertung zugunsten des Erwerbers, auch zu seinen Gunsten aufgewertet, sofern sich nicht nach dem Schlußsatz des § 2 Abs. 1 oder nach § 3 Abs. 1 Ziffer 2 bis 11 die Höhe der Aufwertung zugunsten des Erwerbers nach der Zeit des Erwerbes durch den früheren Gläubiger bestimmt. Die Vorschriften des § 16 finden Anwendung.

c) Anrechnung von Zahlungen.

§ 18. (1) Findet auf Grund des Vorbehalts der Rechte oder kraft Rückwirkung eine Aufwertung statt, so sind geleistete Zahlungen in Höhe ihres Goldmarkbetrags (§§ 2, 3) auf den Aufwertungsbetrag anzurechnen. Dies gilt nicht für Zahlungen, die vor dem 15. Juni 1922 ohne Vorbehalt angenommen sind; solche Zahlungen sind zum Nennbetrag auf den Nennbetrag anzurechnen.

(2) Auf Grund der §§ 14 bis 17 wird die Hypothek außer für den gegenwärtigen Gläubiger für einen früheren Gläubiger nur insoweit aufgewertet, als der für diesen zu berechnende Aufwertungsbetrag die Gesamtheit der Aufwertungsbeträge der ihm zeitlich nachfolgenden Gläubiger übersteigt.

d) Ausschluß weitergehender Ansprüche.

§ 19. Soweit im Falle der Bewirkung der Leistung eine Aufwertung nach §§ 14 bis 17 nicht stattfindet, kann sie auch wegen ungerechtfertigter Bereicherung oder auf Grund einer Anfechtung wegen Irrtums oder aus einem anderen Rechtsgrunde nicht verlangt werden. Ansprüche wegen arglistiger Täuschung bleiben unberührt.

e) Wiedereintragung gelöschter Hypotheken.

§ 20. (1) Ist die Hypothek im Grundbuch bereits gelöscht, so findet ihre Wiedereintragung in Höhe der Aufwertung mit dem sich aus § 6 ergebenden Range statt, soweit nicht die Vorschriften über den öffentlichen Glauben des Grundbuchs oder über das Erlöschen von Rechten durch den Zuschlag bei der Zwangsversteigerung entgegenstehen.

(2) Die Vorschriften über den öffentlichen Glauben des Grundbuchs sind entsprechend anzuwenden, wenn in dem in § 892 Abs. 2 des Bürgerlichen Gesetzbuchs bestimmten Zeitpunkt eine dem § 29 der Grundbuchordnung entsprechende Löschungsbewilligung oder löschungsfähige Quittung bereits erteilt war oder gleichzeitig erteilt wurde.

f) Wiedereintragung des früheren Gläubigers einer umgeschriebenen oder abgetretenen Hypothek.

§ 21. (1) Die Vorschriften des § 20 finden entsprechende Anwendung

1. wenn die Hypothek zwar nicht gelöscht, aber nicht mehr für den früheren Gläubiger eingetragen, z. B. als Grundschuld auf den Eigentümer oder im Falle der Abtretung (§ 17) auf den Erwerber umgeschrieben ist;
2. wenn die Hypothek noch für den früheren Gläubiger eingetragen ist, das Gläubigerrecht eines anderen sich jedoch aus § 1155 des Bürgerlichen Gesetzbuchs ergibt.

(2) Der Aufwertungsbetrag des früheren Gläubigers geht dem Aufwertungsbetrage des gegenwärtigen Gläubigers und den diesem im Range gleichstehenden oder nachgehenden Rechten im Range nach.

g) Schutz gegen zwischenzeitliche Eintragungen.

§ 22. (1) In den Fällen der §§ 20, 21 steht der Eintragung des Aufwertungsbetrags an der bisherigen Rangstelle der öffentliche Glaube des

Grundbuchs und die Vorschrift des § 21 Abs. 2 insoweit nicht entgegen, als nach dem 1. Januar 1925 Rechte durch den Eigentümer, seinen Ehegatten vor oder während der Ehe, durch seine oder seines Ehegatten Verwandten auf- oder absteigender Linie, durch seine oder seines Ehegatten voll- oder halbbürtigen Geschwister oder durch den Ehegatten einer dieser Personen erworben sind; dies gilt nicht, wenn der Erwerber beweist, daß ihm zur Zeit des Erwerbes eine Absicht des andern Teiles, das Recht des Gläubigers zu beeinträchtigen, nicht bekannt war oder wenn das Recht vor dem 1. Juni 1925 auf einen nicht zum Kreise dieser Personen gehörenden Dritten übergegangen ist.

(2) Der Eintragung des Aufwertungsbetrages an der bisherigen Rangstelle steht der öffentliche Glaube des Grundbuchs und die Vorschrift des § 21 Abs. 2 nur insoweit entgegen, als der Zeitpunkt des Erwerbes eines Rechtes an dem Grundstück oder der im § 892 Abs. 2 des Bürgerlichen Gesetzbuchs bestimmte Zeitpunkt vor dem 1. Juli 1925 liegt. Die Reichsregierung bestimmt den Zeitpunkt, mit dem diese Vorschrift außer Kraft tritt.

3) Bis zum 31. Dezember 1925 kann der Gläubiger des aufgewerteten Rechtes Verfügungen, die der Eigentümer nach der Löschung oder Umschreibung des Rechtes seit dem 1. Januar 1925 über das belastete Grundstück getroffen hat, anfechten, wenn die Verfügungen in der dem anderen Teile bekannten Absicht, die Eintragung des aufgewerteten Rechtes an der bisherigen Rangstelle zu vereiteln, vorgenommen sind. Die Vorschriften der §§ 6 bis 9, des § 11 Abs. 1 bis 3 und des § 13 des Gesetzes vom 21. Juli 1879 in der Fassung der Bekanntmachung vom 20. Mai 1898 (Reichsgesetzbl. S. 709) finden entsprechende Anwendung. An die Stelle der im § 13 Abs. 4 bezeichneten Fristen tritt eine Frist von sechs Monaten seit der Beendigung des Konkursverfahrens.

§ 23. (1) Ist vor der Wiedereintragung der aufgewerteten Hypothek im Grundbuch des belasteten Grundstücks eine Gesamthypothek eingetragen worden, die nach den Vorschriften des § 20 der aufgewerteten Hypothek im Range vorgeht, so hat auf Antrag des Gläubigers der aufgewerteten Hypothek die Aufwertungsstelle den Betrag zu bestimmen, der auf die mitverhafteten Grundstücke entfallen würde, wenn eine angemessene Verteilung der Gesamthypothek stattfände. In Höhe dieses Betrags hat der Gläubiger der Gesamthypothek dem Gläubiger der aufgewerteten Hypothek den Vorrang einzuräumen.

(2) Der Antrag kann nur bis zum 1. Januar 1926 gestellt werden. In den Fällen der §§ 203, 204, 206, 207 des Bürgerlichen Gesetzbuchs ist der Antrag noch bis zum Ablauf von drei Monaten nach Fortfall des Hindernisses zulässig.

h) Berücksichtigung eines landesrechtlichen Sonderfalls.

§ 24. Der Aufwertung und Eintragung nach den Vorschriften der §§ 14 bis 23 steht es nicht entgegen, daß die Hypothek aus Anlaß der Anlegung des Grundbuchs oder eines Eigentumswechsels nach landesrechtlichen Vorschriften wegen Nichtanmeldung innerhalb einer Ausschlußfrist erloschen ist.

IV. Rückzahlung, Verzinsung, Tilgung.

1. Rückzahlung.

§ 25. (1) Die Zahlung des Aufwertungsbetrags kann der Gläubiger vor dem 1. Januar 1932 weder von dem Eigentümer des belasteten Grundstücks noch von dem persönlichen Schuldner verlangen. Vorschriften in Gesetzen, Satzungen oder Verträgen, die für besondere Fälle eine vorzeitige Fälligkeit der Schuld anordnen, bleiben unberührt. Bestimmungen, die eine vorzeitige Fälligkeit der Schuld für den Fall der Rangänderung der Hypothek vorsehen, finden auf Rangänderungen, die auf den Vorschriften dieses Gesetzes beruhen, keine Anwendung.

(2) Der Eigentümer und der Schuldner sind berechtigt, den Aufwertungsbetrag nebst den fälligen Zinsen drei Monate nach Kündigung schon vor dem 1. Januar 1932 zu zahlen.

§ 26. (1) Wenn es mit Rücksicht auf die wirtschaftliche Lage des Eigentümers oder des Schuldners zur Abwendung einer groben Unbilligkeit unabweisbar erscheint, kann die Aufwertungsstelle auf seinen Antrag anordnen, daß der Aufwertungsbetrag in Teilbeträgen, jedoch spätestens bis zum 1. Januar 1938, zu zahlen ist; die Aufwertungsstelle kann dabei bestimmen, daß schon vom 1. Januar 1930 ab Zahlungen zu leisten sind.

(2) Der Antrag ist nur bis zum 1. Januar 1927 zulässig. In den Fällen der §§ 203, 204, 206 207 des Bürgerlichen Gesetzbuchs kann der Antrag noch drei Monate nach Fortfall des Hindernisses gestellt werden.

(3) Werden dem Eigentümer oder dem Schuldner von der Aufwertungsstelle Teilzahlungen gestattet, so ist dies auf Antrag des Eigentümers oder des Gläubigers in das Grundbuch einzutragen.

§ 27. (1) Soweit die wirtschaftliche Lage des Gläubigers es dringend erfordert und der Eigentümer des belasteten Grundstücks oder der persönliche Schuldner hierdurch keine erhebliche Erschwerung seiner wirtschaftlichen Lage erleidet, kann die Aufwertungsstelle auf Antrag des Gläubigers anordnen, daß der Eigentümer oder der Schuldner frühestens vom 1. Januar 1926 ab den Aufwertungsbetrag ganz oder teilweise abzüglich eines Betrags für Zwischenzinsen, den die Aufwertungsstelle festsetzt, vorzeitig zu leisten hat. Die Summe der angeordneten vorzeitigen Zahlungen darf innerhalb eines Jahres höchstens 10 vom Hundert des Aufwertungsbetrags erreichen und 1000 Reichsmark nicht übersteigen. Zwischen der Bekanntmachung der Entscheidung der Aufwertungsstelle und dem ersten Zahlungstage müssen mindestens drei Monate liegen.

(2) Der Antrag ist nur bis zum 1. April 1926 zulässig. In den Fällen der §§ 203, 204, 206, 207 des Bürgerlichen Gesetzbuchs kann der Antrag noch drei Monate nach Fortfall des Hindernisses gestellt werden. Der Antrag kann nicht gestellt werden, wenn der Ertrag des belasteten Grundstücks durch eine Zwangswirtschaft zum Nachteil des Verpflichteten beschränkt worden ist.

(3) Diese Vorschriften finden keine Anwendung auf Forderungen, die der Gläubiger erst nach dem 13. Februar 1924 erworben hat; es sei denn, daß es sich um einen Rechtserwerb der im § 3 Abs. 1 Ziffer 2 bis 11 bezeichneten Art handelt.

2. Verzinsung und Tilgung.

§ 28. (1) Der Aufwertungsbetrag ist bis zum 1. Januar 1925 unverzinslich. Rückständige Zinsen gelten als erlassen. Vom 1. Januar 1925 ab beträgt der Zinssatz 1,2 vom Hundert, vom 1. Juli 1925 ab 2½ vom Hundert, vom 1. Januar 1926 ab 3 vom Hundert und vom 1. Januar 1928 ab 5 vom Hundert. Insoweit dem Eigentümer des belasteten Grundstücks oder dem persönlichen Schuldner über den 1. Januar 1932 hinaus Stundung bewilligt ist, erhöht sich der Zinssatz um einen Betrag, den die Reichsregierung unter Berücksichtigung der allgemeinen Wirtschaftslage bestimmt.

(2) Wird die Hypothek infolge Aufwertung kraft Rückwirkung wieder eingetragen, so beginnt die Verzinsung erst mit dem Beginne des auf die Wiedereintragung folgenden Kalendervierteljahrs.

§ 29. Die Verpflichtung zur Leistung von Tilgungsbeträgen ruht bis zum 1. Januar 1926. Auf Antrag des Gläubigers kann die Aufwertungsstelle, falls nicht die wirtschaftliche Lage des Eigentümers des belasteten Grundstücks oder des persönlichen Schuldners es untunlich erscheinen lassen, bestimmen, daß ein höherer als der vereinbarte Tilgungssatz zu leisten ist. Ist der Ertrag des belasteten Grundstücks durch eine Zwangswirtschaft zum Nachteil des Verpflichteten beschränkt worden, so ist der Antrag erst nach Ablauf eines Jahres seit Beendigung der Zwangswirtschaft zulässig.

§ 30. (1) Reicht der Ertrag eines der Zwangswirtschaft unterliegenden Grundstücks zur Befriedigung des Anspruchs des Gläubigers auf Leistung der Zins- und Tilgungsbeträge nicht aus, weil Miets- oder Pachtzinszahlungen ausgeblieben sind, und kann in Anbetracht der Vorschriften über die Zwangswirtschaft durch eine anderweitige Vermietung oder Verpachtung der Ausfall nicht rechtzeitig gedeckt werden, so kann auf Antrag des Eigentümers die Zwangsversteigerung durch das Gericht für die Dauer von längstens sechs Monaten eingestellt werden, sofern dies zur Abwendung einer unbilligen Härte erforderlich erscheint. Die Parteien haben die tatsächlichen Behauptungen glaubhaft zu machen.

(2) Die Einstellung ist auch vor der Anordnung der Versteigerung zulässig. Sie kann mehrfach erfolgen.

(3) Erfolgt die Einstellung des Verfahrens nach der Anordnung der Versteigerung, so ist der Beschluß allen Beteiligten (§ 9 des Gesetzes über die Zwangsversteigerung und die Zwangsverwaltung) zuzustellen.

(4) Wird die Zwangsversteigerung eingestellt, so beginnt die im § 31 Abs. 2 des Gesetzes über die Zwangsversteigerung und die Zwangsverwaltung vorgesehene Frist erst mit dem Ablauf der Frist, für deren Dauer die Einstellung angeordnet ist.

Dritter Abschnitt.

Aufwertung von Grundschulden, Rentenschulden und Reallasten, Schiffs- und Bahnpfandrechten

I. Grundschulden, Rentenschulden und Reallasten.

§ 31. (1) Auf Grundschulden finden die Vorschriften der §§ 4 bis 8 und der §§ 14 bis 30 entsprechende Anwendung. Dasselbe gilt hinsichtlich der §§ 4 bis 8 und der §§ 14 bis 24 für Rentenschulden und

Reallasten; für Reallasten jedoch mit der Maßgabe, daß die Eintragung der Aufwertung (§ 6) nicht verlangt werden kann, wenn die Eintragung der Reallast unterblieben war.

(2) Wiederkehrende Leistungen, die auf Grund einer Rentenschuld oder einer Reallast geschuldet werden, sind im Jahre 1925 mit 40 vom Hundert, vom 1. Januar 1926 ab mit 60 vom Hundert und vom 1. Januar 1928 ab in voller Höhe des Aufwertungsbetrags der Jahresleistung zu bewirken. Rückständige Leistungen gelten als erlassen.

II. Schiffs- und Bahnpfandrechte.

§ 32. Auf Pfandrechte an im Schiffsregister eingetragenen Schiffen und an Bahneinheiten sowie auf die durch Schiffspfandrecht oder Bahnpfandrecht gesicherten Forderungen finden die Vorschriften der §§ 4 bis 6 und der §§ 8 bis 30 entsprechende Anwendung.

Vierter Abschnitt.

Aufwertung von Industrieobligationen und verwandten Schuldverschreibungen.

I. Aufwertung des Anspruchs aus der Schuldverschreibung.

1. Gegenstand der Aufwertung — Aufwertungsbetrag.

§ 33. Ansprüche aus verzinslichen oder an Stelle der Verzinsung mit einem Aufgeld rückzahlbaren Schuldverschreibungen, die auf den Inhaber lauten oder durch Indossament übertragbar sind, und die von natürlichen Personen, Personenvereinigungen oder juristischen Personen des Privatrechts ausgegeben sind, werden ohne Rücksicht darauf, ob sie durch Hypothek gesichert sind, auf 15 vom Hundert des Goldmarkbetrags aufgewertet.

2. Herabsetzung der Aufwertung.

§ 34. Der Schuldner kann eine Herabsetzung der Aufwertung verlangen, wenn dies mit Rücksicht auf seine wirtschaftliche Lage zur Abwendung einer groben Unbilligkeit unabweisbar erscheint. Die Herabsetzung der Aufwertung ist nur zulässig, wenn das Verlangen vor dem 1. April 1926 bei der Aufwertungsstelle gestellt wird. In den Fällen der §§ 203, 204, 206, 207 des Bürgerlichen Gesetzbuchs kann das Verlangen noch bis zum Ablauf von drei Monaten nach Fortfall des Hindernisses gestellt werden.

3. Aufwertung bei Vorbehalt der Rechte, Kündigung und Auslosung.

§ 35. (1) Trotz Bewirkung der Leistung findet die Aufwertung statt, wenn der Gläubiger sich bei der Annahme der Leistung seine Rechte vorbehalten hat.

(2) Schuldverschreibungen, die ausgelost oder gekündigt sind, aber sich noch im mittelbaren oder unmittelbaren Besitze des Gläubigers befinden, werden zu seinen Gunsten auch dann aufgewertet, wenn bereits eine Abrechnung mit dem Schuldner oder eine Hinterlegung zugunsten des Gläubigers stattgefunden hat.

(3) Schuldverschreibungen, die bei Banken zur Einlösung eingereicht sind, werden, wenn sie sich noch im Besitze der Bank befinden, zugunsten des einreichenden Gläubigers auch dann aufgewertet, wenn bereits eine

Abrechnung mit dem Gläubiger oder mit dem Schuldner oder eine Hinterlegung zugunsten des Gläubigers stattgefunden hat. Eine Aufwertung zugunsten der Bank findet nicht statt. Ablieferungen aus dem Besitze der Bank an den Schuldner, die seit dem 1. Juni 1925 erfolgt sind, gelten als nicht geschehen. Entsprechendes gilt für Bankiers und andere Unternehmungen, die die Aufbewahrung und Verwaltung fremder Wertpapiere gewerbs- oder geschäftsmäßig betreiben. Die Reichsregierung wird ermächtigt, Vorschriften über die Anmeldung und den Nachweis des Rechtes der Gläubiger und für den Fall, daß die Rechte nicht rechtzeitig oder ordnungsgemäß angemeldet oder nachgewiesen werden, über den Ausschluß der Rechte zu erlassen.

(4) Gezahlte Beträge sind in den Fällen der Abs. 1 bis 3 in Höhe des Goldmarkbetrags (§§ 2, 3) auf den Aufwertungsbetrag anzurechnen. Hinterlegte Beträge kann der Schuldner auch dann zurücknehmen, wenn er auf das Recht zur Rücknahme verzichtet hatte.

(5) Liegen die Voraussetzungen der Abs. 1 bis 3 nicht vor, so kann im Falle der Bewirkung der Leistung eine Aufwertung, auch wegen ungerechtfertigter Bereicherung oder auf Grund einer Anfechtung wegen Irrtums oder aus einem anderen Rechtsgrund, nicht verlangt werden. Ansprüche wegen arglistiger Täuschung bleiben unberührt.

4. Rückzahlung, Verzinsung, Kündigung.

§ 36. Für die Rückzahlung, Verzinsung und Tilgung des Aufwertungsbetrags gelten die Vorschriften der §§ 25, 26, 28, 29 entsprechend, soweit nicht die Reichsregierung etwas anderes bestimmt.

II. Genußrecht.

1. Kreis der Berechtigten.

§ 37. (1) Wer Schuldverschreibungen der im § 33 bezeichneten Art vor dem 1. Juli 1920 erworben hat und bis zur Anmeldung (§ 39 Abs. 1) Gläubiger geblieben ist (Altbesitzer), erwirbt mit dem 1. Juli 1925 neben der Aufwertung einen Anspruch auf Beteiligung am Reingewinne des Schuldners und am Liquidationserlöse nach Maßgabe der §§ 40 bis 42 (Genußrecht). Der Beteiligung werden 10 vom Hundert des Goldmarkbetrags der Schuldverschreibung als Nennwert des Genußrechts zugrunde gelegt.

(2) Der Erwerb der im Abs. 1 bezeichneten Genußrechte durch den ersten Inhaber ist von der Gesellschaftssteuer des Kapitalverkehrssteuergesetzes befreit.

§ 38. Schuldverschreibungen gelten auch dann als vor dem 1. Juli 1920 erworben, wenn sie

1. dem Gläubiger nach dem 30. Juni 1920 zur Erfüllung eines vor dem 1. Juli 1920 begründeten Anspruchs auf Übereignung von einer Bank, einem Bankier, einer Sparkasse oder einer Versicherungsgesellschaft übereignet worden sind,
2. der Gläubiger von einer Bank, einem Bankier oder einer Sparkasse nach dem 30. Juni 1920 in Erfüllung eines darlehnsartigen Verwahrungsvertrags übereignet erhalten hat, falls er der Bank, dem Bankier oder der Sparkasse auf Grund des gleichen Vertrags vor dem 1. Juli 1920 erworbene Schuldverschreibungen übergeben hat und der Anspruch auf Übereignung von Schuldverschreibungen gleicher Art und gleichen Betrags von dieser Übergabe bis zum Erwerb ununterbrochen bestanden hat,

3. der Gläubiger von Todes wegen oder in einem der sonstigen Fälle des § 3 Abs. 1 Ziffer 2 bis 11 nach dem 30. Juni 1920, der Erblasser oder andere Rechtsvorgänger aber vorher erworben hat.

§ 39. (1) Schuldverschreibungen, für die die Vorrechte des Altbesitzes in Anspruch genommen werden, sind zur Vermeidung des Verlustes des Genußrechts spätestens innerhalb einer Frist von einem Monat seit Aufforderung durch den Schuldner bei diesem oder der von ihm bestimmten Stelle anzumelden. Die erforderlichen Beweismittel sind der Anmeldung beizufügen oder binnen einer weiteren Frist von einem Monat nachzureichen. Die Aufforderung erfolgt durch Bekanntmachung im Deutschen Reichsanzeiger und in den anderen für die Veröffentlichungen des Schuldners bestimmten Blättern, und zwar spätestens am 30. September 1925. Ist der Schuldner eine Aktiengesellschaft oder eine Kommanditgesellschaft auf Aktien, so können Revisoren gemäß §§ 266, 267, 320 Abs. 3 des Handelsgesetzbuchs auch zur Nachprüfung der Vorgänge bei der Anerkennung des Altbesitzes bestellt werden. Das gleiche gilt für Gesellschaften mit beschränkter Haftung, eingetragene Genossenschaften, Gewerkschaften und Vereine; die Vorschriften der §§ 266, 267 des Handelsgesetzbuchs finden insoweit entsprechende Anwendung. Bei eingetragenen Genossenschaften und Vereinen bedarf es zur Ernennung von Revisoren durch das Gericht eines Antrags des zehnten Teiles der Mitglieder. Revisoren sind durch das Gericht, in dessen Bezirk der Schuldner seinen Sitz hat, auch dann zu bestellen, wenn eine gemäß §§ 3 bis 10 des Gesetzes, betreffend die gemeinsamen Rechte der Besitzer von Schuldverschreibungen, vom 4. Dezember 1899 in der Fassung des Gesetzes vom 14. Mai 1914 (Reichsgesetzbl. 1899 S. 691, 1914 S. 121) einberufene und abgehaltene Versammlung der als Altbesitzer bereits anerkannten Gläubiger dies mit einfacher Mehrheit beschließt.

(2) Die Anerkennung der Eigenschaft als Altbesitz ist auf den Schuldverschreibungen durch Stempelaufdruck kenntlich zu machen.

2. Beteiligung am Reingewinn.

§ 40. (1) Mit Beginn des am 1. Juli 1925 laufenden Geschäftsjahrs, jedoch frühestens mit Beginn des am 31. Dezember 1925 endenden Geschäftsjahrs wird der nach der Bilanz zur Ausschüttung an die Gewinnberechtigten zur Verfügung stehende Jahresreingewinn in folgender Weise verwendet: vorweg stehen sechs vom Hundert, berechnet auf das gewinnberechtigte Gesamtkapital, zur Verteilung an die Geschäftsinhaber oder Gesellschafter zur Verfügung. Der Überschuß des Reingewinns wird auf die Gesamtheit der gewinnberechtigten Geschäftsinhaber oder Gesellschafter und der Inhaber der Genußrechte in der Weise verteilt, daß für je 1 vom Hundert, das als Gewinnanteil in irgendeiner Form den Geschäftsinhabern oder Gesellschaftern zugewiesen wird, je 2 vom Hundert bis insgesamt 6 vom Hundert des Gesamtnennbetrags der Genußrechte auf die Inhaber der Genußrechte entfallen.

(2) Die auf die Genußrechte entfallenden Beträge sind bis zur Höhe des ursprünglichen Zinssatzes der Schuldverschreibung, jedoch nicht über 5 vom Hundert hinaus, zur Verzinsung, im übrigen zur Tilgung des Nennwerts des Genußrechts zu verwenden. Eine Verwendung von Mitteln für die Genußrechte findet jeweils nur für das Geschäftsjahr

statt, aus dessen Gewinn die Mittel bereitgestellt werden. Die Tilgung erfolgt durch Auslosung zum Nennwert, und zwar mindestens einmal im Verlaufe zweier Geschäftsjahre.

§ 41. Die Beteiligung der Genußrechtsinhaber am Reingewinne darf durch Kapitalserhöhungen oder sonstige Maßnahmen des Schuldners nicht beeinträchtigt werden. Ein für die als Altbesitzer anerkannten Gläubiger (§ 39) bestellter Vertreter kann darüber, ob eine solche Beeinträchtigung vorliegt und wie sie auszugleichen ist, die Entscheidung der gemäß der Vierten Verordnung zur Durchführung der Verordnung über Goldbilanzen vom 28. August 1924 (Reichsgesetzbl. I S. 697) gebildeten Spruchstelle anrufen. Der Schuldner hat der Spruchstelle alle Auskünfte zu erteilen, die für die Beurteilung der Frage, ob eine Beeinträchtigung vorliegt, zweckdienlich sind. Stellt die Spruchstelle das Vorliegen einer Beeinträchtigung fest, so ist die Maßnahme insoweit den Genußrechtsinhabern gegenüber unwirksam.

3. Beteiligung am Liquidationserlös.

§ 42. Sind im Falle der Auflösung oder der Liquidation des Unternehmens des Schuldners die Genußrechte noch nicht getilgt oder auf andere Weise abgelöst, so ist das nach Berichtigung der Schulden verbleibende Vermögen auf die Geschäftsinhaber oder Gesellschafter einerseits und die Genußrechtsinhaber andererseits nach Maßgabe der Bestimmungen des § 40 Abs. 1 Satz 3 so lange zu verteilen, bis auf die Genußscheininhaber der Nennwert der Genußrechte ausgeschüttet ist. Die überschießenden Beträge fallen den Geschäftsinhabern oder Gesellschaftern zu.

4. Verbriefung und Ablösung der Genußrechte.

§ 43. Der Schuldner ist berechtigt:

1. über die Genußrechte besondere, von den Schuldverschreibungen getrennte, auf den Inhaber oder, wenn die Schuldverschreibungen an Order lauten, an Order lautende Genußscheine auszugeben. Genußscheine werden nur über Nennbeträge von mindestens 20 Reichsmark und nur über durch 10 teilbare Beträge ausgegeben; die entstehenden Spitzenbeträge sind durch Zahlung des Nennbetrags abzulösen. Die Ausgabe von Genußscheinen ist auf den Schuldverschreibungen zu vermerken;
2. an Stelle der Genußrechte eine Zusatzaufwertung oder eine Barabfindung zu gewähren, die den Wert, den die Genußrechte im Zeitpunkt der Gewährung haben, nicht unterschreiten dürfen. Ob dies der Fall ist, entscheidet auf Antrag des Schuldners oder eines für die Genußrechtsinhaber bestellten Vertreters die gemäß der Vierten Verordnung zur Durchführung der Verordnung über Goldbilanzen vom 28. August 1924 (Reichsgesetzbl. I S. 697) gebildete Spruchstelle. Die Spruchstelle kann die Entscheidung über einen Antrag des Schuldners gemäß Satz 2 auf Zeit zurückstellen, wenn sie der Ansicht ist, daß durch die alsbaldige Entscheidung die Gefahr einer unbilligen Benachteiligung der Genußrechtsinhaber entstehen könnte;
3. die Genußrechte durch Zahlung des Nennbetrags abzulösen.

§ 44. Ein Beschluß über die Ausübung der im § 43 bezeichneten Befugnisse ist spätestens drei Monate nach Ablauf des im § 40 Abs. 1 bezeichneten Geschäftsjahrs in den im § 39 Abs. 1 bezeichneten Blättern bekanntzumachen. Ein Beschluß über die Ausübung der im § 43 Ziffer 2 und 3 bezeichneten Rechte kann innerhalb von drei Monaten nach Ablauf jedes Geschäftsjahrs gefaßt werden; er ist in der gleichen Weise bekanntzumachen. In der Bekanntmachung kann eine Frist bestimmt werden, nach deren Ablauf die Genußrechte nur noch in der bekanntgemachten Form ausgeübt werden können; die Frist darf nicht weniger als sechs Monate betragen.

5. Rückwirkung.

§ 45. Auf Schuldverschreibungen, die nach dem 13. Februar 1924 zurückgezahlt sind, finden die Vorschriften der §§ 37 bis 44 Anwendung. Die Genußrechte können nur in einer der im § 43 Ziffer 1 bis 3 vorgesehenen Weise gewährt werden.

III. Gemeinsame Verfahrensvorschrift.

§ 46. Bei Teilschuldverschreibungen kann über die Höhe der Aufwertung, über das Verlangen auf Herabsetzung des Aufwertungsbetrags und über die Rechte aus den §§ 37 bis 45 nur einheitlich gegenüber allen Gläubigern entschieden werden. Die Entscheidung wirkt auch für und gegen die Gläubiger, die an dem Verfahren nicht beteiligt waren.

Fünfter Abschnitt.

Aufwertung von Pfandbriefen und verwandten Schuldverschreibungen

I. Art der Aufwertung.

§ 47. Ansprüche aus Pfandbriefen, Rentenbriefen, Kommunalobligationen und anderen verzinslichen oder an Stelle der Verzinsung mit einem Aufgeld rückzahlbaren Schuldverschreibungen oder aus für Grundkredit- oder Kommunalkreditzwecke aufgenommenen verbrieften Darlehn von Grundkreditanstalten, privatrechtlichen Kommunalkreditanstalten, von Schiffsbeleihungsbanken sowie von Ablösungsanstalten werden in der Weise aufgewertet, daß die Teilungsmasse gleichmäßig unter die Gläubiger im Verhältnis der Goldmarkbeträge ihrer Ansprüche verteilt wird. Hierbei ist es unerheblich, ob den Gläubigern an der Deckung ein Pfandrecht oder ein Recht auf vorzugsweise Befriedigung im Konkurse zusteht.

II. Teilungsmasse.

§ 48. (1) Die Teilungsmasse besteht aus:

1. den bei Ablauf des 13. Februar 1924 als Deckung für die aufgewerteten Pfandbriefe, Rentenbriefe, Kommunalobligationen, anderen Schuldverschreibungen und Schuldurkunden bestimmten Werten;
2. den Werten, die früher zur Deckung gehört haben, soweit die Aufwertung 15 vom Hundert des Goldmarkbetrags übersteigt oder soweit die Aufwertung auf Grund der Vorschriften des § 15 über die Rückwirkung erfolgt ist;
3. einem etwa aus dem sonstigem Vermögen des Schuldners zu leistenden Beitrag.

(2) Von der Teilungsmasse ist nach näherer Bestimmung der Reichsregierung oder der von ihr bestimmten Stelle ein Beitrag zu den Verwaltungskosten abzuziehen, der 10 vom Hundert der Teilungsmasse nicht überschreiten darf.

III. Beteiligung bei Vorbehalt der Rechte, Kündigung und Auslosung.

§ 49. (1) Trotz Bewirkung der Leistung ist der Gläubiger bei der Verteilung zu berücksichtigen, wenn er sich bei der Annahme der Leistung seine Rechte vorbehalten hat.

(2) Schuldverschreibungen, die gekündigt oder ausgelost sind, aber sich noch im unmittelbaren oder mittelbaren Besitze des Gläubigers befinden werden zu seinen Gunsten auch dann aufgewertet, wenn bereits eine Abrechnung mit dem Schuldner oder eine Hinterlegung zugunsten des Gläubigers stattgefunden hat.

(3) Schuldverschreibungen, die bei Banken zur Einlösung eingereicht sind, werden, wenn sie sich noch im Besitze der Bank befinden zugunsten des einreichenden Gläubigers auch dann aufgewertet, wenn bereits eine Abrechnung mit dem Gläubiger oder mit dem Schuldner oder eine Hinterlegung zugunsten des Gläubigers stattgefunden hat. Eine Aufwertung zugunsten der Bank findet nicht statt. Ablieferungen aus dem Besitze der Bank an den Schuldner, die seit dem 1. Juni 1925 erfolgt sind, gelten als nicht geschehen. Entsprechendes gilt für Bankiers und andere Unternehmungen, die die Aufbewahrung und Verwaltung fremder Wertpapiere gewerbs- oder geschäftsmäßig betreiben. Die Reichsregierung wird ermächtigt, Vorschriften über die Anmeldung und den Nachweis des Rechtes der Gläubiger und für den Fall, daß die Rechte nicht rechtzeitig oder ordnungsgemäß angemeldet oder nachgewiesen werden, über den Ausschluß der Rechte zu erlassen.

(4) Gezahlte Beträge sind in den Fällen der Abs. 1 bis 3 in Höhe des Goldmarkbetrags (§§ 2, 3) auf den Aufwertungsbetrag anzurechnen. Hinterlegte Beträge kann der Schuldner auch dann zurücknehmen, wenn er auf das Recht zur Rücknahme verzichtet hatte.

(5) Liegen die Voraussetzungen der Abs. 1 bis 3 nicht vor, so kann im Falle der Bewirkung der Leistung eine Aufwertung auch wegen ungerechtfertigter Bereicherung oder auf Grund einer Anfechtung wegen Irrtums oder aus einem anderen Rechtsgrund nicht verlangt werden. Ansprüche wegen arglistiger Täuschung bleiben unberührt.

IV. Durchführung der Aufwertung.

§ 50. Die Reichsregierung oder die von ihr bestimmte Stelle trifft die näheren Bestimmungen zur Feststellung der bei der Verteilung zu berücksichtigenden Ansprüche, über die Bildung und Verteilung der Teilungsmasse sowie über den von dem Schuldner zu der Teilungsmasse zu leistenden Beitrag; sie kann bestimmen, daß die Gläubiger durch Gewährung von Goldpfandbriefen oder sonst in anderer Weise befriedigt werden und kann das Abfindungsverfahren regeln. Sie kann ferner Vorschriften zur Sicherstellung der Teilungsmasse und zur Erleichterung und Beschleunigung ihrer Liquidierung erlassen und darüber hinaus zur Ergänzung der Vorschriften dieses Gesetzes die Anordnungen treffen, die sie zur Durchführung der Aufwertung für notwendig erachtet.

Sechster Abschnitt.

Aufwertung von Schuldverschreibungen der Genossenschaften des öffentlichen Rechtes und verwandter Körperschaften als Unternehmer wirtschaftlicher Betriebe.

I. Aufwertungsbetrag.

§ 51. (1) Ansprüche aus verzinslichen oder an Stelle der Verzinsung mit einem Aufgeld rückzahlbaren auf den Inhaber lautenden oder durch Indossament übertragbaren Schuldverschreibungen, die von juristischen Personen des öffentlichen Rechtes als Unternehmer wirtschaftlicher Betriebe ausgegeben sind, werden ohne Rücksicht darauf, ob sie durch Hypothek gesichert sind, auf 15 vom Hundert des Goldmarkbetrags aufgewertet.

(2) Ob im Einzelfalle die Voraussetzungen des Abs. 1 vorliegen, entscheidet der Reichsminister der Justiz mit Zustimmung des Reichsrats.

(3) Die Länder werden ermächtigt, die Aufwertung von Ansprüchen aus Schuldverschreibungen öffentlich-rechtlicher Kreditanstalten, abweichend von den Vorschriften der §§ 51 bis 54, auf der Grundlage der §§ 47 bis 50 zu regeln, soweit diese auf die bezeichneten Schuldverschreibungen nicht ohnehin Anwendung finden.

II. Herabsetzung der Aufwertung.

§ 52. Der Schuldner kann eine Herabsetzung der Aufwertung verlangen, wenn dies mit Rücksicht auf seine wirtschaftliche Lage zur Abwendung einer groben Unbilligkeit unabweisbar erscheint. Die Herabsetzung der Aufwertung ist nur zulässig, wenn das Verlangen vor dem 1. April 1926 bei der Aufwertungsstelle gestellt wird. In den Fällen der §§ 203, 204, 206, 207 des Bürgerlichen Gesetzbuchs kann das Verlangen noch bis zum Ablauf von drei Monaten nach Fortfall des Hindernisses gestellt werden.

III. Aufwertung bei Vorbehalt der Rechte, Kündigung und Auslosung.

§ 53. (1) Trotz Bewirkung der Leistung findet die Aufwertung statt, wenn der Gläubiger sich bei der Annahme der Leistung seine Rechte vorbehalten hat.

(2) Schuldverschreibungen, die gekündigt oder ausgelost sind, aber sich noch im unmittelbaren oder mittelbaren Besitze des Gläubigers befinden, werden zu seinen Gunsten auch dann aufgewertet, wenn bereits eine Abrechnung mit dem Schuldner oder eine Hinterlegung zugunsten des Gläubigers stattgefunden hat.

(2) Schuldverschreibungen, die bei Banken zur Einlösung eingereicht sind, werden, wenn sie sich noch im Besitze der Bank befinden zugunsten des einreichenden Gläubigers auch dann aufgewertet, wenn bereits eine Abrechnung mit dem Gläubiger oder mit dem Schuldner oder eine Hinterlegung zugunsten des Gläubigers stattgefunden hat. Eine Aufwertung zugunsten der Bank findet nicht statt. Ablieferungen aus dem Besitze der Bank an den Schuldner, die seit dem 1. Juni 1925 erfolgt sind, gelten als nicht geschehen. Entsprechendes gilt für Bankiers und andere Unternehmungen, die die Aufbewahrung und Verwaltung fremder Wertpapiere gewerbs- oder geschäftsmäßig betreiben. Die Reichs-

regierung wird ermächtigt, Vorschriften über die Anmeldung und den Nachweis des Rechtes der Gläubiger und für den Fall, daß die Rechte nicht rechtzeitig oder ordnungsgemäß angemeldet oder nachgewiesen werden, über den Ausschluß der Rechte zu erlassen.

(4) Gezahlte Beträge werden in den Fällen der Abs. 1 bis 3 zum Goldmarkbetrag (§§ 2, 3) auf den Betrag der Aufwertung angerechnet. Hinterlegte Beträge kann der Schuldner auch dann zurücknehmen, wenn er auf das Recht zur Rücknahme verzichtet hatte.

(5) Liegen die Voraussetzungen der Abs. 1 bis 3 nicht vor, so kann im Falle der Bewirkung der Leistung eine Aufwertung auch wegen ungerechtfertigter Bereicherung oder auf Grund einer Anfechtung wegen Irrtums oder aus einem anderen Rechtsgrund nicht verlangt werden. Ansprüche wegen arglistiger Täuschung bleiben unberührt.

IV. Rückzahlung, Verzinsung, Tilgung.

§ 54. Für die Rückzahlung, Verzinsung und Tilgung der Aufwertungsbeträge gelten die Vorschriften der §§ 25, 26, 28, 29 entsprechend, soweit nicht die Reichsregierung etwas anderes bestimmt.

Siebenter Abschnitt.

Aufwertung von Sparkassenguthaben.

I. Art der Aufwertung.

§ 55. (1) Sparguthaben bei öffentlichen oder unter Staatsaufsicht stehenden Sparkassen werden in der Weise aufgewertet, daß die Teilungsmasse von einem Treuhänder unter die Gläubiger verteilt wird. Der von dem Treuhänder aufgestellte Teilungsplan bedarf der Genehmigung der obersten Landesbehörde oder einer von ihr bestimmten Stelle. Mit der Genehmigung wird der Teilungsplan verbindlich.

(2) Der bei der Verteilung auf die Sparguthaben entfallende Betrag soll mindestens 12½ vom Hundert des Goldmarkbetrags erreichen, möglichst aber dem Aufwertungssatz entsprechen, der sich für die Anleihen des Schuldners oder seines Garanten ergibt.

II. Teilungsmasse.

§ 56. Die Teilungsmasse besteht aus dem aufgewerteten Sparkassenvermögen und einem etwa aus dem sonstigen Vermögen des Schuldners oder durch den Garanten zu leistenden Beitrag unter Abzug eines etwa zu den Verwaltungskosten zu gewährenden Beitrags.

III. Beteiligung an der Teilungsmasse.

§ 57. (1) Die Gläubiger werden im Verhältnis des Goldmarkbetrags ihrer Forderung berücksichtigt. Ist ein Guthaben von einer Sparkasse auf eine andere Sparkasse überwiesen worden, so ist der Gläubiger mit dem Goldmarkbetrage zur Zeit des Erwerbes der Forderung gegen die erste Sparkasse bei der Teilungsmasse zu berücksichtigen, die bei der zweiten Sparkasse zu bilden ist. Die oberste Landesbehörde oder die von ihr bestimmte Stelle ordnet einen Ausgleich zwischen beiden Sparkassen an; sind mehrere Länder beteiligt, so entscheiden sie in gegenseitigem Einvernehmen.

(2) Bereits ausgezahlte Guthaben werden bei der Verteilung berücksichtigt, wenn der Gläubiger sich bei der Annahme der Leistung seine Rechte vorbehalten hat. Die Zahlung ist unbeschadet der Vorschrift im § 58 Ziffer 3 in Höhe des Goldmarkbetrages (§§ 2, 3) anzurechnen. Mangels eines Vorbehalts der Rechte kann unbeschadet einer etwa auf Grund des § 58 Ziffer 3 angeordneten Rückwirkung die Aufwertung ausgezahlter Guthaben auch wegen ungerechtfertigter Bereicherung oder auf Grund einer Anfechtung wegen Irrtums oder aus einem anderen Rechtsgrund nicht verlangt werden. Ansprüche wegen arglistiger Täuschung bleiben unberührt.

IV. Durchführung der Aufwertung.

§ 58. Die obersten Landesbehörden oder die von ihnen bestimmten Stellen werden ermächtigt,

1. die Anmeldung der Guthaben innerhalb einer Ausschlußfrist vorzuschreiben;
2. einen Goldmarkbetrag zu bestimmen, den die Guthaben erreichen müssen, um bei der Verteilung berücksichtigt zu werden und Vorschriften über die Ablösung der Guthaben, die bei der Verteilung nicht berücksichtigt werden, zu erlassen;
3. anzuordnen, daß Einzahlungen und Auszahlungen, die nach bestimmtem Stichtag erfolgt sind, bei der Aufwertung unberücksichtigt bleiben; die Stichtage dürfen jedoch nicht vor dem 15. Juni 1922 liegen;
4. die Leistung eines Beitrags zur Teilungsmasse aus dem sonstigen Vermögen des Schuldners oder durch den Garanten vorzuschreiben. Hierbei kann eine Beitragsleistung auch solcher öffentlich-rechtlichen Körperschaften vorgeschrieben werden, die ohne Garant der Sparkasse zu sein, nach deren Satzung an den Überschüssen der Sparkasse zu beteiligen sind oder ohne satzungsgemäße Bestimmung tatsächlich innerhalb der letzten 15 Jahre regelmäßig mit einem erheblichen Anteil an den Überschüssen teilgenommen haben;
5. nähere Bestimmungen über den zur Teilungsmasse zu leistenden Beitrag zu treffen;
6. sonstige Bestimmungen über die Bildung und Verteilung der Teilungsmasse sowie über ihre Liquidierung zu treffen; insbesondere zu gestatten, daß den Schuldnern aufgewerteter Rechte der Sparkassen und den Eigentümern zur Sicherung dieser Rechte belasteter Grundstücke für den Fall vorzeitiger Leistung zur Teilungsmasse eine Kürzung der Schuld oder andere Vergünstigungen gewährt werden;
7. einen einheitlichen Aufwertungssatz (Einheitssatz für sämtliche Sparkassen eines Landes oder einzelner Landesteile oder für bestimmte Arten von Sparkassen (städtische, Bezirks-, Kreis-, Provinzialsparkassen und ähnliche) festzusetzen und zu bestimmen, daß in solchem Falle die Bildung einer Teilungsmasse sowie die Bestellung eines Treuhänders unterbleiben darf. Der Einheitssatz wird unter Zugrundelegung des Gesamtbetrags der aufgewerteten Sparkassenvermögen schätzungsmäßig festgesetzt und darf nicht unterhalb desjenigen Satzes liegen, der sich aus dem Verhältnis der aufgewerteten Sparkassenvermögen zu den aufgewerteten Sparguthaben ergibt;
8. Vorschriften über die Aufbringung der für die Aufwertung zu einem

Einheitssatze (Ziffer 7) erforderlichen Beiträge zu treffen; hierbei kann eine Beitragsleistung auch solcher öffentlich-rechtlichen Körperschaften vorgeschrieben werden, die, ohne Garant der Sparkasse zu sein, nach deren Satzung an den Überschüssen der Sparkasse zu beteiligen sind oder ohne satzungsmäßige Bestimmung tatsächlich innerhalb der letzten 15 Jahre regelmäßig mit einem erheblichen Anteil an den Überschüssen teilgenommen haben;

9. einen Mindestsatz für die Aufwertung zu bestimmen;
10. für mehrere Sparkassen die Zusammenlegung der Teilungsmassen und ihre einheitliche Verteilung unter die Gläubiger dieser Sparkassen anzuordnen;
11. die Gewährung eines Beitrags zu den Verwaltungskosten vorzuschreiben und Grundsätze für die Bemessung des Verwaltungskostenbeitrags zu geben;
12. zu bestimmen, daß die Auswechslung von zum Sparkassenvermögen gehörigen Hypotheken zwischen zwei Sparkassen aus Anlaß der Abtretung deutschen Gebiets auf Grund des Versailler Vertrags für die Feststellung des Erwerbstags außer Betracht bleibt.

Achter Abschnitt.

Aufwertung von Versicherungsansprüchen.

I. Geltungsgebiet.

§ 59. (1) Versicherungsansprüche im Sinne der §§ 60, 61 sind Ansprüche der Versicherten aus Lebensversicherungsverträgen, ferner die Ansprüche der Versicherten aus solchen Kranken-, Unfall- und Haftpflichtversicherungsverträgen, für die nach gesetzlichen Bestimmungen oder nach Vorschrift der Aufsichtsbehörde vor dem 14. Februar 1924 ein Prämienreservefonds im Sinne der §§ 56 ff. des Versicherungsaufsichtsgesetzes zu bilden war, mit Ausnahme von Ansprüchen aus Haftpflichtversicherungsverträgen mit unbegrenzter Deckung. Als Lebensversicherung gilt die Versicherung auf den Lebensfall, auf den Todesfall, Kapitalversicherung, Rentenversicherung usw., ferner die Invaliditäts-, Alters-, Witwen-, Waisen-, Aussteuer- und Militärdienstversicherung, gleichviel ob auf Kapital oder Rente.

(2) Die Reichsregierung oder die von ihr bestimmte Stelle wird ermächtigt, Bestimmungen über die Voraussetzungen, die Art und die Höhe der Aufwertung von Ansprüchen der Versicherten aus Versicherungsverträgen anderer Art zu erlassen.

II. Gegenstand und Art der Aufwertung.

§ 60. (1) Versicherungsansprüche werden in der Weise aufgewertet, daß das aufgewertete Vermögen der Versicherungsunternehmung nebst einem etwa aus dem sonstigen Vermögen des Schuldners zu leistenden Beitrag einem Treuhänder überwiesen wird.

(2) Der Treuhänder hat den ihm überwiesenen Betrag (Aufwertungsstock) nach Abzug der Verwaltungskosten zugunsten der Versicherten nach einem von der Aufsichtsbehörde genehmigten Teilungsplane zu verwenden. Mit der Genehmigung durch die Aufsichtsbehörde wird der Teilungsplan verbindlich.

(3) Trotz der Bewirkung der Leistung nimmt der Gläubiger an der Verteilung des Aufwertungsstocks teil, wenn er sich bei der Annahme

der Leistung seine Rechte vorbehalten hat. Hat der Gläubiger die Leistung in der Zeit vom 15. Juni 1922 bis zum 14. Februar 1924 angenommen, so wird er an dem Aufwertungsstock auch dann beteiligt, wenn er sich bei der Annahme der Leistung seine Rechte nicht vorbehalten hat (Rückwirkung). Die Zahlungen sind unbeschadet der Vorschrift in § 61 in Höhe des Goldmarkbetrags (§§ 2, 3) anzurechnen. Liegen diese Voraussetzungen nicht vor, so kann im Falle der Bewirkung der Leistung die Aufwertung auch wegen ungerechtfertigter Bereicherung oder auf Grund einer Anfechtung wegen Irrtums oder aus einem andern Rechtsgrund nicht verlangt werden. Ansprüche wegen arglistiger Täuschung bleiben unberührt.

III. Durchführung der Aufwertung.

§ 61. Die Reichsregierung oder die von ihr bestimmte Stelle trifft die näheren Bestimmungen über die Berechnung der Versicherungsansprüche, über die Bildung, Erhaltung, Liquidierung und Verteilung des Aufwertungsstocks sowie über den von dem Schuldner zum Aufwertungsstocke zu leistenden Beitrag; sie kann einen Goldmarkbetrag bestimmen, den die Versicherungsansprüche erreichen müssen, um bei der Verteilung berücksichtigt zu werden. Sie kann zulassen, daß in besonderen Fällen die Durchführung des Aufwertungsverfahrens in anderer Weise als durch Überweisung des Aufwertungsstocks an einen Treuhänder erfolgt und besondere Vorschriften für Ansprüche aus Versicherungsverträgen mit ausländischen, nicht unter Reichsaufsicht stehenden Unternehmungen erlassen. Darüber hinaus kann sie zur Ergänzung der Vorschriften dieses Gesetzes die Anordnungen treffen, die sie zur Durchführung der Aufwertung für notwendig erachtet.

Neunter Abschnitt.

Aufwertung anderer Ansprüche.

I. Allgemeine Bestimmung.

§ 62. Die Aufwertung anderer als der in den §§ 4 bis 61 bezeichneten Ansprüche richtet sich nach den allgemeinen Vorschriften, soweit sich nicht aus den Vorschriften der §§ 63 bis 66 ein anderes ergibt.

II. Aufwertung von Vermögensanlagen.

§ 63. (1) Die Aufwertung von Vermögensanlagen darf 25 vom Hundert des Goldmarkbetrags (§§ 2, 3) nicht übersteigen. Die Vorschriften der §§ 14, 15, 17 bis 19 über den Vorbehalt der Rechte und die Rückwirkung finden entsprechende Anwendung.

(2) Als Vermögensanlagen im Sinne des Abs. 1 gelten nicht:

1. Ansprüche aus Gesellschaftsverträgen und anderen Beteiligungsverhältnissen;
2. Ansprüche aus Gutsüberlassungsverträgen sowie Ansprüche, die auf den Beziehungen aus der Auseinandersetzung unter Miterben, unter Ehegatten, unter geschiedenen Ehegatten, unter Eltern und Kindern oder zwischen Erben und Pflichtteilberechtigten oder Vermächtnisnehmern beruhen;
3. Ansprüche, die auf den Beziehungen zwischen unterhaltsberechtigten und unterhaltsverpflichteten Personen beruhen;

4. Ansprüche auf wiederkehrende Leistungen, die bei Abfindungen, Auseinandersetzungen, Überlassungen oder ähnlichen Rechtsvorgängen begründet sind;
5. Ansprüche auf Entrichtung eines Erbbauzinses;
6. Guthaben bei Fabrik- oder Werksparkassen sowie Ansprüche an Betriebs-Pensionskassen (§ 64). Die Vorschrift, daß die Guthaben und Ansprüche kraft Gesetzes nicht Vermögensanlage sind, gilt nicht, soweit die Mittel der Kasse aus freiwilligen Zuwendungen des Arbeitgebers herrühren; sie gilt auch nicht, sofern das Vermögen der Kasse gesondert vom Betriebsvermögen des Arbeitgebers zu verwalten und anzulegen war und verwaltet und angelegt worden ist.

(3) Als Vermögensanlagen im Sinne des Abs. 1 gelten ferner nicht Ansprüche aus gegenseitigen Verträgen. Soweit zum Zwecke der Versorgung von Arbeitern oder Angestellten eine Versicherung abgeschlossen ist, bleiben etwa daneben bestehende Versorgungsansprüche aus dem Anstellungsverhältnis unberührt. Ist der Arbeiter oder Angestellte bei seinem Arbeitgeber versichert, so wird das Vorliegen eines solchen Versorgungsanspruchs aus dem Dienstvertrage vermutet.

(4) In den Fällen des Abs. 1 sowie des Abs. 2 Ziffer 1 bis 4 kann das Gericht über die Fälligkeit und die Verzinsung nach billigem Ermessen entscheiden. Über das aus §§ 25, 26, 28 ersichtliche Maß hinaus darf jedoch ohne Zustimmung des Gläubigers Stundung oder Zinsermäßigung nicht gewährt werden.

(5) Die Länder werden ermächtigt, im Wege der Gesetzgebung Vorschriften über die Aufwertung von Erbpachtzinsen (Kanon), Grundmieten, Erbleihen und ähnlichen Ansprüchen zu erlassen.

III. Aufwertung von Guthaben bei Fabrik- und Werksparkassen sowie von Ansprüchen an Betriebs-Pensionskassen.

§ 64. Über die Höhe der Aufwertung der Guthaben bei Fabrik und Werksparkassen sowie der Ansprüche an Betriebs-Pensionskassen entscheidet im Streitfall die Aufwertungsstelle. Die Reichsregierung wird ermächtigt, nähere Bestimmungen über die Abgrenzung des Begriffs der Fabrik- und Werksparkasse und der Betriebs-Pensionskasse, der freiwilligen Zuwendungen und der gesonderten Verwaltung und Anlegung über den Ausgleich der Guthaben durch geleistete Zahlungen sowie über Zeit und Art der Auszahlung der Guthaben, ferner über die Zusammensetzung und das Verfahren der Aufwertungsstelle zu treffen.

IV. Aufwertung von Kontokorrentforderungen und Bankguthaben.

1. Aufwertung von Kontokorrentforderungen.

§ 65. Ansprüche aus einem Kontokorrent oder einer anderen laufenden Rechnung, einschließlich der Ansprüche aus dem Postscheckverkehr, werden ohne Rücksicht darauf, ob sie durch Hypothek gesichert sind, unbeschadet anderweitiger Vereinbarungen nicht aufgewertet, es sei denn, daß es sich um eine Einlage des Arbeitnehmers bei seinem Arbeitgeber oder um Ansprüche der im § 63 Abs. 2 bezeichneten Art handelt.

2. Aufwertung von Bankguthaben.

§ 66. (1) Ansprüche aus einem Darlehn oder einem Verwahrungsvertrage der im § 700 des Bürgerlichen Gesetzbuchs bezeichneten Art werden ohne Rücksicht darauf, ob sie durch Hypothek gesichert sind, unbeschadet anderweitiger Vereinbarungen, nicht aufgewertet, wenn sie sich gegen ein Unternehmen richten, dessen Geschäftsbetrieb der Anschaffung und Darleihung von Geld dient und nicht der Schuldner das Geld vereinbarungsgemäß in wertbeständigen oder aufgewerteten Vermögensgegenständen anzulegen hat.

(2) Die Vorschrift des Abs. 1 gilt nicht, wenn es sich um eine Einlage des Arbeitnehmers bei seinem Arbeitgeber oder um Ansprüche der im § 63 Abs. 2 bezeichneten Art handelt.

(3) Darlehnsansprüche der im Abs. 1 bezeichneten Art sind wie Vermögensanlagen aufzuwerten, wenn sie aus einer ehemaligen Geschäftsbeteiligung entstanden sind und als solche mehr als 5 Jahre bestanden haben.

Zehnter Abschnitt.

Vergleiche und andere Vereinbarungen über die Aufwertung — Gerichtliche Entscheidungen.

I. Vergleiche und andere Vereinbarungen.

§ 67. (1) Vergleiche über Ansprüche der in den §§ 4 bis 61 und im § 63 Abs. 1 bezeichneten Art, die den Zweck hatten, den Streit oder die Ungewißheit über die Höhe des infolge der Geldentwertung zu zahlenden Betrags zu beseitigen, bleiben mit der aus Abs. 2 sich ergebenden Ausnahme unberührt. Soweit der vereinbarte Aufwertungsbetrag 25 vom Hundert des Goldmarkbetrags übersteigt, gilt die Vereinbarung als Begründung eines neuen Schuldverhältnisses. Betrifft der Vergleich eine Hypothek, Grundschuld, Rentenschuld oder Reallast oder ein Schiffs- oder Bahnpfandrecht, so findet die Vorschrift des § 6 bis zur Höhe von 25 vom Hundert des Goldmarkbetrags Anwendung.

(2) Der Aufwertung nach den Vorschriften dieses Gesetzes steht ein Vergleich nicht entgegen, wenn er in der Zeit vom 15. Juni 1922 bis zum 14. Februar 1924 geschlossen ist. Dies gilt nicht, wenn der Gläubiger Kaufmann war und den Vergleich im Betriebe seines Handelsgewerbes geschlossen hat; soweit die Aufwertung zugunsten einer Teilungsmasse (Aufwertungsstock) erfolgt (§§ 48, 51 Abs. 3, §§ 56, 60), bewendet es bei der Vorschrift des Satzes 1.

(3) Vereinbarungen über die Aufwertung können auch in Zukunft getroffen werden. Die Vorschriften des Abs. 1 Satz 2, 3 finden Anwendung.

II. Gerichtliche Entscheidungen.

§ 68. (1) Ist die Aufwertung von Ansprüchen der in den §§ 4 bis 61 und im § 63 Abs. 1 bezeichneten Art durch eine rechtskräftige gerichtliche Entscheidung geregelt, so behält es dabei mit den aus Abs. 2 sich ergebenden Maßnahmen sein Bewenden.

(2) Der Anwendung der §§ 15 bis 24 über die Aufwertung kraft Rückwirkung steht eine rechtskräftige gerichtliche Entscheidung nicht entgegen.

Elfter Abschnitt.

Aufwertungsverfahren.

I. Zuständigkeit der Aufwertungsstelle.

1. Gesetzliche Zuständigkeit.

§ 69. Besteht Streit darüber, in welcher Höhe Ansprüche der im § 4 bis 54 bezeichneten Art aufgewertet sind, so entscheidet hierüber ausschließlich die Aufwertungsstelle. Dies gilt auch für den Fall, daß die Höhe der Aufwertung der durch Hypothek gesicherten Forderung sich nach allgemeinen Vorschriften bestimmt (§ 10).

§ 70. Die Aufwertungsstelle ist, soweit es sich um Ansprüche der in den §§ 4 bis 54 und im § 64 bezeichneten Art handelt, weiter zuständig:

1. für die Ermittlung des Wehrbeitragswerts im Falle des § 7 Abs. 2;
2. für die Entscheidung über die Härtevorschriften der §§ 8, 15, 16, 34, 52;
3. für die Aufteilung einer Gesamthypothek im Falle des § 23;
4. für die Anordnung einer Teil- oder Vorleistung im Falle der §§ 26, 27;
5. für die Entscheidung über die Höhe der Aufwertung der Guthaben bei Fabrik- und Werksparkassen und der Ansprüche an Betriebs-Pensionskassen gemäß § 64.

2. Vereinbarte Zuständigkeit.

§ 71. Die Zuständigkeit der Aufwertungsstelle kann für die Entscheidung der Frage, ob ein nach den Vorschriften dieses Gesetzes aufgewerteter Anspruch besteht, sowie auch für andere mit der Aufwertung zusammenhängende Ansprüche vereinbart werden, auf die sich die Vorschriften der §§ 1 bis 54 und des § 64 nicht erstrecken.

II. Einrichtung der Aufwertungsstelle.

§ 72. Die Aufwertungsstelle wird von der Reichsregierung nach Anhörung des Reichsrats bestimmt. Die Reichsregierung kann mit Zustimmung des Reichsrats die obersten Landesbehörden zur Bezeichnung von Aufwertungsstellen ermächtigen.

III. Verfahren vor der Aufwertungsstelle.

1. Allgemeine Vorschriften.

§ 73. (1) Soweit nicht in diesem Abschnitt oder auf Grund des § 64 etwas anderes bestimmt ist, finden auf das Verfahren die Vorschriften des Reichsgesetzes über die Angelegenheiten der freiwilligen Gerichtsbarkeit sinngemäß Anwendung; die Reichsregierung kann mit Zustimmung des Reichsrats die Bestimmungen treffen, die sie zum Zwecke der Anpassung an die besonderen Bedürfnisse des Aufwertungsverfahrens für nötig erachtet.

(2) Die Aufwertungsstelle hat den Versuch einer gütlichen Einigung zu machen, sofern nicht die Erfolglosigkeit des Sühneverfahrens mit Bestimmtheit vorherzusehen ist.

2. Rechtsmittel.

§ 74. (1) Gegen die Entscheidung der Aufwertungsstelle findet die sofortige Beschwerde statt. Über die sofortige Beschwerde entscheidet das

Landgericht. Gegen die Entscheidung des Beschwerdegerichts ist die sofortige weitere Beschwerde an das Oberlandesgericht zulässig, wenn die Entscheidung auf einer Verletzung des Gesetzes beruht. Die Frage, ob im einzelnen Falle die Vorschriften der §§ 8 Abs. 1, 15, 34, 52 richtig angewendet sind, unterliegt nicht der Nachprüfung durch das Oberlandesgericht. Die Vorschriften des § 28 Abs. 2, 3 und des § 199 des Reichsgesetzes über die Angelegenheiten der freiwilligen Gerichtsbarkeit finden entsprechende Anwendung.

(2) Gegen die Entscheidung der Aufwertungsstelle kann unter Übergehung der Beschwerdeinstanz unmittelbar die sofortige weitere Beschwerde eingelegt werden, wenn der Gegner einwilligt. Die schriftliche Erklärung der Einwilligung ist bei der Einlegung der sofortigen weiteren Beschwerde einzureichen.

3. Rechtskraft und Vollstreckbarkeit.

§ 75. Die rechtskräftige Entscheidung der Aufwertungsstelle ist für die Gerichte und Verwaltungsbehörden bindend. Aus der rechtskräftigen Entscheidung der Aufwertungsstelle über die Kosten sowie aus einem vor der Aufwertungsstelle abgeschlossenen Vergleich findet die Zwangsvollstreckung nach den Vorschriften der Zivilprozeßordnung statt; das gleiche gilt für rechtskräftige Erscheinungen, für die die Zuständigkeit der Aufwertungsstelle vereinbart ist.

4. Kosten.

§ 76. (1) Die Aufwertungsstelle erhebt nach Maßgabe der Durchführungsbestimmungen eine Gebühr und verteilt die Kosten auf die Beteiligten nach billigem Ermessen.

(2) Die Reichsregierung wird ermächtigt, weitere Vorschriften über die in Aufwertungssachen erwachsenden Gebühren und Kosten zu erlassen.

IV. Aussetzung des Verfahrens vor dem Prozeßgericht.

§ 77. In bürgerlichen Rechtsstreitigkeiten ist das Verfahren auf Antrag auszusetzen, soweit die Entscheidung von der Höhe der Aufwertung eines der in den §§ 4 bis 61, § 64 bezeichneten Ansprüche abhängt. Der Antrag auf Aussetzung kann vor dem Gerichtsschreiber zu Protokoll erklärt werden.

Zwölfter Abschnitt.

Schluß- und Übergangsbestimmungen.

I. Leistungen aus der Zeit vor dem Inkrafttreten des Gesetzes.

§ 78. Eine Aufwertung nach den Vorschriften dieses Gesetzes findet auch dann statt, wenn der Gläubiger nach dem 13. Februar 1924 eine Leistung angenommen hat. Dies gilt auch dann, wenn die Leistung auf Grund einer gerichtlichen Entscheidung bewirkt ist. Die Leistung ist in Höhe des Goldmarkbetrags (§§ 2, 3) auf den Aufwertungsbetrag anzurechnen. Die Vorschriften der §§ 16, 18 bis 24 finden entsprechende Anwendung.

§ 79. (1) Dem Verwalter eines fremden Vermögens fällt ein zum Schadenersatze verpflichtendes Verschulden nicht zur Last, wenn er im Vertrauen auf den Stand der Gesetzgebung oder der Rechtsprechung bei der Annahme von Leistungen oder den sonstigen Verfügungen über

Ansprüche, die der Aufwertung nach den Vorschriften dieses Gesetzes unterliegen, mit einer Aufwertung nicht gerechnet hat.

(2) Die Vorschrift des Abs. 1 findet entsprechende Anwendung auf Personen, die bei der Erteilung von Rat oder Auskunft mit einer Aufwertung nicht gerechnet haben.

II. Bilanzvorschriften.

§ 80. Ist vor dem Inkrafttreten dieses Gesetzes eine Bilanz nach Maßgabe der bisherigen Vorschriften über die Aufwertung aufgestellt worden, so hat es hierbei sein Bewenden. Eine auf die Vorschriften dieses Gesetzes gegründete Beanstandung der Bilanz durch die Beteiligten wird, soweit eine hierfür bestimmte Frist beim Inkrafttreten dieses Gesetzes noch nicht abgelaufen ist, hierdurch nicht ausgeschlossen.

§ 81. (1) Hat eine Aktiengesellschaft einen der Aufwertung unterliegenden Anspruch als Passivum in die Bilanz eingestellt und ergibt sich auf Grund der Vorschriften dieses Gesetzes für den Anspruch eine höhere Aufwertung als bisher, so ist die Aktiengesellschaft berechtigt, den Unterschied zwischen dem nach den bisherigen Vorschriften maßgebenden Aufwertungsbetrag und dem höheren Betrage, der sich auf Grund der neuen Vorschriften ergibt, als Aufwertungsausgleichsposten in die Aktiva der Bilanz einzustellen Entsprechendes gilt, wenn ein in der Bilanz nicht berücksichtigter Anspruch erst durch dieses Gesetz aufgewertet ist.

(2) Macht die Gesellschaft von dieser Befugnis Gebrauch, so ist sie verpflichtet,

1. in der Bilanz den Bestand an den durch dieses Gesetz erhöht oder neu aufgewerteten Schulden gesondert anzugeben und sie gesondert von anderen Schulden zu bewerten;
2. das Aufwertungsausgleichskonto durch jährliche Abschreibungen nach den Grundsätzen kaufmännischer Geschäftsgebarung zu tilgen. Die Länder können allgemein oder für den einzenen Fall den Mindestbetrag der Abschreibungen festsetzen.

(3) Diese Vorschriften finden auf eingetragene Genossenschaften, auf Unternehmungen anderer Art, für deren Bilanzen kraft Gesetzes oder auf Grund der Satzung die für Aktiengesellschaften geltenden bilanzrechtlichen Bestimmungen des Handelsgesetzbuchs maßgebend sind, sowie auf Gesellschaften mit beschränkter Haftung entsprechende Anwendung.

(4) Der Reichsminister der Justiz wird ermächtigt, Unternehmungen, die den Verpflichtungen gemäß Abs. 2, 3 zuwiderhandeln, die im Abs. 1 gewährte Befugnis zu entziehen.

III. Anhängige Rechtsstreitigkeiten.

1. Erledigung.

§ 82. Findet infolge der Vorschriften dieses Gesetzes ein anhängiger Rechtsstreit seine Erledigung, so trägt jede Partei die ihr entstandenen außergerichtlichen Kosten. Die Gerichtskosten werden niedergeschlagen.

2. Fortbetrieb.

§ 83. Hat in einem anhängigen Rechtsstreit auf Grund des Gesetzes, betreffend Aussetzung des Verfahrens vor Gerichten und Aufwertungsstellen, vom 17. Februar 1925 (Reichsgesetzbl. I S. 15) eine Aussetzung der Verhandlung stattgefunden, so hat das Gericht auf Antrag einer Partei die Anordnung der Aussetzung wieder aufzuheben; entsprechendes gilt für das Verfahren vor der Aufwertungsstelle. Dies gilt nicht für das Rechtsmittelverfahren vor den Finanzgerichten und dem Reichsfinanzhof, soweit es sich um Ansprüche auf Grund der Vorschriften der Dritten Steuernotverordnung über den Geldentwertungsausgleich bei Schuldverschreibungen und der zu ihrer Durchführung erlassenen Bestimmungen handelt.

IV. Aufwertungsansprüche Hilfsbedürftiger.

§ 84. Bei der Festsetzung einer Unterstützung öffentlichrechtlicher Art bleibt das Einkommen des Hilfsbedürftigen aus Ansprüchen, die der Aufwertung nach diesem Gesetz unterliegen, außer Ansatz, soweit es den Betrag von 270 Reichsmark für das Jahr nicht übersteigt. Erhält der Hilfsbedürftige zugleich eine Vorzugsrente nach Maßgabe §§ 18 bis 26, 37 des Gesetzes über die Ablösung offentlicher Anleihen, so bleiben die im Satz 1 bezeichneten Einnahmen und die Vorzugsrente bis zum Gesamtbetrage von 270 Reichsmark für das Jahr außer Ansatz.

§ 85. Soweit die öffentliche Fürsorge ihre Hilfe davon abhängig machen darf, daß die Rückzahlung der für den Hilfsbedürftigen aufgewendeten Kosten sichergestellt wird (§ 9 der Reichsgrundsätze über Voraussetzung, Art und Maß der öffentlichen Fürsorge vom 4. Dezember 1924, Reichsgesetzbl. I S. 765), dürfen Ansprüche des Hilfsbedürftigen, die der Aufwertung nach diesem Gesetz unterliegen, nur nach Maßgabe von Vorschriften herangezogen werden, die die Reichsregierung mit Zustimmung des Reichsrats hierüber erläßt.

V. Fremdenrecht.

§ 86. (1) Soweit Reichsangehörige in einem fremden Staate hinsichtlich der Aufwertung ungünstiger behandelt werden als dessen eigene Angehörige, wird die Reichsregierung ermächtigt, eine entsprechende unterschiedliche Behandlung der Angehörigen dieses Staates anzuordnen.

(2) Sofern nach der Gesetzgebung eines fremden Staates dieser Staat oder seine Angehörigen nicht verpflichtet sind, Reichsangehörigen einen höheren Betrag zu zahlen, als den, der ihnen im Deutschen Reiche unter den gleichen Bedingungen auf Grund der deutschen Aufwertungsbestimmungen zufallen würde, wird die Reichsregierung ermächtigt, einem solchen Staate gegenüber eine entsprechende Regelung zu treffen.

(3) Die Reichsregierung wird ermächtigt, die Aufwertung der im § 1 bezeichneten Ansprüche zugunsten der Angehörigen solcher Staaten auszuschließen, nach deren Recht diese Ansprüche einer Aufwertung nicht unterliegen.

VI. Internationale Vereinbarungen.

§ 87. Rechte, Ansprüche und Befugnisse, die auf internationalen Vereinbarungen oder den zu ihrer Durchführung erlassenen Gesetzen beruhen, oder die zur Erfüllung von Verpflichtungen aus solchen Vereinbarungen begründet sind, bleiben unberührt.

VII. Inkrafttreten und Durchführung des Gesetzes.

§ 88. (1) Dieses Gesetz tritt mit Wirkung vom 15. Juli 1925 in Kraft.

(2) Die Reichsregierung wird ermächtigt, die zur Durchführung dieses Gesetzes, insbesondere auch zur Erleichterung des Grundbuchverkehrs, erforderlichen Rechtsverordnungen und allgemeinen Verwaltungsvorschriften zu erlassen; sie kann die Erteilung eines Hypotheken- oder Grundschuldbriefs für Rechte, deren Aufwertungsbeträge ein gewisses Maß nicht übersteigen, nachträglich ausschließen. Die Reichsregierung oder die von ihr bestimmte Stelle kann ferner besondere Vorschriften über den Ausgleich von Ansprüchen und Gegenansprüchen zwischen denselben Parteien und über die Zulässigkeit und Anrechnung von Sachleistungen sowie die Berücksichtigung eines mit Rücksicht auf eine vorzeitige Zahlung angemessenen Zwischenzinses erlassen.

Berlin, den 16. Juli 1925.

Der Reichspräsident
von Hindenburg.

Der Reichsminister der Justiz
Dr. Frenken.

Anlage

Zeit	Wert von ... Papiermark	Wert in GM
1918		
Januar—Juni .	10	8,00
Juli	10	7,14
August . . .	10	6,90
Septbr.—Oktober	10	6,45
November . . .	10	5,71
Dezember . . .	10	5,00
1919		
Januar . . .	10	5,13
Februar . . .	10	4,65
März	10	4,00
April	10	3,41
Mai.	10	3,32
Juni	10	3,11
Juli	10	2,86
August. . . .	10	2,29
September . .	10	1,88
Oktober . . .	10	1,66
November. . .	10	1,26
Dezember . . .	10	1,04
1920		
Januar 1.—10.	100	9,67
11.—20.	100	7,75
21.—29.	100	5,76
Februar 1.—10.	100	4,90
11.—20.	100	5,06
21.—29.	100	4,86
März 1.—10.	100	4,87
11.—20.	100	6,12
21.—31.	100	5,79
April 1.—10.	100	7,00
11.—20.	100	6,99
21.—30.	100	7,10
Mai 1.—10.	100	7,86
11.—20.	100	8,79
21.—31.	100	11,01
Juni 1.—10.	100	10,32
11.—20.	100	10,64
21.—30.	100	11,19
Juli 1.—10.	100	11,10
11.—20.	100	10,91
21.—31.	100	10,05
August 1.—10.	100	9,23
11.—20.	100	8,83
21.—31.	100	8,40
Septbr. 1.—10.	100	8,24
11.—20.	100	6,80
21.—30.	100	6,80
Oktober 1.—10.	100	6,87
11.—20.	100	6,39
21.—31.	100	6,22
Novemb. 1.—10.	100	5,57
11.—20.	100	5,83
21.—30.	100	6,65
Dezemb. 1.—10.	100	6,38
11.—20.	100	6,27
21.—31.	100	6,20
1921		
Januar 1.—10.	100	6,05
11.—20.	100	6,62
21.—31.	100	7,41
Februar 1.—10.	100	6,90
11.—20.	100	7,26
21.—28.	100	7,01
März 1.—10.	100	7,01
11.—20.	100	7,09
21.—31.	100	7,12
April 1.—10.	100	7,24
11.—20.	100	7,15
21.—30.	100	6,77
Mai 1.—10.	100	6,77
11.—20	100	7,42
21.—31.	100	7,32
Juni 1.—10.	100	6,88
11.—20.	100	6,61
21.—30.	100	6,39
Juli 1.—10.	100	6,34
11.—20.	100	6,25
21.—31.	100	5,88
August 1.—10.	100	5,32
11.—20.	100	4,96
21.—31.	100	5,01
Septbr. 1.—10.	100	4,82
11.—20.	100	4,31
21.—30.	100	4,07

Zeit	Wert von ... Papiermark	Wert in G.M
Oktober 1.—10.	100	3,88
11.—20.	100	3,23
21.—31.	100	2,98
Novemb. 1.—10.	100	2,24
11.—20	100	2,06
21.—30.	100	1,92
Dezemb. 1.—10.	100	2,37
11.—20.	100	2,56
21.—31.	100	2,55
1922		
Januar 1.—10.	100	2,52
11.—20.	100	2,50
21.—31.	100	2,28
Februar 1.—10.	100	2,30
11.—20.	100	2,24
21.—28.	100	2,08
März 1.—10.	100	1,86
11.—20.	100	1,70
21.—31.	100	1,43
April 1.—10.	100	1,43
11.—20.	100	1,50
21.—30.	100	1,59
Mai 1.—10.	100	1,50
11.—20.	100	1,49
21.—31.	100	1,51
Juni 1.—10.	100	1,52
11.—20.	100	1,37
21.—30.	100	1,26
Juli 1.—10.	1000	9,50
11.—20.	1000	9,70
21.—31.	1000	8,46
August 1.—10	1000	6,06
11.—20.	1000	4,88
21.—31.	1000	3,16
Septemb. 1.—10.	1000	3,33
11.—20.	1000	3,09
21.—30.	1000	3,05
Oktober 1.—10.	1000	2,13
11.—20.	1000	1,65
21.—31.	1000	1,11
Novemb. 1.—10.	10000	7,60
11.—20.	10000	6,79
21.—30.	10000	6,62
Dezemb. 1.—10.	10 000	5,80
11.—20.	10 000	6,18
21.—31.	10 000	6,34
1923		
Januar 1.—10.	10 000	4,94
11.—20.	10 000	3,22
21.—31.	10 000	1,87
Februar 1.—10.	10 000	1,35
11.—20.	10 000	1,87
21.—28.	10 000	1,86
März 1.—10.	10 000	1,95
11.—20.	10 000	2,06
21.—31.	10 000	2,04
April 1.—10.	10 000	2,02
11.—20.	10 000	1,92
21.—30.	10 000	1,57
Mai 1.—10.	10 000	1,29
11.—20.	10 000	1,09
21.—31.	100 000	8,40
Juni 1. . .	100 000	6,47
2. . .	100 000	6,82
4. . .	100 000	6,83
5. . .	100 000	6,71
6. . .	100 000	6,30
7. . .	100 000	6,17
8. . .	100 000	6,18
9. . .	100 000	6,09
11. . .	100 000	5,79
12. . .	100 000	5,29
13. . .	100 000	4,94
14. . .	100 000	4,73
15. . .	100 000	4,26
16. . .	100 000	3,86
18. . .	100 000	3,66
19. . .	100 000	3,80
20. . .	100 000	3,79
21. . .	100 000	3,82
22. . .	100 000	3,89
23. . .	100 000	3,94
25. . .	100 000	3,58
26. . .	100 000	3,26
27. . .	100 000	3,03
28. . .	100 000	3,00
29. . .	100 000	2,92
30. . .	100 000	2,87

Zeit	Wert von … Papiermark	Wert in G.-M.
Juli 2. . .	100 000	2,73
3. . .	100 000	2,68
4. . .	100 000	2,54
5. . .	100 000	2,43
6. . .	100 000	2,37
7. . .	100 000	2,32
9. . .	100 000	2,28
10. . .	100 000	2,25
11. . .	100 000	2,25
12. . .	100 000	2,21
13. . .	100 000	2,10
16. . .	100 000	1,99
17. . .	100 000	1,75
19. . .	100 000	1,52
20. . .	100 000	1,33
23. . .	1 Million	9,83
24. . .	1 "	8,39
26. . .	1 "	6,01
27. . .	1 "	5,16
30. . .	1 "	4,49
31. . .	1 "	4,37
August 1. . .	1 "	3,98
3. . .	1 "	2,63
6. . .	1 "	1,68
7. . .	1 "	1,32
8. . .	1 "	1,18
9. . .	1 "	1,20
10. . .	1 "	1,33
13. . .	1 "	1,42
14. . .	1 "	1,50
15. . .	1 "	1,47
16. . .	1 "	1,25
17. . .	10 Millionen	9,81
20. . .	10 "	8,44
21. . .	10 "	7,98
22. . .	10 "	8,51
23. . .	10 "	8,46
24. . .	10 "	7,90
27. . .	10 "	6,86
28. . .	10 "	5,45
29. . .	10 "	4,86
30. . .	10 "	4,67
31. . .	10 "	4,53
Septbr. 3. . .	10 "	3,62
4. . .	10 "	2,42
5. . .	10 "	1,51
6. . .	10 "	1,17
Septbr. 7. . .	100 Millionen	9,43
10. . .	100 "	7,52
11. . .	100 "	6,29
12. . .	100 "	5,52
13. . .	100 "	4,70
14. . .	100 "	3,84
17. . .	100 "	2,97
18. . .	100 "	2,59
19. . .	100 "	2,73
20. . .	100 "	2,87
21. . .	100 "	3,33
24. . .	100 "	3,20
25. . .	100 "	3,23
26. . .	100 "	2,94
27. . .	100 "	2,31
28. . .	100 "	1,78
Oktober 1. . .	100 "	1,35
2. . .	100 "	1,07
3. . .	1 Milliarde	9,21
4. . .	1 "	7,71
5. . .	1 "	6,10
8. . .	1 "	3,38
9. . .	1 "	1,93
10. . .	1 "	1,41
11. . .	1 "	1,27
12. . .	1 "	1,31
15. . .	1 "	1,12
16. . .	10 Milliarden	8,06
17. . .	10 "	5,44
18. . .	10 "	2,26
19. . .	10 "	1,23
22. . .	100 "	8,18
23. . .	100 "	7,02
24. . .	100 "	6,65
25. . .	100 "	6,65
26. . .	100 "	6,72
27. . .	100 "	6,79
29. . .	100 "	6,60
30. . .	100 "	5,05
31. . .	100 "	2,57
Novemb. 1. . .	100 "	1,53
2. . .	100 "	1,14
3. . .	100 "	1,04
5. . .	1 Billion	8,85
6. . .	1 "	7,69
7. . .	1 "	6,97
8. . .	1 "	7,12

Zeit	Wert von … Papiermark	Wert in G.-M.	Zeit	Wert von … Papiermark	Wert in G.-M.
Novemb. 9. . .	1 Billion	7,28	Novbr. 22. . .	1 Billion	1,00
10. . .	1 "	6,70	23. . .	1 "	1,00
12. . .	1 "	5,27	24. . .	1 "	1,00
13. . .	1 "	3,19	26. . .	1 "	1,00
14. . .	1 "	2,19	27. . .	1 "	1,00
15. . .	1 "	1,72	28. . .	1 "	1,00
16. . .	1 "	1,67	29. . .	1 "	1,00
17. . .	1 "	1,36	30. und	1 "	1,00
19. . .	1 "	1,15	folgende		
20. . .	1 "	1,00	Tage .	1 "	1,00
21. . .	1 "	1,00			

Gesetz über die Aufwertung von Hypotheken und anderen Ansprüchen (Aufwertungsgesetz)

vom 16. Juli 1925.

(RGBl. I S. 117.)

Erster Abschnitt

Allgemeine Bestimmungen[1, 2]

I. Gegenstand der Aufwertung

§ 1.

(1) Ansprüche[3], die auf vor dem 14. Februar 1924 begründeten Rechtsverhältnissen[4] beruhen und die Zahlung einer bestimmten in Mark oder einer anderen nicht mehr geltenden inländischen Währung ausgedrückten Geldsumme zum Gegenstande haben[5], werden nach Maßgabe dieses Gesetzes[6] aufgewertet[7], wenn sie durch den Währungsverfall betroffen sind[8]. Dies gilt nicht, wenn der verbliebene Goldwert das für die Aufwertung vorgesehene Maß erreicht oder übersteigt[9].

(2) Soweit die Aufwertung durch ein Sondergesetz geregelt ist, finden die Vorschriften dieses Gesetzes keine Anwendung[10].

1. Im Gegensatz zur III. Steuernotverordnung, die keine besondere Gliederung enthielt, sondern nur im § 1 die Vermögensanlagen abschließend aufführte, deren Aufwertung durch sie geregelt wurde, und die dann in den folgenden §§ im einzelnen die Art der Aufwertung dieser Ansprüche behandelte, ist das Aufwertungsgesetz systematisch in eine Reihe von Abschnitten eingeteilt, deren erster für das ganze Gesetz gültige allgemeine Bestimmungen enthält und auch für die Ansprüche maßgebend ist, deren Aufwertung sich gemäß § 62 nach den allgemeinen Vorschriften richtet. Dieser Abschnitt bestimmt, was Gegenstand der Aufwertung ist (§ 1) und wie der Goldmarkbetrag als Grundlage der Aufwertung berechnet wird (§§ 2, 3).

2. Räumlicher Geltungsbereich. Das Aufwertungsgesetz findet immer dann Anwendung, wenn deutsches Recht für die Rechtsbeziehungen der Parteien maßgebend ist. Zweifel können sich für diejenigen Rechtsverhältnisse ergeben, die in das verloren gegangene deutsche Gebiet hinüberspielen. Bezüglich des dinglichen Rechts wird nicht das deutsche Recht, sondern das Recht des Staates, in dem das Grundstück jetzt liegt, Anwendung zu finden haben; dieser Satz ist aber nicht ohne weiteres auch auf die persönliche Forderung anzuwenden, da es, wie das Reichsgericht in einem Urteil vom 19. September 1923 (RGZ. 107, 121) ausführt, keinesfalls dem mutmaßlichen beiderseitigen Vertragswillen entspricht, noch aus anderen Gründen anzunehmen ist, daß das neueingeführte Recht auch für die Verpflichtungen derjenigen Vertragspartei maßgebend ist, die sich nicht unter der örtlichen Herrschaft jenes neuen Rechts befindet. Nach Auffassung des Reichsgerichts bleibt das Recht maßgebend, unter dessen Herrschaft ein Vertragsverhältnis einmal entstanden ist, wofern nicht der gemeinsame Wille beider Vertragsteile dahingeht, sich dem am Erfüllungsort neueingeführten Recht zu unterwerfen, oder wofern die Parteien nicht örtlich unter der Herrschaft des neuen Rechtes stehen (ebenso Schlegelberger § 1 Anm. 2 und Wagemann § 1 Anm. 3).

Industrieobligationen und verwandte Schuldverschreibungen, die von einem ausländischen Schuldner in Deutschland ausgegeben worden sind, sind nach Maßgabe des Aufwertungsgesetzes aufzuwerten, wenn sie auf Reichswährung lauten und im Deutschen Reich zahlbar sind (z. B. die Naphtha-Nobel-Obligationen); so auch Mügel S. 141, während Schlegelberger § 1 Anm. 2 das Aufwertungsgesetz nur zur Anwendung bringen will, wenn der Schuldner seinen Sitz im Inland hat. Handelt es sich um einen Schuldner, der seinen Sitz in den durch den Friedensvertrag verlorengegangenen Gebieten hat, dann kommt das Aufwertungsgesetz gleichfalls zur Anwendung, da eine solche Anleihe bei ihrer Begründung deutschem Recht unterstand und keine Veranlassung besteht, infolge der Gebietsabtrennung und der damit verbundenen Verlegung des Sitzes des Schuldners ins Ausland die Anleihe einem anderen Rechte zu unterstellen.

Anders liegen die Dinge dagegen bei Pfandbriefen, für die das Recht maßgebend ist, das für den Sitz der Pfandbriefanstalt gilt. Dies Ergebnis folgt aus der Tatsache, daß die Regelung der Pfandbriefaufwertung darauf abgestellt ist, daß die Pfandbriefanstalt dem unmittelbaren Einfluß der deutschen Behörden untersteht; die Anwendung des Aufwertungsgesetzes auf Pfandbriefanstalten, deren Sitz jetzt im Auslande ist, würde praktisch nicht durchführbar sein.

3. Unter Anspruch ist gemäß § 194 BGB. das Recht, von einem andern ein Tun oder Unterlassen zu verlangen, zu verstehen. Voraussetzung für das Vorhandensein eines Anspruchs ist also das Bestehen einer rechtlichen Beziehung zwischen zwei Personen, dem Berechtigten und dem Verpflichteten. Es sind — insbesondere auch im Sinne des Aufwertungsgesetzes — zwei Arten von Ansprüchen, nämlich die persönlichen und die dinglichen Ansprüche zu unterscheiden. Erstere wurzeln in einem zwischen dem Berechtigten und dem Verpflichteten bestehenden Schuldverhältnis, während die letzteren auf der Beziehung des Berechtigten zu einer bestimmten Sache beruhen, ohne daß jedoch die Beziehung auf eine bestimmte andere Person fehlt.

4. Das Rechtsverhältnis auf dem der Anspruch beruht, muß vor dem 14. Februar 1924 begründet sein. Dieser Tag ist deshalb gewählt, weil an ihm die III. Steuernotverordnung, die den ersten Versuch der gesetzlichen Regelung des Aufwertungsproblems darstellte, in Kraft getreten ist. Demzufolge stellt das Aufwertungsgesetz die abschließende Regelung der durch die Entwertung der Mark entstandenen Schäden dar;

es würde nicht anwendbar sein, wenn infolge einer neuen Inflation die nach dem 13. Februar 1924 begründeten und auf Bill.-Mark, Rentenmark oder Reichsmark lautenden Ansprüche entwertet würden.

Es ist nicht notwendig, daß der Anspruch vor dem 14. Februar 1924 im Sinne des § 198 BGB. entstanden ist, d. h. daß der Gläubiger bereits vor diesem Tag in der Lage war, ihn geltend zu machen. Es genügt, daß das Gläubigerrecht als solches entstanden, daß also die Rechtsgrundlage für den Anspruch geschaffen ist; demnach unterliegen auch solche Ansprüche der Aufwertung, die zwar auf einem vor dem 14. Februar 1924 begründeten Rechtsverhältnis beruhen, infolge einer Bedingung oder Befristung aber erst nach dem 13. Februar 1924 infolge Eintritts der Bedingung oder des Fälligkeitstermins zur Entstehung gelangt sind oder gelangen.

5. Von den zahllosen Ansprüchen des Rechtsverkehrs unterliegt nur die Gruppe der Aufwertung, die auf Mark oder eine andere nicht mehr geltende inländische Währung lautet. Unter Mark ist hier die erstmalig im § 2 des Gesetzes vom 4. Dezember 1871 betreffend die Ausprägung von Reichsgoldmünzen (RGBl. S. 404) als zehnter Teil der nach diesem Gesetz auszuprägenden Goldmünzen genannte Mark, die durch Münzgesetz vom 9. Juli 1873 (RGBl. S. 233) — neue Fassung vom 1. Juni 1909 (RGBl. S. 507) — zur Rechnungseinheit der neuen Reichsgoldwährung erhoben ist, zu verstehen. Bezüglich der andern nicht mehr geltenden inländischen Währungen vgl. § 15 des Münzgesetzes vom 1. Juni 1909, der wie folgt lautet:

„1. Alle Zahlungen, die vor Eintritt der Reichswährung in Münzen einer inländischen Währung oder in landesgesetzlich den inländischen Münzen gleichgestellten ausländischen Münzen zu leisten waren, sind vorbehaltlich der Vorschriften des § 9 in Reichsmünzen zu leisten.

2. Der Umrechnung solcher Goldmünzen, für welche ein bestimmtes Verhältnis zu Silbermünzen gesetzlich nicht feststeht, erfolgt nach Maßgabe des Verhältnisses des gesetzlichen Feingehalts derjenigen Münzen, auf welche die Zahlungsverpflichtung lautet, zu dem gesetzlichen Feingehalt der Reichsgoldmünzen.

Bei der Umrechnung anderer Münzen werden
der Taler zum Werte von 3 Mark,
der Gulden süddeutscher Währung zum Werte von $1^5/_7$ Mark,
die Mark lübischer oder hamburgischer Kurantwährung zum Werte von $1^1/_5$ Mark,
die übrigen Münzen derselben Währungen zu entsprechenden Werten nach ihrem Verhältnisse zu den genannten berechnet.

Bei der Umwertung werden Bruchteile von Pfennigen der Reichswährung zu einem Pfennig berechnet, wenn sie einen halben Pfennig oder mehr betragen, Bruchteile unter einem halben Pfennig werden nicht gerechnet.

3. Werden Zahlungsverpflichtungen nach Eintritt der Reichswährung unter Zugrundelegung vormaliger inländischer Geld- oder Rechnungswährungen begründet, so ist die Zahlung vorbehaltlich der Vorschriften des § 9 in Reichsmünzen unter Anwendung der Vorschriften der Nr. 2 zu leisten."

Der Aufwertung nach Maßgabe des Aufwertungsgesetzes unterliegen demnach nicht diejenigen Ansprüche, die auf irgendeine ausländische

Währung lauten, und zwar auch dann nicht, wenn auch diese Währung wie z. B. die französische italienische, österreichische oder polnische gleichfalls in mehr oder minder starkem Maße entwertet ist. Damit ist aber nicht gesagt, daß derartige Ansprüche überhaupt nicht aufwertbar sind; soweit deutsches Recht anwendbar ist, wirkt sich die grundsätzliche Anerkennung des Aufwertungsgedankens durch das Reichsgericht auch auf diese Ansprüche aus, wobei vor allem § 242 BGB. die Grundlage für die Aufwertung bildet. Kommt ausländisches Recht in Frage, so ist zu prüfen, ob dieses den Aufwertungsgedanken anerkennt. Hierbei ist es nicht Sache der deutschen Gerichte, auf Grund allgemeiner Erwägungen den Aufwertungsgedanken in das Recht eines Landes, dessen Gerichte ihn nicht anerkennen, hineinzuinterpretieren; solange diese Gerichte ihn ablehnen, werden die deutschen Gerichte dieser Rechtsauffassung zu folgen haben, wenn nicht ganz besonders zwingende Gründe deren Auffassung als unhaltbar erscheinen lassen.

Ferner unterliegen der Aufwertung alle diejenigen Ansprüche nicht, bei denen, sei es allein, sei es neben der Mark eine wertbeständige Rechnungseinheit (Feingold, Goldmark, Roggen, Kohle, Kali u. a.) vereinbart worden ist.

Lauten Ansprüche zugleich auf Mark und auf eine ausländische Währung, dann ist zu prüfen, ob der Wille der Parteien dahin ging, die Mark bezüglich des betreffenden Anspruches in ein festes Verhältnis zur ausländischen Währung zu bringen, oder ob die Angabe der Schuldsumme in ausländischer Währung nur deshalb erfolgt ist, um dem Gläubiger, der in dieser ausländischen Währung zu rechnen gewohnt ist, ein anschaulicheres Bild von der Höhe seiner Forderung zu geben. Im letzteren Fall handelt es sich um eine reine Markverpflichtung, die unter das Aufwertungsgesetz fällt, während in dem ersteren Fall für eine Aufwertung kein Platz ist, da die Angabe der Schuldsumme in der ausländischen Währung einen wesentlichen Inhalt der Verpflichtung darstellt und Erfüllung in dieser ausländischen Währung beziehungsweise in Reichsmark unter Zugrundelegung des Kurses dieser Währung verlangt werden kann. Ist in einer von einem ausländischen Schuldner begebenen Anleihe neben der Angabe der Schuldsumme in der betreffenden ausländischen Währung auch eine solche in deutscher Währung enthalten (z. B. Anleihe des Hypothekenvereins Finnland), dann ist anzunehmen, daß die Verpflichtung des Schuldners auf Zahlung der Schuld in seiner Landeswährung geht.

Forderungen, bei denen nur für die Rückzahlung des Kapitals, nicht auch für die Zahlung der Zinsen eine Valutasicherung stattgefunden hat (z. B. Valutaschuldscheine der Gewerkschaft Graf Schwerin), fallen an sich nicht unter das Aufwertungsgesetz, doch sind dessen Bestimmungen bezüglich der Zinsen mit der Maßgabe anwendbar, daß zur Errechnung der zu zahlenden Zinsen der Betrag festzustellen ist, mit dem die Hauptschuld aufzuwerten wäre, wenn die Valutaklausel nicht bestände. Bei einer Inhaberschuldverschreibung würden also z. B. Zinsen nach Maßgabe des § 28 von 15% des Goldmarkbetrages des Kapitals auch dann zu zahlen sein, wenn dieses selbst nach ausdrücklicher Vereinbarung nach dem Verhältnis von 123 Schweizer Franken zu 100 Papiermark getilgt werden muß.

Bei der Vereinbarung einer Goldklausel ist zu prüfen, ob es sich um eine Goldmünzklausel oder um eine Goldwertklausel handelt. Die bei Hypotheken übliche Klausel ist regelmäßig als Goldmünzklausel zu verstehen und kann nicht auf dem Wege der Auslegung in eine Goldwertklausel umgedeutet werden (RGBl. 107, 400; 108, 179; Mügel, 3. Aufl. S. 167 und DJZ. 24, 304, Wagemann § 1 Anm. 6; a. A. Schlegelberger § 1 Anm. 5). Gegen eine solche Umdeutung spricht vor allem die Tatsache, daß die Goldwertklausel im Gegensatz zu der Goldmünzklausel nicht eintragungsfähig war, und daß infolgedessen bereits vor dem Krieg ein rechtlicher Unterschied zwischen beiden Klauseln bestand. Wollten die Parteien neben der Goldmünzklausel auch noch eine Goldwertklausel vereinbaren, so waren sie hierzu bezüglich der persönlichen Forderung in der Lage (RGE. 108, 146), und es ist deshalb nicht anzunehmen, daß es dem Willen der Parteien entsprach, derselben Klausel in bezug auf die persönliche und auf die dingliche Forderung eine verschiedene Bedeutung beizumessen, sofern ein solcher Wille nicht irgendwie erkennbar zum Ausdruck gelangt ist. Eine vor dem 31. Juli 1914 vereinbarte Goldmünzklausel hat gemäß der Verordnung vom 28. September 1914 (RGBl. S. 417) keine verbindliche Kraft, während die Goldwertklausel unverändert fortbesteht. Ist solche Goldwertklausel für eine hypothekarisch gesicherte Forderung vereinbart worden, dann wird das dingliche Recht nach Maßgabe der Bestimmungen des Aufwertungsgesetzes aufgewertet, während für die persönliche Forderung infolge ihrer Wertsicherung durch die diesbezügliche Klausel eine Aufwertung nicht in Frage kommt.

6. Die Worte „werden nach Maßgabe dieses Gesetzes aufgewertet" treffen insofern nicht ganz zu, als das Gesetz nur die Aufwertung bestimmter Gruppen von Ansprüchen regelt und im übrigen im § 62 I auf die allgemeinen Vorschriften verweist. Ausdrücklich geregelt ist die Aufwertung der Hypotheken, Grund- und Rentenschulden, der Reallasten, der Schiffs- und Bahnpfandrechte, ferner der Industrieobligationen und verwandten Schuldverschreibungen, der Pfandbriefe und verwandten Schuldverschreibungen, der Schuldverschreibungen der Genossenschaften des öffentlichen Rechtes und verwandter Körperschaften als Unternehmer wirtschaftlicher Betriebe, der Sparkassenguthaben und Versicherungsansprüche, sowie der Kontokorrentforderungen und Bankguthaben, bei welch letzteren beiden die Aufwertung grundsätzlich ausgeschlossen ist. Für sonstige Vermögensanlagen begrenzt § 63 Abs. 1 die Aufwertung auf 25%, überläßt aber die Feststellung der Höhe der Aufwertung innerhalb dieser Grenze der sich auf die allgemeinen Vorschriften stützenden Rechtsfindung. Schließlich greift für eine Reihe von Ansprüchen, die im § 63 Abs. 2 und 3 aufgeführt sind, auch die Begrenzung der Aufwertung auf 25 von Hundert nicht durch, so daß hier nur das sich auf die allgemeinen Rechtsvorschriften stützende richterliche Ermessen maßgebend ist.

7. Der Gesetzgeber hat mit Recht an dem Begriff der Aufwertung festgehalten und ist denen nicht gefolgt, die, um das angeblich dem Gläubiger zugefügte Unrecht sinnfälliger zu machen, von einer Abwertung sprechen. Damit ist anerkannt, daß der Währungsbegriff mit dem Aufwertungsgedanken nicht vereinbar ist und daß die Rechnungseinheit einer Währung nicht innerhalb des Gebietes, für das die letztere gilt, eine von Tag zu Tag schwankende Bedeutung haben kann.

8. Im Gegensatz zu § 1 der III. Steuernotverordnung, der von der Entwertung durch den Währungsverfall spricht, zieht § 1 des Aufwertungsgesetzes alle Ansprüche in sein Bereich, die durch den Währungsverfall betroffen sind. Letzteres ist bei den Ansprüchen nicht der Fall, die nach dem 19. November 1923 begründet worden sind, da vom 20. November 1923 an eine Billion Mark = 1 Goldmark war und eine weitere Entwertung der Mark nicht eingetreten ist.

Durch den Ausdruck „betroffen" sollte — wie der Komm.-Bericht ergibt — der Auffassung derer Rechnung getragen werden, die die Annahme, daß durch den Währungsfall eine „Entwertung" eingetreten ist, ablehnen. Dann hätte aber das Gesetz nicht „Aufwertungsgesetz" heißen und in ihm nicht ständig von „Aufwertung" die Rede sein dürfen (vgl. Anm. 7).

9. Sofern der Goldmarkbetrag eines Anspruchs das für die Aufwertung vorgesehene Maß erreicht oder übersteigt, hat es bei ihm sein Bewenden, da anderenfalls eine ungerechtfertigte Schädigung des Gläubigers die Folge wäre. Hat z. B. A dem B am 13. November 1923 (Umrechnungsverhältnis 1 Bill. Papiermark = 3,19 Goldmark) ein Darlehen von 1000 Bill. Papiermark = 3190 Goldmark gegeben, so würde er gemäß § 63 Abs. 1 einen Anspruch auf Aufwertung auf höchstens 25 v. H. d. h. auf 797,50 Reichsmark haben, während die 1000 Billionen auch heute noch den Wert von 1000 Reichsmark haben. In diesem Falle würde eine Aufwertung tatsächlich zu einer Abwertung führen und mußte daher ausgeschlossen werden.

10. Derartige Sondergesetze sind z. B. die Gesetze über die Miet- und Pachtzinsbildung (Reichsmietengesetz vom 24. März 1922 — RGBl. S. 273 — und Pachtschutzordnung vom 23. Juli 1925 — RGBl. Teil I S. 152 —), die für eine Aufwertung der Miet- und Pachtzinsforderungen auf Grund des Aufwertungsgesetzes oder auf Grund allgemeiner Rechtsvorschriften keinen Raum mehr lassen. Ferner gehört hierher das Gesetz über die anderweite Festsetzung von Geldbezügen aus Altenteilsverträgen vom 18. August 1923 (RGBl. Teil I S. 815).

II. Berechnung des Goldmarkbetrages als Grundlage der Aufwertung

§ 2.

(1) Als Goldmarkbetrag[1] gilt bei Ansprüchen, die vor dem 1. Januar 1918 erworben sind[2], der Nennbetrag[3]. Ist der Anspruch später erworben[4], so wird der Goldmarkbetrag dadurch festgestellt, daß der Nennbetrag, im Falle des entgeltlichen Erwerbes[5] der Erwerbspreis, nach Maßgabe des Wertverhältnisses umgerechnet wird, daß in der Anlage zu diesem Gesetze für den Tag des Erwerbes bestimmt ist[6]; ist ein Umrechnungsverhältnis für diesen Tag nicht bestimmt[7], so ist das letzte vorhergehende Umrechnungsverhältnis maßgebend. An Stelle des Erwerbspreises ist der Nennbetrag der Berechnung zugrunde zu legen, wenn er, nach dem Zeitpunkt der Begründung des Anspruchs in Goldmark umgerechnet, niedriger ist[8]. Ein Erwerb, der nach dem 13. Februar 1924 stattgefunden hat, bleibt für die Berechnung des Goldmarkbetrages außer Betracht.

(2) Für Industrieobligationen[10], Pfandbriefe[11], Rentenbriefe[11], Kommunalobligationen und andere verzinsliche oder an Stelle der Verzinsung mit einem Aufgeld rückzahlbare Schuldverschreibungen[12], die auf den Inhaber lauten oder durch Indossament übertragbar sind, gilt, wenn sie vor dem 1. Januar 1918 ausgegeben sind, als Goldmarkbetrag der Nennbetrag[13]. Sind die Schuld-

verschreibungen später ausgegeben, so wird der Nennbetrag nach Maßgabe des Wertverhältnisses umgerechnet, das in der Anlage zu diesem Gesetze für den Tag der Ausgabe bestimmt ist; ist ein Umrechnungsverhältnis für diesen Tag nicht bestimmt, so ist das letzte vorhergehende Umrechnungsverhältnis maßgebend. Die näheren Bestimmungen über die Feststellung des Ausgabetages trifft die Reichsregierung.

1. Das Aufwertungsgesetz geht von dem Goldmarkbetrag der Forderungen aus und wertet in Goldmark auf, trotzdem es nahe gelegen hätte, nunmehr die Reichsmark zur Grundlage der Aufwertung zu machen. Die Goldmark stellt keine Währungseinheit dar, sie ist ein Begriff, der aus der Not der Inflation heraus geboren ist und sich eng an den amerikanischen Dollar anlehnt, der als die stabilste Währung angesehen wurde. Die Goldmark entspricht dem $^{10}/_{42}$ Teil des amerikanischen Dollars. Für den Grundbuchverkehr ist die Goldmark zum amtlichen Goldpreis dergestalt in Verbindung gebracht, daß 1 GMk. = $^{1}/_{2790}$ kg Feingold ist. Auf dieser Basis hatten nach § 2 der 1. DurchfVO. zur 3. St.-NVO. die Eintragungen zu erfolgen. Für das AufwGes. ist das gleiche durch die Verordnung vom 9. Oktober 1925 angeordnet. Dadurch erledigt sich die von Mügel 3. Aufl. S. 202 vertretene Auffassung, der auf dem Umweg 1 GMk. = 1 Bill. PapMk. und 1 Bill. PapMk. = 1 RMk. die Goldmark der Reichsmark gleichsetzt und in Reichsmark aufwerten will.

2. Der Begriff des Erwerbs des Anspruchs deckt sich nicht mit der Entstehung desselben im Sinne des § 198 BGB. Maßgebend kann nur der Zeitpunkt sein, in dem das Rechtsverhältnis, auf welchem der Anspruch beruht, begründet worden ist. Hat also A im Jahre 1917 dem B ein Darlehen von 1000 Mark gegeben, das im Jahre 1920 zurückgezahlt werden sollte, dann ist der Anspruch auf Rückzahlung erst im Jahre 1920 entstanden. Er ist jedoch im Sinne des § 2 als im Jahre 1917 erworben anzusehen, so daß der Nennbetrag gleich dem Goldmarkbetrag ist, während im anderen Falle der letztere erheblich unter dem ersteren liegen würde.

3. Der Nennbetrag eines Anspruchs ist derjenige Betrag, auf welchen der Gläubiger bei Fälligkeit einen Anspruch hat, wobei es unerheblich ist, wie dieser Betrag zustande gekommen ist. Hat z. B. A dem B im Jahre 1917 ein unverzinsliches Dorlehen in Höhe von 1000 Mark gegeben, das im Jahre 1922 mit 1500 Mark zurückgezahlt werden sollte, dann stellen die zurückzuzahlenden 1500 Mark und nicht etwa nur die hingegebenen 1000 Mark den aufzuwertenden Nennbetrag dar. Ebenso bleibt ein bei der Auszahlung eines Darlehens berechnetes Damno bei der Feststellung des Goldmarkbetrages außer Betracht.

Der Nennbetrag ist auch dann maßgebend, wenn der aufwertungsberechtigte Gläubiger den Anspruch vor dem 1. Januar 1918 zu einem unter ihm liegenden Preise erworben hat. Hat in dem vorstehend gebildeten Beispiel A seine Forderung am 31. Dezember 1917 an C gegen Zahlung von 800 Mark abgetreten, dann ist C trotzdem berechtigt, eine Aufwertung unter Zugrundelegung eines Goldmarkbetrages von 1500 Mark zu beanspruchen. Maßgebend ist in einem solchen Falle der Tag der Abtretung, nicht der Tag der Zahlung des Gegenwertes; ist in dem vorstehenden Beispiel die Zahlung erst nach dem 1. Januar 1918 erfolgt, so ändert sich an dem Ergebnis nichts, während dann, wenn die Zahlung am 31. Dezember 1917, die Abtretung aber erst am 2. Januar 1918 erfolgt ist, der Goldmarkbetrag nach Maßgabe des Erwerbspreises, und zwar umgerechnet nach dem für den Tag des Erwerbes des Rechts, d. h. für den 2. Januar 1918 geltenden Umrechnungsverhältnis festzustellen ist; da am 2. Januar 1918 10 Papiermark = 8 Goldmark waren, beträgt der der Aufwertung zugrunde zu legende Goldmarkbetrag also nur 640 Mark.

4. Bei einem nach dem 31. Dezember 1917 erfolgten Erwerb des Anspruchs bildet der Nennbetrag nur dann die Grundlage für die Feststellung des Goldmarkbetrages, wenn der Anspruch nicht entgeltlich erworben ist; der Nennbetrag ist jedoch nicht nach dem Zeitpunkt der Begründung des Anspruchs, sondern nach dem Zeitpunkt des Erwerbes in Goldmark umzurechnen. Hat also jemand einen im Jahre 1917 begründeten Anspruch von 1000 Mark im Januar 1918 unentgeltlich erworben, dann wird — sofern nicht einer der Ausnahmefälle des § 3 Abs. 1 vorliegt — der Aufwertung nur der nach dem für den Januar 1918 geltenden Umrechnungsverhältnis berechnete Goldmarkbetrag zugrunde gelegt, der in diesem Fall 800 Goldmark sein würde.

5. Bei einem entgeltlichen Erwerbe wird der Goldmarkbetrag durch Umrechnung des Erwerbspreises festgestellt. Diese Bestimmung wendet sich gegen die Spekulation; wer Ansprüche unter dem sich aus ihrem Goldmarkbetrag ergebenden Wert erworben hat, soll sich auch nur diesen Goldmarkbetrag für die Aufwertung anrechnen lassen. War der Erwerbspreis nicht in Papiermark bestimmt, sondern wurden wertbeständige Zahlungsmittel oder Sachwerte hingegeben, dann ist zunächst der Papiermarkwert der letzteren für den Zeitpunkt des Erwerbes festzustellen. Auf Grund des so ermittelten Markwertes des Erwerbspreises ist sodann der Goldmarkbetrag des letzteren zu berechnen.

Durch diese Art der Berechnung des Goldmarkbetrages erlangt der Schuldner Vorteile, auf die er an sich keinen Anspruch hat; seine Inanspruchnahme auf Grund der Bestimmungen über die ungerechtfertigte Bereicherung oder aus anderen Rechtsgründen ist jedoch gemäß § 19 nicht zulässig.

Bei mehrfacher Abtretung kann die Höhe des Goldmarkbetrages mehrfach wechseln, und zwar auch in der Weise, daß durch eine spätere Abtretung der Goldmarkbetrag sich wieder erhöht. Hat z. B. A eine Vorkriegshypothek von 10000 Mark, deren Goldmarkbetrag gleich dem Nennbetrag ist, am 1. Mai 1918 an B gegen Zahlung von 8000 Mk. abgetreten, dann ist der Goldmarkbetrag der Forderung nach dem Umrechnungskurs von 8 Goldmark = 10 Papiermark nur noch 6400 Mark. Hat B die Forderung an C am 5. November 1922 gegen Zahlung von 10 Millionen Papiermark abgetreten, dann erhöht sich der Goldmarkbetrag der Forderung auf 7600 Mark, da der Umrechnungskurs für den 5. November 1922 für 10000 Papiermark einen Wert von 7,60 Goldmark ergibt. Hätte C dagegen am 5. November 1922 15 Millionen Papiermark für diese Hypothek gezahlt, die einen Goldmarkwert von 11400 Mark gehabt hätten, dann würde der Goldmarkbetrag der Forderung nur 10000 Mark betragen, d. h. gleich dem Nennbetrage im Zeitpunkt der Begründung sein (vgl. Anm. 8).

6. Die III. Steuernotverordnung ging bei der Feststellung des Goldmarkbetrages von dem Dollarkurs aus. Diese Regelung führte zu erheblichen Unbilligkeiten, weil der Dollarkurs infolge der seinerzeitigen auf den Verfall der Mark hinzielenden Bestrebungen gewisser früherer Feindstaaten einerseits und der wiederholten Stabilisierungsversuche andererseits starken Schwankungen unterlag, die rein sachlich nicht gerechtfertigt waren. Außerdem eilte der Dollarkurs insbesondere in den ersten Jahren der Inflation der Entwertung der Kaufkraft der Mark meist sehr erheblich voraus, weil das Wesen der Geldentwertung im Inland nur langsam erfaßt wurde; er bildet daher keine zuverlässige Grundlage für die Berechnung des tatsächlichen Wertes der Mark. Das Aufwertungsgesetz hat deshalb an seine Stelle Meßzahlen gesetzt, bei deren Errechnung auch der inländischen Kaufkraft der Mark angemessen Rechnung getragen worden ist.

7. Die dem Gesetz als Anlage beigefügte Tabelle enthält für die Zeit nach dem 31. Mai 1923 für eine ganze Reihe von Tagen keine Meßzahl; in diesem Fall erfolgt die Errechnung des Goldmarkbetrages auf Grund des letztvorhergehenden Umrechnungsverhältnisses. Warum man für die Tage, an denen eine Dollarnotierung nicht erfolgte, ein Umrechnungsverhältnis nicht bestimmt hat, nachdem man sich von dem Dollarkurs selbst losgelöst hatte, ist nicht recht verständlich; einfacher wäre es jedenfalls gewesen, für jeden Tag ein Umrechnungsverhältnis festzusetzen, so daß die im Aufwertungsgesetz und im Gesetz über die Ablösung öffentlicher Anleihen sich mehrfach wiederholende Anordnung, daß in diesen Fällen das letzt vorhergehende Umrechnungsverhältnis maßgebend sein soll, sich erübrigt hätte.

8. Hat jemand nach dem 31. Dezember 1917 einen aufwertbaren Anspruch unter Zahlung eines Erwerbspreises erworben, dessen Goldmarkbetrag über dem Goldmarkbetrag des Nennbetrages im Zeitpunkt der Begründung des Anspruchs liegt, dann ist der letztere der Aufwertung zugrunde zu legen, da es nicht angängig ist, den Schuldner zur Aufwertung auf Grund eines Goldmarkbetrages zu verpflichten, der den Goldmarkbetrag seiner Schuld im Zeitpunkt ihrer Begründung übersteigt.

9. Mit dem Inkrafttreten der III. StNVO. (14. Febr. 1924) war eine feste Grundlage für die Bewertung der Ansprüche geschaffen, deren Aufwertung durch sie geregelt wurde. Damit entfiel bei dem Erwerb solcher Ansprüche das spekulative Moment und es entspricht der Billigkeit und dem Willen der Parteien, das nach dem 13. Februar 1924 erworbene Recht als mit seinem Aufwertungswert erworben anzusehen.

10. vgl. § 33 Anmerkung 1.

11. vgl. § 47 Anmerkung 1.

12. vgl. § 51 Anmerkung 1.

13. Für die im Absatz 2 ausgeführten Ansprüche gilt ohne Rücksicht auf den Tag des Erwerbs durch den derzeitigen Gläubiger der Nennbetrag als Goldmarkbetrag, sofern die betreffenden Schuldurkunden vor dem 1. Januar 1918 ausgegeben worden sind. Es kann also auch derjenige, der solche Schuldurkunden in der Inflationszeit billig erworben hat, dieselben Rechte geltend machen wie der Altbesitzer. Nur bei Industrieobligationen wird der letztere durch die Zubilligung eines Genußrechts bevorzugt behandelt (vgl. §§ 37 ff.). Das an Stelle der Verzinsung zu gewährende Aufgeld bleibt bei der Feststellung des Goldmarkbetrages ebenso unberücksichtigt wie das Aufgeld, das vielfach bei verzinslichen Schuldverschreibungen von den Anleihebedingungen für den Fall der Rückzahlung infolge Auslosung oder Kündigung vorgesehen war.

14. Bei der Anwendung der III. Steuernotverordnung ergaben sich dadurch Schwierigkeiten, daß meist zweifelhaft war, welcher Tag als Ausgabetag anzusehen ist. Das neue Gesetz überläßt den Erlaß der diesbezüglichen Bestimmungen der Reichsregierung. Es ist zu wünschen, daß diese möglichst bald herauskommen, damit insbesondere die Inhaber der in der Inflationszeit ausgegebenen Obligationen sich endlich ein Bild über den Wert ihrer Schuldverschreibungen machen können. Weiter wird es sich empfehlen, daß die Reichsregierung den Gesellschaften durch eine Durchführungsverordnung aufgibt, den Ausgabetag im Reichsanzeiger und in den für die Anleihe bestimmten Publikationsorganen bekannt zu machen; gegen diese Feststellung des Ausgabetages und gegen die auf ihr beruhende Berechnung des Goldmarkbetrages dürfte nur innerhalb eines beschränkten Zeitraums (etwa eines Monats) ein Einspruch zulässig sein, über den mit Wirkung für und gegen alle Gläubiger zu entscheiden wäre.

§ 3.

(1) Für die Berechnung des Goldmarkbetrages ist maßgebend[1]:

1. soweit in Ziffer 2 bis 11 nichts Abweichendes bestimmt ist, der Erwerb durch den Gläubiger selbst[2];
2. bei Erwerb von Todes wegen der Erwerb durch den Erblasser[3];
3. bei Erwerb durch Gütergemeinschaft der Erwerb durch den Ehegatten, der das Recht in die Gütergemeinschaft eingebracht hat[4];
4. bei Erwerb durch Auseinandersetzung einer Erbengemeinschaft oder einer Gütergemeinschaft der Erwerb durch die Gemeinschaft[5];
5. bei Erwerb als Ausstattung der Erwerb durch Vater oder oder Mutter[6];
6. bei Erwerb mit Rücksicht auf ein künftiges gesetzliches Erbrecht der Erwerb durch den Veräußerer[7];
7. bei Erwerb auf Grund eines Treuhandverhältnisses der Erwerb durch den Geschäftsherrn oder, wenn zuerst der Treuhänder das Recht erworben hat, der Erwerb durch den Treuhänder[8];
8. bei Erwerb durch Übernahme eines Vermögens als Ganzen der Erwerb durch den Veräußerer[9];
9. bei Erwerb durch Übernahme eines der Deckung von Pfandbriefen dienenden Hypothekenbestandes als Ganzen der Erwerb durch den Veräußerer[10];
10. bei Erwerb durch Übernahme eines Versicherungsbestandes oder bei durch Währungsschwierigkeiten bedingter Übernahme einzelner Versicherungen durch eine andere Versicherungsunternehmung der Erwerb durch die übertragende Versicherungsunternehmung[11];
11. bei Erwerb durch Schenkung der Erwerb durch den Schenker[12].

(2) Änderungen des Inhalts des Rechtes, insbesondere die Hinausschiebung der Fälligkeit (Prolongation), bleiben für die Berechnung des Goldmarkbetrags außer Betracht[13]. Ist im Falle der Gewährung eines Zusatzdarlehns[14] oder aus anderen Gründen[15] unter Aufhebung des bisherigen Rechtes zugunsten desselben Berechtigten ein neues einheitliches Recht begründet, so gilt für den bisherigen Betrag diese Vorschrift entsprechend.

1. Grundsätzlich ist für die Berechnung des Goldmarkbetrages der Erwerb durch den Gläubiger maßgebend, der die Aufwertungsansprüche geltend macht. Eine allgemeine Ausnahme gilt nur für die Fälle, in denen der Erwerb nach dem 13. Februar 1924 stattgefunden hat und für die Fälle, bei denen es sich um die im § 2 Absatz 2 aufgeführten Ansprüche handelt. Daneben durchbrechen die Ziffern 2—11 des § 3 Absatz 1 den Grundsatz, daß der Erwerb durch den Gläubiger selbst maßgebend ist, für alle die Fälle, in denen es der Billigkeit entspricht, den früheren Zeitpunkt des Erwerbs durch den Rechtsvorgänger des jetzigen Gläubigers diesem letzteren zugute kommen zu lassen.

2. Ob eine Identität des Gläubigers gegeben ist, kann in einzelnen Fällen zweifelhaft sein. Sie ist nicht gegeben bei der Einbringung des Anspruchs in eine Gemeinschaft zur gesamten Hand mit Ausnahme der unter Ziffer 3 erwähnten Fälle, insbesondere also nicht bei der Einbringung in eine Gesellschaft des bürgerlichen Rechts, in eine offene Handelsgesellschaft oder in eine Kommanditgesellschaft. Auch bei der Einbringung in eine juristische Person (z. B. bei der Gründung einer Akt.-Ges. oder einer G.m.b.H.) wechselt die Identität des Gläubigers und zwar auch dann, wenn die übrigen Gründer sich nur formal beteiligen und nach erfolgter Eintragung der Gesellschaft in das Handelsregister sofort ihre Aktien beziehungsweise Geschäftsanteile dem Einbringenden überlassen, so daß ein Gläubigerwechsel nur rechtlich, nicht auch wirtschaftlich stattgefunden hat. Schließlich ändert sich auch bei der Einbringung eines Anspruchs in eine Gemeinschaft nach Bruchteilen die Person des Gläubigers. Andererseits wird die Identität des Gläubigers durch das Ausscheiden eines Mitgliedes aus einer Gemeinschaft oder Gesellschaft nicht berührt; auch dann, wenn der Anteil eines ausscheidenden Gesellschafters am Gesellschaftsvermögen dem oder den übrigen Gesellschaftern anwächst, ist ein Gläubigerwechsel nicht anzunehmen. Ein solcher liegt auch dann nicht vor, wenn in die Gemeinschaft oder Gesellschaft, der der aufwertbare Anspruch zusteht, ein neues Mitglied eingetreten ist.

Hat eine Erbengemeinschaft oder eine fortgesetzte Gütergemeinschaft das Gläubigerrecht auf eine von den die Gemeinschaft bildenden Personen gegründete offene Handelsgesellschaft übertragen, dann ist gleichfalls Identität des Gläubigers anzunehmen. Schlegelberger § 3 Anm. 3 verneint die Identität für diesen Fall unter Berufung auf KGJ. 45, 230 und 51, 180; in den dort veröffentlichten Entscheidungen hat das Kammergericht für derartige Fälle bei der Übertragung von Grundstücken eine Auflassung gefordert. Es mag dahingestellt bleiben, ob diese kammergerichtliche Rechtsprechung zutreffend ist; sie beruht jedenfalls auf sehr formalen Gründen, die sich nicht ohne weiteres auf § 3 des Aufwertungsgesetzes übertragen lassen. Dieser will den Erwerb durch den Rechtsvorgänger maßgebend sein lassen, wenn Billigkeitsgründe dies erfordern; die Bestimmung, daß der

Tag des Erwerbes durch den Gläubiger für die Berechnung des Goldmarkbetrages maßgebend ist, soll ja nur die Erzielung von Spekulationsgewinnen verhindern. Betrachtet man die Frage unter diesem Gesichtspunkt, dann würde es als eine große Härte erscheinen, wenn die Übertragung des Gläubigerrechts an eine andere Gemeinschaft, die aus denselben Personen wie die übertragende Gemeinschaft besteht und deshalb mit ihr wirtschaftlich eine Einheit bildet, eine Verschlechterung des Goldmarkbetrages zur Folge haben würde. Auch Ziffer 5 spricht für das hier vertretene Ergebnis, da in einem solchen Fall eine Art Auseinandersetzung stattfindet.

3. Als Erwerb von Todes wegen (§ 1369 BGB.) ist anzusehen was auf Grund eines Erbrechts, als Vermächtnis oder als Pflichtteil erworben ist. Ein solcher Erwerb liegt auch dann vor, wenn die Übertragung des Rechts auf Grund einer einem Erben oder einem Vermächtnisnehmer gemachten Auflage erfolgt ist. Wenn auch der Pflichtteilsanspruch ein reiner Geldanspruch ist, so hat die Bestimmung doch auch dann Anwendung zu finden, wenn dem Pflichtteilsberechtigten zur Befriedigung seines Anspruches aufwertbare Ansprüche, die zum Nachlaß gehört haben, überlassen worden sind; hat der ihm überlassene Anspruch dagegen nicht zum Nachlaß gehört, sondern stammt er aus dem übrigen Vermögen des oder der Pflichtteilsverpflichteten, dann ist für die Anwendung des § 3 Ziff. 2 kein Raum, da dann ein Erwerb durch den Erblasser, der dem Pflichtteilsberechtigten angerechnet werden kann, nicht vorliegt. Ziffer 2 ist auch auf den Fall der Rechtsnachfolge durch Erwerb eines Fideikommisses anzuwenden und zwar ohne Rücksicht darauf, ob die Rechtsnachfolge infolge eines Todesfalles oder aus anderen Gründen eingetreten ist (ebenso Mügel 3. Aufl. S. 205).

Sind sich mehrere Erbfälle gefolgt, dann entscheidet der Erwerb durch den ersten Erblasser. Hat A im Jahre 1912 eine Hypothek erworben und ist diese nach seinem im Jahre 1920 erfolgten Tode auf seinen Erben B übergegangen, ist B sodann im Jahre 1922 verstorben und hat die Hypothek durch Testament dem C vermacht, und ist sie nach dessen Tode im Jahre 1923 von dem Erben dem Pflichtteilsberechtigten D zur Abgeltung seines Pflichtteilsanspruchs überlassen worden, dann ist für die Berechnung des Goldmarkbetrages der Zeitpunkt des Erwerbes durch A. maßgebend (vgl. KG. in DJZ. 25, 1917).

4. Es kommt die allgemeine Gütergemeinschaft (§ 1438 BGB.), die fortgesetzte Gütergemeinschaft (§ 1487 BGB.) und die Fahrnisgemeinschaft (§ 1549 BGB.) in Frage; die (von Schlegelberger § 3 Anm. 5 in diesem Zusammenhang mit aufgeführte) Errungenschaftsgemeinschaft (§ 1519 BGB.) scheidet aus, weil der Ehegatte, der den Anspruch erworben hat, ihn unmittelbar für die Gemeinschaft erworben hat, ein besonderer Erwerb durch den Ehegatten neben dem Erwerb durch die Gemeinschaft also nicht besteht. Hat der einbringende Ehegatte das Recht von Todes wegen erworben, dann ist der Zeitpunkt des Erwerbes durch den Erblasser maßgebend, wie auch die anderen Ziffern immer dahin zu verstehen sind, daß das Recht des unmittelbaren Rechtsvorgängers, den Zeitpunkt des Erwerbes eines früheren Rechtsvorgängers zugrunde zu legen, dem Letztberechtigten zugute kommt (ebenso Schlegelberger § 3 Anm. 14; Wagemann § 3 Anm. 2).

5. Nur im Fall einer Auseinandersetzung einer Erbengemeinschaft (§ 2042 BGB.) oder einer Gütergemeinschaft

(§§ 1471, 1493, 1497, 1546 BGB. vgl. auch Anm. 4) ist der Erwerb durch die Gemeinschaft maßgebend. Bei der Auseinandersetzung einer Gemeinschaft nach Bruchteilen oder einer Gesellschaft gibt diese Vorschrift nicht (a. A. Mügel 3. Aufl. S. 205), so daß in einem solchen Fall der Zeitpunkt des Erwerbs auf Grund der Auseinandersetzung für die Berechnung des Goldmarkbetrages maßgebend ist.

6. Ausstattung (§§ 1624, 1625) ist, was einem Kinde mit Rücksicht auf seine Verheiratung oder auf die Erlangung einer selbständigen Lebensstellung zur Erhaltung der Wirtschaft oder der Lebensstellung von dem Vater oder der Mutter zugewendet wird.

Wird die Ausstattung von einem anderen Verwandten (Großvater, Onkel u. a.) oder einer sonstigen Persönlichkeit gegeben, dann liegt eine unter Ziffer 11 fallende Schenkung vor, so daß auch in diesem Fall dem Berechtigten der Zeitpunkt des Erwerbs durch den Rechtsvorgänger zugute kommt.

7. Diese Ziffer kommt dann zur Anwendung, wenn Vermögensstücke einem Erbberechtigten zu einem Preise überlassen sind, der hinter dem wirklichen Wert zurückbleibt, sofern es sich um eine Überlassung handelt, die nur mit Rücksicht auf das künftige Erbrecht (vgl. §§ 1521, 1551 BGB.) erfolgt ist. Bei unentgeltlicher Überlassung greifen bereits die Ziffern 5 oder 11 ein. Bei einer Überlassung zum vollen Wert bedarf es nicht der Begünstigung bezüglich der Berechnung des Goldmarkbetrages, da in diesen Fällen die Berechnung nach Maßgabe der Höhe des Erwerbspreises zu dem gleichen Ergebnis führt, wie wenn man auf den Erwerb des Rechtsvorgängers zurückgeht.

8. Ein Treuhandverhältnis liegt vor, wenn die von den Parteien gewählte Rechtsform über den wirtschaftlich gewollten Erfolg hinausgeht. In diesem Fall trägt das Gesetz in Anlehnung an die Rechtsprechung des Reichsgerichts (vgl. u. a. RGE. 45, 80) den wirtschaftlichen Erfordernissen Rechnung und läßt den Erwerb durch den Geschäftsherrn, wenn dieser das Recht später auf den Treuhänder übertragen hat, oder den Erwerb durch den Treuhänder, wenn dieser das Recht zuerst erworben und es dann erst auf den Geschäftsherrn übertragen hat, maßgebend sein. Hat also z. B. jemand eine Hypothekenforderung vor dem 1. Januar 1918 erworben und sie nach diesem Termin lediglich zu Inkassozwecken an einen Treuhänder übertragen, dann wird der volle Nennbetrag als Goldmarkbetrag für die Aufwertung zugrunde gelegt. Dasselbe gilt, wenn jemand, der nicht selbst als Geldgeber in Erscheinung treten wollte, vor dem 1. Januar 1918 durch eine Mittelsperson eine Darlehenshypothek erworben und diese erst in der Inflationszeit auf sich selbst hat übertragen lassen.

Ein Treuhandverhältnis ist auch dann anzunehmen, wenn eine Hypothek zu Sicherungszwecken abgetreten worden ist (ebenso Mügel 3. Aufl. S. 204; Schlegelberger § 3 Anm. 9). Hat A im Jahre 1920 der D-Bank zur Sicherung eines ihm gewährten Kredits eine von ihm im Jahre 1915 erworbene Hypothek abgetreten und ist die D-Bank gezwungen, aus der Hypothek ihre Befriedigung zu suchen, dann ist der Aufwertung zugunsten der berechtigten Bank der volle Nennbetrag als Goldmarkbetrag zugrunde zu legen. Das gleiche gilt, wenn die Hypothek nach Abdeckung des Kredits an den Kreditnehmer zurückübertragen ist (vgl. Beschl. des KG. vom 19. Februar 1925, JW. 25, 798).

9. Hierher gehören insbesondere die Fälle der Fusion mehrerer Gesellschaften (§ 305 HGB.), der Umwandlung einer Aktien-

Gesellschaft in eine G.m.b.H. (§ 80 GmbHG.) und der Umwandlung einer Kommanditgesellschaft auf Aktien in eine Aktiengesellschaft (§ 332 HGB.). Ebenso ist die Bestimmung dann anzuwenden, wenn ein Vereins- oder Stiftungsvermögen auf Grund des § 45 BGB. auf den Fiskus übergeht.

10. Bei der Übernahme eines der Deckung von Pfandbriefen dienenden Hypothekenbestandes als Ganzen war zu berücksichtigen, daß die Hypotheken zur Sicherung der Pfandbriefe dienen, und daß sie im Falle der Übertragung des Hypothekenbestandes als Ganzen nicht aufhören, diese Funktion auszuüben. Würde der Erwerb durch den Übernehmer für die Berechnung des Goldmarkbetrages maßgebend sein, würde eine schwere Schädigung der Pfandbriefgläubiger eintreten. Es war deshalb notwendig, auch in diesem Falle den Erwerb durch den Rechtsvorgänger für die Berechnung des Goldmarkbetrages maßgebend sein zu lassen.

11. Die in Anmerkung 10 gemachten Ausführungen gelten sinngemäß auch für den Fall, daß ein Versicherungsbestand oder einzelne Versicherungen infolge von Währungsschwierigkeiten an eine neue Gesellschaft haben übertragen werden müssen; auch hier mußte im Interesse der Versicherten der Erwerb des Rechtsvorgängers für die Berechnung des Goldmarkbetrages maßgebend sein.

12. Zweifel können sich bei der Behandlung der sogenannten gemischten Schenkung (negotium mixtum cum donatione) ergeben. Hier ist die Entscheidung von der Feststellung abhängig, in welchem Umfange der Schenker dem Beschenkten eine unentgeltliche Zuwendung machen wollte. In diesem Umfang ist Ziffer 11 anwendbar und der Zeitpunkt des Erwerbs durch den Schenker maßgebend. Bezüglich des übrigen Teils des Anspruchs bewendet es dagegen bei der Vorschrift des § 2 Abs. 1. Hat z. B. A dem B im Jahre 1919 eine von ihm selbst im Jahre 1912 erworbene Hypothek in Höhe von 100000 Mark zu einem Preise von 50000 Mark überlassen, dann ist, da im Jahre 1919 mit einer Aufwertung noch nicht gerechnet und der Wert der Hypothek auch nur mit 100000 Mark angenommen wurde, anzunehmen, daß A dem B die Hälfte der Hypothek schenken wollte; bezüglich dieser Hälfte ist also der Nennbetrag der Aufwertung zugrunde zu legen, während bei der anderen Hälfte nur der Goldmarkbetrag der gezahlten 50000 Mark für die Aufwertung maßgebend ist (a. A. Mügel 3. Aufl. S. 204, der in diesem Fall den Erwerbspreis überhaupt ausschalten und dem Beschenkten den Erwerbstag des Schenkers voll zugute kommen lassen will).

13. Diese Vorschrift, die bisher nur für Hypothekenforderungen galt, gilt jetzt für alle aufwertbaren Ansprüche. Eine Änderung des Inhalts des Rechts liegt z. B. dann vor, wenn neue Zins- und Fälligkeitsvereinbarungen getroffen worden sind oder wenn der Schuldner sich nachträglich der sofortigen Zwangsvollstreckung aus der Schuldurkunde unterworfen hat.

14. Ist bei Gewährung eines Zusatzdarlehens die alte Darlehensforderung aufgehoben und ein neues einheitliches Recht begründet worden, dann behält der Teil des neuen Rechts, der dem alten Darlehen entspricht, den Goldmarkbetrag des letzteren; hat A dem B im Jahre 1917 ein Darlehen von Mk. 10000 gegen Hypothekensicherung gegeben, und hat er ihm im Juni 1918 ein weiteres Darlehen in der Form gewährt, daß die für das erste Darlehen eingetragene Hypothek gelöscht und eine neue einheitliche Hypothek über Mk. 20 000 eingetragen wurde, dann ist der Goldmarkbetrag der letzteren in Höhe von Mk. 10 000 gleich dem Nennbetrag, während er sich in Höhe der weiteren Mk. 10 000 nach dem für Juni 1918 geltenden Umrechnungsverhältnis richtet.

15. Absatz 2 findet insbesondere auch dann Anwendung, wenn es sich um eine Novation handelt, wenn also die Schuld als solche bestehen blieb und nur der Schuldgrund sich änderte. Die Bestimmung findet deshalb vor allem bei der Saldenziehung Anwendung, sofern die Aufwertung nicht gemäß § 65 ausgeschlossen ist.

Zweiter Abschnitt

Aufwertung von Hypotheken

I. Aufwertung des dinglichen Rechtes

1. Aufwertungsbetrag

§ 4.

Hypotheken[1] werden auf 25 vom Hundert[2] des Goldmarkbetrags, jedoch nicht höher aufgewertet als die durch sie gesicherten Forderungen (Aufwertungsbetrag)[3].

1. Das Gesetz trennt die Aufwertung des dinglichen Rechts von der des persönlichen Anspruchs. Der Aufwertung unterliegen Hypotheken aller Art, und zwar sowohl die gewöhnlichen Hypotheken wie die Sicherungshypotheken, Höchstbetragshypotheken, Gesamthypotheken und Tilgungshypotheken. Auch die Eigentümerhypothek nimmt in gleicher Weise wie die Fremdhypothek an der Aufwertung teil. Der Hypothek gleichzustellen ist die Vormerkung zur Sicherung des Rechts auf Eintragung einer Hypothek; aus einer solchen Vormerkung heraus kann heute keine Papiermarkhypothek mehr eingetragen werden, doch kann die Eintragung einer Goldmarkhypothek in gleicher Weise beansprucht werden wie wenn statt der Vormerkung die Hypothek selbst eingetragen gewesen wäre.

2. Die Aufwertung der Hypothek erfolgt grundsätzlich auf 25 v. H. des Goldmarkbetrages; eine Abweichung nach unten kommt unter den Voraussetzungen des § 8 in Frage, eine Abweichung nach oben ist in keinem Fall möglich.

Wagemann (§ 4 Anm. 2) betrachtet die Vorschrift des § 4 als eine Enteignung zum Nachteil der Hypothekengläubiger; die formelle Rechtsgültigkeit der Vorschrift werde aber nicht bestritten werden können, da sowohl der Ausschluß der Entschädigung wie auch der Ausschluß des Rechtsweges auf Grund eines einfachen Reichsgesetzes erfolgen könne (vgl. auch RG. 107, 173). Diese letztere Schlußfolgerung ist richtig, es trifft dagegen nicht zu, daß die Vorschriften des Aufwertungsgesetzes eine Enteignung der Gläubiger darstellen. Dies würde nur dann der Fall sein, wenn sie einen klaren Rechtsanspruch auf eine vollwertige Aufwertung hätten. Solch ein Anspruch läßt sich aus dem geltenden Recht nicht herleiten; die Bedenken, die gegen die Anerkennung des Aufwertungsgedankens durch das Reichsgericht überhaupt bestehen, habe ich in der Einleitung dargelegt; stellt man sich aber auf den Boden des Reichsgerichtsurteils, dann ist die Höhe der im Einzelfall in Frage kommenden Aufwertung so zweifelhaft, daß eine generelle Regelung derselben nicht als Enteignung angesprochen werden kann.

3. Nach dem Recht der III. StNVO. konnte die Hypothek höher aufgewertet werden als die durch sie gesicherte persönliche Forderung. Die Frage, wem der Differenzbetrag zustand, war lebhaft umstritten; während die eine Meinung (Mügel 2. Aufl. § 3 Anm. 4; Gadow im Recht 24, 61) ihn dem Gläubiger zubilligte, nahm die von Schlegelberger (III. StNVO. § 3 Anm. 2a) vertretene zutreffende Auffassung an, daß der Differenzbetrag dem Eigentümer als Eigentümergrundschuld zusteht. Es hätte nahegelegen, dieser Auffassung im Aufwertungsgesetz Geltung zu verschaffen, da der Fall, daß die durch die Hypothek gesicherte Forderung mit weniger als 25 % aufgewertet wird, dem ähnlich ist, daß eine Forderung, für die die Hypothek bestellt wurde, nicht voll zur Entstehung gelangt oder teilweise erloschen ist. Das Aufwertungsgesetz hat aber einen ganz neuen Weg eingeschlagen, der sich aus der akzessorischen Natur der Hypothek rechtfertigt: Diese darf nicht höher aufgewertet werden als die durch sie gesicherte persönliche Forderung. Ist also z. B. eine Hypothek von 10 000 Mk. am 28. Dezember 1917 zugunsten des A eingetragen und hat dieser das Darlehen erst am 3. Januar 1918 ausgezahlt, dann ist dessen Goldmarkbetrag nur 8000 Mark. Die persönliche Forderung wird also nur auf 2000 Goldmark aufgewertet und demgemäß erfolgt eine Aufwertung der Hypothek gleichfalls nur in dieser Höhe. In einem solchen Fall liegt auch in Höhe der Differenz d. h. in Höhe von 500 Goldmark keine Eigentümergrundschuld vor. Anders würde der Fall liegen, wenn zwar zugunsten des A eine Hypothek von 10 000 Mark eingetragen, später aber nur ein Darlehn in Höhe von 5000 Mark gewährt worden ist. In diesem Fall ist gemäß § 1163 BGB. eine Eigentümergrundschuld in Höhe von 5000 Mark entstanden, die mit 1250 Goldmark aufzuwerten ist, während der Goldwert der Hypothek entsprechend dem Goldwert der durch sie gesicherten Forderung nur 4000 Mark betragen und würde demgemäß nur mit 1000 Goldmark aufzuwerten ist. Wird gemäß §§ 9, 8 des Aufwertungsgesetzes der Aufwertungsbetrag der persönlichen Forderung herabgesetzt, dann wird auch die Hypothek nur mit dem entsprechend geringeren Betrag aufgewertet, ohne daß in Höhe der Differenz eine Eigentümergrundschuld entsteht. Das gleiche gilt, wenn die im § 10 Abs. 1 Ziff. 1—6 aufgeführten Forderungen auf Grund der allgemeinen Vorschriften mit weniger als 25 v. H. oder überhaupt nicht aufgewertet werden.

4. Wird die persönliche Forderung gemäß § 10 mit einem höheren Satz als 25 v. H. aufgewertet, dann hat dies auf die Aufwertung der Hypothek keinen Einfluß; bei ihr verbleibt es bei einem Aufwertungsbetrag von 25 v. H. Das Reichsgericht hatte in seiner Entscheidung vom 28. November 1923 (RGE. 107, 78) ausgeführt, daß Löschungsbewilligung nicht verlangt werden könne, solange die persönliche Forderung nicht getilgt ist. Im Gegensatz zu Wagemann § 4 Anm. 5a lassen sich diese Ausführungen für den jetzt geltenden Rechtszustand nicht verwerten, da das Reichsgericht nur von der Aufwertung der persönlichen Forderung ausging und den Schuldner als verpflichtet ansah, die hypothekarische Belastung seines Grundstücks für seine Forderung fortbestehen zu lassen, bis der Gläubiger wegen seiner ganzen Forderung befriedigt ist. Die getrennte Behandlung, die die Aufwertung der persönlichen und dinglichen

Schuld durch das Aufwertungsgesetz gefunden hat, läßt ein derartiges Ergebnis für das jetzt geltende Recht nicht mehr zu; ist der Gläubiger wegen des hypothekarisch gesicherten Teils seiner Forderung befriedigt, dann muß er Löschungsbewilligung erteilen (ebenso Schlegelberger § 4 Anm. 3 und OLG. Dresden in JW. 24, 1621). Über die Verpflichtung des Gläubigers, auch eine Teilzahlung in Höhe des Aufwertungsbetrages der Hypothek anzunehmen, vgl. § 25 Anm. 5. Leistet der Schuldner eine solche Teilzahlung, dann muß er ausdrücklich angeben, daß dadurch der hypothekarisch gesicherte Teil seiner Schuld getilgt werden soll, da anderenfalls der Gläubiger gemäß § 366 Abs. 2 BGB. berechtigt wäre, die Zahlung zunächst auf den nichtgesicherten Teil seiner Forderung anzurechnen.

Das OLG. Darmstadt hat durch Urteil vom 14. Juli 1924 (Hess. Rechtspr. 24. 140) angenommen, daß der Schuldner verpflichtet ist, den Gläubiger, der einen Anspruch auf eine über 25 % hinausgehende Aufwertung seiner Forderung hat, wegen des Mehrbetrages dinglich sicherzustellen. Es hat dies Ergebnis aus dem Parteiwillen, wie er bei Abschluß des Vertrages bestand, gefolgert. Ihm kann nicht zugestimmt werden, da das Aufwertungsgesetz die Frage der Aufwertung abschließend regelt und durch die für alle Fälle geltende Beschränkung der Aufwertung auf 25 % dem Gläubiger wegen des Betrages, mit dem die persönliche Forderung höher aufzuwerten ist, einen Anspruch auf dingliche Sicherung nimmt (ebenso Schlegelberger § 4 Anm. 3).

§ 5.

(1) Für die Berechnung des Goldmarkbetrages (§ 2) wird vermutet, daß die Hypothek an dem Tage erworben ist, an dem sie für den Gläubiger in das Grundbuch eingetragen ist[1]. Ist die Hypothek durch Abtretungserklärung und Übergabe des Briefes abgetreten, so wird vermutet, daß sie an dem Ausstellungstage der Abtretungsurkunde erworben ist[2].

(2) Die an Stelle einer Rangänderung vorgenommene Abtretung oder Neueintragung bleibt für die Berechnung des Goldmarkbetrages außer Betracht[3]. Das gleiche gilt, wenn eine Hypothek deshalb gelöscht und alsbald wieder eingetragen ist, weil nach landesgesetzlicher Vorschrift bei einem Eigentumswechsel die Beseitigung aller auf dem Grundstück ruhenden Lasten geboten ist[4]; es gilt ferner im Falle der Auswechslung des belasteten Grundstücks gegen ein anderes Grundstück desselben Eigentümers[5].

(3) Der Goldmarkbetrag einer Hypothek für die Forderung aus einer verzinslichen oder an Stelle der Verzinsung mit einem Aufgeld rückzahlbaren Schuldverschreibung, die auf den Inhaber lautet oder durch Indossament übertragbar ist, wird nach den für die Forderung geltenden Vorschriften des § 2 Abs. 2 berechnet[6].

1. Die Vermutung, daß die Hypothek an dem Tage erworben ist, an dem sie für den Gläubiger in das Grundbuch eingetragen ist, wird die praktische Handhabung des Aufwertungsgesetzes wesentlich erleichtern. Es handelt sich jedoch nicht um eine Fiktion, sondern nur um eine widerlegbare Vermutung, sodaß die Möglichkeit offen bleibt, nachzuweisen, daß die Hypothek tatsächlich an einem andern Tag erworben worden ist. Es ist deshalb festzustellen, wann die einzelnen Arten der Hypothek erworben werden: Bei der Buchhypothek erfolgt der Erwerb durch Einigung und Eintragung; bei der Briefhypothek ist der Tag der Übergabe des Hypothekenbriefes maßgebend; diese Übergabe wird durch die Vereinbarung ersetzt, daß der Gläubiger berechtigt ist, sich den Brief vom Grundbuchamt aushändigen zu lassen. Die Eigentümerhypothek wird erworben, wenn der Eigentümer nicht zugleich der persönliche Schuldner ist, sobald er den Gläubiger befriedigt.

Der Nachweis des Erwerbstages und des Erwerbspreises bedarf gemäß § 11 der VO. vom 21. Juli 1925 nicht der durch § 25 GBO. vorgeschriebenen Form, sodaß in diesen Fällen die Entscheidung dem freien Ermessen des Grundbuchrichters überlassen ist. Besteht Streit zwischen den Parteien, dann ist jedoch eine Entscheidung nur im ordentlichen Klageweg möglich.

2. Im Fall der Zession ist die Briefhypothek von dem neuen Gläubiger erst erworben, wenn die Abtretungserklärung in schriftlicher Form erteilt und der Hypothekenbrief übergeben worden ist. Die Vermutung des § 5 Abs. 1 Satz 2 geht also dahin, daß der Brief entweder vor dem Ausstellungstag der Abtretungsurkunde oder an dem gleichen Tag übergeben worden ist. Der Nachweis, daß der Brief erst später übergeben worden ist, ist zulässig; wird er geführt, dann ist der Tag der Übergabe maßgebend. Für die Entkräftung der vom Gesetz aufgestellten Vermutung genügt nicht, daß der Nachweis geführt wird, daß die Übergabe weder vor dem Ausstellungstage der Abtretungsurkunde, noch an diesem Tage erfolgt ist, es muß vielmehr der Nachweis erbracht werden, wann tatsächlich die Übergabe stattgefunden hat. Ist dieser Nachweis nicht zu erbringen, wird aber dargetan, daß die Übergabe an einem bestimmten, nach dem Ausstellungstag der Abtretungsurkunde liegenden Tag noch nicht erfolgt war, dann ist dieser Tag als Tag der Abtretung anzusehen.

3. Hat ein Hypothekengläubiger einem andern den Vorrang einräumen wollen, und hat diese Vorrangseinräumung in der Weise stattgefunden, daß die beiden Hypothekengläubiger sich gegenseitig ihre Hypotheken abgetreten haben, dann ist für die Berechnung des Goldmarkbetrages der jedem der beiden Gläubiger zustehenden Hypothek der Goldmarkbetrag ihrer alten Hypothek maßgebend. Ist z. B. dem A im Jahre 1917, dem B im Jahre 1918 eine Hypothek von je 10000 Mark zur Sicherung einer Darlehensforderung bestellt worden, hat dann A später dem B den Vorrang einräumen wollen und ist dies in der Form geschehen, daß jeder dem andern seine Hypothek abgetreten hat, dann ist der Goldmarkbetrag der ersten Hypothek, der ursprünglich gleich dem Nennbetrag war, jetzt nur noch 8000 Mark, während der Goldmarkbetrag der zweiten Hypothek, der ursprünglich gleich 8000 Mark war, jetzt gleich dem Nennbetrag ist. Zum gleichen Ergebnis würde man kommen, wenn A dem B bereits bei der Bestellung der zweiten Hypothek den Vorrang hat einräumen wollen und die Angelegenheit dann so geregelt worden ist, daß er dem B seine Hypothek abgetreten hat, während für ihn eine neue Hypothek von 10000 Mark bestellt worden ist.

4. Diese Ausnahmebestimmung bezieht sich auf Bremen, wo die Vorschrift besteht, daß bei einem Eigentumswechsel die Beseitigung aller auf dem Grundstück ruhenden Lasten notwendig ist. Die nach durchgeführtem Eigentumswechsel erfolgte Neueintragung der alten Hypotheken bedeutet nichts anderes als eine Wiederherstellung des alten Rechts, so daß es gerechtfertigt ist, den Goldmarkbetrag dieses neuen Rechts nach Maßgabe des Goldmarkbetrages des alten Rechts festzustellen.

5. Auch dann, wenn jemand die Hypothek an einem Grundstück aufgegeben und als Ersatz die Hypothek an einem andern Grundstück erhalten hat, entspricht es der Billigkeit, den Goldmarkbetrag der neuen Hypothek nach Maßgabe des Goldmarkbetrages der alten Hypothek festzustellen. Diese Vergünstigung greift jedoch nur dann ein, wenn das neu belastete Grundstück demselben Eigentümer gehört wie das mit der aufgegebenen Hypothek belastete Grundstück. Maßgebend sind die Eigentumsverhältnisse im Zeitpunkt der Begründung beziehungsweise der Aufgabe der Hypothek, welch letztere in Form einer Abtretung oder eines Verzichts erfolgt sein kann. Ist der Eigentümer des neu belasteten Grundstücks eine juristische Person (Aktiengesellschaft, G. m. b. H.), deren gesamte Aktien oder Geschäftsanteile sich im Besitz des Eigentümers des alt belasteten Grundstücks befinden, dann ist für die Anwendung dieser Vergünstigung kein Raum, da es sich juristisch nicht um denselben Eigentümer handelt.

6. Bei verzinslichen oder an Stelle der Verzinsung mit einem Aufgeld rückzahlbaren Schuldverschreibungen, die auf den Inhaber lauten, oder durch Indossament übertragbar sind, ist der Tag der Ausgabe für die Berechnung ihres Goldmarkbetrages maßgebend. Sind derartige Forderungen durch eine Hypothek gesichert, dann erfolgt die Berechnung des Goldmarkbetrages der Hypothek gleichfalls nach Maßgabe des Ausgabetages, und zwar auch dann, wenn sich für sie bei Anwendung des § 2 Abs. 1 ein niedrigerer Goldmarkbetrag ergeben würde.

2. Rang der aufgewerteten Hypothek.

§ 6.

(¹) Die aufgewertete Hypothek behält ihren bisherigen Rang, soweit sich nicht aus den Vorschriften über den Rangvorbehalt für den Eigentümer (§ 7) oder über die Rückwirkung (§§ 20, 21) etwas anderes ergibt[1]. Die Aufwertung der Hypothek ist auf Antrag des Gläubigers oder des Eigentümers in das Grundbuch einzutragen[2]; wird der Antrag von dem Eigentümer gestellt, so bedarf es der Vorlegung des Hypothekenbriefes nicht[3].

(²) Den in der Zeit vom 14. Februar 1924 bis zum 1. Oktober 1924 von einem anderen erworbenen oder für ihn vorgemerkten Rechten geht die Hypothek insoweit im Range nach, als sich nach den Vorschriften dieses Gesetzes gegenüber den Vorschriften der Dritten Steuernotverordnung ein höherer Aufwertungsbetrag ergibt[4]. Die Erhöhung bleibt unberücksichtigt, soweit sie auf der Einführung des Umrechnungsverhältnisses (§ 2) beruht[5].

1. Grundsätzlich behält die aufgewertete Hypothek ihren bisherigen Rang. Eine Ausnahme gilt nur bezüglich des Rangvorbehalts für den Eigentümer, sowie im Falle der Rückwirkung, soweit die Vorschriften über den guten Glauben dies bedingen.

Hat also jemand, der mit keiner oder doch nur mit einer niedrigeren Aufwertung der eingetragenen Hypotheken rechnete, vor dem Inkrafttreten der III. StNVO. eine Hypothek erworben, dann muß er es sich jetzt gefallen lassen, daß ihm die volle 25 %ige Aufwertung vorgeht. Es ist nicht zu verkennen, daß diese Bestimmung zu Unbilligkeiten führen kann, weil, wie auch die Bestimmung des § 79 ergibt, bis weit in das Jahr 1923 hinein mit einer Aufwertung nicht gerechnet werden konnte. Regelmäßig werden allerdings in solchen Fällen die alten Hypotheken zur Löschung gebracht sein. Doch wird es immerhin eine ganze Anzahl von Fällen geben, in denen der neue Gläubiger auf eine Löschung der vorgehenden Rechte verzichtete, weil er sie nur mit ihrem Papiermarknennbetrag bewertete und ihnen deshalb wirtschaftlich keine Bedeutung beimaß.

2. Der Aufwertungsanspruch des Gläubigers ist durch das Inkrafttreten des Gesetzes begründet. Demnach ist das Grundbuch, dessen Eintragung noch auf Papiermark lautet, oder in das auf Grund der III. StNVO. eine Aufwertung von 15 % eingetragen ist, unrichtig geworden. Das Gesetz gibt sowohl dem Gläubiger wie auch dem Eigentümer das Recht, einen entsprechenden Antrag auf Berichtigung zu stellen. Mit dieser Bestimmung ist den Nachberechtigten die Möglichkeit genommen, von sich aus die Berichtigung des Grundbuches herbeizuführen; diese Bestimmung schließt jedoch nicht aus, daß diejenigen, die gemäß § 14 GBO. auf Grund eines gegen den Berechtigten vollstreckbaren Titels eine Eintragung in das Grundbuch verlangen können, den Antrag auf Berichtigung stellen. Dieser Antrag bedarf keiner Form, wenn zugleich der Nachweis der Unrichtigkeit geführt wird. Letztere ist bei den auf Papiermark lautenden Hypotheken an sich offenkundig, doch genügt zur Umschreibung der Hypothek auf Goldmark nicht nur der Nachweis der Unrichtigkeit selbst, erforderlich ist vielmehr auch der Nachweis, welchen Inhalt das Grundbuch haben muß, um richtig zu sein. Dieser Nachweis wird regelmäßig auf Grund der Vermutungen des § 5 Abs. 1 geführt werden können; Sache desjenigen, der diese Vermutung nicht gelten lassen will, ist es, den Nachweis zu führen, welch anderer Goldmarkbetrag in Frage kommt.

Wenn der Gläubiger den Antrag stellt, so bedarf es der Bewilligung des Eigentümers auch nicht mit Rücksicht darauf, daß dieser berechtigt ist, bis zum 31. März 1926 einen Antrag auf Herabsetzung der Aufwertung zu stellen (a. A. Mügel 3. Aufl. S. 222). Das Aufwertungsgesetz hat zunächst eine Aufwertung von 25% festgesetzt und diese gilt so lange, bis sie die Aufwertungsstelle herabgesetzt hat. Solange die Entscheidung der Aufwertungsstelle nicht ergangen ist, besteht eine Verpflichtung in Höhe von 25% aufzuwerten, und der Antrag des Gläubigers auf Eintragung dieser Aufwertung ist trotz des Antrages des Eigentümers auf Herabsetzung der Aufwertung gerechtfertigt. Die Interessen des Eigentümers werden dadurch geschützt, daß er gemäß § 8 Abs. 2 berechtigt ist, einen Widerspruch in das Grundbuch eintragen zu lassen, sobald er einen Antrag auf Herabsetzung der Aufwertung gestellt hat. Dabei ist nicht erforderlich, daß die Aufwertung bereits eingetragen ist. Wird der Berichtigungsantrag vom Eigentümer gestellt, dann bedarf es aus den gleichen Gründen nicht der Einwilligung des Gläubigers (LG. Oldenburg in JW. 24, 1278 und Rive, ebenda 24, 1952). Auch eine Zustimmung der nachstehend Berechtigten ist nicht erforderlich.

Der Nachweis der Unrichtigkeit ist entbehrlich, wenn die Eintragung des Aufwertungsbetrages von den Betroffenen bewilligt wird; als Betroffene sind der Eigentümer und der Gläubiger sowie diejenigen anzusehen, denen Rechte mit einem gleichen oder einem schlechteren Range zustehen. Die Notwendigkeit der Zustimmung der letzteren ergibt sich aus der Tatsache, daß anderenfalls der Gläubiger und der Eigentümer es in der Hand hätten, sich zum Nachteil der Schlechterberechtigten auf einen höheren Goldmarkbetrag, als ihn das Gesetz vorsieht, zu einigen.

Haben sich Gläubiger und Eigentümer auf einen unter 25% liegenden Aufwertungssatz geeinigt, dann ist dieser einzutragen, wenn entweder beide die Eintragung bewilligen oder der Nachweis der Einigung und der weitere Nachweis, daß der Betrag, auf den die Einigung erfolgt ist, unter der gesetzlichen Aufwertung liegt, erbracht ist. Die Einigung muß jedoch vor dem 1. April 1926 getroffen sein; ist sie später getroffen, dann muß bis zu diesem Termin gemäß § 8 ein Antrag auf Herabsetzung der Aufwertung gestellt sein, da anderenfalls ein teilweiser Verzicht des Gläubigers auf die Hypothek vorliegen würde, der gemäß § 1168 BGB. zu seiner Wirksamkeit der Eintragung bedarf und zur Wirkung hat, daß in Höhe des Betrages, auf den verzichtet worden ist, eine Eigentümergrundschuld entsteht.

3. Grundsätzlich bedarf es gemäß § 42 GBO. bei Briefhypotheken der Vorlegung des Briefes, um den Aufwertungsbetrag zur Eintragung zu bringen. Da der Eigentümer nicht ohne weiteres zur Vorlegung des Briefes in der Lage ist und er ihn sich notfalls erst durch Klageerhebung beschaffen müßte, gibt ihm § 6 Abs. 1 Satz 2 Halbsatz 2 das Recht, den Antrag auch ohne Vorlegung des Hypothekenbriefes zu stellen. Sache des Grundbuchamtes ist es dann, den Brief einzufordern, ohne daß es jedoch die Eintragung von der Vorlegung des Briefes abhängig machen dürfte. Beantragt der Gläubiger die Eintragung der Aufwertung, dann muß er den Hypothekenbrief vorlegen. Mügel (3. Aufl. S. 222) vertritt die Auffassung, daß auch der Eigentümer den Hypothekenbrief vorlegen muß, da anderenfalls der Goldmarkbetrag der Hypothek nicht feststellbar ist. Dann ist entgegenzuhalten — was übrigens auch Mügel nicht verkennt —, daß Abtretungen aus dem Hypothekenbrief nicht ersichtlich zu sein brauchen, so daß mit der Vorlegung desselben hinsichtlich der Feststellung des Goldmarkbetrages nichts gewonnen ist. Der Grundbuchrichter wird deshalb der Aufwertung den Goldmarkbetrag zugrunde zu legen haben, der sich aus den Eintragungen im Grundbuch ergibt, und wird es dem Eigentümer überlassen müssen, eine Berichtigung herbeizuführen, wenn sich später herausstellt, daß infolge einer nach dem 31. Dezember 1917 erfolgte Abtretung der Goldmarkbetrag ein niedrigerer ist.

Die Kosten der Eintragung der Aufwertung trägt gemäß § 11 Abs. 2 der VO. vom 21. Juli 1925 der Eigentümer.

In vielen Fällen ist auf Grund der Vorschriften der III. StNVO. bereits die Aufwertung von 15% in das Grundbuch eingetragen worden. Durch das Inkrafttreten des neuen Aufwertungsgesetzes ist diese Eintragung wieder unrichtig geworden. Gemäß § 11 Abs. 3 der VO. vom 21. Juli

1925 ist sie deshalb auf Antrag zu berichtigen; der Antrag, der vom Gläubiger und vom Eigentümer gestellt werden kann, bedarf keiner Form, für die Berichtigung sind Gebühren nicht zu berechnen.

4. Durch die am 14. Februar 1924 in Kraft getretene III. StNVO. war das Aufwertungsproblem zunächst einmal gelöst und es mußte damals angenommen werden, daß diese Lösung endgültig ist. Bei der bei der Beleihung von Grundstücken notwendigen Prüfung der Sicherheit, die die neu zu bestellende Hypothek gab, konnte deshalb nach dem Inkrafttreten der III. StNVO. von einer 15%-Aufwertung der noch eingetragenen Papiermarkhypotheken ausgegangen werden. Würden diese jetzt mit dem Range vor solchen nachgehenden Hypotheken auf 25 v. H. aufgewertet werden, dann würde die Sicherheit der nachstehenden Hypotheken wesentlich verschlechtert werden. Hier bedurfte es eines Schutzes des guten Glaubens an die 15%-Aufwertung; dieser ist in der Weise gewährt, daß der sich auf Grund des Aufwertungsgesetzes gegenüber den Vorschriften der III. StNVO. ergebende höhere Aufwertungsbetrag dem inzwischen von einem anderen erworbenen Rechte im Range nachgesetzt worden ist. Dies gilt jedoch nur für die Rechte, die in der Zeit vom 14. Februar 1924 bis zum 1. Oktober 1924 sei es durch Neubegründung, sei es im Wege der Abtretung, auf jeden Fall aber durch Rechtsgeschäfte erworben worden sind; in der späteren Zeit war die Frage der Abänderung der III. StNVO. bereits so akut, daß mit einer Heraufsetzung des Aufwertungssatzes gerechnet werden mußte. Wer nach diesem Termin noch Rechte trotz vorstehender Papiermarkhypotheken erworben hat, nahm das Risiko einer höheren Aufwertung derselben in Kauf. Die Nennung des 1. Oktober 1924 ist wahrscheinlich ein Redaktionsfehler; vermutlich sollte es 30. September 1924 heißen. Nach dem Wortlaut des Gesetzes genießt aber eine am 1. Oktober 1924 erworbene Hypothek noch den Vorzug, daß ihr der Differenzbetrag, der sich aus der Aufwertung nach den Bestimmungen der III. StNVO. und des neuen Aufwertungsgesetzes ergibt, im Range nachgeht.

Eine Differenz in der Aufwertung nach den Vorschriften des Aufwertungsgesetzes gegenüber denen der III. StNVO. ergibt sich einmal aus der Erhöhung des Aufwertungssatzes von 15 auf 25%; sie ergibt sich aber ferner aus der durch § 3 geschaffenen Erweiterung der Fälle, in denen der Erwerb durch den Rechtsvorgänger dem jetzigen Berechtigten bei der Feststellung des Goldmarkbetrages seiner Forderung zugerechnet wird. In dem letzteren Fall will Mügel (§ 6 Anm. 10) § 6 Abs. 2 S. 1 nicht zur Anwendung bringen, ein Ergebnis, das mit dem klaren Gesetzeswortlaut nicht in Einklang zu bringen ist.

Beispiele: a) Im Grundbuch sind eingetragen:

1. eine Hypothek von 20000 Mark am 5. Januar 1916,
2. eine Hypothek von 10000 Goldmark am 15. Mai 1924.

Es ergibt sich folgende Rangordnung:

1. 3000 Goldmark = 15% der 1. Hypothek,
2. 10000 „ = 2. Hypothek,
3. 2000 „ = restl. 10% der 1. Hypothek.

b) Im Grundbuch sind eingetragen:

1. eine Hypothek von 20000 Mark am 5. Januar 1916,
2. eine Hypothek von 10000 Goldmark am 5. Januar 1924,
3. eine Hypothek von 10000 Goldmark am 15. Mai 1924,
4. eine Hypothek von 10000 Goldmark am 9. Oktober 1924.

Es ergibt sich folgende Rangordnung:

1. 3000 Goldmark = 15% der 1. Hypothek,
2. 10000 „ der 2. Hypothek,
3. 10000 „ der 3. Hypothek,
4. 2000 „ = restl. 10% der 1. Hypothek,
5. 10000 „ der 4. Hypothek.

Die unter Ziffer 4 aufgeführten 2000 Goldmark gehen aber den unter 2 aufgeführten 10000 Goldmark der 2. Hypothek im Range vor, da diese vor dem Inkrafttreten der III. StNVO. erworben ist und deshalb auf die Vergünstigung des § 6 Abs. 2 keinen Anspruch hat. Würde die 2. Hypothek am 1. April 1924 abgetreten worden sein, dann würde sie auf die Vergünstigung des § 6 Abs. 2 S. 1 Anspruch haben, die unter Ziffer 4 aufgeführten 2000 Goldmark würden also nicht den unter Ziffer 2 aufgeführten 10 000 Goldmark vorgehen.

5. Eine Erhöhung der Aufwertung ergibt sich nicht nur aus der Erhöhung des Aufwertungssatzes von 15 auf 25%, sondern auch aus der Zugrundelegung der dem Gesetz als Anlage beigegebenen Umrechnungsverhältnisse an Stelle der Dollarkurse. Die sich aus dem letzteren Umstand ergebende Differenz ist aber nicht so erheblich, daß sie eine Verschiebung der Rangverhältnisse notwendig machte; bei ihr tritt deshalb eine solche Verschiebung nicht ein.

Beispiel: Im Grundbuch sind eingetragen:

1. 1 Million Papiermark, eingetragen am 15. Januar 1922,
2. 20000 Goldmark, eingetragen am 1. Mai 1924.

Es ergibt sich folgende Rangordnung:

(Die 1 Million Papiermark haben nach dem für den 15. Januar 1922 geltenden Umrechnungsverhältnis einen Wert von 25000 Goldmark):

3750 Goldmark = 15% der 1. Hypothek,
20000 „ 2. Hypothek,
2500 „ restl. 10% der aufgewerteten 1. Hypothek.

In diesem Falle gehen der 2. Hypothek 3750 Goldmark vor, trotzdem der Gläubiger bei Begründung derselben unter Zugrundelegung des Dollarkurses vom 15. Januar 1922 nur damit zu rechnen brauchte, daß ihm 3485 Goldmark im Range vorgehen.

3. Rangvorbehalt für den Eigentümer.

§ 7.[1]

(1) Der Eigentümer ist befugt[2], im Range nach dem an erster Stelle eingetragenen aufgewerteten[3] Rechte und vor den diesem nachgehenden Rechten eine Hypothek oder Grundschuld in Höhe von 25 v. H. des Goldmarkbetrages des aufgewerteten Rechts[4] mit dem üblichen Zinsfuß[5] eintragen zu lassen. Liegt der Goldmarkbetrag eines aufgewerteten im Range nachgehenden Rechtes[6] in voller Höhe[7] innerhalb der für die Anlegung von Mündelgeld geltenden Sicherheitsgrenze[8], so ist der Eigentümer befugt, auch im Range nach diesem Rechte und vor den diesem im Range nachgehenden Rechten eine Hypothek oder Grundschuld in Höhe von 25 v. H. des Goldmarkbetrags des aufgewerteten Rechtes mit dem

üblichen Zinsfuß eintragen zu lassen. Sind in unmittelbarem Zusammenhang mit dem an erster Stelle eingetragenen aufgewerteten Recht zugunsten desselben Gläubigers andere aufgewertete Rechte eingetragen, so gelten, sofern der Gläubiger ein öffentlich-rechtliches oder unter Staatsaufsicht stehendes Unternehmen ist, das nach Gesetz oder Satzung bestimmte Beleihungsgrenzen einzuhalten hatte, die Rechte zusammen im Sinne dieser Vorschrift als ein einheitliches an erster Stelle eingetragenes Recht[9].

(2) Soweit es bei der Beurteilung der Mündelsicherheit auf das Verhältnis des Rechts zum Grundstückswert ankommt, ist als Grundstückswert der berichtigte Wehrbeitragwert (Artikel II § 3 Abs. 1 Ziffer 1 der zweiten Steuernotverordnung vom 19. Dezember 1923, Reichsgesetzbl. I S. 1205) oder, soweit ein berichtigter Wehrbeitragswert nicht festgestellt ist, der unter entsprechender Anwendung der bezeichneten Vorschriften durch die Aufwertungsstelle zu ermittelnde Wehrbeitragswert zugrunde zu legen[10].

(3) Die Befugnis, an der vorbehaltenen Rangstelle eine Hypothek oder Grundschuld eintragen zu lassen (Abs. 1) wird, auch solange die Befugnis nicht eingetragen ist, dadurch nicht berührt, daß ein im Range nachgehendes Recht von einem Dritten erworben ist[11]. Die Befugnis ist bei der Eintragung der Aufwertung von Amts wegen, auf Antrag des Eigentümers auch früher, in das Grundbuch einzutragen.[12, 13, 14]

(4) Bestehen an dem Grundstück Rechte, die auf Reichsmark, eine ausländische Währung, auf Feingold, Roggen oder einen anderen wertbeständigen Maßstab lauten, so nehmen sie in der Reihenfolge ihres Ranges die für den Eigentümer vorbehaltene Rangstelle ein.[15, 16] Der Gläubiger eines solchen Rechtes kann an Stelle des Eigentümers die Eintragung des Rechtes an der dem Eigentümer vorbehaltenen Rangstelle beantragen[17]. Die Reichsregierung wird ermächtigt, Vorschriften zur Berechnung des Goldmarkwertes dieser Rechte zu erlassen[18].

(5) Der Eigentümer kann mit Zustimmung der im Abs. 4 bezeichneten Gläubiger auf die Befugnis, an der vorbehaltenen Rangstelle eine Hypothek oder Grundschuld eintragen zu lassen (Abs. 1) verzichten. Der Verzicht bedarf zu seiner Wirksamkeit der Eintragung in das Grundbuch. Soweit ein Verzicht erfolgt ist, findet die Vorschrift des Abs. 4 keine Anwendung[19].

1. Die Aufwertung der Hypotheken auf nur einen Teil ihres Goldmarkbetrages hat zur Folge, daß die nicht an erster Stelle stehenden Berechtigten mit ihrer Hypothek in eine Wertparzelle des Grundstücks einrücken, die gegenüber der ihnen bei der Begründung der Hypothek zugebilligten Wertparzelle erheblich günstiger ist, so daß der Wert der Sicherheit für sie nicht unbeträchtlich erhöht wird. Diese Tatsache in Verbindung mit der Notwendigkeit, dem Eigentümer die Aufnahme neuer Kredite zu erleichtern, hat den Reichstagsausschuß veranlaßt, dem Eigentümer hinter der an erster Stelle stehenden Hypothek einen Rangvorbehalt zu sichern, den er für seine eigenen Kreditbedürfnisse in Anspruch nehmen kann. Soweit der volle Goldmarkbetrag — nicht der Aufwertungsbetrag! — nachstehender Hypotheken innerhalb der für die Anlegung von Mündelgeld geltenden Sicherheitsgrenze liegt, steht dem Eigentümer der gleiche Rangvorbehalt auch hinter diesen weiteren Hypotheken zu.

2. Das Gesetz spricht zwar nur davon, daß der Eigentümer befugt ist, sich den Rangvorbehalt eintragen zu lassen. Das Recht besteht aber auch ohne die Eintragung und kann gemäß Abs. 3 durch den gutgläubigen Erwerb eines Dritten nicht beeinträchtigt werden. Wird das Grundstück veräußert, so geht die Befugnis auf den neuen Eigentümer über, wenn der bisherige Eigentümer von ihr noch keinen Gebrauch gemacht hat.

3. Die Befugnis besteht nur gegenüber den aufgewerteten Rechten; sie kommt also nicht bei solchen Rechten in Frage, die bereits auf wertbeständiger Grundlage begründet worden sind oder die nicht auf einen Geldbetrag lauten (z. B. Grunddienstbarkeiten).

4. Der Rangvorbehalt steht dem Eigentümer in Höhe von 25 v. H. des Goldmarkbetrages des aufgewerteten Rechts, dem er folgt, zu. Dabei macht es keinen Unterschied, ob das aufgewertete Recht auf Grund des § 8 mit einem unter 25% liegenden Aufwertungssatz aufgewertet wird. Ebenso ist es auf die Höhe des Rangvorbehalts ohne Einfluß, wenn die aufgewertete Hypothek nicht mit vollen 25 v. H. ihres eigenen Goldmarkbetrages aufgewertet wird, weil der Aufwertungsbetrag der persönlichen Forderung niedriger ist, sei es, daß sie erst zu einem späteren Zeitpunkt als die Hypothek und deshalb in entwerteterem Gelde begründet wurde, sei es, daß es sich um eine Forderung handelt, die gemäß § 10 auf Grund der allgemeinen Vorschriften mit weniger als 25 v. H. aufgewertet ist. Selbst wenn in dem letzteren Fall auf Grund der allgemeinen Vorschriften eine Aufwertung der persönlichen Forderung und damit auch eine Aufwertung der Hypothek überhaupt nicht stattfindet, bleibt der Anspruch auf den Rangvorbehalt in Höhe von 25% des Goldmarkbetrages der Hypothek bestehen, so daß in diesem Falle der Eigentümer für seinen Rangvorbehalt tatsächlich die erste Stelle erhält.

Ist der ursprüngliche Goldmarkbetrag der Hypothek dadurch vermindert worden, daß sie die Erstberechtigte in der Inflationszeit verkauft hat, so daß gemäß § 2 Abs. 1 nur der Goldmarkbetrag des Erwerbspreises maßgebend ist, dann ist auch die Höhe des Rangvorbehalts nur unter Zugrundelegung dieses verminderten Goldmarkbetrages zu errechnen.

Ist eine Teilung der Hypothek dadurch eingetreten, daß der ursprüngliche Gläubiger sie abgetreten hat, gemäß § 17 aber noch an der Aufwertung teilnimmt, dann geht das Recht des abtretenden Gläubigers gemäß § 21 Abs. 2 allen anderen Rechten im Range nach. An erster Stelle steht in diesem Falle nur der Aufwertungsbetrag des Goldmarkbetrages, den der Zessionar für sich beanspruchen kann, und nur in Höhe von 25% dieses Goldmarkbetrages steht dem Eigentümer der Rangvorbehalt zu.

Der Rangvorbehalt lautet auf Goldmark, da das Gesetz ihn in Prozenten des Goldmarkbetrages des aufgewerteten Rechtes berechnet. Es muß auch davor gewarnt werden, ihn etwa im Wege einer Durchführungsverordnung in Reichsmark umzuwandeln, da er dann praktisch seine Bedeutung — Erleichterung der Erlangung neuer Kredite! — verlieren würde. So wünschenswert es auch ist, der neuen Reichsmark die Bedeutung zu verschaffen, die die Vorkriegsmark hatte, kann doch das Ziel nicht durch gesetzgeberische Gewaltmaßnahmen erreicht werden. Vertrauen will erworben sein und kann nicht aufgezwungen werden.[1])

5. Der für den Rangvorbehalt vorgesehene Zinsfuß ist durch das Gesetz nicht mit der gerade für den Grundbuchverkehr wünschenswerten Genauigkeit festgelegt worden, da die Feststellung des „üblichen" Zinsfußes bei den zurzeit bestehenden sehr erheblichen Zinsdifferenzen nicht immer leicht sein wird. Maßgebend für die Feststellung ist der Zeitpunkt, in welchem der Eigentümer die Eintragung einer Hypothek oder Grundschuld veranlaßt, nicht schon der Zeitpunkt, in dem die ihm zustehende Befugnis von Amts wegen oder auf seinen Antrag hin (Abs. 3) eingetragen wird. Mangels anderweitiger Unterlagen für die Feststellung des üblichen Zinsfußes muß der Zinsfuß als maßgebend angenommen werden, den Pfandbriefinstitute, Hypothekenbanken oder andere Institute, die regelmäßig Grundbesitz beleihen, in Anrechnung bringen.

Rückt gemäß Abs. 4 ein bereits an dem Grundstück bestehendes Recht in den Rangvorbehalt ein, dann erfolgt das Einrücken mit den für dieses Recht vereinbarten Zinsen ohne Rücksicht darauf, ob sie der Üblichkeit entsprechen oder nicht. Die nachstehend Berechtigten können also nicht einem Teil der für das einrückende Recht vereinbarten Zinsen den Vorrang bestreiten, weil sie insoweit nicht üblich sind. Andererseits ist der Rangvorbehalt durch das einrückende Recht auch dann voll ausgefüllt, wenn die für dieses geltenden Zinsen hinter den üblichen Zinsen zurückbleiben, da es dem Zweck der Bestimmung widersprechen würde, dem Eigentümer nur wegen eines Teiles der Zinsen den sonst durch das einrückende Recht ausgefüllten Rangvorbehalt zu belassen. Deshalb ist der Eigentümer auch nicht befugt, mit dem einrückenden Gläubiger einen bis zur Grenze des üblichen gehenden höheren Zinsfußes zu vereinbaren, ohne daß die nachstehend Berechtigten dem zustimmen.

6. Vgl. die Ausführungen in Anm. 1 und 2. Der Goldmarkbetrag des dinglichen Rechts ist auch dann maßgebend, wenn dieses auf Grund der §§ 4, 8 oder 10 des Gesetzes mit weniger als 25% oder überhaupt nicht aufgewertet wird.

7. Das nachfolgende Recht muß in voller Höhe innerhalb der für die Anlegung von Mündelgeld geltenden Sicherheitsgrenze liegen. Überschreitet es diese Grenze mit einem auch noch so geringfügigen Betrage, dann ist die Eintragung eines Rangvorbehalts auch hinter diesem Rechte unzuverlässig.

8. § 1807 BGB. gibt den Ländern das Recht, für die innerhalb ihres Geltungsbereiches belegenen Grundstücke die Grundsätze zu bestimmen, nach denen die Sicherheit einer Hypothek, einer Grundschuld oder einer Rentenschuld festzustellen ist. Mit Ausnahme von Braunschweig haben alle Länder von dieser Befugnis Gebrauch gemacht; in Preußen (AG. z. BGB. Art. 73) und Sachsen (Gesetz, betr. die Anlegung von Mündelgeld vom 22. Dezember 1899) gilt für land- und forstwirtschaftliche Grundstücke $^2/_3$,

[1]) Die inzwischen ergangene Durchführungsverordnung vom 9. Oktober 1925 setzt die Goldmark im Sinne der §§ 4—32 des AufwGes. dem jeweiligen Preise von $^1/_{2790}$ kg Feingold gleich.

für städtische Grundstücke die Hälfte des Grundstückswerts als mündelsichere Grenze, während für Württemberg (AG. z. BGB. Art. 92) und Baden (AG. z. BGB. Art. 33 und allgem. AusfVO. vom 11. November 1899 § 35) eine Hypothek für die Anlegung von Mündelgeld nur dann als sicher anzusehen ist, wenn sie innerhalb der ersten Hälfte des Grundstückswerts zu stehen kommt. Für die anderen Länder vgl. die Zusammenstellung bei Staudinger § 1807 BGB. Anm. 1 a.

9. Hat ein öffentlichrechtliches oder unter Staatsaufsicht stehendes Unternehmen (Hypothekenbanken, Landschaften, Versicherungsgesellschaften) nach Gesetz oder Satzung bestimmte Beleihungsgrenzen einzuhalten und stehen diesem außer dem an erster Stelle eingetragenen Recht in unmittelbarer Reihenfolge hinter demselben noch weitere Rechte zu, so gelten diese zusammen mit dem an erster Stelle eingetragenen Recht als ein einheitliches Recht; der Eigentümer kann sich also erst hinter dem letzten dieser Rechte einen Rangvorbehalt in Höhe von 25% des Gesamtgoldmarkbetrages dieser Rechte eintragen lassen. Steht das vorderste Recht dieses Unternehmens nicht an erster Stelle oder ist die Reihenfolge der Rechte irgendwie unterbrochen, dann entfällt diese Vergünstigung; im letzteren Falle gilt dies natürlich insoweit nicht, als ein Teil der nachfolgenden Rechte mit dem ersten Recht in unmittelbarem Zusammenhang steht. Haben die Voraussetzungen des § 7 Abs. 1 Satz 3 an sich vorgelegen, sind die Hypotheken aber nach Zahlung des Nennbetrages oder einer geringfügigen Aufwertung nicht gelöscht sondern abgetreten worden, so daß der dem abtretenden Gläubiger noch zustehende Aufwertungsbetrag gemäß § 21 Abs. 2 allen anderen Rechten nachgeht, dann entfällt die Vergünstigung einer einheitlichen Behandlung, weil dann die Voraussetzung des Zusammenhangs mit dem an erster Stelle stehenden Recht nicht mehr besteht.

10. Die Mündelsicherheit einer Hypothek hängt regelmäßig von ihrem Verhältnis zum Grundstückswert ab. Im Interesse einer gewissen Einheitlichkeit bestimmt § 7 Abs. 2, daß in diesem Falle der Grundstückswert maßgebend ist, der als berichtigter Wehrbeitragswert gemäß Art. 2 § 3 Abs. 1 Ziffer 1 der II. StNVO. anzusehen ist. Dieser Wert ist auf Grund des § 5 in Verbindung mit den §§ 7 bis 18 der Durchführungsbestimmungen vom 8. März 1924 festgestellt. Die Abschläge, die gemäß §§ 19 ff. der genannten Durchführungsbestimmungen zulässig sind, bleiben für die Feststellung des berichtigten Wehrbeitragswerts im Sinne des § 7 Abs. 2 des Aufwertungsgesetzes außer Betracht.

Ist ein berichtigter Wehrbeitragswert nicht festgestellt, so muß die Aufwertungsstelle unter entsprechender Anwendung der erwähnten Vorschriften ihn ermitteln.

11. Der dem Eigentümer zustehende Rangvorbehalt ist gegenüber dem gutgläubigen Erwerb von Rechten durch Dritte in vollem Umfange geschützt. Auch wenn vor der Eintragung der Befugnis ein Dritter Rechte am Grundstück durch Abtretung oder Neueintragung erwirbt, wird dadurch das Recht des Eigentümers auf die vorbehaltene Rangstelle nicht geschmälert.

12. Die Befugnis des Eigentümers ist von Amts wegen einzutragen, sobald der Aufwertungsbetrag gemäß § 6 auf Antrag des Gläubigers oder des Eigentümers eingetragen wird. Der Eigentümer selbst kann jedoch jederzeit vorher den Antrag selbständig stellen. Dieser Antrag ist an eine Frist nicht gebunden. Wird der Antrag gestellt, dann hat der Antragsteller bezüglich des ersten Rangvorbehalts nur den Goldmarkbetrag des an erster Stelle eingetragenen Rechts nachzuweisen, welcher Nachweis unter Bezugnahme auf § 5 Abs. 1 regelmäßig leicht zu führen sein wird. Bei weiteren Rangvorbehalten muß der Eigentümer außerdem noch den Nachweis erbringen, welches die Sicherheitsgrenze für die Anlegung von Mündelgeld ist.

13. Schwierigkeiten können sich ergeben, wenn der Goldmarkbetrag des Rechts zu hoch angenommen worden ist. War die Hypothek z. B. vor dem 1. Januar 1918 begründet, so daß ihr Nennbetrag gleich dem Goldmarkbetrag war, und ist sie in der Inflationszeit entgeltlich abgetreten worden, dann hat sich der Goldmarkbetrag, der ursprünglich gleich dem Nennbetrag war, auf den Goldmarkbetrag des Erwerbspreises ermäßigt. Bei einer Briefhypothek kann dem Eigentümer und dem Grundbuchamt diese Abtretung unbekannt geblieben sein, so daß der Eigentümer, der von der Möglichkeit des § 7 Gebrauch macht, den Rangvorbehalt in einer Höhe eingetragen bekommt, die ihm nicht zusteht. Solange nur die Befugnis des Eigentümers eingetragen ist oder er sich selbst eine Grundschuld in Höhe des Rangvorbehalts hat bestellen lassen, ist das Grundbuchamt von Amts wegen zu einer Berichtigung verpflichtet. Hat der Eigentümer für einen Dritten eine Hypothek oder Grundschuld an der ihm vorbehaltenen Stelle eintragen lassen oder hat er eine Grundschuld, die er zunächst für sich selbst hat eintragen lassen, abgetreten, dann kommen die Vorschriften über den Erwerb von Rechten in gutem Glauben zur Anwendung und eine Berichtigung ist nicht mehr möglich.

14. Ist ein bereits eingetragenes auf einen wertbeständigen Maßstab lautendes Recht in die vorbehaltene Rangstelle eingerückt, und ist die Eintragung an der vorbehaltenen Rangstelle erfolgt, stellt sich aber später heraus, daß diese zu hoch angenommen ist, dann muß es insoweit weichen, als es die zulässige Höhe überschreitet. Die Vorschriften über den Erwerb von Rechten im guten Glauben können nicht zur Anwendung kommen, da es sich nicht um einen Erwerb durch ein Rechtsgeschäft handelt.

15. Hat der Eigentümer bereits *wertbeständige Rechte* bestellt, dann entfällt der Zweck des Rangvorbehalts. Andererseits entspricht es der Billigkeit, diese Rechte in die dem Eigentümer verbehaltenen Rangstellen einrücken zu lassen. Es muß sich jedoch um Rechte handeln, die im Zeitpunkt des Inkrafttretens des Gesetzes, d. h. am 15. Juli 1925 bestanden haben; bei späterem Rechtserwerb ist es Sache des Gläubigers, dafür zu sorgen, daß ihm der Eigentümer die ihm vorbehaltene Rangstelle einräumt.

16. Steht ein bereits gelöschtes, aber auf Grund der Vorschriften über die Aufwertung auf Grund eines Vorbehalts oder kraft Rückwirkung aufgewertetes Recht gemäß § 20 im Range einem auf wertbeständiger Basis begründeten Recht nach, so finden die Vorschriften über den Rangvorbehalt sinngemäß Anwendung. Beträgt der Aufwertungsbetrag 20 000 GMk. und stehen neu 10 000 GMk. eingetragen, die auf Grund des § 20 den wieder einzutragenden 20 000 GMk. vorgehen, dann ergibt sich folgende Rangordnung:

1. 10 000 GMk.,
2. 20 000 GMk. Aufwertungsbetrag,
3. 10 000 GMk. Rangvorbehalt.

Würde das neue Recht auf 20000 GMk. oder mehr lauten, dann hätte es den Rangvorbehalt aufgebraucht und ein solcher käme nicht mehr in Frage.

17. Sowohl der Gläubiger als auch der Eigentümer können beantragen, daß das auf einen wertbeständigen Maßstab abgestellte Recht an der vorbehaltenen Rangstelle eingetragen wird. Auch hier handelt es sich um eine Grundbuchberichtigung, so daß die Voraussetzungen in den Formen des § 29 GBO. nachgewiesen werden müssen.

18. Da der Rangvorbehalt auf einen Goldmarkbetrag hinausläuft, andererseits vielfach wertbeständige Belastungen auf der Basis von Roggen, Weizen und anderen wertbeständigen Maßstäben erfolgt sind, bedarf es der Klarstellung, in welchem Umfange diese in die dem Eigentümer vorbehaltenen Rangstellen einrücken. Es ist der Reichsregierung überlassen, die hierfür erforderlichen Bestimmungen zu treffen.

19. Wenn es sich bei dem Rangvorbehalt auch nur um eine Befugnis des Eigentümers handelt, so ist diese doch so gefestigt, daß es für die Rangverhältnisse des Grundbuchs unerheblich ist, ob sie ausgeübt wird oder nicht. Will der Eigentümer von der Befugnis keinen Gebrauch machen, so bedarf es deshalb eines ausdrücklichen Verzichts, der erst durch die Eintragung in das Grundbuch wirksam wird. Haben am 15. Juli 1925 an dem Grundstück Rechte bestanden, die auf irgend einen wertbeständigen Maßstab lauten und deshalb gemäß Absatz 4 in die vorbehaltene Rangstelle einrücken, bedarf es zur Wirksamkeit des Verzichts auch der Zustimmung dieser Berechtigten, da diese durch den Verzicht ihr Recht auf Einrücken in die vorbehaltene Rangstelle einbüßen; haben sie zu einem solchen Verzicht ihre Zustimmung erteilt, dann kommt ein Einrücken nicht mehr in Frage.

Beispiele.

I. Im Grundbuch eines in Preußen belegenen landwirtschaftlichen Grundstücks mit einem berichtigtem Wehrbeitragswert von Mk. 60000 (mündelsichere Grenze 40000 Mk.) stehen eingetragen:

1. 20000 Mk. aus dem Jahre 1912,
2. 20000 „ „ „ „ 1914,
3. 5000 GMk. „ „ Dezember 1924.

Es ergibt sich folgende Rangordnung:

1. 5000 GMk. = 25% Aufwertungsbetrag der 1. Hypothek (§ 4),
2. 5000 „ 3. Hypothek (§ 7 Abs. 4),
3. 5000 „ = 25% Aufwertungsbetrag der 2. Hypothek (§ 4),
4. 5000 „ Rangvorbehalt für den Eigentümer (§ 7 Abs. 1).

II. Im Grundbuch eines städtischen Grundstücks mit einem berichtigten Wehrbeitragswert von 120000 Mk. (mündelsichere Grenze: 60000 Mk.) stehen eingetragen:

1. 40000 Mk. aus dem Jahre 1912,
2. 20000 „ „ „ „ 1914,
3. 10000 „ „ „ „ 1916,
4. 20000 GMk. „ „ Mai 1924,
5. 10000 „ „ „ November 1924.

Es ergibt sich folgende Rangordnung:

1. 6000 GMk. = 15% Aufwertungsbetrag der 1. Hypothek (§ 4, § 6 Abs. 2),
2. 10000 „ Teilbetrag der 4. Hypothek (§ 6 Abs. 2, § 7 Abs. 4),
3. 3000 „ = 15% Aufwertungsbetrag der 2. Hypothek (§ 4, § 6 Abs. 2),
4. 5000 „ Teilbetrag der 4. Hypothek (§ 6 Abs. 2, § 7 Abs. 4),
5. 1500 „ = 15% Aufwertungsbetrag der 3. Hypothek (§ 4, § 6 Abs. 2),
6. 5000 „ Restbetrag der 4. Hypothek,
7. 4000 „ restlicher 10% Aufwertungsbetrag der 1. Hypothek,
8. 2000 „ restlicher 10% Aufwertungsbetrag der 2. Hypothek,
9. 1000 „ restlicher 10% Aufwertungsbetrag der 3. Hypothek,
10. 10000 „ 5. Hypothek.

Die unter Ziffer 7 stehenden GMk. 4000 haben außerdem den Vorrang vor den unter Ziffer 3 stehenden GMk. 3000 und den unter Ziffer 5 stehenden GMk. 1500. Die unter Ziffer 8 stehenden GMk. 2000 haben den Vorrang vor den unter Ziffer 5 stehenden GMk. 1500.

III. Im Grundbuch eines städtischen Grundstücks mit einem berichtigten Wehrbeitragswert von 100000 Mk. (mündelsichere Grenze: 50000 Mk.) stehen eingetragen:

1. 40000 Mk. aus dem Jahre 1912,
2. 20000 „ „ „ „ 1914,
3. 15000 GMk. „ „ Januar 1924,
4. 10000 „ „ „ April 1924.

Es ergibt sich folgende Rangordnung:

1. 6000 GMk. = 15% Aufwertungsbetrag der 1. Hypothek (§ 4, § 6 Abs. 2),
2. 10000 „ Teil der 3. Hypothek (§ 7 Abs. 4),
3. 3000 „ = 15% Aufwertungsbetrag der 2. Hypothek (§ 4, § 6 Abs. 2),
4. 5000 „ Rest der 3. Hypothek,
5. 10000 „ 4. Hypothek,
6. 4000 „ = restlicher 10% Aufwertungsbetrag der 1. Hypothek,
7. 2000 „ = restlicher 10% Aufwertungsbetrag der 2. Hypothek.

Die unter Ziffer 6 stehenden GMk. 4000 haben den Vorrang vor den unter Ziffer 2 stehenden GMk. 10000, den unter Ziffer 3 stehenden GMk. 3000 und den unter Ziffer 4 stehenden GMk. 5000. Die unter Ziffer 7 stehenden GMk. 2000 haben den Vorrang vor den unter Ziffer 4 stehenden GMk. 5000.

4. Herabsetzung der Aufwertung.

§ 8.

(1) Der Eigentümer kann eine Herabsetzung der Aufwertung um höchstens 10 v. H. des Goldmarkbetrags verlangen, wenn dies mit Rücksicht auf seine wirtschaftliche Lage zur Abwendung einer groben Unbilligkeit unabweisbar erscheint[1]. Die Herabsetzung der Aufwertung ist nur zulässig, wenn das Verlangen vor dem 1. April 1926 bei der Aufwertungsstelle gestellt wird[2]. In den Fällen der §§ 203, 204, 206, 207 des Bürgerlichen Gesetzbuchs kann das Verlangen noch bis zum Ablauf von drei Monaten nach Fortfall des Hindernisses gestellt werden[3].

(2) Ist die Herabsetzung der Aufwertung rechtzeitig bei der Aufwertungsstelle beantragt, so ist auf Antrag des Eigentümers ein Widerspruch in das Grundbuch einzutragen. Die Eintragung des Widerspruches setzt die Eintragung der Aufwertung nicht voraus[4].

1. § 8, der gemäß § 9 für die durch eine Hypothek gesicherten persönlichen Forderungen entsprechend gilt, bietet die Möglichkeit, den vom Gesetz vorgesehenen Aufwertungsbetrag aus Billigkeitsgründen herabzusetzen. Entgegen dem Recht der III. StNVO. kann jedoch die Herabsetzung höchstens um 10 v. H. des Goldmarkbetrages erfolgen, so daß die Hypothek in jedem Fall mit mindestens 15% aufzuwerten ist, sofern nicht in einem der Ausnahmefälle des § 10 die persönliche Forderung mit einem noch geringeren Betrage oder überhaupt nicht aufgewertet wird. Die Voraussetzungen, an die das Gesetz die Geltendmachung des Anspruchs auf Herabsetzung knüpft, sind außerordentlich scharf gefaßt. Es muß zunächst einmal bei Nichtherabsetzung eine grobe Unbilligkeit gegeben sein. Diese Voraussetzung wird noch am leichtesten nachweisbar sein, weil eine grobe Unbilligkeit immer dann anzunehmen ist, wenn der Grundstückseigentümer nachweist, daß die Aufnahme der Hypothek nicht, wie z. B. bei einem Baugelddarlehn, mit dem Grundstück in wirtschaftlichem Zusammenhang stand, sondern zu andern Zwecken (Kriegsanleihezeichnung!) diente, und daß er einerseits durch die Anlegung des Gegenwerts der Hypothek in Werten, die der Aufwertung nicht oder in einem geringeren Maße unterliegen, andererseits durch die Verpflichtung, selbst in Höhe von 25% aufzuwerten, eine finanzielle Einbuße erleidet. In einem solchen Fall wird auch anzunehmen sein, daß die Herabsetzung der Aufwertung zwecks Abwendung einer groben Unbilligkeit unabweisbar ist. Es genügt aber nicht, daß die Beanspruchung der für den Regelfall vorgesehenen Aufwertung eine grobe Unbilligkeit bedingt, daneben muß auch noch die wirtschaftliche Lage des Eigentümers berücksichtigt werden, und nur dann, wenn auch im Hinblick auf diese wirtschaftliche Lage die Belastung mit der 25%igen Aufwertung eine grobe Unbilligkeit bedeutet, ist der Anspruch auf Herabsetzung gerechtfertigt. Hat also z. B. jemand sein Gut belastet, um Kriegsanleihe zu zeichnen, und hatte er diese in der Inflationszeit verkauft, weil er mit einer kommenden Aufwertung nicht rechnete, dann liegt in der Verpflichtung zur Aufwertung eine grobe Unbilligkeit; diese kann aber nur dann zu einer Herabsetzung der Aufwertung führen, wenn die ganze wirtschaftliche Lage des Eigentümers eine solche ist, daß die Verpflichtung zur Aufwertung eine drückende Belastung für ihn darstellt; ist er auf Grund seines sonstigen Vermögens in der Lage, die Aufwertung zu verwinden, dann kommt eine Herabsetzung nicht in Betracht. Im übrigen ist nicht nur die gegenwärtige wirtschaftliche Lage des Eigentümers zu berücksichtigen, sondern auch die voraussichtlich künftige Entwicklung in Rechnung zu ziehen. Ein starkes Kreditbedürfnis, dessen Befriedigung zur Aufrechterhaltung der Wirtschaft oder des Geschäfts notwendig ist, und anders als durch Verpfändung des Grundstücks nicht befriedigt werden kann, kann also zu einer Herabsetzung der Aufwertung führen.

Neben der wirtschaftlichen Lage des Eigentümers ist auch die des Gläubigers zu berücksichtigen, wobei jedoch davon auszugehen ist, daß in erster Linie die wirtschaftlichen Verhältnisse des Eigentümers zu prüfen sind und daß, wenn diese Prüfung das Vorhandensein der Voraussetzungen des § 8 ergibt, eine Herabsetzung ohne Rücksicht auf die wirtschaftlichen Verhältnisse des Gläubigers erfolgen muß. Nur dann, wenn die Verhältnisse des Eigentümers einen Zweifel aufkommen lassen, ob die scharfen Voraussetzungen des § 8 in vollem Umfange ihm gegenüber gegeben sind, kann eine Abwägung der beiderseitigen Interessen stattfinden. Hat der Gläubiger nach dem 13. Februar 1924 die Hypothek abgetreten, dann sind bei der Abwägung der beiderseitigen Interessen nicht die Verhältnisse des neuen Gläubigers sondern die des früheren Gläubigers maßgebend, da es nicht angängig ist, daß der Anspruch des Eigentümers auf Herabsetzung durch eine solche Abtretung verkürzt wird, andererseits auch keine Veranlassung vorliegt, ihn auf Grund einer an einen leistungsfähigeren Gläubiger erfolgten Abtretung besser zu stellen.

Der Antrag ist vom Eigentümer zu stellen. Bei Miteigentum nach Bruchteilen ist jeder der Miteigentümer in der Lage, für seinen Anteil den Anspruch auf Herabsetzung geltend zu machen; liegt Gesamthandseigentum (z. B. bei einer Erbengemeinschaft) vor, dann muß der Antrag von allen an der Gemeinschaft beteiligten Personen gestellt werden.

Bei einer G e s a m t h y p o t h e k kann der Antrag auf Herabsetzung von jedem Eigentümer hinsichtlich seines Grundstücks, oder wenn alle belasteten Grundstücke oder einzelne derselben im Eigentum derselben Person stehen, von dieser bezüglich nur eines oder einzelner Grundstücke gestellt werden. Erfolgt in diesem Fall eine Herabsetzung, dann liegt eine Gesamthypothek nur in Höhe des Betrages vor, für den alle Grundstücke haften; bezüglich des überschießenden Betrages ist eine Einzelhypothek gegeben. Haften mehrere Grundstücke für den überschießenden Betrag, so liegt noch insoweit eine Gesamthypothek vor, als mehrere Grundstücke für den Mehrbetrag haften; eine Einzelhypothek kommt immer erst in Frage, wenn nur ein Grundstück für den Spitzenbetrag haftet. Ist für eine Vorkriegsforderung des A von 50000 Mark bei Begründung derselben auf den Grundstücken des B und des C eine Hypothek bestellt worden und ist am 15. Januar 1918 auch noch das Grundstück des D zur Mithaft herangezogen worden, dann ist der Goldmarkbetrag der auf den Grundstücken des B und C haftenden Hypotheken 50000 Mark, während die auf dem Grundstück des D haftende Hypothek nur noch einen Goldmarkbetrag von 40000 Mark hat. Erreicht B auf Grund eines gemäß § 8 gestellten Antrages, daß seine Hypothek nur mit 15% aufzuwerten ist, dann ergibt sich für die Hypothek des B ein Aufwertungsbetrag von 7500 Mark, für die Hypothek des C ein solcher von 12500 Mark und für die Hypothek des D ein solcher von 10000 Mark. In Höhe von 7500 Mark liegt bei allen drei Grundstücken eine Gesamthypothek vor, in Höhe von weiteren 2500 Mark nur an den Grundstücken des C und D, während in Höhe der restlichen 2500 Mark auf dem Grundstück des C eine Einzelhypothek haftet. Der Gläubiger hat die Wahl, aus welchem Grundstück er Befriedigung suchen will; ist er zunächst aus einem der Grundstücke befriedigt worden, die für einen geringeren Betrag haften, dann kann er wegen des noch nicht gedeckten Betrages aus den Grundstücken der anderen Eigentümer Befriedigung suchen. Die von Mügel (§ 4 Anm. 10) vertretene Auffassung, daß im Falle der Tilgung nicht der Nennbetrag der Zahlung, sondern nur das Verhältnis entscheidet, in dem der gezahlte Betrag zu dem Gesamtbetrag des auf dem betreffenden Grundstücke haftenden Rechts steht, ist nicht haltbar; sie würde zur Folge haben, daß, wenn der Gläubiger auf dem Grundstück, bei dem eine Herabsetzung der Aufwertung erfolgt ist, in Höhe des herabgesetzten Betrages befriedigt wird, seine Forderung als getilgt angesehen werden müßte, während ihm tatsächlich das Recht zuzubilligen ist, in Höhe des nicht gedeckten Mehrbetrags seiner Forderung diejenigen Grundstücke, die für diesen Mehrbetrag haften, in Anspruch zu nehmen. Ist der Gläubiger zunächst mit einem Teilbetrag von einem der Grundstückseigentümer befriedigt worden, die in größerem Umfange als die anderen haften, dann ist er gemäß § 366 Abs. 2 BGB. berechtigt, die Zahlung zunächst auf denjenigen Teil seiner Forderung zu verrechnen, für den nur eins oder nur einige der Grundstücke haften.

2. Der Antrag auf Herabsetzung muß bis zum 31. März 1926 bei der Aufwertungsstelle, d. h. bei dem Amtsgericht, in dessen Bezirk das Grundbuch geführt wird, eingegangen sein; ist ein solcher Antrag bereits auf Grund der entsprechenden Vorschriften der III. StNVO. gestellt worden, dann gilt das dadurch in Gang gesetzte Verfahren als Verfahren auf Grund des Aufwertungsgesetzes (vgl. § 10 der VO. v. 21. Juli 1925). Der Antrag kann schriftlich oder zu Protokoll des Gerichtsschreibers gestellt werden. Er darf nicht allgemein auf Herabsetzung lauten, sondern muß ein bestimmtes Maß der Herabsetzung angeben. Eine Versäumung der Frist hat den Ausschluß des Rechts auf Herabsetzung des Aufwertungsbetrages zur Folge.

3. In einigen Sonderfällen kann der Antrag auch noch nach Ablauf der Frist gestellt werden:

a) Stillstand der Rechtspflege, d. h. Einstellung der Gerichtstätigkeit innerhalb der Zeit vom 1. Oktober 1925 bis 31. März 1926 gibt dem Berechtigten das Recht, den Antrag noch innerhalb von 3 Monaten nach Wiederaufnahme der Gerichtstätigkeit zu stellen. Eine Verhinderung infolge Stillstands der Rechtspflege ist dann nicht anzunehmen, wenn innerhalb des genannten Zeitraums das zuständige Gericht seine Tätigkeit vorübergehend eingestellt hat, danach aber noch mindestens 3 Monate Zeit geblieben sind, um den Antrag nachzuholen.

b) Sind Gläubiger und Eigentümer des belasteten Grundstücks Ehegatten, dann kann der Antrag noch innerhalb von 3 Monaten nach Ablauf der Ehe gestellt werden. Handelt es sich um Eltern und Kinder oder um Vormund und Mündel, dann besteht die Möglichkeit, den Antrag noch innerhalb von 3 Monaten nach Eintritt der Volljährigkeit bzw. nach Fortfall des Vormundschaftsverhältnisses zu stellen.

c) Ist der Antragsberechtigte geschäftsunfähig oder in der Geschäftsfähigkeit beschränkt und ohne gesetzlichen Vertreter, dann kann der Antrag innerhalb von 3 Monaten nach dem Zeitpunkt nachgeholt werden, in welchem er unbeschränkt geschäftsfähig wird oder in welchem der Mangel der Vertretung aufhört.

d) Steht das Gläubigerrecht oder das Eigentum an dem belasteten Grundstück einem Nachlaß zu, dann ist die Stellung des Antrags noch innerhalb von 3 Monaten nach dem Zeitpunkt möglich, in welchem die Erbschaft von den Erben angenommen oder der Konkurs über den Nachlaß eröffnet wird, oder von welchem an der Anspruch von einem Vertreter oder gegen einen Vertreter geltend gemacht werden kann.

4. Abs. 2 gibt dem Eigentümer das Recht, einen Widerspruch in das Grundbuch eintragen zu lassen, sobald er eine Herabsetzung der Aufwertung bei der Aufwertungsstelle beantragt hat. Dieser Widerspruch kann eingetragen werden, auch wenn die Aufwertung noch nicht eingetragen worden ist. Er hat die Wirkung, daß nunmehr nicht ein Dritter die Hypothek mit dem sich aus dem Aufwertungsgesetz ergebenden Aufwertungsbetrag gutgläubig erwerben und das Recht des Eigentümers auf Herabsetzung dadurch illusorisch machen kann.

Ist der Goldmarkbetrag der Hypothek noch nicht eingetragen, dann kann bei Abtretung derselben von einem Rechtserwerb in gutem Glauben in Höhe der vom Gesetz vorgesehenen 25% nicht die Rede sein. Erst wenn der Aufwertungsbetrag eingetragen ist, ist für einen Dritten ein gutgläubiger Erwerb der auf 25% aufgewerteten Hypothek möglich. Der Eigentümer, der beabsichtigt, von der Befugnis des § 8 Gebrauch zu machen, wird angesichts der Gefahr eines gutgläubigen Erwerbs durch einen Dritten gut daran tun, den Antrag auf Herabsetzung der Aufwertung möglichst beschleunigt bei der Aufwertungsstelle einzureichen und sofort danach die Eintragung des Widerspruchs zu veranlassen. Er wird dies insbesondere dann tun müssen, wenn auf Veranlassung des Gläubigers bereits der Aufwertungsbetrag eingetragen worden ist.

II. Aufwertung der persönlichen Forderung.

§ 9.

(1) Die durch die Hypothek gesicherte persönliche Forderung[1] wird nach Maßgabe der für das dingliche Recht geltenden Vorschriften der §§ 4, 5, 8 aufgewertet[2]. (Normaler Höchstsatz.)

1. Jede Hypothek setzt begrifflich das Bestehen einer persönlichen Forderung voraus (§ 1113 BGB.). Da persönlicher Schuldner und Eigentümer des belasteten Grundstücks nicht dieselben Personen zu sein brauchen, hat das Aufwertungsgesetz aus Zweckmäßigkeitsgründen die Aufwertung der dinglichen und persönlichen Schuld getrennt behandelt; beide stehen trotzdem in engstem Zusammenhang, und die durch Entscheidung des Reichsgerichts vom 3. Dezember 1924 (JW. 25, 45) versuchte Loslösung der Hypothek von der Forderung, die sie sichern sollte, unter Außerachtlassung der Tatsache, ob diese noch besteht, ist durch das Aufwertungsgesetz ausdrücklich mißbilligt worden.

Ist die Hypothek erloschen, während die persönliche Forderung noch fortbesteht, so sind zwei Möglichkeiten zu unterscheiden:

Entweder hat der Gläubiger auf die dingliche Sicherung seines Rechts verzichten wollen, um dem Grundstückseigentümer die betreffende Rangstelle im Grundbuch freizugeben. In diesem Falle liegt eine hypothekarisch gesicherte Forderung nicht mehr vor, die Frage, ob die Forderung aufzuwerten ist, richtet sich also gemäß § 62 nach den allgemeinen Vorschriften. Anders, wenn der Gläubiger die Löschungsbewilligung erteilt hat, weil der Schuldner glaubte, nach Rückzahlung des Papiermarknennbetrages einen Anspruch auf Erteilung der Löschungsbewilligung zu haben. Vielfach haben die Gläubiger in solchen Fällen unter dem Druck einer Klageandrohung die Löschungsbewilligung erteilt, weil sie das Risiko eines Prozesses nicht auf sich nehmen wollten oder konnten, und die Rechtsprechung immerhin so zweifelhaft war, daß mit einem Erfolg nicht sicher gerechnet werden konnte.

In solchen Fällen ist anzunehmen, daß es sich noch um eine hypothekarisch gesicherte Forderung handelt, deren Aufwertung sich nach den §§ 9ff. richtet. In diesem Falle ist die Hypothek auch gemäß § 14 wiedereinzutragen.

Unter § 9 fallen nicht Forderungen, die durch eine Grundschuld, Rentenschuld oder Reallast gesichert worden sind. In Mecklenburg ist es z. B. vielfach üblich, für Restkaufgelder nicht eine Restkaufgeldhypothek, sondern eine Grundschuld zu bestellen; in diesen Fällen richtet sich die Aufwertung der persönlichen Forderung gemäß § 62 nach den allgemeinen Vorschriften. Selbstverständlich muß eine persönliche Forderung vorhanden sein. Ist z. B. ein Teil des Kaufpreises dadurch belegt, d. h. getilgt worden, daß dem Verkäufer eine Grundschuld eingeräumt wurde, dann ist für die Aufwertung einer persönlichen Forderung mangels Bestehens einer solchen kein Platz. Das gleiche gilt, wenn der Käufer in Anrechnung auf den Kaufpreis eine dem bisherigen Eigentümer zustehende Grundschuld übernommen hat.

2. Die persönliche Forderung wird grundsätzlich zu dem normalen Höchstsatz von 25% aufgewertet. Für die Berechnung des Goldmarkbetrages gelten die Vorschriften des § 5 entsprechend, d. h. es wird vermutet, daß die Forderung an dem Tage erworben ist, an dem die Hypothek in das Grundbuch eingetragen worden ist. Ebenso wird bei der Abtretung einer durch Hypothek gesicherten Forderung vermutet, daß sie an dem Ausstellungstage der Abtretungsurkunde erworben ist. Diese Vermutungen sind aber widerlegbar; dies ist besonders bezüglich der ersteren Vermutung bedeutungsvoll, weil vielfach bereits bestehende Forderungen erst nachträglich durch Eintragung einer Hypothek sichergestellt worden sind.

Abweichungen von dem normalen Höchstsatz sind unter den Voraussetzungen des § 10 zulässig; sind diese gegeben, dann kann sowohl nach oben wie nach unten abgewichen werden, ohne daß — von § 10 Abs. 3 abgesehen — eine Grenze gezogen ist.

Eine Aufwertung einer durch Hypothek gesicherten persönlichen Forderung kommt nicht in Frage, wenn die Voraussetzungen der §§ 65, 66 des Aufwertungsgesetzes vorliegen. Diese sind gegenüber dem § 9 des Gesetzes als Spezialvorschriften anzusehen und gehen deshalb diesem vor. Hat also z. B. eine Bank ein Darlehen aufgenommen und hypothekarisch sichergestellt, dann findet eine Aufwertung desselben gemäß § 66 des Aufwertungsgesetzes trotz § 9 nicht statt. Damit entfällt aber auch gemäß § 4 jede Aufwertung der Hypothek.

Gemäß § 8 ist der Schuldner berechtigt, den Antrag auf Herabsetzung der Aufwertung zu stellen, wenn dies mit Rücksicht auf seine wirtschaftliche Lage zur Abwendung einer groben Unbilligkeit unabweisbar erscheint. Die zu § 8 gemachten Ausführungen gelten entsprechend. Sofern der Schuldner und der Eigentümer des belasteten Grundstücks nicht dieselbe Person sind, kommen für die Entscheidung in erster Linie nur die Verhältnisse des persönlichen Schuldners in Betracht. Nur dann, wenn dieser einen Regreßanspruch gegen den Eigentümer hat, können auch dessen Verhältnisse mit herangezogen werden. Wird die Aufwertung der persönlichen Forderung herabgesetzt, dann wird gemäß § 4 auch die Hypothek nur mit dem entsprechend geringeren Betrage aufgewertet.

§ 10.

(1) **Eine höhere oder geringere Aufwertung der persönlichen Forderung nach allgemeinen Vorschriften unter Abweichung von**

dem normalen Höchstsatz ist unbeschadet der Herabsetzung nach § 8 nur zulässig,[1, 2]

1. wenn die Forderung auf einem Gesellschaftsvertrag oder einem anderen Beteiligungsverhältnis[3], oder
2. auf einem Gutsüberlassungsvertrag[4] oder auf den Beziehungen aus der Auseinandersetzung unter Miterben, unter Ehegatten, unter geschiedenen Ehegatten, unter Eltern und Kindern oder zwischen Erben und Pflichtteilsberechtigten oder Vermächtnisnehmern[5], oder
3. auf den Beziehungen zwischen unterhaltsberechtigten und unterhaltsverpflichteten Personen beruht[6];
4. wenn es sich um eine Forderung auf wiederkehrende Leistungen handelt, die bei Abfindungen, Auseinandersetzungen, Überlassungen oder ähnlichen Rechtsvorgängen begründet ist[7];
5. wenn es sich um eine Kaufgeldforderung[8] (Kaufgeld für den Erwerb des mit der Hypothek belasteten Grundstücks) handelt, die nach dem 31. Dezember 1908 begründet worden ist[9]; dies gilt auch dann, wenn die Kaufgeldforderung bei ihrer Begründung in eine Darlehensforderung umgewandelt worden ist[10],
6. bei Forderungen anderer als der in Ziffer 1 bis 5 bezeichneten Art, wenn die Hypothek eine Sicherungshypothek ist, mit Ausnahme von Darlehnsforderungen[11].

(²) Als allgemeine Vorschriften im Sinne dieser Bestimmungen gelten auch die Vorschriften der §§ 63 bis 66[12].

(³) In den Fällen des Abs. 1 Ziffer 5 und bei Gutsüberlassungsverträgen (Abs. 1 Ziffer 2) darf bei der Aufwertung nach allgemeinen Vorschriften, wenn die Forderung vor dem 1. Januar 1912 begründet worden ist, der Satz von 75 vom Hundert, und, wenn sie vor dem 1. Januar 1922 begründet worden ist, der Satz von 100 vom Hundert des Goldmarkbetrags der Forderung nicht überschritten werden[13].

1. § 3 der III. StNVO., der die Aufwertung der durch die Hypothek gesicherten Forderung regelte, war insofern außerordentlich unglücklich gefaßt, als er die Möglichkeit einer höheren oder niedrigeren Aufwertung nach allgemeinen Vorschriften vorsah. Das Ziel der III. StNVO., eine Normalaufwertung zu schaffen, die möglichst viele Streitigkeiten aus der Welt schaffte, war damit verfehlt, weil nunmehr natürlich jeder Hypothekengläubiger auf Grund der allgemeinen Vorschriften eine höhere Aufwertung der persönlichen Forderung beansprucht haben würde. Ob es möglich gewesen sein würde, derartigen Ansprüchen dadurch einen Damm entgegenzusetzen, daß man wenigstens für die Vermögensanlagen unter Hinweis auf § 12 Abs. 1 der III. StNVO. eine Begrenzung auf 15 v. H. erreichte, erscheint angesichts der Aufwertungsfreudigkeit der Gerichte zum mindesten zweifelhaft. Die Regierung erkannte auch sehr bald, welcher Fehler ihr bei Abfassung des § 3 der III. StNVO. unterlaufen war, und suchte ihn durch den § 7 der 1. Durchführungsverordnung vom 1. Mai 1925 wieder gut zu machen. Diese Bestimmung, die dem heutigen § 10 im wesentlichen entspricht, war zu begrüßen und es war nur bedauerlich, daß sie nicht bereits in das Gesetz selbst aufgenommen war, denn nunmehr stellte sich das Kammergericht in einem Urteil vom 13. November 1924 (JW. 24, 2001) auf den Standpunkt, daß sie rechtsungültig ist. Dieses Urteil löste eine Notverordnung des Reichspräsidenten aus, die den ganzen Durchführungsverordnungen Gesetzeskraft beilegte und so die Zweifel an der Rechtsgültigkeit für die meisten — einige Außenseiter bestritten natürlich auch die Rechtsgültigkeit dieser Notverordnung — beseitigte. Immerhin war es kein erfreuliches Schauspiel, wie hier Rechtsprechung und Gesetzgebung in offener Fehde miteinander lagen. Durch die Einbeziehung des § 7 der 1. Durchführungsverordnung in das neue Aufwertungsgesetz selbst sind nunmehr alle Zweifel beseitigt, und es steht jetzt fest, daß nur die im § 10 aufgeführten Ansprüche nach allgemeinen Vorschriften höher oder niedriger aufgewertet werden können.

Der Maßstab für das Maß der Aufwertung ergibt sich in diesem Falle in erster Linie aus dem § 242 BGB., der überhaupt erst die Grundlage für die Billigung der Aufwertungsansprüche abgab; nicht anwendbar ist der von Wagemann (§ 10 Anm. 1) zitierte § 607 BGB., weil dieser auf Geldansprüche nicht anwendbar ist. Wäre er das, dann würde für alle Zeiten jeder feste Währungsmaßstab verloren gegangen sein und jede Erhöhung des Lebenshaltungsindex würde den ziffernmäßigen Bestand jedes Darlehens verändern. Daß ein solcher Zustand in einer geordneten Wirtschaft eine Unmöglichkeit ist, bedarf keiner weiteren Begründung.

Auch die §§ 63 bis 66 des Aufwertungsgesetzes gelten als allgemeine Vorschriften im Sinne des § 10 Abs. 1.

2. Auch in den Fällen, in denen an sich eine Aufwertung auf Grund der allgemeinen Vorschriften über 25% hinaus zulässig ist, kann der Schuldner gemäß § 8 eine Herabsetzung der Aufwertung bis auf 15% beantragen. In derartigen Fällen wird in erster Linie über den Antrag des persönlichen Schuldners über die Herabsetzung seiner Schuld zu entscheiden sein, da, wenn die Voraussetzungen für eine Herabsetzung vorliegen, sich auf Grund der allgemeinen Vorschriften nicht die Verpflichtung zu einer höheren Aufwertung ergeben kann. Stellt der persönliche Schuldner einen solchen Antrag, so wird es für ihn ratsam sein, diesen mit einem Antrag aus § 12 des Gesetzes auf Herabsetzung der persönlichen Forderung nach Maßgabe der allgemeinen Vorschriften zu verbinden, da bei der auf Grund der letzteren Bestimmungen erfolgenden Herabsetzung die Grenze von 15 v. H. nicht eingehalten zu werden braucht.

3. Das Gesetz stellt das Beteiligungsverhältnis neben den Gesellschaftsvertrag, um den Kreis der in Frage kommenden Ansprüche möglichst weit zu ziehen; da „Beteiligungsverhältnis" kein feststehender juristischer Begriff ist, ist anzunehmen, daß alle die Fälle getroffen sein sollen, in denen der Gläubiger in irgend einer Form an dem Ergebnis einer Gesellschaft oder eines Unternehmens interessiert ist. In erster Linie gehören hierher die Ansprüche der Gesellschafter einer offenen Handelsgesellschaft und einer Kommanditgesellschaft (einschließlich der Kommanditisten) sowie der stillen Gesellschafter. Die Ansprüche der Aktionäre scheiden aus, weil die Umstellung der Aktien auf Goldmark bzw. Reichsmark durch die Goldmarkbilanz geregelt ist. Das gleiche gilt für die Vorzugsaktionäre, soweit diesen nicht vor der Umstellung auf Goldmark gekündigt worden ist; vgl. § 63 Anm. 4.

Das Oberlandesgericht Breslau hat durch Urteil vom 19. März 1925 (Aktz. 2 U 320/25) ein Beteiligungsverhältnis schon dann als vorliegend angenommen, wenn ein Darlehen gegeben war, das vereinbarungsgemäß im Geschäft des Schuldners arbeiten sollte, ohne daß über eine etwaige Gewinnbeteiligung oder die Höhe der Verzinsung zwischen den Parteien etwas abgemacht war. Dieses Urteil ist in dieser Form sicherlich zu weitgehend, denn es ist unmöglich, ein Beteiligungsverhältnis dann anzunehmen, wenn der Gläubiger dem Schuldner ein Darlehn für Geschäftszwecke gegeben hat; ein Beteiligungsverhältnis setzt zum mindesten voraus, daß der Gläubiger in irgend einer Form an dem Gewinn des Geschäftes interessiert ist, wobei die Annahme eines Beteiligungsverhältnisses nicht ausgeschlossen ist, wenn eine Beteiligung am Verlust nicht stattfindet. Wenn Schlegelberger (§ 10 Anm. 4a) die erwähnte Entscheidung des OLG. Breslau im Endergebnis für richtig hält, weil in einem solchen Fall ein beteiligungsähnliches Verhältnis besteht, das nicht als Vermögensanlage gemäß § 63 Abs. 1 anzusehen ist, so übersieht er, daß jede Beteiligung regelmäßig eine Vermögensanlage darstellt und gemäß § 63 Abs. 2 nur im Sinne des § 63 Abs. 1 nicht als Vermögensanlage gilt.

Bedenklich ist auch der von Schlegelberger a. a. O. zitierte und im Reichstagsausschuß zum Ausdruck gekommene Standpunkt der Reichsregierung, daß die in ein Darlehn umgewandelten Forderungen aus gesellschaftlichen Beteiligungen noch als solche anzusehen sind, weil sie kraft ihres Ursprungsverhältnisses auf dem Gesellschaftsvertrag „beruhen". In solchem Falle wird festzustellen sein, aus welchem Grunde das Geld als Darlehn stehengeblieben ist. War der Darlehnsschuldner in der Lage, dasselbe auszuzahlen, und es ist nur deshalb stehen geblieben, weil der Gläubiger eine Vermögensanlage suchte und Interesse daran hatte, das Geld in diesem Geschäft stehen zu lassen, dann liegt eine einwandfreie Vermögensanlage vor, die auf eine neue Entschließung des Gläubigers zurückzuführen ist und deshalb nicht mehr auf dem Gesellschaftsvertrag beruht; anders würde der Fall liegen, wenn das Darlehn deshalb stehengeblieben ist, weil dem Schuldner eine sofortige Auszahlung nicht möglich war und er sie im eigenen Interesse auf einen späteren Zeitpunkt verlegen oder auf einen längeren Zeitraum verteilen wollte; hier kann man in der Tat davon ausgehen, daß es sich um einen Anspruch handelt, der noch auf dem Gesellschaftsvertrag beruht. Die gleiche Unterscheidung wäre übrigens auch im Falle der Ziffer 5 (Restkaufgelder) zweckmäßig gewesen, weil keine Veranlassung besteht, denjenigen Verkäufer eines Grundstücks besser als einen Darlehnsgläubiger zu stellen, der den Kaufpreis ausgezahlt erhalten konnte, ihn aber stehen ließ, weil er selbst eine Vermögensanlage suchte.

4. In jedem Fall einer Gutsüberlassung besteht für den überlassenden die Möglichkeit, seine aus der Überlassung sich ergebenden hypothekarisch sichergestellten Geldansprüche auch über den Normalhöchstsatz aufgewertet zu bekommen; die in Ziffer 5 gezogene Grenze, daß der Anspruch nach dem 31. Dezember 1908 erworben sein muß, gilt hier nicht. Ziffer 2 kommt dann nicht zur Anwendung, wenn die Voraussetzungen des Altenteilsgesetzes vom 18. August 1923 gegeben sind.

5. Ziffer 2 spricht ferner von Ansprüchen, die auf Auseinandersetzungen unter Miterben, unter Ehegatten, unter geschiedenen Ehegatten, unter Eltern und Kindern oder zwischen Erben einerseits und Pflichtteilsberechtigten oder Vermächtnisnehmern andererseits beruhen. Es muß sich stets um Ansprüche handeln, die aus den erwähnten Beziehungen stammen; ist ein Pflichtteilsberechtigter Gläubiger eines Erben aus einem Darlehnsvertrage, der mit der Erbschaft nichts zu tun hat, dann kommt diese Bestimmung selbstverständlich nicht zur Anwendung. Bei Eheleuten handelt es sich regelmäßig um die Auseinandersetzung nach Beendigung einer Gütergemeinschaft; bei geschiedenen Eheleuten wird meist die Regelung der Unterhaltspflicht in Frage kommen, die allerdings auch unter Ziffer 3 fällt. Zwischen Erben einerseits und Pflichtteilsberechtigten und Vermächtnisnehmern andererseits kennt das bürgerliche Recht keine Auseinandersetzung; dieser Begriff ist hier in weiterem Sinne zu verstehen. Hat z. B. ein Erbe den Pflichtteilsanspruch eines Pflichtteilsberechtigten auf seinem Grundstück hypothekarisch sichergestellt, dann liegt eine unter Ziffer 2 fallende Forderung vor, auch wenn das Grundstück nicht zum Nachlaß gehört hat.

6. Ziffer 3 findet auch dann Anwendung, wenn die Unterhaltspflicht vertraglich übernommen ist; es muß sich jedoch regelmäßig um Ansprüche handeln, die mit der Unterhaltspflicht in wirtschaftlichem Zusammenhang stehen. Ziffer 3 ist dann nicht anwendbar, wenn zwischen unterhaltsberechtigten und unterhaltsverpflichteten Personen ohne Rücksicht auf die Unterhaltspflicht Rechtsbeziehungen bestehen; in diesem Falle bewendet es bei den allgemeinen Vorschriften.

7. Ansprüche auf wiederkehrende Leistungen sollen regelmäßig der Aufwertung nach den allgemeinen Vorschriften unterliegen, sofern sie bei Abfindungen, Auseinandersetzungen, Überlassungen oder ähnlichen Rechtsvorgängen begründet worden sind; hierunter fallen auch solche Verpflichtungen, die durch eine zum Schadensersatz verpflichtende Handlung entstanden sind.

8. Es muß sich um das Kaufgeld für den Erwerb des mit der Hypothek belasteten Grundstücks handeln; eine höhere Aufwertung ist also dann unzulässig, wenn ein anderes Grundstück desselben Eigentümers zwecks Sicherstellung des Restkaufgeldes belastet worden ist; dies gilt auch dann, wenn zunächst das verkaufte Grundstück belastet wurde, später aber das belastete Grundstück ausgewechselt worden ist. In diesem Fall berechnet sich zwar der Goldmarkbetrag der Hypothek nach dem Zeitpunkt des Erwerbes der Hypothek an dem erstbelasteten Grundstück (§ 5 Abs. 2); das Recht eine über den normalen Höchstsatz hinausgehende Aufwertung zu verlangen, ist durch die Auswechselung jedoch verloren gegangen.

9. Es muß sich um eine Kaufgeldforderung handeln, die durch Bestellung der Hypothek dinglich gesichert worden ist; hat der Erwerber des Grundstückes in Anrechnung auf den Kaufpreis eine dem früheren Eigentümer zustehende Grundschuld übernommen, so kommt eine über den normalen Höchstsatz hinausgehende Aufwertung schon um deswillen nicht in Frage, weil in einem solchen Fall eine persönliche Forderung gar nicht gegeben ist, durch die Übernahme der Grundschuld vielmehr ein entsprechender Teil des Kaufpreises belegt, d. h. getilgt worden ist. Ebenso findet Ziffer 5 keine Anwendung, wenn die Kaufpreisforderung durch eine Grundschuld gesichert worden ist; in diesem Falle sind nur die §§ 62, 63 für die Aufwertung maßgebend.

10. Nur dann, wenn die Kaufgeldforderung unmittelbar bei ihrer Begründung in eine Darlehnsforderung umgewandelt worden ist, ist ein Hinausgehen über den normalen Höchstsatz zulässig; ist die Umwandlung später erfolgt, dann bewendet es bei der Aufwertung auf den normalen Höchstsatz. Für die Anwendung dieser Vorschrift ist auch dann kein Raum, wenn der Käufer zunächst den Kaufpreis gezahlt hat und ihm erst nach erfolgter Zahlung von dem Verkäufer ein Darlehen gegen hypothekarische Sicherstellung auf dem verkauften Grundstück gegeben worden ist. Dies gilt auch dann, wenn der Verkäufer dieses Darlehen aus den ihm durch Zahlung des Kaufpreises zugeflogenen Mitteln gewährt hat.

11. Bei Sicherungshypotheken handelt es sich regelmäßig nicht um die Sicherstellung von Vermögensanlagen, sondern von Ansprüchen aus einem laufenden Geschäftsverkehr. Besonders hervorzuheben sind die Forderungen der Bauhandwerker, die vielfach durch Sicherungshypotheken sichergestellt werden. In diesen Fällen erschien es unbillig, den Gläubiger auf eine Aufwertung auf den normalen Höchstsatz zu beschränken; auch bei diesen Forderungen ist deshalb eine höhere oder niedere Aufwertung auf Grund der allgemeinen Rechtsvorschriften zugelassen worden. Nur dann, wenn es sich um ein Darlehen handelt, soll es bei dem normalen Höchstsatz sein Bewenden haben.

12. Die §§ 63—66 sehen für bestimmte Einzelfälle eine Sonderregelung vor. Auch diese Bestimmungen gelten als allgemeine Vorschriften, so daß sie, insoweit sie z. B. jede Aufwertung ausschließen, dem § 242 BGB. vorgehen. Ist also z. B. für eine Kontokorrentforderung, bei der es sich nicht um Ansprüche aus einem gegenseitigen Vertrag handelt, eine Sicherungshypothek bestellt, dann ist gemäß § 65 eine Aufwertung überhaupt ausgeschlossen.

13. Das Maß der Aufwertung ist in den Fällen des § 10 mit Ausnahme der Ziffern 2 und 5 nicht beschränkt, doch ist regelmäßig von dem nach § 2 zu berechnenden Goldmarkbetrag der Forderung auszugehen, da § 2 auch auf diese Fälle anwendbar ist (a. A. Schlegelberger § 10 Anm. 6). Eine Aufwertung über 100% des Goldmarkbetrages muß für die Forderungen, deren Nennbetrag gleich dem Goldmarkbetrag ist, als unzulässig abgelehnt werden. Bei Forderungen aus der Inflationszeit wird sich dagegen unter Umständen eine auch über den Goldmarkbetrag hinausgehende Aufwertung rechtfertigen lassen. Regelmäßig wird bei den aus der Vorinflationszeit stammenden Forderungen auch eine Aufwertung auf 100 %, d. h. auf den vollen Goldwert nicht in Frage kommen. Es darf nicht vergessen werden, daß es kaum jemanden gibt, der nicht durch die Inflation in irgendeiner Weise an seinem Vermögen Einbuße erlitten hätte, und daß es deshalb einerseits nur der Billigkeit entspricht, auch den Gläubiger an den Folgen dieses größten Unglücks, das jemals ein Volk betroffen hat, sein Teil mittragen zu lassen, während es andererseits unbillig wäre, denjenigen, der durch die Inflation in irgendeiner Form Verluste erlitten hat, bezüglich seiner Verpflichtungen ganz oder auch nur teilweise so zu stellen, als ob die Inflation niemals gewesen wäre.

Nur für zwei Kategorien von Forderungen zieht § 10 Abs. 3 eine Grenze; bei Gutsüberlassungsverträgen und bei Restkaufgeldforderungen darf bei der Aufwertung nach allgemeinen Vorschriften der Satz von 100 % des Goldmarkbetrages nicht überschritten werden, wenn sie vor dem 1. Januar 1925 begründet worden sind, und es darf der Satz von 75 % nicht überschritten werden, wenn sie vor dem 1. Januar 1912 begründet worden sind. Bei Restkaufgeldforderungen — nicht auch bei Forderungen aus Gutsüberlassungsverträgen! — ist eine Aufwertung über den normalen Höchstsatz überdies ganz unzulässig, wenn sie vor dem 1. Januar 1909 begründet worden sind. Diese letztere Grenze, die nach dem Recht der III. Steuernotverordnung auf den 1. Januar 1919 verlegt war, ist rein willkürlich gezogen, da Restkaufgeldforderungen, die aus den Jahren um 1910 herum stammen, ihren Charakter als Gegenleistung aus dem Kaufvertrage längst verloren haben und zur reinen Vermögensanlage geworden sind, für die eine bevorzugte Behandlung gegenüber sonstigen Vermögensanlagen nicht gerechtfertigt ist. Ging man schon so weit zurück, dann hätte man eigentlich von jeder Grenzziehung absehen oder wenigstens die Grenze um einen der Verjährungszeit entsprechenden Zeitraum zurückverlegen sollen.

Die Frage, wie hoch **Restkaufgeldforderungen, die aus der Inflationszeit stammen**, aufgewertet werden können, war auf Grund des Rechts der III. Steuernotverordnung außerordentlich umstritten. Im Einklang mit der Rechtsprechung des Bayerischen Obersten Landesgerichts (DJZ. 25, 591) und des Oberlandesgerichts Stuttgart (JW. 25, 283) hat das Kammergericht (JW. 24, 2002; 25, 630) die Auffassung vertreten, daß die Restkaufgeldforderung im gleichen Maße aufzuwerten sei, wie der Wert des Grundstücks gestiegen ist, wobei regelmäßig davon auszugehen sei, daß der vereinbarte Kaufpreis dem seinerzeitigen Wert des Grundstücks entsprach. Rechnerisch stellt sich dieses Ergebnis so dar, daß festzustellen ist, welcher Prozentsatz des vereinbarten Kaufpreises als Hypothek stehengeblieben ist und daß ein entsprechender Prozentsatz des heutigen Grundstückswertes als Aufwertungsbetrag anzunehmen ist. War also der Kaufpreis 100 000 Papiermark und blieben 50 000 Mk. unter hypothekarischer Sicherstellung als Restkaufgeld stehen, dann würde, wenn der heutige Grundstückswert 50 000 Mk. beträgt, eine Aufwertung auf 25 000 Mk. zu erfolgen haben, mag auch der Goldwert der aufgewerteten Forderung weit hinter diesem Betrag zurückbleiben. Immerhin erkennt das Kammergericht an, daß in zweiter Linie auch noch andere Umstände, insbesondere die wirtschaftlichen Verhältnisse der Parteien, zu berücksichtigen sind.

Diese u. a. von Neukirch (in der Frankfurter Zeitung vom 6. März 1925 Nr. 173), von Thyssen (JW. 25, 451) sowie von Konietzko (in einem Sonderdruck „Aufwertung von Restkaufgeldhypotheken") mit Recht bekämpfte Ansicht übersieht vollkommen den Zweck der Aufwertung; diese soll nicht dazu dienen, Verträge, die sich nachträglich als wirtschaftlich ungünstig erwiesen haben, zugunsten des Benachteiligten umzustoßen, damit ihnen ein den heutigen Verhältnissen entsprechender Inhalt gegeben werden kann. Es bedeutet einen unerträglichen Eingriff in die Vertragsfreiheit und in die Vertragstreue, wenn die Gerichte sich dazu hergeben, nachträglich die Dispositionen der Parteien nach ihrem eigenen Ermessen umzumodeln. Diese Rechtsprechung stellt sich aber auch als eine durch nichts gerechtfertigte Härte denen gegenüber dar, die sofort voll ausbezahlt worden sind. Abgesehen davon, daß diese in der Regel nicht in der Lage waren, sich den Goldwert des bezahlten Kaufpreises auch nur annähernd zu erhalten, haben sie keine Handhabe, eine Revision ihrer Verträge im Sinne des Kammergerichts herbeizuführen. Bei der Beurteilung einer derartigen

Frage darf deshalb nicht vergessen werden, daß diejenigen, die den Kaufpreis ganz oder teilweise gestundet haben, schon dadurch vor den anderen bevorzugt sind, daß sie eine Aufwertung, und zwar eine Aufwertung in voller Höhe, beanspruchen können.

Dem Kammergericht ist zuzugeben, daß der Dollarkurs nicht die geeignete Grundlage für die Aufwertung bildet; aus diesem Grunde ist der Dollarkurs auch in dem Aufwertungsgesetz durch die Meßzahlen ersetzt worden. Es soll aber weiter zugegeben werden, daß auch diese Meßzahlen nicht immer befriedigen und daß es gerechtfertigt sein kann, bei der Aufwertung von Restkaufgeldern auch über sie hinauszugehen. Immerhin muß aber die Kaufkraft des seinerzeit vereinbarten Betrages der Aufwertung zugrunde gelegt werden; denn das, was der Käufer seinerzeit hat haben wollen, war Kaufkraft, und wenn ihm diese jetzt in entsprechendem Umfang zur Verfügung gestellt wird, dann erhält er das, was ihm bei Abschluß des Vertrages seinem Willen entsprechend zugesagt worden ist.

Die Rechtsprechung des Kammergerichts würde sich vielleicht dann rechtfertigen lassen, wenn es bei sinkenden Grundstückspreisen die Restkaufgeldforderungen entsprechend ermäßigen würde. Daß eine solche Entscheidung nicht zu erwarten ist, liegt auf der Hand.

In richtiger Würdigung dieser Sachlage hat das Reichsgericht durch Beschluß vom 17. Juni 1925 die Rechtsprechung des Kammergerichts ausdrücklich mißbilligt. Die Annahme von Wagemann (§ 10 Anm. 5), daß sich das Reichsgericht im Ergebnis der Auffassung des Kammergerichts angeschlossen hat, ist unzutreffend und geeignet, den klaren Sachverhalt zu verdunkeln. Denn während das Kammergericht auf die Entwickelung des Grundstückswertes entscheidendes Gewicht legt, sagt das Reichsgericht ausdrücklich, daß von dem Vertragspreis auszugehen und zu ermitteln ist, welcher Geldbetrag jetzt dem inneren Werte des Kaufpreises zur Zeit der Vereinbarung oder seiner damaligen Kaufkraft entspricht. Die Aufwertung ist nicht dazu bestimmt einen zu billigen und unvorteilhaften Verkauf für den Verkäufer nachträglich vorteilhafter zu gestalten (vgl. RGE. 109, 163). Nun sagt das Reichsgericht allerdings, daß es zulässig ist, bei der Ermittelung der angemessenen Aufwertung auch die weitere Entwickelung der Verhältnisse auf dem Grundstücksmarkt in Betracht zu ziehen und demnach auch den gegenwärtigen Grundstückswerten gebührend Rechnung zu tragen. Diese Einschränkung, die die Anhänger der kammergerichtlichen Rechtsprechung dazu verführt, den Beschluß des Reichsgerichts trotz seines gegenteiligen Inhalts für sich in Anspruch zu nehmen, ist zu bedauern, denn sie ist sachlich nicht gerechtfertigt. Entscheidend ist, daß der Verkäufer sich von seinem Grundstück loslösen wollte, um das Risiko der weiteren Preisentwickelung auf dem Grundstücksmarkt für sich ausschalten; deswegen geht es auch nicht an, ihn auf dem Umwege über die Aufwertung an einer Wertsteigerung des Grundstücks teilnehmen zu lassen.

Das Reichsgericht mißbilligt aber auch weiter noch ausdrücklich die Auffassung des Kammergerichts, es sei regelmäßig anzunehmen, daß der vereinbarte Kaufpreis dem damaligen Werte des Grundstücks entsprochen habe. In richtigerer Erkenntnis der Verhältnisse der Inflationszeit stellt das Reichsgericht fest, daß damals in Verkennung des Wesens der Geldentwertung Grundstücke vielfach zu Preisen verkauft worden sind, die auch bei Berücksichtigung der höheren Kaufkraft der Mark im Inlande zu den wahren Grundstückswerten in keinem auch nur annähernd richtigen Verhältnis standen. Selbst wenn man also die Entwickelung des Grundstückswertes der Aufwertung zugrunde legt, muß doch der wirkliche Grundstückswert für die Zeit des Vertragsabschlusses ermittelt werden.

§ 11.

In den Fällen des § 10 Ziffer 1 bis 5 ist eine Abweichung von dem normalen Höchstsatz unzulässig, wenn die Forderung vor dem 14. Februar 1924 von dem ursprünglichen Gläubiger auf einen anderen übergegangen ist, es sei denn, daß es sich um einen Rechtsübergang der im § 3 Abs. 1 Ziffer 2 bis 11 bezeichneten Art handelt[2, 3].

1. In den Fällen des § 10 Ziffer 1 bis 5 — nicht auch im Falle des § 10 Ziffer 6 (Sicherungshypothek) — darf von dem normalen Höchstsatz nicht abgewichen werden, wenn die Forderung vor dem 14. Februar 1924, d. h. vor dem Inkrafttreten der III. Steuernotverordnung von dem ursprünglichen Gläubiger auf einen anderen übergegangen ist. Diese Bestimmung wirkt für und gegen den Schuldner und Grundstückseigentümer, da im Falle eines solchen Überganges auch eine Aufwertung auf Grund der allgemeinen Vorschriften auf weniger als 25 % unzulässig ist. In diesem Falle bleibt dem Schuldner und dem Eigentümer nur die Möglichkeit, eine Herabsetzung der Aufwertung gemäß § 8 zu beantragen, die aber nicht unter 15 % gehen kann. Diese Vorschrift rechtfertigt sich aus der Erwägung, daß bei einem Übergang der in § 10 Ziffer 1 bis 5 erwähnten Forderungen auf einen neuen Gläubiger sie für diesen zu einer reinen Vermögensanlage geworden sind, die nicht anders behandelt werden darf als andere hypothekarisch gesicherte Vermögensanlagen.

2. Sofern es sich um einen der durch § 3 Abs. 1 Ziffer 2 bis 11 privilegierten Rechtsübergänge handelt, findet § 11 keine Anwendung, da in diesem Falle die Forderung auch in der zweiten Hand regelmäßig die wirtschaftliche Bedeutung behalten hat, die sie in der ersten Hand hatte.

3. Eine Veräußerung des belasteten Grundstücks ist auf die Anwendbarkeit des § 10 ohne Einfluß; hat der Erwerber des Grundstücks die persönliche Schuld seines Veräußerers übernommen und ist dieser dadurch aus dem Schuldverhältnis ausgeschieden, dann können dessen Verhältnisse für die Beantwortung der Frage, in welcher Höhe aufzuwerten ist, nicht mehr in Betracht kommen. In diesem Falle sind lediglich die wirtschaftlichen Verhältnisse des neuen Grundstückseigentümers zu berücksichtigen.

§ 12.

Eine Abweichung von dem normalen Höchstsatz ist nur zulässig, wenn sie vor dem 1. April 1926 bei der Aufwertungsstelle beantragt ist[1]. In den Fällen der §§ 203, 204, 206, 207 des Bürgerlichen Gesetzbuchs kann der Antrag noch bis zum Ablauf von drei Monaten nach Fortfall des Hindernisses gestellt werden[2].

1. Der Antrag muß spätestens am 31. März 1926 bei der Aufwertungsstelle eingegangen sein. Er muß von dem Gläubiger gestellt werden, wenn dieser auf Grund der allgemeinen Vorschriften eine Aufwertung über 25 % fordert, er ist von dem Schuldner zu stellen, wenn dieser glaubt, auf

Grund der allgemeinen Vorschriften zu einer Aufwertung von weniger als 25 % verpflichtet zu sein. Neben dem persönlichen Schuldner ist auch der Eigentümer des mit der Hypothek belasteten Grundstücks zur Stellung des Antrages berechtigt; auch muß ihm das Recht gegeben werden, nach Stellung des Antrags einen Widerspruch in das Grundbuch eintragen zu lassen (vgl. Quassowski Anm. zu § 12). Hat der Gläubiger bereits auf Grund des § 7 Abs. 3 der 1. Durchführungsverordnung zur III. Steuernotverordnung vom 1. Mai 1924 einen Antrag auf Aufwertung über den normalen Höchstsatz hinaus gestellt, dann bedarf es gemäß § 10 der Verordnung vom 21. Juli 1925 nicht eines neuen Antrages; die Frist gilt durch die Stellung des alten Antrages als gewahrt.

2. vgl. § 8 Anm. 3.

§ 13.

In die Bilanz ist die Forderung, unbeschadet der Vorschrift des § 38 der 3. Steuernotverordnung[1], als Aktivum oder Passivum mit einem Betrage einzustellen, der unter Zugrundelegung des normalen Höchstsatzes errechnet wird, sofern nicht durch abweichende Vereinbarung oder durch rechtskräftige Entscheidung der Aufwertungsstelle eine höhere oder geringere Aufwertung bestimmt ist[2].

1. Bei der Aufstellung einer Bilanz ist die durch die Hypothek gesicherte Forderung nur in Höhe des Betrages einzusetzen, der sich bei einer Aufwertung zum normalen Höchstsatz ergibt; die Einsetzung zu einem höheren oder niedrigeren Betrage ist jedoch zulässig und geboten, sobald durch eine rechtskräftige Entscheidung der Aufwertungsstelle eine höhere oder niedrigere Aufwertung festgesetzt ist, oder sobald zwischen Gläubiger und Schuldner eine von dem normalen Höchstsatz abweichende Vereinbarung über die Aufwertung getroffen ist. Diese Bestimmung ist keine Mußvorschrift in dem Sinne, daß es unzulässig wäre, bei der Aufstellung einer Bilanz eine voraussichtliche Aufwertung über oder unter dem normalen Höchstsatz zu berücksichtigen. Doch dürfte die Beanstandung einer Bilanz, die nach Maßgabe des § 13 aufgestellt ist, unbeachtlich sein.

2. § 38 der III. Steuernotverordnung bestimmt:

„Forderungen und Schulden, die auf Reichsmark lauten, und die bis zum 31. Dezember 1923 weder durch Vereinbarung noch durch rechtskräftige Entscheidung aufgewertet worden sind, sind bei der Vermögenssteuerveranlagung zum 31. Dezember 1923 auch dann mit dem Papiermarknennbetrag unter Umrechnung in Goldmark gemäß Art. II § 3 Abs. 1 Nr. 8 der Zweiten Steuernotverordnung vom 19. Dezember 1923 (RGBl. I S. 1205) zu bewerten, wenn die Möglichkeit einer Aufwertung besteht. Entsprechendes gilt für die in Schuldverschreibungen oder Pfandbriefen verbrieften Forderungen und Schulden, sofern nach den am 31. Dezember 1923 maßgebenden Bedingungen die Zinszahlung und die Rückzahlung des Kapitals ausschließlich auf Reichsmark abgestellt ist.

Die Bestimmung des Abs. 1 findet auf die Erbschaftssteuerveranlagung bei Erwerben, für welche die Steuerschuld nach dem 30. Juni 1923 entstanden ist oder entsteht, mit der Maßgabe Anwendung, daß an Stelle des 31. Dezember 1923 der nach § 31 des Erbschaftssteuergesetzes maßgebende Zeitpunkt tritt."

III. Aufwertung bei Vorbehalt der Rechte — Rückwirkung.

1. Vorbehalt der Rechte.

§ 14.

Trotz der Bewirkung der Leistung findet die Aufwertung statt, wenn der Gläubiger sich bei der Annahme der Leistung seine Rechte vorbehalten hat[1]. Liegt diese Voraussetzung für die persönliche Forderung vor, so wird neben dieser auch die Hypothek aufgewertet[2]; dies gilt nicht, wenn der Gläubiger sich seiner Rechte auf Aufwertung der Hypothek ausdrücklich begeben hat[3]. Liegt die Voraussetzung für die persönliche Forderung nicht vor, so findet auch eine Aufwertung der Hypothek nicht statt[4].

1. Wenn sich der Gläubiger bei der Annahme der Leistung seine Rechte vorbehalten hat, kann er noch die sich für ihn auf Grund des Aufwertungsgesetzes ergebenden Rechte geltend machen. Regelmäßig wird der Vorbehalt nur dann eine praktische Bedeutung haben, wenn die Annahme der Leistung vor dem 15. Juni 1922 erfolgt ist, da bei späterer Annahme der Gläubiger auf Grund der Vorschriften über die Rückwirkung eine Aufwertung seiner Forderung beanspruchen kann. Der Vorbehalt ist jedoch für die Zeit nach dem 14. Juni 1922 noch insofern von Bedeutung, als dann die durch § 15 Satz 2 vorgesehenen Einschränkungen nicht gelten. Der Vorbehalt muß in unmittelbarem Zusammenhang mit der Annahme der Leistung erfolgt sein, wenn er die Rechte des Gläubigers wahren soll; ist dem Gläubiger der Gegenwert seiner Forderung zugeschickt worden, dann genügt es, wenn er unverzüglich, d. h. ohne schuldhaftes Zögern den Vorbehalt zur Kenntnis des Schuldners oder des Eigentümers des belasteten Grundstücks gebracht hat. Annahme der Leistung setzt voraus, daß der Gläubiger von der Zahlung Kenntnis erlangt hat; bei Überweisung auf Bank- oder Postscheckkonto liegt eine Annahme also erst dann vor, wenn der Gläubiger Gutschriftsaufgabe erhalten hat.

Die Auffassung des OLG. Cassel (Recht 25, 161), daß Annahme im Sinne dieser Bestimmung nicht das körperliche Hinnehmen der Leistung sondern die ausdrückliche oder stillschweigende Willenserklärung des Empfängers, die Leistung als Erfüllung entgegennehmen zu wollen, ist, ist nicht haltbar. Damit entfallen auch die u. a. von Schlegelberger (§ 14 Anm. 3), Mügel (§ 14 Anm. 5) und vom LG. Göttingen (JW. 24, 860) gezogenen Schlußfolgerungen, daß es bei der Annahme von Pfennigbeträgen keiner ausdrücklichen Zurückweisung bedurft hätte, weil nach den Grundsätzen von Treu und Glauben von vornherein nicht anzunehmen war, daß eine solche Leistung als Erfüllung angenommen werden würde und weil deshalb auch in dem Stillschweigen nicht ein Einverständnis mit der Leistung erblickt werden konnte. Die Begründung, es könne dem Gläubiger nicht zugemutet werden, gleich hohe oder noch viel höhere Aufwendungen für briefliche Nachrichten zu machen, um ein Angebot von Pfennigen zurückzuweisen, ist um deswillen nicht stichhaltig, weil die erforderliche Aufwendung nicht die Zurückweisung der übersandten Pfennigbeträge, sondern die Erhaltung des Rechts bezweckte, und es wohl zumutbar ist, daß jemand, der sein Recht wahren will, dafür auch Aufwendungen macht, die im Verhältnis zu dem Wert, den das Recht nach seiner Auffassung hatte, geringfügig sind. Davon abgesehen ergibt sich aber ein unlösbarer Widerspruch, wenn man den Begriff der Annahme anders als das körperliche Hinnehmen der Leistung auffaßt, denn es wäre ein Widerspruch in sich, wenn in der Annahme auf der einen Seite die Willenserklärung des Empfängers, die Leistung als Erfüllung anzunehmen, liegen soll, während gleichzeitig die Erhaltung seiner Rechte von einem Vorbehalt abhängig gemacht wird, der mit dieser Willenserklärung schlechthin nicht zu vereinbaren ist. Es ist ohne weiteres zuzugeben, daß die Regelung der III. St.-NVO., die keine Rückwirkung kannte und deshalb dem Vorbehalt in allen Fällen entscheidende Bedeutung beimaß, nicht befriedigte; der Versuch, durch eine Umdeutung des Begriffs der Annahme die sich aus dieser gesetzlichen Regelung ergebenden Nachteile auszuschalten, ist jedoch abwegig. Für das neue Recht ist die Frage bei der Hypothekenaufwertung nur noch von geringer Bedeutung, weil durch die Vorschriften über die Rückwirkung ein Ausgleich geschaffen ist; der Vorbehalt kann nur insofern auch hier noch für den Gläubiger wertvoll sein, als dann eine Aufwertung ohne die Beschränkungen des § 15 Abs. 2 stattfindet. Von wesentlicher Bedeutung ist dagegen die Auslegung des Begriffes der Annahme noch für die Aufwertung der Industrieobligationen, bei denen eine Rückwirkung nicht eintritt. Im Sommer 1923 sind noch große Mengen solcher Obligationen eingelöst worden, und wenn man versuchen würde, durch eine Umdeutung des Begriffs der Annahme eine Hintertür zu schaffen, dann würde gerade das Ergebnis erreicht werden, das der Gesetzgeber bewußt durch Ausschaltung der Rückwirkung vermieden wissen wollte.

Hat der Schuldner **hinterlegt**, dann liegt eine Annahme nicht vor. Eine Hinterlegung hat jedoch dann eine schuldbefreiende Wirkung, wenn sie zu einer Zeit erfolgt ist, in welcher der Schuldner seine Schuld durch Zahlung des Nennbetrages tilgen konnte. Ist z. B. der Gläubiger im Jahre 1918 in Annahmeverzug gekommen, und hat der Schuldner seine Schuld durch Hinterlegung unter Verzicht auf Rücknahme getilgt, dann hat er zur Befriedigung des Gläubigers aufgewendet, was er damals nach den gesetzlichen Bestimmungen aufwenden mußte. Es wäre eine durch nichts gerechtfertigte Härte, ihm jetzt zuzumuten, zum zweitenmal die Mittel für die Befriedigung des Gläubigers aufzubringen (a. A. Mügel § 14 Anm. 5).

2. Ein **Vorbehalt** setzt eine **Willensbetätigung des Gläubigers** voraus, aus der sich ergibt, daß er die erfolgte Leistung nicht als Befriedigung ansieht. Ein genügender Vorbehalt liegt schon dann vor, wenn sich der Gläubiger auf Erteilung der Löschungsbewilligung hat verklagen lassen, es sei denn, daß er vorher die Zahlung des Schuldners vorbehaltlos angenommen hat. Vorbehalte für den Fall einer Änderung der Rechtsprechung oder der Gesetzgebung sind als ausreichend anzusehen (KG. in OLG. 43, 174), dagegen genügt die bloße Gegenüberstellung der seinerzeit in Gold bewirkten Auszahlung mit der in Papiermark geleisteten Rückzahlung nicht für die Annahme eines Vorbehalts (KG. in OLG. 43, 174).

Hat der Vorerbe vorbehaltlos quittiert, dann liegt keine unentgeltliche Verfügung, zu der er nicht berechtigt gewesen wäre, vor, sofern im Zeitpunkt der Quittungserteilung die Frage, ob eine Aufwertung beansprucht werden kann, noch nicht zweifelsfrei geklärt war. (KG. in OLG. 43, 175; ferner KG. in JW. 24, 2043 und LG. II Berlin in JW. 24, 1629).

3. Hat der Gläubiger bezüglich seiner persönlichen Forderung einen Vorbehalt gemacht, dann wird auch die Hypothek aufgewertet, und zwar auch dann, wenn wegen der Hypothek bereits Löschungsbewilligung erteilt worden ist. Nur dann, wenn der Gläubiger sich seiner Rechte auf Aufwertung der Hypothek ausdrücklich begeben hat, ist nur eine Aufwertung der persönlichen Forderung und nicht auch eine solche des dinglichen Rechts zulässig. In der einfachen Erteilung der Löschungsbewilligung ist ein solches ausdrückliches Begeben des Rechts auf Aufwertung des dinglichen Anspruchs nicht zu sehen. Der Gläubiger muß vielmehr in klarer Weise zum Ausdruck gebracht haben, daß er trotz der durch den Vorbehalt bekundeten Aufrechterhaltung seines Anspruchs auf Aufwertung jedenfalls auf die dingliche Sicherung Verzicht leisten wollte.

4. Diese Bestimmung steht im Gegensatz zu der Auslegung, die das Reichsgericht durch Urteil vom 3. Dezember 1924 (JW. 25, 45) dem § 11 der III. StNVO. gegeben hat. In dieser Entscheidung hatte das Reichsgericht ausgesprochen, daß, wenn trotz vorbehaltloser Annahme der Schuldsumme eine Löschungsbewilligung nicht erteilt worden ist, der Gläubiger ein Recht auf Aufwertung seines dinglichen Anspruchs hat. Diese im Gegensatz zum § 1163 BGB. stehende Auffassung ist vom Reichstag ausdrücklich mißbilligt worden; im Aufwertungsausschuß wurde festgestellt, daß mit dieser Neuschaffung einer „Hypothek ohne Forderung" dem Rechtsleben kein Geschenk beschert worden sei, daß es vielmehr angebracht sei, diese künstliche Konstruktion aufzugeben und zu dem klaren Zusammenhang von Hypothek und Forderung zurückzukehren, wie er unter der Herrschaft des bürgerlichen Gesetzbuchs früher stets anerkannt worden sei. Hat der Gläubiger also seine Forderung vorbehaltlos zurückgenommen, und findet auch eine Aufwertung kraft Rückwirkung nicht statt, dann ist die Hypothek gemäß § 1163 zur Eigentümergrundschuld geworden; sie wird nunmehr nicht als Hypothek für den alten Gläubiger, sondern als Grundschuld für den Eigentümer aufgewertet, wobei der Goldmarkbetrag sich aus der Umrechnung des gezahlten Betrages nach dem für den Tag der Zahlung geltenden Umrechnungsverhältnissen ergibt.

2. Rückwirkung.

§ 15.

Hat der Gläubiger die Leistung in der Zeit vom 15. Juni 1922 bis zum 14. Februar 1924 angenommen, so findet eine Aufwertnng der Hypothek und der persönlichen Forderung auch dann statt, wenn der Gläubiger sich bei der Annahme der Leistung seine Rechte nicht vorbehalten hat (Rückwirkung)[1]. Die Aufwertung kraft Rückwirkung findet nicht statt, soweit sie, ganz oder zum Teil[2],

1. für den Eigentümer des belasteten Grundstücks oder für den persönlichen Schuldner mit Rücksicht auf seine wirtschaftliche Lage insbesondere auch auf erhebliche, auf den Währungsverfall oder die Verdrängung oder die Liquidation des Vermögens zurückzuführende Vermögensverluste[3], oder
2. für den persönlichen Schuldner mit Rücksicht auf die Höhe des bei der Veräußerung des belasteten Grundstücks erzielten

Erlöses[4] oder mit Rücksicht darauf, daß das belastete Grundstück nicht mehr im Inland liegt und deshalb die Inanspruchnahme des Eigentümers wesentlich erschwert ist[5], oder

3. deshalb für den Eigentümer des belasteten Grundstücks oder für den persönlichen Schuldner eine unbillige Härte bedeuten würde, weil er nachweislich durch die Kündigung des Gläubigers gezwungen wurde, Vermögensgegenstände weit unter dem wirklichen Werte zu veräußern, um die Hypothekenschuld zurückzahlen zu können.

1. Im Gegensatz zur III. StNVO., die eine Rückwirkung nicht kannte, läßt das Aufwertungsgesetz eine solche in beschränktem Maße zu. Die Leistung muß in der Zeit vom 15. Juni 1922 bis zum 14. Februar 1924 (beide Tage eingerechnet) angenommen sein (über die Zeit nach dem 14. Februar 1924 vgl. § 78). Letzteres ist erst dann der Fall, wenn der Gläubiger von der Zahlung Kenntnis erlangt hat. Ist z. B. der gezahlte Betrag auf das Bankkonto des Gläubigers überwiesen und ihm dort am 14. Juni 1922 gutgeschrieben worden, hat der Gläubiger die Benachrichtigung aber erst am 15. Juni 1922 erhalten, dann nimmt er an der Rückwirkung teil, da die Annahme der Leistung erst am 15. Juni 1922 erfolgt ist. Lediglich die Tatsache der Kenntniserlangung ist maßgebend; eine verspätete Benachrichtigung durch die Bank würde also dem Gläubiger zugute kommen, wenn er infolgedessen erst nach dem 14. Juni 1922 von der Einzahlung oder Überweisung Kenntnis erlangt hat.

2. Die Rückwirkung bedeutet eine besondere Härte für den Schuldner, da dieser mangels eines Vorbehalts des Gläubigers damit rechnen mußte, daß seine Schuld getilgt ist, und da er in diesem Glauben durch die Bestimmungen der länger als ein Jahr in Geltung gewesenen III. StNVO. bestärkt wurde. Bei Vorliegen besonderer Tatumstände findet deshalb eine Aufwertung entweder überhaupt nicht oder doch nur zum Teil statt.

3. Die Aufwertung kraft Rückwirkung ist zunächst dann ganz oder zum Teil ausgeschlossen, wenn sie für den Eigentümer oder für den persönlichen Schuldner zu einer unbilligen Härte führen würde, weil sie im Hinblick auf seine wirtschaftliche Lage eine besonders schwere Belastung für ihn bedeuten würde. Hierbei sind insbesondere erhebliche Vermögensverluste, die auf den Währungsverfall, die Verdrängung oder die Liquidation des Vermögens zurückzuführen sind, besonders zu beachten. In diesen Fällen ist im Gegensatz zu § 8 entscheidendes Gewicht auf die besonderen Verhältnisse des persönlichen Schuldners oder des Eigentümers gelegt; die Berücksichtigung des wirtschaftlichen Verhältnisse des Gläubigers tritt hier in den Hintergrund. Die Tatsache, daß der Schuldner bei Ablehnung der Aufwertung kraft Rückwirkung ein schuldenfreies Grundstück haben würde, kann allein zu einer Aufwertung kraft Rückwirkung nicht führen, da es möglich ist, daß der Schuldner den Ertrag des Grundstücks zur Befriedigung seines Lebensunterhalts gebraucht, und es eine Unbilligkeit sein würde, ihm nach Verlust seines sonstigen Vermögens nun noch dieses ihm verbliebene Objekt zu belasten.

Findet die Aufwertung kraft Rückwirkung bezüglich der persönlichen Forderung nicht statt, dann erfolgt auch keine Aufwertung kraft Rückwirkung bezüglich des dinglichen Rechts. Findet sie nur teilweise statt, dann findet sie auch bezüglich des dinglichen Rechts nur teilweise oder aber auch gar nicht statt, wenn die wirtschaftliche Lage des Eigentümers ihre völlige Ausschließung bedingt. Findet die Aufwertung kraft Rückwirkung gegen den persönlichen Schuldner in voller Höhe statt, dann kann sie trotzdem gegen den Eigentümer des belasteten Grundstücks niedriger festgesetzt oder ganz ausgeschlossen werden.

4. Die Aufwertung kraft Rückwirkung gegen den persönlichen Schuldner ist herabzusetzen oder auszuschließen, wenn sie mit Rücksicht auf die Höhe des bei einer etwaigen Veräußerung des Grundstücks erzielten Erlöses eine unbillige Härte bedeuten würde. Dabei ist davon ausgegangen, daß die in der Inflationszeit erzielten Kaufpreise regelmäßig weit unter dem Wert des Grundstücks lagen. Ist der persönliche Schuldner noch heute im Besitz des Grundstücks, dann bedeutet der inzwischen wieder gestiegene Wert desselben einen gewissen Ausgleich für die Aufwertung; dieser Ausgleich ist denen verloren gegangen, die ihre Grundstücke in der Inflationszeit abgestoßen haben. Sollte in dem einen oder andern Fall der erzielte Erlös angemessen gewesen sein, ist er dem persönlichen Schuldner aber durch den Währungsverfall verloren gegangen, dann greift Ziffer 1 ein. Eine Inanspruchnahme des Käufers des Grundstücks wird regelmäßig nicht in Frage kommen, weil er das Grundstück gutgläubig lastenfrei erworben hat. Ziffer 2 ist auch dann anwendbar, wenn der persönliche Schuldner das Grundstück zunächst verkauft hat, ohne daß der Käufer in die Schuldverpflichtung eingetreten ist und sodann aus dem Erlös den Gläubiger befriedigt hat.

5. Die Tatsache, daß das belastete Grundstück nicht mehr im Inland liegt und deshalb die Inanspruchnahme des Eigentümers wesentlich erschwert ist, ist nur dann von Bedeutung, wenn der persönliche Schuldner gegenüber dem Eigentümer ein Rückgriffsrecht hat. Ein solcher Fall ist z. B. dann gegeben, wenn der persönliche Schuldner das Grundstück verkauft und der Käufer ihm gegenüber auch die persönlichen Verpflichtungen übernommen hat, während eine Zustimmung des Gläubigers zu dieser Schuldübernahme nicht erfolgt ist.

6. Schließlich ist die Aufwertung kraft Rückwirkung auch dann ganz oder teilweise ausgeschlossen, wenn die Rückzahlung durch eine Kündigung des Gläubigers veranlaßt worden ist und der Schuldner oder der Eigentümer dadurch gezwungen wurde, Vermögensgegenstände weit unter dem wirklichen Wert zu veräußern. Soweit diese Vermögensgegenstände in Aktien bestanden haben, wird man nicht ohne weiteres den heutigen Kurs als Maßstab nehmen können. Der erzielte Erlös ist vielmehr mit dem Goldmarkbetrag zu vergleichen, auf den die Aktien umgestellt worden sind, wobei zwischen dem Verkauf und der Goldmarkumstellung erfolgte Kapitalserhöhungen berücksichtigt werden müssen. Sind Obligationen oder Pfandbriefe verkauft worden, dann darf gleichfalls nicht der heutige Kurs als Maßstab herangezogen werden, sondern es muß geprüft werden, was den Inhabern derartiger Schuldtitel nach dem Aufwertungsgesetz zustehen würde.

3. Gemeinsame Vorschriften.

a) Anmeldezwang.

§ 16.

(1) Die Aufwertung auf Grund des Vorbehalts der Rechte oder kraft Rückwirkung findet nur statt, wenn der Gläubiger

den Anspruch auf Aufwertung bis zum 1. Januar 1926 bei der Aufwertungsstelle anmeldet. Die Aufwertungsstelle hat die Anmeldung dem Eigentümer des belasteten Grundstücks und dem ihm vom Gläubiger bezeichneten persönlichen Schuldner mitzuteilen[2]. Innerhalb einer Frist von drei Monaten seit Mitteilung der Anmeldung kann der Eigentümer und der Schuldner bei der Aufwertungsstelle Einspruch erheben[3].

(2) Ist die Hypothek bereits gelöscht, so findet ihre Wiedereintragung, falls sie nicht der Eigentümer bewilligt, erst statt, nachdem die Einspruchsfrist abgelaufen ist, ohne daß ein Einspruch eingelegt ist, oder nachdem durch rechtskräftige Entscheidung festgestellt ist, daß ein wirksamer Vorbehalt der Rechte vorliegt oder eine Rückwirkung stattfindet[4, 5]. Der Anspruch auf Wiedereintragung der Hypothek ist auf Antrag des Gläubigers durch Eintragung eines Widerspruchs zu sichern[6].

(3) Ist die Hypothek noch nicht gelöscht und behauptet der Eigentümer, daß nach den Vorschriften der §§ 14, 15 eine Aufwertung nicht stattfindet, so ist auf seinen Antrag ein Widerspruch in das Grundbuch einzutragen[7].

1. Beansprucht der Gläubiger eine Aufwertung auf Grund eines von ihm gemachten Vorbehalts oder kraft Rückwirkung, dann muß er diesen Anspruch bis zum 1. Januar 1926 (gemeint gewesen ist wahrscheinlich der 31. Dezember 1925) bei der Aufwertungsstelle anmelden. Da der 1. Januar 1926 ein gesetzlicher Feiertag ist, ist auch eine am 2. Januar 1926 bei der Aufwertungsstelle eingehende Anmeldung noch rechtzeitig erfolgt (§ 193 BGB.). Wird der Antrag nicht rechtzeitig gestellt, dann erlischt das Recht auf die Aufwertung. Der Antrag ist auch bezüglich der persönlichen Forderung erforderlich und zwar auch dann, wenn ein Wiederaufleben der Hypothek nicht möglich ist, weil inzwischen das Grundstück an einen gutgläubigen Dritten veräußert worden ist. Ebenso muß der Antrag gestellt werden, wenn der Schuldner gezahlt hat, Löschungsbewilligung aber nicht erteilt oder auf Grund der erteilten Löschungsbewilligung noch nicht gelöscht worden ist.

Der Gläubiger kann auf das Wiederaufleben seines Rechtes verzichten. Ein solcher Verzicht ist nicht eintragungsfähig und zwar schon deshalb nicht, weil ein gutgläubiger Erwerb des Aufwertungsrechts kraft Rückwirkung nicht möglich ist. Geschützt ist nur der gute Glaube an der Richtigkeit des Inhalts des Grundbuches; im Grundbuch ist aber nur die Löschung eingetragen, und nicht auch die Tatsache, daß das gelöschte Recht bei rechtzeitiger Stellung eines Antrages wieder aufleben kann. Nimmt jemand das letztere an, dann handelt es sich immer nur um eine Schlußfolgerung, die noch nicht einmal zwingend ist, weil die Löschung zwar nach dem 14. Juni 1922, die Tilgung der Schuld aber schon vor diesem Termin erfolgt sein kann, so daß trotz der erst nach dem 14. Juni 1922 erfolgten Löschung eine Aufwertung kraft Rückwirkung nicht möglich ist.

Eine Verlängerung der Frist für die Fälle der §§ 203, 204, 206 und 207 BGB. (vgl. § 8 Anm. 3) ist hier nicht vorgesehen.

2. Die Aufwertungsstelle ist verpflichtet, sowohl den Eigentümer des belasteten Grundstücks wie auch den ihr vom Gläubiger bezeichneten persönlichen Schuldner von der Stellung des Antrags zu benachrichtigen. Es ist deshalb notwendig, daß in dem Antrag sowohl der Eigentümer des belasteten Grundstücks wie auch der persönliche Schuldner namentlich unter Angabe der Anschrift aufgeführt werden. Werden der persönliche Schuldner oder der Eigentümer des belasteten Grundstücks falsch bezeichnet, so wird durch die Anmeldung dennoch die Frist des § 16 gewahrt; durch die Mitteilung an den falschen persönlichen Schuldner wird aber selbstverständlich nicht die Einspruchsfrist für den wirklichen Schuldner in Lauf gesetzt.

3. Sowohl der Eigentümer wie auch der persönliche Schuldner sind berechtigt, innerhalb einer Frist von 3 Monaten, nachdem sie von der Anmeldung unterrichtet worden sind, gegen dieselbe Einspruch zu erheben. Erfolgt eine Einspruchseinlegung nicht, dann ist die bereits gelöschte Hypothek wieder einzutragen. Weitere Wirkungen hat die Versäumung der Frist nicht; insbesondere berührt sie weder das Recht des benachrichtigten persönlichen Schuldners, seine persönliche Schuld zu bestreiten, noch schließt sie Anträge auf Herabsetzung des Aufwertungsbetrages gemäß § 8 aus. Dagegen ist nach Ablauf der Frist eine Berufung auf die Härtebestimmungen des § 15 nicht möglich.

Die Einlegung eines Einspruchs hat vor allem dann zu erfolgen, wenn der Eigentümer oder der persönliche Schuldner eine der Härteklauseln des § 15 für sich in Anspruch nehmen will; außerdem kann der Einspruch vom persönlichen Schuldner darauf gestützt werden, daß er nicht mehr persönlicher Schuldner ist. Sowohl der Eigentümer wie der persönliche Schuldner können außerdem bestreiten, daß ein wirksamer Vorbehalt vorliegt, oder daß die Voraussetzungen für die Aufwertung kraft Rückwirkung gegeben sind. Die Aufwertungsstelle kann jedoch nur über die Anwendbarkeit der Härteklauseln des § 15 entscheiden. Werden andere Einwendungen geltend gemacht, hat sie das Verfahren auszusetzen, da sie, wie sich aus § 69 ergibt, für deren Entscheidung nicht zuständig ist; diese Streitfälle müssen vor dem ordentlichen Gericht ausgetragen werden.

4. Ist die Hypothek bereits gelöscht, so muß sie, wenn eine Aufwertung auf Grund eines Vorbehalts oder kraft Rückwirkung stattfindet, im Grundbuch wieder eingetragen werden, es sei denn, daß die Vorschriften über den öffentlichen Glauben des Grundbuches der Wiedereintragung entgegenstehen. Die Wiedereintragung hat zu erfolgen:

a) Wenn der Eigentümer sie bewilligt. Liegt ein Vorbehalt vor, dann wird der Eigentümer in der Regel gut tun, die Bewilligung zu erteilen, um nicht durch das Verfahren vor der Aufwertungsstelle unnötige Kosten zu veranlassen. Findet die Aufwertung kraft Rückwirkung statt, dann wird sie der Eigentümer nur dann erteilen können, wenn weder er selbst noch der persönliche Schuldner auf Grund des § 15 Satz 2 Ziffer 1—3 sich gegen die Aufwertung kraft Rückwirkung wenden.

b) Nach Ablauf der Einspruchsfrist, sofern nicht ein Einspruch eingelegt ist. In diesem Fall hat die Wiedereintragung auf Grund einer von der Aufwertungsstelle auszustellenden Bescheinigung über die Anmeldung und die Nichteinlegung eines Einspruchs innerhalb der gesetzten Frist zu erfolgen.

c) Beim Vorliegen einer rechtskräftigen Entscheidung, durch die festgestellt worden ist, daß ein wirksamer Vorbehalt vorliegt, oder daß eine Aufwertung kraft Rückwirkung stattfindet. Hat sich der Eigentümer oder der persönliche Schuldner auf die Härteklausel des § 15 berufen, dann muß außerdem eine Entscheidung darüber vorliegen, ob die Aufwertung kraft Rückwirkung ganz oder nur teilweise stattfindet.

5. Hat der Gläubiger bereits Löschungsbewilligung oder löschungsfähige Quittung erteilt, dann hat der Eigentümer ein Recht, die Löschung solange zu verlangen, bis auf Grund der Vorschriften aus § 16 für den Gläubiger ein Anspruch auf Wiedereintragung entstanden ist. Ebenso kann der Eigentümer solange den Gläubiger, der zwar die Zahlung angenommen aber noch nicht löschungsfähige Quittung erteilt hat, auf Erteilung der Löschungsbewilligung in Anspruch nehmen; hat der Gläubiger einen Antrag gemäß § 16 gestellt, dann wird allerdings das Verfahren über die Erteilung der Löschungsbewilligung zweckmäßigerweise auszusetzen sein. Die Richtigkeit dieser Ansicht ergibt sich aus der Tatsache, daß der Anspruch des Gläubigers auf Aufwertung eine Anmeldung bei der Aufwertungsstelle zur Voraussetzung hat und ohne eine solche Anmeldung hinfällig ist. Durch eine jetzt erfolgende Löschung werden seine Interessen auch nicht geschädigt, da es, wenn die Voraussetzung der Aufwertung auf Grund eines Vorbehalts oder kraft Rückwirkung vorliegt, seine Wiedereintragung beantragen kann und durch § 22 Abs. 2 gegen zwischenzeitliche Eintragungen geschützt ist.

6. Die Eintragung eines Widerspruchs hat auf einseitigen Antrag des Gläubigers zu erfolgen, der dabei nachweisen muß, daß er seinen Anspruch bei der Aufwertungsstelle rechtzeitig angemeldet hat. Der Widerspruch des Gläubigers hat zunächst hinsichtlich der Wahrung seiner Rechte keine Bedeutung, da er gegen zwischenzeitliche Eintragungen gemäß § 22 Abs. 2 geschützt ist; erst wenn diese Vorschrift durch die Reichsregierung außer Kraft gesetzt sein wird, ist dieser Widerspruch zur Wahrung der Rechte erforderlich.

7. In zahlreichen Fällen hat der Gläubiger zwar die Zahlung vorbehaltlos angenommen, hat es aber dann abgelehnt, Löschungsbewilligung zu erteilen. Ist die Zahlung vor dem 15. Juni 1922 vorbehaltlos angenommen oder glaubt der Eigentümer, daß auf Grund der Härteklauseln des § 15 eine Aufwertung überhaupt nicht oder nicht in voller Höhe stattfindet, dann kann er seine Rechte durch Eintragung eines Widerspruchs in das Grundbuch sichern.

b) Aufwertung nach Abtretung der Hypothek.

§ 17.

Hat der Gläubiger die Hypothek abgetreten und die Gegenleistung nach dem 14. Juni 1922 oder unter Vorbehalt der Rechte angenommen, so wird die Hypothek und die persönliche Forderung auf der Grundlage des für ihn maßgebenden Goldmarkbetrages (§§ 2, 3), unbeschadet der Aufwertung zugunsten des Erwerbers, auch zu seinen Gunsten aufgewertet[1], sofern sich nicht nach dem Schlußsatz des § 2 Abs. 1 oder nach § 3 Abs. 1 Ziffer 2 bis 11 die Höhe der Aufwertung zugunsten des Erwerbers nach der Zeit des Erwerbes durch den früheren Gläubiger bestimmt[2]. Die Vorschriften des § 16 finden Anwendung[3].

1. Die Bestimmung des § 2, daß bei Rechten, die nach dem 31. Dezember 1917 erworben sind, der Goldmarkbetrag des Erwerbspreises für die Aufwertung maßgebend ist, stellt eine reine Begünstigung des Eigentümers und persönlichen Schuldners dar, da diese auf die Abtretung der gegen sie gerichteten Forderung keinen Einfluß hatten, und selbstverständlich auch nicht in der Lage waren, eine solche Abtretung zu beanspruchen. Hat z. B. ein Geldgeber vor dem Kriege zwei Hausbesitzern je ein Darlehn von Mk. 100000 gegen eine erststellige Hypothek gegeben, und hat er im Dezember 1919 die eine Hypothek zum Nennbetrag verkauft, weil er Geld brauchte, dann braucht der Schuldner dieser Hypothek nur nach einem Goldmarkbetrag von Mk. 10400 aufzuwerten, während der andere Schuldner, bei dem die Voraussetzungen des Geschäftes genau die gleichen waren, nach einem Goldmarkbetrag von Mk. 100000 aufwerten muß. Der eine Schuldner braucht also etwa nur den zehnten Teil dessen aufzuwenden, was der andere Schuldner aufwenden muß, um seine Schuld zu tilgen. Diese Begünstigung des Schuldners legte es nahe, den alten Gläubiger, der in der Regel sein Recht viel zu billig verkauft hat, an der Aufwertung zu beteiligen; andererseits sollte auch hier keine Rückwirkung über die ganze Inflationszeit hinaus stattfinden. Man wählte deshalb einen Mittelweg und nahm auch hier den 15. Juni 1922 als Stichtag. Maßgebend ist der Zeitpunkt, in welchem der frühere Gläubiger die Gegenleistung angenommen hat; der Zeitpunkt der Abtretung der Hypothek spielt also keine Rolle. Ist die Gegenleistung nach dem 14. Juni 1922 oder unter Vorbehalt der Rechte angenommen, dann kann also auch der ehemalige Gläubiger neben dem Erwerber Aufwertung verlangen. Ein Vorbehalt wird bei einer Zession regelmäßig nicht gemacht sein; gedacht ist hier an einen Vorbehalt nicht etwa dem persönlichen Schuldner oder dem Grundstückseigentümer gegenüber, sondern an einen Vorbehalt gegenüber dem Zessionar (ebenso Schlegelberger § 17 Anm. 3).

2. Hat die Abtretung erst nach dem 13. Februar 1924 stattgefunden, oder liegt einer der Fälle vor, in denen gemäß § 3 der Zeitpunkt des Erwerbes des Rechtsvorgängers dem Rechtsnachfolger zugute kommt, dann kann der abtretende Gläubiger für sich keine Aufwertung beanspruchen.

§ 17 findet auch Anwendung, wenn eine Hypothek mehrfach hintereinander abgetreten worden ist. Über die Höhe des dem früheren Gläubiger zustehenden Aufwertungsbetrages vgl. § 18 Abs. 2.

3. § 16 findet entsprechende Anwendung, d. h. der frühere Gläubiger ist genötigt, seinen Anspruch auf Aufwertung bis zum 1. Januar 1926 bei der Aufwertungsstelle anzumelden, wenn er sein Recht auf Aufwertung nicht verlieren will. Entgegen der Auffassung von Schlegelberger (§ 17 Anm. 6) ist anzunehmen, daß der Eigentümer und Schuldner nicht berechtigt sind, die Härteklausel des § 15 geltend zu machen, es sei denn, daß der Zessionar die Leistung angenommen hat und nur kraft Rückwirkung Aufwertung beanspruchen kann.

c) Anrechnung von Zahlungen.

§ 18.

(1) Findet auf Grund des Vorbehalts der Rechte oder kraft Rückwirkung eine Aufwertung statt, so sind geleistete Zahlungen in Höhe ihrer Goldmarkbetrags (§§ 2, 3) auf den Aufwertungs-

betrag anzurechnen. Dies gilt nicht für Zahlungen, die vor dem 15. Juni 1922 ohne Vorbehalt angenommen sind; solche Zahlungen sind zum Nennbetrag auf den Nennbetrag anzurechnen[1].

(²) Auf Grund der §§ 14 bis 17 wird die Hypothek außer für den gegenwärtigen Gläubiger für einen früheren Gläubiger nur insoweit aufgewertet, als der für diesen zu berechnende Aufwertungsbetrag die Gesamtheit der Aufwertungsbeträge der ihm zeitlich nachfolgenden Gläubiger übersteigt[2].

1. § 18 regelt die Behandlung der geleisteten Zahlungen für die Fälle der Aufwertung auf Grund eines Vorbehalts und kraft Rückwirkung. Es sind folgende Einzelfälle zu unterscheiden:

a) Die Zahlung ist vor dem 15. Juni 1922 ohne Vorbehalt angenommen worden; diese Zahlung ist mit ihrem Nennbetrag auf den Nennbetrag zu verrechnen. Sind auf eine aus dem Jahre 1912 stammende Hypothek von Mk. 10000 am 22. Dezember 1921 Mk. 4000 gezahlt und vorbehaltlos angenommen worden, dann ist in Höhe von Mk. 4000 die Forderung erloschen und die Hypothek insoweit zur Eigentümergrundschuld geworden. Der Gläubiger kann in diesem Fall nur noch eine Aufwertung in Höhe von 25 % von Mk. 6000 beanspruchen.

b) Die Zahlung ist vor dem 15. Juni erfolgt, vom Gläubiger aber nur unter Vorbehalt angenommen worden. In diesem Fall ist der Goldmarkbetrag der Zahlung auf Grund des für den Zahlungstag geltenden Umrechnungsverhältnisses zu errechnen und von dem Aufwertungsbetrag (nicht etwa von dem Goldmarkbetrag) der Forderung abzusetzen. In dem unter a) gebildeten Beispiel würden die gezahlten Mk. 4000 einen Goldmarkbetrag von Mk. 248.— haben; da der Gläubiger einen Vorbehalt gemacht hat, ist zunächst der Aufwertungsbetrag zu berechnen, der bei einer Vorkriegshypothek von Mk. 10000 Mk. 2500 ist; von diesem Betrag sind die gezahlten GMk. 248.— abzusetzen, so daß eine Aufwertungsschuld von GMk. 2252.— verbleibt.

c) Die Zahlung ist von dem Gläubiger nach dem 14. Juni 1922 mit oder ohne Vorbehalt angenommen worden. Die Regelung entspricht der unter b.

2. Für einen früheren Gläubiger findet eine Aufwertung nur soweit statt, als der Aufwertungsbetrag, den er zu beanspruchen gehabt hätte, wenn die Abtretung nicht erfolgt wäre, die Gesamtheit der Aufwertungsbeträge der ihm zeitlich nachstehenden Gläubiger übersteigt. Sind eine Reihe von Abtretungen erfolgt, dann gilt diese Regelung auch für die nachfolgenden Gläubiger.

Beispiel.

A hatte eine Vorkriegshypothek von Mk. 100000; diese hat er am 1. Mai 1918 an B gegen Zahlung von Mk. 100000 abgetreten, so daß für B nur noch ein Goldmarkbetrag von Mk. 80000 in Frage kommt. B hat diese Forderung an C am 10. Januar 1923 gegen Zahlung von Mk. 1000000 abgetreten, die einen Goldmarkbetrag von Mk. 494.— hatten. C hat dann die Hypothek am 10. April 1923 an D gegen Zahlung von Mk. 10000000 abgetreten, die einen Goldmarkwert von Mk. 2020.— hatten. A würde, wenn er noch Gläubiger wäre, eine Aufwertung von Mk. 25000, B eine solche von Mk. 20000, C von Mk. 123.50 und D von Mk. 505.—

zu beanspruchen haben. A kann keine Aufwertung beanspruchen, da er den Gegenwert vor dem 15. Juni 1922 vorbehaltlos angenommen hat. C erhält keine Aufwertung, weil der Aufwertungsbetrag des ihm nachstehenden Gläubigers seinen eigenen Aufwertungsbetrag übersteigt. B kann dagegen eine Aufwertung von Mk. 20000 — Mk. 505.— = Mk. 19495.— beanspruchen. D erhält Mk. 505.—.

d) Ausschluß weitergehender Ansprüche.

§ 19.

Soweit im Falle der Bewirkung der Leistung eine Aufwertung nach §§ 14 bis 17 nicht stattfindet, kann sie auch wegen ungerechtfertigter Bereicherung oder auf Grund einer Anfechtung wegen Irrtums oder aus einem anderen Rechtsgrunde nicht verlangt werden. Ansprüche wegen arglistiger Täuschung bleiben unberührt.

1. § 19, der sich in ähnlicher Form auch bereits in der III. StNVO. befand, war notwendig, um allen Versuchen, den Gläubiger auf Umwegen zu einer Aufwertung zu verhelfen, entgegenzutreten. Vor der endgültigen Klärung der Aufwertungsfrage durch das Reichsgericht waren in der Literatur die verschiedensten Versuche unternommen worden, den Aufwertungsanspruch des Gläubigers zu rechtfertigen. Besondere Beachtung hatte dabei vor allem der Gesichtspunkt der ungerechtfertigten Bereicherung und die Anfechtung wegen Irrtums gefunden. § 19 stellt klar, daß, auch wenn diese Konstruktion an sich zutreffend sein sollte, sie für die Aufwertungsfrage, soweit sie durch das Aufwertungsgesetz geregelt ist, auszuscheiden hat. Ebenso soll auch auf keinen anderen Rechtsgrund ein Aufwertungsbegehren gestützt werden dürfen. Diese Bestimmung ist ihrem Zweck entsprechend weitestgehend auszulegen; nur Ansprüche, die auf arglistige Täuschung gestützt werden, sollen unberührt bleiben.

e) Wiedereintragung gelöschter Hypotheken.

§ 20.

(1) Ist die Hypothek im Grundbuch bereits gelöscht, so findet ihre Wiedereintragung[1] in Höhe der Aufwertung[2] mit dem sich aus § 6 ergebenden Range statt, soweit nicht die Vorschriften über den öffentlichen Glauben des Grundbuchs[3] oder über das Erlöschen von Rechten durch den Zuschlag bei der Zwangsversteigerung[4] entgegenstehen[5].

(2) Die Vorschriften über den öffentlichen Glauben des Grundbuchs sind entsprechend anzuwenden, wenn in dem in § 892 Abs. 2 des Bürgerlichen Gesetzbuchs bestimmten Zeitpunkt eine dem § 29 der Grundbuchordnung entsprechende Löschungsbewilligung oder löschungsfähige Quittung bereits erteilt war oder gleichzeitig erteilt wurde[6].

1. Bereits auf Grund des durch die III. StNVO. geschaffenen Rechtszustands wurde angenommen, daß Hypotheken, die unter Vorbehalt gelöscht worden sind, auf Antrag im Wege der Grundbuchberichtigung wieder eingetragen werden müssen (RGZ. 110, 65 und 87; RG. in JW. 24, 2046).

§ 20 ordnet diese Wiedereintragung ausdrücklich an. Die Wiedereintragung kann aber nur erfolgen, wenn gemäß § 16 ein Antrag bei der Aufwertungsstelle gestellt worden und innerhalb der Frist von drei Monaten kein Einspruch erfolgt ist. Ist ein solcher Einspruch erfolgt, dann findet eine Wiedereintragung nur nach Maßgabe der daraufhin ergangenen Entscheidung statt.

2. Die Wiedereintragung erfolgt in Höhe des Aufwertungsbetrages, also unter Abrechnung des Goldmarkbetrages der geleisteten Zahlung. Eine Wiedereintragung des gelöschten Papiermarkbetrages ist nicht zulässig.

3. Der Wiedereintragung dürfen nicht die Vorschriften über den öffentlichen Glauben des Grundbuchs entgegenstehen. § 892 BGB. bestimmt in dieser Beziehung, daß der Inhalt des Grundbuchs zugunsten desjenigen als richtig gilt, der ein Recht an dem Grundstück oder ein Recht an einem solchen Recht durch Rechtsgeschäft erwirbt, sofern nicht ein Widerspruch gegen die Richtigkeit eingetragen oder die Unrichtigkeit dem Erwerber bekannt ist. Daraus ergibt sich folgendes:

Ist das Grundstück veräußert worden, dann kommt eine Wiedereintragung der auf Grund der Vorschriften über die Aufwertung kraft Rückwirkung aufgewerteten Hypothek nicht in Frage, da in diesem Fall der Erwerber notwendigerweise gutgläubig gewesen ist, weil das Aufwertungsrecht erst durch das Aufwertungsgesetz begründet worden ist. Nur dann, wenn der Zeitpunkt des Erwerbes nach dem 30. Juni 1925 liegt, würde gemäß § 22 Abs. 2 die Veräußerung des Grundstücks der Wiedereintragung nicht im Wege stehen. Handelt es sich um eine Aufwertung auf Grund eines Vorbehalts, dann muß der neue Eigentümer sowohl gewußt haben, daß ein Vorbehalt bei der Annahme gemacht worden ist, wie auch, daß aus diesem Grunde die Löschung der Hypothek unzulässig war. Da der Vorbehalt erst durch die III. StNVO. seine rechtserhaltende Wirkung beigelegt bekommen hat, ist der gute Glaube notwendigerweise in allen den Fällen gegeben, in denen der Erwerb vor dem Inkrafttreten der III. StNVO., d. h. vor dem 14. Februar 1924 stattgefunden hat.

Bei einer anderweitigen Belastung des Grundstücks gilt grundsätzlich das gleiche, nur mit der Maßgabe, daß die Wiedereintragung des auf Grund eines Vorbehalts oder kraft Rückwirkung aufgewerteten Rechts durch die anderweitige Belastung nicht wie bei der Veräußerung des Grundstücks ganz unmöglich ist, sondern nur an einer entsprechend schlechteren Rangstelle erfolgen kann.

4. Ist ein Recht durch den Zuschlag bei der Zwangsversteigerung (§ 91 Abs. 1 ZVG.) erloschen, dann kommt eine Wiedereintragung auf Grund des Aufwertungsgesetzes nicht mehr in Frage.

5. Die Wiedereintragung erfolgt im Wege der Grundbuchberichtigung. Der Gläubiger, der dieselbe beantragt, muß entweder die Bewilligung der dadurch Betroffenen, d. h. des Eigentümers und derjenigen, die ihm im Range gleich oder nachstehen, beibringen, oder er muß die Unrichtigkeit des Grundbuchs in der Form des § 29 GBO. nachweisen. Ist inzwischen das Eigentum des Grundstücks auf einen Dritten übergegangen, oder haben andere an dem Grundstück Rechte erworben, dann wird eine Wiedereintragung mit dem alten Rang im Wege der Grundbuchberichtigung nicht möglich sein, da sich der schlechte Glaube des neuen Eigentümers oder derjenigen, die nachträglich Rechte erworben haben, sich nicht in den Formen des § 29 GBO. wird nachweisen lassen. Wenn es demjenigen, der die Wiedereintragung seines gelöschten Rechts betreibt, nicht gelingt, die Zustimmung derer beizubringen, deren Rechte der Wiedereintragung seines Rechts an alter Stelle entgegenstehen, muß er ihre Zustimmung durch eine Klage bei dem ordentlichen Gericht erkämpfen. Die Wiedereintragung eines Widerspruchs von Amts wegen (bay. ObLG. im DJZ. 519) erscheint bedenklich; Sache des Gläubigers, der die Wiedereintragung seines Rechts betreibt, ist es, den Erlaß einer die Eintragung eines Widerspruchs anordnenden einstweiligen Verfügung zu erwirken.

6. Absatz 2 berücksichtigt die Fälle, in denen die Ablösung alter Rechte mit den Mitteln erfolgte, die den Schuldnern aus einer neu aufgenommenen Hypothek zuflossen. In diesen Fällen ist die Eintragung der neuen Hypothek vielfach vor der Löschung der älteren Hypotheken erfolgt, doch haben sich die neuen Gläubiger regelmäßig dadurch gesichert, daß sie eine entsprechende Löschungsbewilligung verlangten. Hat eine dem § 29 GBO. entsprechende Löschungsbewilligung oder löschungsfähige Quittung in dem Zeitpunkt vorgelegen, in dem der Antrag auf Eintragung gestellt war, oder — sofern die erforderliche Einigung erst später erfolgte — in dem die Einigung zustande kam, dann ist der neue Gläubiger gegen die Wiedereintragung an einer ihm vorgehenden Rangstelle geschützt, wenn er in dem genannten Zeitpunkt im guten Glauben war. Hat in dem maßgebenden Zeitpunkt eine Löschungsbewilligung oder löschungsfähige Quittung vorgelegen und ist das Grundstück veräußert worden, dann ist eine Wiedereintragung überhaupt nicht mehr möglich, sofern der Erwerber in diesem Fall im guten Glauben war.

f) Wiedereintragung des früheren Gläubigers einer umgeschriebenen oder abgetretenen Hypothek.

§ 21.

(1) Die Vorschriften des § 20 finden entsprechende Anwendung:

1. wenn die Hypothek zwar nicht gelöscht, aber nicht mehr für den früheren Gläubiger eingetragen, z. B. als Grundschuld auf den Eigentümer oder im Falle der Abtretung (§ 17) auf den Erwerber umgeschrieben ist[1];
2. wenn die Hypothek noch für den früheren Gläubiger eingetragen ist, das Gläubigerrecht eines anderen sich jedoch aus § 1155 des Bürgerlichen Gesetzbuchs ergibt[2].

(2) Der Aufwertungsbetrag des früheren Gläubigers geht dem Aufwertungsbetrage des gegenwärtigen Gläubigers und den diesem im Range gleichstehenden oder nachgehenden Rechten im Range nach[3].

1. § 21 erweitert die Vorschriften des § 20 auf einige Fälle die wirtschaftlich denen des § 20 gleich stehen. In der Praxis wird häufig die zurückgezahlte Hypothek nicht gelöscht, sondern auf den Eigentümer als Grundschuld umgeschrieben. Auch in diesem Fall soll eine Wiedereintragung erfolgen. Das gleiche gilt, wenn der Gläubiger seine Hypothek nach dem 14. Juli 1922 abgetreten hat, da er in diesem Fall gemäß § 17 noch an der Aufwertung teilnimmt.

2. Unter Umständen ist bei einer Briefhypothek noch ein Gläubiger im Grundbuch als solcher eingetragen, der sich durch Abtretung der Forderung und Übergabe des Hypothekenbriefes seiner Rechte begeben hat. Ist die Abtretung erst nach dem 14. Juni 1922 erfolgt, dann nimmt auch dieser Gläubiger an der Aufwertung teil und hat einen Anspruch auf Wiedereintragung nach Maßgabe der Vorschriften des § 20.

3. Der Aufwertungsbetrag des früheren Gläubigers geht nicht nur dem Aufwertungsbetrag des jetzigen Gläubigers, sondern auch den diesem im Range gleichstehenden oder nachgehenden Rechten im Range nach. Ein Gläubiger, der seine Hypothek abgetreten, oder als Grundschuld auf den Eigentümer hat umschreiben lassen, steht also im Ergebnis erheblich ungünstiger da, als derjenige, der Löschungsbewilligung erteilt hat. Nur solche Rechte, die erst nach dem 30. Juni 1925 erworben sind, gehen dem Aufwertungsbetrag des früheren Gläubigers nach (§ 22 Abs. 2), doch wird es für den Gläubiger ratsam sein, sich seinen jetzigen Rang baldigst durch einen Widerspruch zu sichern, da § 22 Abs. 2 von der Reichsregierung in absehbarer Zeit aufgehoben werden wird, und da dann die Vorschriften über den Rechtserwerb im guten Glauben wieder bedingungslos Platz greifen.

g) Schutz gegen zwischenzeitliche Eintragungen.

§ 22[1].

(1) In den Fällen der §§ 20, 21 steht der Eintragung des Aufwertungsbetrags an der bisherigen Rangstelle der öffentliche Glaube des Grundbuchs und die Vorschrift des § 21 Abs. 2 insoweit nicht entgegen, als nach dem 1. Januar 1925 Rechte durch den Eigentümer, seinen Ehegatten vor oder während der Ehe, durch seine oder seines Ehegatten Verwandten auf- oder absteigender Linie, durch seine oder seines Ehegatten voll- oder halbbürtigen Geschwister oder durch den Ehegatten einer dieser Personen erworben sind[2]; dies gilt nicht, wenn der Erwerber beweist, daß ihm zur Zeit des Erwerbes eine Absicht des andern Teiles, das Recht des Gläubigers zu beeinträchtigen, nicht bekannt war oder wenn das Recht vor dem 1. Juni 1925 auf einen nicht zum Kreise dieser Personen gehörenden Dritten übergegangen ist[3].

(2) Der Eintragung des Aufwertungsbetrages an der bisherigen Rangstelle steht der öffentliche Glaube des Grundbuchs und die Vorschrift des § 21 Abs. 2 nur insoweit entgegen, als der Zeitpunkt des Erwerbes eines Rechtes an dem Grundstück oder der im § 892 Abs. 2 des Bürgerlichen Gesetzbuches bestimmte Zeitpunkt vor dem 1. Juli 1925 liegt. Die Reichsregierung bestimmt den Zeitpunkt, mit dem diese Vorschrift außer Kraft tritt[4].

(3) Bis zum 31. Dezember 1925 kann der Gläubiger des aufgewerteten Rechtes Verfügungen, die der Eigentümer nach der Löschung oder Umschreibung des Rechts seit dem 1. Januar 1925 über das belastete Grundstück getroffen hat, anfechten, wenn die Verfügungen in der dem anderen Teile bekannten Absicht, die

Eintragung des aufgewerteten Rechts an der bisherigen Rangstelle zu vereiteln, vorgenommen sind[5]. Die Vorschriften der §§ 6 bis 9, des § 11 Abs. 1 bis 3 und des § 13 des Gesetzes vom 21. Juli 1879 in der Fassung der Bekanntmachung vom 20. Mai 1898 (Reichsgesetzbl. S. 709) finden entsprechende Anwendung[6]. An die Stelle der im § 13 Abs. 4 bezeichneten Fristen tritt eine Frist von sechs Monaten seit der Beendigung des Konkursverfahrens[7].

1. § 22 schützt diejenigen, deren Rechte auf Grund eines Vorbehalts oder kraft Rückwirkung wieder einzutragen sind, gegen Verfügungen des Eigentümers, die das Recht auf Wiedereintragung schmälern (z. B. bei anderweitiger Belastung des Grundstücks) oder vernichten (z. B. bei Veräußerung des Grundstücks). Der Schutz wird in folgenden Fällen gewährt:

2. Rechte, die nach dem 1. Januar 1925 erworben sind, stehen der Eintragung des Aufwertungsbetrages an der bisherigen Rangstelle nicht entgegen, sofern der Erwerb durch den Eigentümer, seinen Ehegatten vor oder während der Ehe, seine oder seines Ehegatten Verwandten auf- oder absteigender Linie, seine oder seines Ehegatten voll- oder halbbürtigen Geschwister oder durch den Ehegatten einer dieser Personen erworben sind. Rechte, die am 1. Januar 1925 selbst noch erworben sind, fallen nicht unter diese Bestimmung.

Beweist der Erwerber, daß ihm zur Zeit des Erwerbs eine Absicht des anderen Teils, das Recht des Gläubigers zu beeinträchtigen, nicht bekannt war, dann versagt der Schutz, und die Eintragung ist an alter Stelle nicht mehr möglich. Die Beweislast ist also so verteilt, daß der Erwerber seine Unkenntnis der Absicht des Eigentümers zu beweisen hat. Ist der Erwerber der Eigentümer, dann kommt die Führung eines solchen Gegenbeweises nicht in Frage; der Eigentümer muß also stets die Wiedereintragung an alter Stelle dulden, auch wenn er inzwischen gutgläubig und ohne die Absicht, den aufwertungsberechtigten Gläubiger zu schädigen, ein Recht erworben hat. Dieser Fall ist nicht nur dann gegeben, wenn der Eigentümer nach dem 1. Januar 1925 sich eine Grundschuld hat eintragen lassen, um sie gelegentlich zu verwerten, sondern auch dann, wenn der Eigentümer nach dem 1. Januar 1925 eine Hypothekenforderung getilgt hat, so daß die Hypothek auf ihn als Eigentümergrundschuld übergegangen ist. Das gleiche gilt, wenn der Eigentümer nach dem 1. Januar 1925 für einen Dritten eine Hypothek hat eintragen lassen, soweit diese nicht valutiert ist; hat der Gläubiger erst nach dem 30. Juni 1925 Geld auf diese Hypothek gegeben, dann kann der aufwertungsberechtigte Gläubiger auf Grund des Abs. 2 seine Eintragung an alter Stelle verlangen.

Das Gesetz erfordert eine Absicht des Eigentümers, das Recht des Gläubigers zu beeinträchtigen. Es genügt also nicht, daß er den Vorsatz, d. h. das Bewußtsein gehabt hat, daß eine solche Beeinträchtigung eintreten kann. Die Voraussetzungen des § 22 Abs. 1 sind also z. B. dann nicht gegeben, wenn der Eigentümer für ein von ihm benötigtes Darlehn, das ihm sein Schwiegervater gegeben hat, diesem eine dingliche Sicherheit bestellt und dabei das Gefühl gehabt hat, daß diese Belastung im Hinblick auf kommende Änderungen der III. StNVO. vielleicht ganz zweckmäßig sein wird. Fehlt es an einer solchen Absicht des Eigentümers, dann kommt eine Kenntnis des anderen Teils nicht in Frage; war dieser also scharfsichtiger und rechnete er bestimmt mit einer Beeinträchtigung der Rechte des alten Gläubigers, so braucht er die Eintragung an alter Stelle, insoweit sie seinem Recht vorgehen würde, doch nicht zu dulden, weil es eben an einer Absicht des Eigentümers, das Recht des Aufwertungsgläubigers zu beeinträchtigen, gefehlt hat. Notwendig ist, daß der Eigentümer den ausgesprochenen Willen gehabt hat, das Recht des Gläubigers zu beeinträchtigen; diese Absicht wird nicht notwendigerweise dadurch ausgeschlossen, daß es sich um eine wirtschaftlich ernst gemeinte und ordnungsmäßig durchgeführte Belastung oder Veräußerung handelt, wenn auch in der Regel anzunehmen sein wird, daß eine Benachteiligungsabsicht des Eigentümers nicht vorgelegen hat, wenn es sich bei der Veräußerung oder bei der Belastung um Maßnahmen handelt, die wirtschaftlich geboten waren und sachlich zu rechtfertigen sind.

Die Beeinträchtigungsabsicht wird nicht dadurch ausgeschlossen, daß der aufwertungsberechtigte Gläubiger im Zeitpunkt der Vornahme der beeinträchtigenden Maßnahme keine Gläubigerrechte hatte, weil z. B. die III. StNVO. eine Aufwertung kraft Rückwirkung nicht kannte; auch in einem solchen Fall kann der Eigentümer mit der Möglichkeit eines Wiederauflebens des Rechts gerechnet und die Absicht der Beeinträchtigung gehabt haben.

Die Kenntnis von der Absicht des Eigentümers muß dem anderen Teil im Zeitpunkt des Erwerbs bekannt gewesen sein; ist sie ihm erst später bekannt geworden, so findet § 22 Abs. 1 keine Anwendung.

Im Streitfalle muß der Gläubiger, der sein Recht an der bisherigen Rangstelle eintragen lassen will, den Klageweg vor den ordentlichen Gerichten beschreiten, da die Aufwertungsstellen für derartige Fälle nicht zuständig sind. Das theoretisch mögliche Berichtigungsverfahren kommt praktisch nicht in Frage, weil die Voraussetzungen der Berichtigung kaum jemals in der Form des § 29 GBO. nachweisbar sein werden.

3. Hat eine der in Anm. 2 aufgeführten Personen das Recht vor dem 1. Juni 1925 an einen Dritten, der auch zu diesem Personenkreis gehört, abgetreten, dann kommt es auf dessen Kenntnis nicht an, sofern der Zedent die Kenntnis von der Beeinträchtigungsabsicht des Eigentümers hatte; diese Kenntnis muß der neue Gläubiger gegen sich gelten lassen. Ist dagegen das Recht vor dem 1. Juni 1925 auf einen Dritten übergegangen, der nicht zu dem erwähnten Personenkreis gehört, dann gelten die allgemeinen Bestimmungen des § 20; er ist also durch seinen guten Glauben geschützt.

4. Gläubiger von Rechten, die nach dem 30. Juni 1925 erworben sind, müssen die Eintragung an alter Stelle unter allen Umständen dulden; auf ihren guten Glauben kommt es nicht an. Diese Vorschrift, die einen verstärkten Schutz der aufwertungsberechtigten Gläubiger darstellt, kann nur vorübergehender Natur sein, da der öffentliche Glaube des Grundbuchs im Interesse der Verkehrssicherheit wiederhergestellt werden muß. Es ist deshalb in Aussicht genommen, daß die Reichsregierung diese Vorschrift außer Kraft setzt; der geeignete Zeitpunkt wird der Ablauf der Frist des § 16 zuzüglich einer Frist, innerhalb welcher der Gläubiger die Eintragung eines Widerspruchs herbeiführen kann, sein.

Abs. 2 findet nur auf die Fälle Anwendung, in denen der Gläubiger ein neues Recht am Grundstück erwirbt. Handelt es sich um eine bereits bestehende Belastung, die erst nach dem 30. Juni 1925 auf ihn übergegangen ist, dann findet Abs. 2 keine Anwendung. Ist also am 1. Februar 1925 für A, der nicht zu dem Personenkreis des Abs. 1 gehört, eine Hypothek eingetragen worden und hat B diese am 10. Juli 1925 erworben, dann braucht er die Eintragung des aufwertungsberechtigten Gläubigers mit dem Rang vor seiner Hypothek nicht zuzulassen.

5. Abs. 3 gibt dem aufwertungsberechtigten Gläubiger die Möglichkeit, Verfügungen des Eigentümers anzufechten, die dieser nach der Umschreibung oder Löschung seines Rechts seit dem 1. Januar 1925 über das belastete Grundstück getroffen hat. Voraussetzung der Anfechtung ist, daß die Verfügung in der dem anderen Teil bekannten Absicht, die Eintragung des aufgewerteten Rechts an der bisherigen Rangstelle zu vereiteln, vorgenommen ist; die Voraussetzungen sind von dem aufwertungsberechtigten Gläubiger zu beweisen.

6. Die in Bezug genommenen Bestimmungen des Anfechtungsgesetzes lauten wie folgt:

§ 6.

Die Anfechtung wird dadurch nicht ausgeschlossen, daß für die anzufechtende Rechtshandlung ein vollstreckbarer Schuldtitel erlangt, oder daß dieselbe durch Zwangsvollstreckung oder durch Vollziehung eines Arrestes erwirkt worden ist.

§ 7.

Der Gläubiger kann, soweit es zu einer Befriedigung erforderlich ist, beanspruchen, daß dasjenige, was durch die anfechtbare Handlung aus dem Vermögen des Schuldners veräußert, weggegeben oder aufgegeben ist, als noch zu demselben gehörig von dem Empfänger zurückgewährt werde.

Der gutgläubige Empfänger einer unentgeltlichen Leistung hat dieselbe nur insoweit zurückzugewähren, als er durch sie bereichert ist.

Wegen Erstattung einer Gegenleistung oder im Fall einer anfechtbaren Leistung wegen seiner Forderung kann der Empfänger sich nur an den Schuldner halten.

§ 9.

Erfolgt die Anfechtung im Wege der Klage, so hat der Klagantrag bestimmt zu bezeichnen, in welchem Umfange und in welcher Weise die Rückgewähr seitens des Empfängers bewirkt werden soll.

§ 11.

Die gegen den Erblasser begründete Anfechtung findet gegen den Erben statt.

Gegen einen anderen Rechtsnachfolger desjenigen, welchem gegenüber die anfechtbare Handlung vorgenommen ist, findet die gegen den letzteren begründete Anfechtung statt:

1. wenn ihm zur Zeit seines Erwerbs die Umstände, welche die Anfechtbarkeit des Erwerbs seines Rechtsvorgängers begründen, unbekannt waren;
2. wenn er zu den im § 3 Nr. 2 genannten Personen[1]) gehört, es sei denn, daß ihm zur Zeit seines Erwerbs die Umstände, welche

[1]) Dieser Personenkreis entspricht den in § 22 Abs. 1 aufgeführten Personen.

die Anfechtbarkeit des Erwerbs seines Rechtsvorgängers begründen, unbekannt waren;

3. wenn ihm das Erlangte unentgeltlich zugewendet worden ist.

Im Falle des Abs. 2 Nr. 3 findet auf die Haftung des Rechtsnachfolgers die Vorschrift des § 7 Abs. 2 Anwendung.

§ 13.

Wird über das Vermögen des Schuldners das Konkursverfahren eröffnet, so steht die Verfolgung der von Konkursgläubigern erhobenen Anfechtungsansprüche dem Konkursverwalter zu. Aus dem Erstrittenen sind dem Gläubiger die Prozeßkosten vorweg zu erstatten.

Ist das Verfahren über den Anfechtungsanspruch noch rechtshängig, so wird dasselbe unterbrochen. Im Fall einer Verzögerung der Aufnahme kommen die Bestimmungen der Zivilprozeßordnung § 239 zur entsprechenden Anwendung. Der Konkursverwalter kann den Anspruch nach den Vorschriften der Konkursordnung §§ 37 bis 39, 41 in Gemäßheit der §§ 268, 529 der Zivilprozeßordnung erweitern. Lehnt der Verwalter die Aufnahme des Rechtsstreits ab, so kann derselbe rücksichtlich der Prozeßkosten von jeder Partei aufgenommen werden. Durch die Ablehnung der Aufnahme wird die Befugnis des Verwalters, nach den Vorschriften der Konkursordnung das Anfechtungsrecht auszuüben, nicht ausgeschlossen.

Soweit der Gläubiger aus dem Zurückzugewährenden eine Sicherung oder Befriedigung erlangt hatte, finden auf die Anfechtung derselben die Vorschriften des § 30 Nr. 1 der Konkursordnung entsprechende Anwendung.

Nach der Beendigung des Konkursverfahrens können Anfechtungsrechte, deren Ausübung dem Konkursverwalter zustand, von den einzelnen Gläubigern nach Maßgabe dieses Gesetzes verfolgt werden, soweit nicht dem Anspruch entgegenstehende Einreden gegen den Verwalter erlangt sind. War die Anfechtung nicht schon zur Zeit der Eröffnung des Konkursverfahrens erfolgt, so wird die im § 3 Nr. 2 bis 4 bestimmte Frist von diesem Zeitpunkt berechnet, sofern die Anfechtung bis zum Ablauf eines Jahres seit der Beendigung des Konkursverfahrens erfolgt.

Rechtshandlungen, welche der Gemeinschuldner rücksichtlich seines nicht zur Konkursmasse gehörigen Vermögens vorgenommen hat, können von den Konkursgläubigern auch während des Konkursverfahrens nach Maßgabe dieses Gesetzes angefochten werden.

Aus der Anwendbarkeit dieser Vorschriften ergibt sich folgendes:

Das Vorliegen eines zur Zwangsvollstreckung geeigneten Titels ist nicht erforderlich. Die Anfechtung erfolgt in der Weise, daß der Gläubiger im Falle der Veräußerung des Grundstücks die Wiedereintragung seines Rechts an alter Rangstelle, im Falle anderweitiger Belastung die Einräumung des Vorranges beanspruchen kann. Ist das Grundstück in der dem anderen Teil bekannten Absicht, die Eintragung des aufgewerteten Rechts an der bisherigen Rangstelle zu vereiteln, veräußert worden und hat der neue Eigentümer das Grundstück belastet, ohne daß denjenigen, zu deren Gunsten die Belastung erfolgte, die Vereitelungsabsicht bekannt war, dann kann der aufwertungsberechtigte Gläubiger zwar Wiedereintragung, aber nur hinter diesen neuen Rechten verlangen.

Gegen den Erben findet die Anfechtung unbedingt statt, ebenso gegen den bösgläubigen Empfänger einer unentgeltlichen Leistung; der gutgläubige Empfänger haftet dagegen nur in Höhe der Bereicherung.

Die Anfechtung muß im Wege der Klage oder der Einrede erfolgen, innerhalb der bis zum 31. Dezember 1925 laufenden Frist muß also die Klage zugestellt oder die Einrede in der mündlichen Verhandlung geltend gemacht sein.

§ 23.

(1) Ist vor der Wiedereintragung der aufgewerteten Hypothek im Grundbuch des belasteten Grundstücks eine Gesamthypothek eingetragen worden, die nach den Vorschriften des § 20 der aufgewerteten Hypothek im Range vorgeht, so hat auf Antrag des Gläubigers der aufgewerteten Hypothek die Aufwertungsstelle den Betrag zu bestimmen, der auf die mitverhafteten Grundstücke entfallen würde, wenn eine angemessene Verteilung der Gesamthypothek stattfände. In Höhe dieses Betrages hat der Gläubiger der Gesamthypothek dem Gläubiger der aufgewerteten Hypothek den Vorrang einzuräumen[1].

(2) Der Antrag kann nur bis zum 1. Januar 1926 gestellt werden[2]. In den Fällen der §§ 203, 204, 206, 207 des Bürgerlichen Gesetzbuchs ist der Antrag noch bis zum Ablauf von drei Monaten nach Fortfall des Hindernisses zulässig.

1. Ist durch die Eintragung einer Gesamthypothek das Recht des alten Gläubigers, sein Aufwertungsrecht an der bisherigen Rangstelle eingetragen zu bekommen, beeinträchtigt worden, dann besteht für ihn die Gefahr einer besonders großen Schädigung dadurch, daß der Gläubiger der Gesamthypothek gerade aus diesem Grundstück seine Befriedigung sucht. Um hier einen Ausgleich zu schaffen, ist der Aufwertungsstelle die Möglichkeit gegeben, auf Antrag des Gläubigers zu bestimmen, daß ihm nur ein Teilbetrag der Hypothek vorgeht, und zwar der Teilbetrag, der bei einer angemessenen Verteilung der Gesamthypothek auf die belasteten Grundstücke auf dieses Grundstück entfallen würde. § 1172 Abs. 2 BGB. ist zwar nicht für anwendbar erklärt, wird aber von der Aufwertungsstelle ihrer Entscheidung über die Verteilung zugrunde zu legen sein.

2. Die Entscheidung der Aufwertungsstelle hat nicht die Wirkung, daß nunmehr das Grundbuchamt auf Antrag des alten Gläubigers die sich aus der Entscheidung der Aufwertungsstelle ergebene Rangänderung eintragen kann. Sie begründet nur eine Verpflichtung für den Gläubiger der Gesamthypothek, dem Gläubiger der aufgewerteten Hypothek den Vorrang einzuräumen: weigert sich der Gläubiger der Gesamthypothek dies zu tun, dann ist eine Klage bei den ordentlichen Gerichten notwendig.

Der Gläubiger der aufgewerteten Hypothek muß seinen Antrag bis zum 1. Januar 1926 und, da dieser Tag ein Feiertag ist, bis zum 2. Januar 1926 bei der Aufwertungsstelle eingereicht haben (§ 193 BGB.).

3. Vgl. § 8 Anm. 3.

h) Berücksichtigung eines landesrechtlichen Sonderfalls.

§ 24.

Der Aufwertung und Eintragung nach den Vorschriften der §§ 14 bis 23 steht es nicht entgegen, daß die Hypothek aus Anlaß der Anlegung des Grundbuchs oder eines Eigentumswechsels nach landesrechtlichen Vorschriften wegen Nichtanmeldung innerhalb einer Ausschlußfrist erloschen ist.

1. Nach Bremer Landesrecht werden im Fall eines Eigentumswechsels sämtliche Rechte gelöscht und wieder neu eingetragen; die Neueintragung setzt eine innerhalb einer Ausschlußfrist erfolgende Anmeldung voraus. Es handelt sich hier um den gleichen Fall, der in § 5 Abs. 2 erwähnt ist. Da die Gläubiger regelmäßig annehmen, daß ihre Hypotheken erloschen sind, weil sie die Leistung angenommen hatten, haben sie sie nicht neu angemeldet. § 24 gibt ihnen die Möglichkeit, ihre Wiedereintragung herbeizuführen.

IV. Rückzahlung, Verzinsung, Tilgung.

1. Rückzahlung.

§ 25.

(1) Die Zahlung des Aufwertungsbetrags kann der Gläubiger vor dem 1. Januar 1932 weder von dem Eigentümer des belasteten Grundstücks noch von dem persönlichen Schuldner verlangen[1]. Vorschriften in Gesetzen, Satzungen oder Verträgen, die für besondere Fälle eine vorzeitige Fälligkeit der Schuld anordnen, bleiben unberührt[2]. Bestimmungen, die eine vorzeitige Fälligkeit der Schuld für den Fall der Rangänderung der Hypothek vorsehen, finden auf Rangänderungen, die auf den Vorschriften dieses Gesetzes beruhen, keine Anwendung[3].

(2) Der Eigentümer und der Schuldner sind berechtigt, den Aufwertungsbetrag nebst den fälligen Zinsen drei Monate nach Kündigung schon vor dem 1. Januar 1932 zu zahlen[4, 5].

1. Sowohl die dingliche wie auch die persönliche Schuld ist zugunsten des Grundstückseigentümers wie des Schuldners bis zum 1. Januar 1932 gestundet. Eine Rückzahlung zu diesem Termin kommt aber nur in Frage, wenn der Anspruch ohne diese gesetzliche Stundung entweder vor diesem Termin oder spätestens zu diesem Termin fällig geworden sein würde. Eine Hypothek, die z. B. bis zum 1. Januar 1935 fest gegeben worden ist, würde auch erst am 1. Januar 1935 fällig werden. Außerdem ergibt der Wortlaut der Bestimmung, daß die Stundung lediglich eine Begünstigung des Grundstückseigentümers und des Schuldners darstellt; dieser ist also berechtigt, auch schon vorher die Hypothek zurückzuzahlen, sofern sie nach den für sie geltenden Bedingungen vorher fällig geworden ist. Auf Grund des Rechts der III. StNVO. war diese Frage bestritten; doch bekannte sich auch damals schon die Mehrheit zu der Auffassung, daß der Gläubiger nicht berechtigt ist, die Annahme der fällig gewordenen Leistung vor dem 1. Januar 1932 zu verweigern (vgl. insbesondere RG. in DJZ. 25, 740; OLG. Dresden in JW. 24, 162; v. Karger, DJZ. 25, 578; a. A. KG. in DJZ. 25, 436; LG. III Berlin, JW. 24, 1273). Wegen eines außerordentlichen Kündigungsrechts des Eigentümers bzw. Schuldners vgl. Abs. 2 (Anm. 4).

2. Die Stundung gilt nur in bezug auf die regelmäßige Fälligkeit der Hypothek und der durch sie gesicherten Forderung. Sieht das Gesetz (z. B. wegen Gefährdung der Sicherheit infolge einer Verschlechterung des Grundstücks, § 1133 BGB.) oder die Satzung oder der Vertrag (z. B. bei unpünktlicher Zinszahlung oder bei vertragswidriger Nichtversicherung) ein vorzeitiges Fälligwerden der Hypothek und der persönlichen Forderung vor, dann finden die Vorschriften über die Stundung bis zum 1. Januar 1932 keine Anwendung. Sind Eigentümer und persönlicher Schuldner nicht dieselbe Person, dann tritt die vorzeitige Fälligkeit beiden gegenüber ein, wenn es sich um eine Verschlechterung der Sicherheit wie im Falle des § 1133 BGB. handelt; da der Gläubiger einen Rechtsanspruch auf eine ordnungsmäßig gesicherte Forderung hat, muß in solchen Fällen der persönliche Schuldner dafür einstehen, daß der Grundstückseigentümer alles unterläßt, was eine Gefährdung der Sicherheit bedingen könnte. Ist die vorzeitige Fälligkeit aus anderen Gründen herbeigeführt, dann wirkt sie nur gegen denjenigen, der die Veranlassung hierfür gegeben hat; hat z. B. der persönliche Schuldner die Zinsen nicht rechtzeitig gezahlt und ist die Hypothek dadurch fällig geworden, dann kann der Gläubiger noch nicht gegen den Grundstückseigentümer vorgehen; erst wenn auch dieser mit der Zinszahlung in Verzug kommt, wird die Hypothek auch ihm gegenüber vorzeitig fällig.

Erfolgt die erste, am 1. August 1925 fällige Zinszahlung verspätet, dann wird trotz etwaiger diesbezüglicher Vertragsvereinbarungen die Hypothek nicht ohne weiteres fällig werden, sondern erst eine Mahnung des Gläubigers notwendig sein, da dem Schuldner ein gewisser Spielraum gelassen werden muß, sich auf die neue Rechtslage einzustellen.

3. Rangänderungen auf Grund des Aufwertungsgesetzes ergeben sich durch die §§ 6 und 7 sowie durch die Vorschriften über die Rückwirkung, sofern inzwischen Rechte am Grundstück im guten Glauben erworben worden sind. Derartige Rangänderungen sollen im Gegensatz zu den häufig bestehenden Vertragsbedingungen in keinem Fall eine vorzeitige Fälligkeit der Schuld herbeiführen. Dies gilt auch für die Zeit nach dem 31. Dezember 1931.

4. Der Eigentümer wird vielfach ein Interesse daran haben, bestehende Hypotheken zur Löschung zu bringen, um eine neue Hypothek in größerem Ausmaße aufnehmen zu können, für die er die durch die aufgewertete Hypothek besetzte Rangstelle benötigt. Würde er an eine lange Kündigungsfrist oder an einen weit hinausliegenden Fälligkeitstermin der Hypothek gebunden sein, dann hätte der Gläubiger es in der Hand, einen unzulässigen Druck zwecks Zubilligung weiterer über das Aufwertungsgesetz hinausgehender Rechte auszuüben. Sowohl dem Eigentümer wie auch dem persönlichen Schuldner ist deshalb das Recht eingeräumt, unbeschadet der vertraglichen Vereinbarungen die Hypothek und die durch sie gesicherte Forderung vorzeitig zurückzuzahlen. Sie sind nicht berechtigt, in diesem Falle eine Vergütung dafür zu beanspruchen, daß der Gläubiger seine Forderung vorzeitig erhält und sie anderweit zu erheblich günstigeren Zinssätzen als sie das Aufwertungsgesetz vorsieht, anlegen kann (vgl. aber § 88). Machen der Eigentümer oder der persönliche Schuldner von dem außerordentlichen Kündigungsrecht des Abs. 2 nicht so rechtzeitig Gebrauch, daß die Rückzahlung spätestens bis zum 31. Dezember 1931 zu erfolgen hat, dann verlieren sie dieses Recht; später sind nur noch die vertraglichen Abmachungen maßgebend. Eine bis zum 1. Januar 1935 fest gegebene Hypothek kann also spätestens am 30. September 1931 zum 31. Dezember 1931 vorzeitig gekündigt werden; ist bis zu diesem Tage eine Kündigung nicht erfolgt, dann bleibt es bei der Fälligkeit am 1. Januar 1935.

Eine vom Eigentümer oder vom Schuldner ausgesprochene Kündigung wirkt nur für und gegen den, der sie ausgesprochen hat; kündigt der persönliche Schuldner vorzeitig und zahlt er zum Fälligkeitstermin nicht, dann kann der Gläubiger nicht vor dem 1. Januar 1932 bzw. nicht vor dem Termin, zu welchem die Hypothek nach den vertraglichen Abmachungen fällig wird, sofern dieser nach dem 31. Dezember 1931 liegt, Befriedigung aus dem Grundstück suchen. Unzutreffend ist die Auffassung von Wagemann (§ 25 Anm. 2), daß die außerordentliche Kündigungsfrist des Abs. 2 an die Stelle der vertraglichen Vereinbarungen getreten ist. Ist eine Hypothek bis zum 1. Januar 1928 fest gegeben worden, dann ist der Schuldner und der Grundstückseigentümer an diesem Tage auch dann zur Rückzahlung berechtigt, wenn er nicht drei Monate vorher gekündigt hat.

5. Nach Schlegelberger (§ 25 Anm. 4, ebenso Wagemann § 4 Anm. 5 a) braucht der Gläubiger dann, wenn die persönliche Forderung höher als die Hypothek aufgewertet ist, Teilleistungen nicht anzunehmen; er soll in diesem Falle berechtigt sein, die Annahme solange zu verweigern, bis ihm der ganze Aufwertungsbetrag gezahlt ist. Nur wenn der Eigentümer nicht zugleich der persönliche Schuldner ist, will Schlegelberger dem ersteren das Recht geben, den Aufwertungsbetrag des dinglichen Rechts ohne Rücksicht auf die Höhe der persönlichen Forderung zurückzuzahlen und Löschungsbewilligung zu verlangen. Letzteres ist unzweifelhaft richtig, muß aber auch für den Fall gelten, daß Eigentümer und persönlicher Schuldner dieselbe Person sind. Durch die Tatsache, daß die persönliche Forderung nur teilweise gesichert ist, ist sie in zwei selbständige Teile zerspalten, die auch selbständig tilgbar sein müssen; zum mindesten liegt aber in Höhe der Aufwertung der Hypothek neben der persönlichen Verpflichtung des Schuldners auch eine selbständige dingliche Verpflichtung vor, die er selbständig muß tilgen können. Die Begründung der Entscheidung des Reichsgerichts vom 23. November 1923 (RGZ. 107, 78) läßt sich im Gegensatz zu der von Wagemann a. a. O. vertretenen Ansicht nicht zur Rechtfertigung der gegenteiligen Meinung heranziehen, da durch das Aufwertungsgesetz ein neuer Rechtszustand geschaffen ist, der von dem Rechtszustand, wie ihn das Reichsgericht als gegeben annahm, erheblich abweicht.

§ 26.

(1) Wenn es mit Rücksicht auf die wirtschaftliche Lage des Eigentümers oder des Schuldners zur Abwendung einer groben Unbilligkeit unabweisbar erscheint, kann die Aufwertungsstelle auf seinen Antrag anordnen, daß der Aufwertungsbetrag in Teilbeträgen, jedoch spätestens bis zum 1. Januar 1938, zu zahlen ist;

die Aufwertungsstelle kann dabei bestimmen, daß schon vom 1. Januar 1930 ab Zahlungen zu leisten sind[1, 2, 3].

(²) Der Antrag ist nur bis zum 1. Januar 1927[4] zulässig. In den Fällen der §§ 203, 204, 206, 207 des Bürgerlichen Gesetzbuches[5] kann der Antrag noch drei Monate nach Fortfall des Hindernisses gestellt werden.

(³) Werden dem Eigentümer oder dem Schuldner von der Aufwertungsstelle Teilzahlungen gestattet, so ist dies auf Antrag des Eigentümers oder des Gläubigers in das Grundbuch einzutragen[6].

1. Die Zahlung zum 1. Januar 1932 wird, sofern sie in dem Ausmaße, den das Gesetz vorsieht, volkswirtschaftlich überhaupt durchführbar ist, in vielen Einzelfällen wegen der Beschaffung der notwendigen Mittel auf Schwierigkeiten stoßen. Soweit die Dinge heute schon zu übersehen sind, kann deshalb die Aufwertungsstelle anordnen, daß der Aufwertungsbetrag in Teilbeträgen bis zum 1. Januar 1938 zu zahlen ist; hierbei kann sie auch bestimmen, daß schon vom 1. Januar 1930 ab Zahlungen zu leisten sind. Wird auf Grund eines Antrages des persönlichen Schuldners eine solche Teilzahlung bewilligt, dann wirkt sie auch für den Eigentümer; insoweit die Aufwertungsstelle bestimmt, daß schon vom 1. Januar 1930 ab Zahlungen zu leisten sind, wirkt eine solche Anordnung dagegen nicht gegen den Eigentümer. In diesem Falle kann letzterer erst am 1. Januar 1932 für die rückständigen Raten in Anspruch genommen werden. Ist der Antrag vom Eigentümer des belasteten Grundstücks gestellt, dann wirkt die Entscheidung nicht auch für den persönlichen Schuldner; in diesem Fall kann die Aufwertungsstelle nicht die Leistung von Zahlungen schon vom 1. Januar 1930 ab anordnen, da der Eigentümer des belasteten Grundstücks nicht früher als der persönliche Schuldner in Anspruch genommen werden kann.

2. Die Anordnung kann nur ergehen, wenn sie mit Rücksicht auf die wirtschaftliche Lage des Antragstellers zur Abwendung einer groben Unbilligkeit unabweisbar erscheint (vgl. § 8 Anm. 1).

3. Über die Höhe der Raten befindet die Aufwertungsstelle nach pflichtmäßigem Ermessen; sie können verschieden hoch sein (Schlegelberger § 26 Anm. 1).

4. Der Gesetzgeber hat wahrscheinlich den 31. Dezember 1926 gemeint. Nach dem Wortlaut ist aber ein am 1. Januar 1927 eingehender Antrag noch als rechtzeitig gestellt anzusehen; da der 1. Januar 1927 ein Feiertag und der 2. Januar 1927 ein Sonntag ist, sind aber gemäß § 193 BGB. auch solche Anträge noch rechtzeitig gestellt, die am 3. Januar 1927 bei der Aufwertungsstelle eingehen.

5. Vgl. § 8 Anm. 3.

6. Die Änderung des Inhalts der Verpflichtung des Eigentümers des belasteten Grundstücks erfolgt mit der Rechtskraft der Entscheidung der Aufwertungsstelle. Die Eintragung der Änderung in das Grundbuch ist daher als Berichtigung desselben anzusehen (Wagemann § 26 Anm. 4, a. A. Schlegelberger § 26 Anm. 3).

§ 27.

(¹) Soweit die wirtschaftliche Lage des Gläubigers es dringend erfordert, und der Eigentümer des belasteten Grundstücks oder

der persönliche Schuldner hierdurch keine erhebliche Erschwerung seiner wirtschaftlichen Lage erleidet[1], kann die Aufwertungsstelle auf Antrag des Gläubigers anordnen, daß der Eigentümer oder der Schuldner frühestens vom 1. Januar 1926 ab den Aufwertungsbetrag ganz oder teilweise abzüglich eines Betrages für Zwischenzinsen, den die Aufwertungsstelle festsetzt, vorzeitig zu leisten hat. Die Summe der angeordneten vorzeitigen Zahlungen darf innerhalb eines Jahres höchstens 10 vom Hundert des Aufwertungsbetrages erreichen und 1000 RMk. nicht übersteigen[2]. Zwischen der Bekanntmachung der Entscheidung der Aufwertungsstelle und dem ersten Zahlungstage müssen mindestens drei Monate liegen[3].

(2) Der Antrag ist nur bis zum 1. April 1926[4] zulässig. In den Fällen der §§ 203, 204, 206, 207 des Bürgerlichen Gesetzbuchs kann der Antrag noch drei Monate nach Fortfall des Hindernisses gestellt werden[5]. Der Antrag kann nicht gestellt werden, wenn der Ertrag des belasteten Grundstückes durch eine Zwangswirtschaft[6] zum Nachteil des Verpflichteten[7] beschränkt worden ist.

(3) Diese Vorschriften finden keine Anwendung auf Forderungen, die der Gläubiger erst nach dem 14. Februar 1924 erworben hat; es sei denn, daß es sich um einen Rechtserwerb der im § 3 Abs. 1 Ziffer 2 bis 11 bezeichneten Art handelt[8].

1. § 27 gibt dem Gläubiger die Möglichkeit, schon vorzeitig Zahlungen auf seine Hypothek zu erhalten. Voraussetzung ist jedoch einmal, daß die wirtschaftliche Lage des Gläubigers es dringend erfordert, d. h., daß er ohne die Zahlung erheblichen wirtschaftlichen Nachteilen ausgesetzt ist. Es braucht sich nicht immer um Notfälle zu handeln, auch die Flüssigmachung des Geldes zwecks Schaffung einer Existenz oder zwecks Aufrechterhaltung eines Geschäfts gehört hierher. Außerdem dürfen der Eigentümer und der persönliche Schuldner durch die Bewilligung der vorzeitigen Zahlungen nicht in ihrer wirtschaftlichen Lage erheblich erschwert werden; eine solche erhebliche Erschwerung wird schon dann anzunehmen sein, wenn sie sich das Geld zu hohen Zinssätzen beschaffen müssen. Wenn auch das Gesetz davon spricht, daß die Aufwertungsstelle eine entsprechende Anordnung treffen „kann", so ist doch anzunehmen, daß sie sie auch treffen muß, wenn die Vorbedingungen gegeben sind.

Sind Eigentümer und persönlicher Schuldner nicht dieselbe Person, dann kann eine entsprechende Anordnung gegen den Eigentümer nur in dem Umfange ergehen, wie sie auch gegen den persönlichen Schuldner ergangen ist. Ergeht sie nur gegen den letzteren, dann wirkt sie nicht auf den Eigentümer des belasteten Grundstücks zurück.

2. Die Anordnung der Aufwertungsstelle ist dann nicht zulässig, wenn nach den vertraglichen Abmachungen die Hypothek noch nicht fällig ist.

Die Aufwertungsstelle kann ferner nur Zahlungen anordnen, die höchstens 10 v. H. des Aufwertungsbetrages ausmachen und 1000 RMk. im Jahre nicht übersteigen. Mit Rücksicht auf die Begünstigung, die eine solche Anordnung angesichts des Verhältnisses der vom Aufwertungsgesetz vorgesehenen Zinssätze zu den sonst üblichen Zinssätzen für den Gläubiger bedeutet, ist der Aufwertungsstelle das Recht gegeben, einen Zwischenzins in

Rechnung zu stellen. Dieser Zwischenzins ist bei der Anrechnung der Raten auf das geschuldete Kapital diesen zuzuschlagen, nicht aber ist der Höchstbetrag der Raten um ihn zu mindern. Ordnet also die Aufwertungsstelle für das Jahr 1925 eine einmalige Ratenzahlung von 1000 Mark unter Berücksichtigung eines Zwischenzinses von 5% an, dann sind dem Gläubiger 1000 GMk. zu zahlen, während sich seine Forderung um GMk. 1000 + 6 × 50 GMk. = insg. 1300 GMk. mindert. Bei dieser Art der Rechnung muß die Aufwertungsstelle darauf achten, daß im Ergebnis nicht der Gesamtbetrag der Forderung des Gläubigers überschritten wird.

3. Dem Schuldner bzw. dem Eigentümer muß Gelegenheit gegeben werden, sich auf die vorzeitige Zahlung vorzubereiten; zwischen der Verkündung der Entscheidung bzw. ihrer Zustellung an den Schuldner oder den Eigentümer müssen deshalb mindestens 3 Monate liegen.

4. Auch hier hat es wahrscheinlich 31. März 1926 heißen sollen. Nach dem Wortlaut sind aber auch Anträge noch rechtzeitig gestellt, die am 1. April 1926 bei der Aufwertungsstelle eingehen.

5. Vgl. § 8 Anm. 3.

6. Da der Antrag nicht gestellt werden kann, wenn der Ertrag des belasteten Grundstücks durch eine Zwangswirtschaft zum Nachteil des Verpflichteten beschränkt worden ist (Reichsmietengesetz und Pachtschutzordnung; das Mieterschutzgesetz kommt hier nicht in Betracht, da es nicht den Ertrag des Grundstücks beschränkt), muß bei diesen Grundstücken die Zwangswirtschaft vor dem 1. April 1926 aufgehoben sein, um einen Antrag des Gläubigers nach § 27 zu ermöglichen; erfolgt die Aufhebung erst später, so kann einem bis zum 1. April 1926 gestellten Antrag auch dann nicht stattgegeben werden, wenn im Zeitpunkt der Verhandlung über den Antrag vor der Aufwertungsstelle die Zwangswirtschaft nicht mehr besteht.

7. Sind Eigentümer des belasteten Grundstücks und persönlicher Schuldner nicht dieselben Personen, dann ist der Antrag dem persönlichen Schuldner gegenüber zulässig, auch wenn der Ertrag des belasteten Grundstücks durch eine Zwangswirtschaft beschränkt worden ist, da diese Beschränkung nur zum Nachteil des Grundstückseigentümers geht. Würde dem persönlichen Schuldner ein Nießbrauchsrecht an dem Grundstück zustehen, dann ist auch eine Beschränkung zu seinem Nachteil gegeben, so daß dann der Antrag auch gegen ihn zulässig ist.

Es genügt, daß es sich um eine Beschränkung zum Nachteil des Verpflichteten handelt; es kommt also nicht darauf an, ob damit gerechnet werden mußte, daß die Leistungen aus dem Ertrag des Grundstücks bewirkt werden würden. Hat ein Kaufmann für Geschäftszwecke ein Darlehn aufgenommen und dieses durch Belastung eines nicht zum Geschäftsvermögen gehörigen Mietshauses sichergestellt, dann ist der Antrag gegen ihn auch dann unzulässig, wenn die Voraussetzungen des § 27 Abs. 1 gegeben sind und wenn er die Raten mit Leichtigkeit aus den Erträgnissen seines Geschäfts zahlen könnte.

8. Hat der Gläubiger die Forderung erst nach dem 14. Februar 1924 (gemeint ist der 13. Februar 1924) erworben, dann ist ein Antrag gemäß Abs. 1 überhaupt unzulässig, sofern es sich nicht um einen der durch die Bestimmung des § 3 privilegierten Erwerbe handelt. In diesem Fall darf aber der Erwerb des Rechtsvorgängers nicht nach dem 14. Februar 1924 liegen, sofern nicht auch diesem gemäß § 3 der Erwerb durch einen früheren Rechtsvorgänger angerechnet wird.

2. Verzinsung und Tilgung

§ 28.

(1) Der Aufwertungsbetrag ist bis zum 1. Januar 1925 unverzinslich. Rückständige Zinsen gelten als erlassen[1]. Vom 1. Januar 1925 ab beträgt der Zinssatz 1, 2 vom Hundert[2], vom 1. Juli 1925 ab $2^1/_2$ vom Hundert[2], vom 1. Januar 1926 ab 3 vom Hundert und vom 1. Januar 1928 ab 5 vom Hundert[3]. Insoweit dem Eigentümer des belasteten Grundstücks oder dem persönlichen Schuldner über den 1. Januar 1932 hinaus Stundung bewilligt ist, erhöht sich der Zinssatz um einen Betrag, den die Reichsregierung unter Berücksichtigung der allgemeinen Wirtschaftslage bestimmt.

(2) Wird die Hypothek infolge Aufwertung kraft Rückwirkung wieder eingetragen, so beginnt die Verzinsung erst mit dem Beginne des auf die Wiedereintragung folgenden Kalendervierteljahres[4].

1. Für die Zeit vor dem 1. Januar 1925 können Zinsen in keiner Form beansprucht werden. Soweit aus der früheren Zeit noch Zinsrückstände bestehen, gelten sie als erlassen. Demnach muß angenommen werden, daß auch alle Rechtsfolgen, die sich aus einem Verzug des Schuldners hinsichtlich der Zinszahlung ergeben, beseitigt worden sind (a. A. Schlegelberger § 28 Anm. 1 a).

Rückständige Zinsen sind nur diejenigen, die vor dem 1. Januar 1925 fällig wurden, nicht etwa auch solche, deren Fälligkeitstermin nach dem 31. Dezember 1924, aber vor dem Zeitpunkt des Inkrafttretens des Aufwertungsgesetzes liegt.

2. Der Zinssatz ist auf das Jahr berechnet, so daß für die Zeit vom 1. Januar 1925 bis zum 30. Juni 1925 0,6% Zinsen zu zahlen sind. Diese Zinsen sind gemäß Art. 3 des Gesetzes vom 28. Juni 1925 am 1. August 1925 fällig geworden.

3. Der Zinssatz von 5% ist auch dann zu zahlen, wenn vertraglich ein niedrigerer Zinssatz vereinbart oder die Schuld unverzinslich war; ebenso hat es bei ihm sein Bewenden, wenn der vereinbarte Zinsfuß höher war.

Verwaltungskostenbeiträge, die auf Grund des Gesetzes vom 3. Juni 1922 (RGBl. Teil I S. 485) festgesetzt worden sind, kommen in Fortfall, dagegen sind diejenigen Verwaltungskostenbeiträge weiter zu zahlen, die durch irgendwelche Satzungen vorgeschrieben sind (vgl. v. Garssen, Sparkasse 24, 591).

Die Zinsen berechnen sich vom Aufwertungsbetrag, nicht etwa vom Goldmarkbetrag der ursprünglichen Forderung. Sie sind auch über den 1. Januar 1932 hinaus in der durch § 28 vorgesehenen Höhe zu zahlen, es sei denn, daß auf Grund des § 26 dem Schuldner oder Eigentümer gestattet worden ist, den Aufwertungsbetrag in Teilbeträgen bis spätestens bis zum 1. Januar 1938 zu zahlen; in diesem Fall bestimmt die Reichsregierung für die Zeit nach dem 31. Dezember 1931 den Zinssatz unter Berücksichtigung der allgemeinen Wirtschaftslage; sie kann also den Zinssatz den dann allgemein üblichen Zinsen anpassen.

4. Bei Hypotheken, die gelöscht sind, infolge Aufwertung kraft Rückwirkung aber wieder eingetragen werden, beginnt die Verzinsung erst mit dem Beginne des auf die Wiedereintragung folgenden Kalendervierteljahres, während die Verpflichtung zur Zahlung von Tilgungsbeträgen gemäß § 29 in jedem Fall am 1. Januar 1926 eginnt. Das gleiche gilt für die Verzinsung der persönlichen Forderung.

Ist eine Wiedereintragung der kraft Rückwirkung aufgewerteten Hypothek nicht möglich, weil inzwischen das Grundstück von einem Dritten in gutem Glauben erworben worden ist, dann beginnt die Verzinsung der persönlichen Forderung mit dem Beginne des Kalendervierteljahres, das auf den Ablauf der dreimonatigen Frist des § 16 oder, sofern ein Einspruch erhoben ist, auf das Rechtskräftigwerden der Entscheidung der Aufwertungsstelle folgt. Das gleiche gilt für den Fall, daß eine Löschung noch nicht erfolgt ist, eine Aufwertung aber nur gemäß den Vorschriften über die Aufwertung auf Grund eines Vorbehaltes oder kraft Rückwirkung stattfindet.

§ 29.

Die Verpflichtung zur Leistung von Tilgungsbeträgen ruht bis zum 1. Januar 1926[1, 2, 3]. Auf Antrag des Gläubigers kann die Aufwertungsstelle, falls nicht die wirtschaftliche Lage des Eigentümers des belasteten Grundstücks oder des persönlichen Schuldners es untunlich erscheinen lassen, bestimmen, daß ein höherer als der vereinbarte Tilgungssatz zu leisten ist[4]. Ist der Ertrag des belasteten Grundstücks durch eine Zwangswirtschaft zum Nachteil des Verpflichteten beschränkt worden, so ist der Antrag erst nach Ablauf eines Jahres seit Beendigung der Zwangswirtschaft zulässig[5].

1. § 29 findet nur auf die sogenannten Amortisationshypotheken Anwendung; er ist also dann nicht anwendbar, wenn die Tilgung nicht durch einen zu den Zinsen zugeschlagenen Amortisationsbetrag, sondern durch ratenweise Abzahlung erfolgt. Ist bei einer Hypothek vereinbart worden, daß 4% Zinsen und 1% Amortisation zu zahlen sind, dann findet § 29 Anwendung, nicht jedoch dann, wenn bei einer Hypothek von 10000 Mark vereinbart worden ist, daß die Tilgung vom Jahre 1926 ab durch eine jährliche Zahlung von Raten in Höhe von je 500 Mark zu erfolgen hat. Diese Auslegung ist vor allem für die Tilgung von Anleihen industrieller Gesellschaften wichtig (vgl. § 36 Anm. 3).

2. Die Tilgungsbeträge sind vom 1. Januar 1926 an zu zahlen und zwar zu dem in der ursprünglichen Vereinbarung vorgesehenen Fälligkeitstermin. Dies gilt auch dann, wenn die Verzinsung der Hypothek gemäß § 28 Abs. 2 erst zu einem späteren Zeitpunkt beginnt.

3. Die Höhe der Tilgungsbeträge berechnet sich nach dem ursprünglichen Goldmarkbetrag der Hypothek, sondern nach dem Aufwertungsbetrag derselben. War eine Vorkriegshypothek von 100000 Mark mit 1% jährlich zu tilgen, dann sind also nicht 1000 Mark, sondern nur 250 Mark jährlich vom 1. Januar 1926 als Tilgungsbeträge zu zahlen (ebenso Schlegelberger § 29 Anm. 2, a. A. Wagemann § 29 Anm. 1).

Hinsichtlich rückständiger Tilgungsbeträge ist folgendes anzunehmen:

a) Ist eine Zahlung überhaupt nicht erfolgt, dann kann sie auch nicht verrechnet werden; eine Nachforderung ist nicht zulässig;

b) Ist eine Zahlung nach dem 14. Juni 1922 erfolgt, dann ist sie ohne Rücksicht darauf, ob ein Vorbehalt gemacht worden ist, mit ihrem Goldmarkbetrag auf den Aufwertungsbetrag anzurechnen; auch hier sind Nachforderungen unzulässig.

c) Ist die Zahlung vor dem 15. Juni 1922 erfolgt, dann ist sie mit ihrem Nennbetrag auf den Nennbetrag der Schuld — nicht auf ihren Aufwertungsbetrag — in Anrechnung zu bringen, es sei denn, daß ein Vorbehalt gemacht worden ist, in welchem Fall das unter b Gesagte gilt.

4. Durch die Berechnung des Tilgungsbetrages nur vom Aufwertungsbetrag werden sich vielfach so geringfügige Tilgungsraten ergeben, daß eine Erhöhung derselben wirtschaftlich notwendig ist. Die Aufwertungsstelle kann deshalb den Tilgungssatz erhöhen. Voraussetzung ist ein dahin zielender Antrag des Gläubigers, der an keine Frist gebunden ist und deshalb bis zur endgültigen Tilgung der Hypothek jederzeit nachgeholt werden kann. Sind Eigentümer und persönlicher Schuldner nicht dieselben Personen, dann wirkt eine gegen den persönlichen Schuldner ergangene Entscheidung nicht auch gegen den Eigentümer; andererseits kann eine Entscheidung gegen den Eigentümer nicht ergehen, wenn nicht auch der von dem persönlichen Schuldner zu zahlende Tilgungsbetrag entsprechend erhöht wird. Aus Zweckmäßigkeitsgründen wird es sich empfehlen, nur eine einheitliche Entscheidung gegen den Eigentümer und den persönlichen Schuldner zu fällen.

5. Eine Beschränkung des belasteten Grundstücks durch eine Zwangswirtschaft mindert die Erträgnisse desselben und läßt deshalb die Erhöhung der Tilgungsbeträge unbillig erscheinen. Solange die Zwangswirtschaft besteht und noch innerhalb eines Jahres nach Beendigung derselben ist deshalb nicht nur die Erhöhung der Tilgungsbeträge, sondern auch schon die Stellung eines entsprechenden Antrages unzulässig. Ist der Antrag vor Ablauf des Jahres gestellt worden, kommt es aber erst nach Ablauf zur Verhandlung, dann wird der Antrag nicht um deswillen zu verwerfen sein, weil er im Zeitpunkt seiner Stellung unzulässig war.

§ 30.

(1) Reicht der Ertrag eines der Zwangswirtschaft unterliegenden Grundstücks zur Befriedigung des Anspruchs des Gläubigers auf Leistung der Zins- und Tilgungsbeträge nicht aus, weil Miets- und Pachtzinszahlungen ausgeblieben sind, und kann in Anbetracht der Vorschriften über die Zwangswirtschaft durch eine anderweitige Vermietung oder Verpachtung der Ausfall nicht rechtzeitig gedeckt werden, so kann auf Antrag des Eigentümers die Zwangsversteigerung durch das Gericht für die Dauer von längstens sechs Monaten eingestellt werden, sofern dies zur Abwendung einer unbilligen Härte erforderlich erscheint[1]. Die Parteien haben die tatsächlichen Behauptungen glaubhaft zu machen[2].

(2) Die Einstellung ist auch vor der Anordnung der Versteigerung zulässig. Sie kann mehrfach erfolgen[3].

(3) Erfolgt die Einstellung des Verfahrens nach der Anordnung der Versteigerung, so ist der Beschluß allen Beteiligten (§ 9 des Gesetzes über die Zwangsversteigerung und die Zwangsverwaltung) zuzustellen.

(4) Wird die Zwangsversteigerung eingestellt, so beginnt die im § 31 Abs. 2 des Gesetzes über die Zwangsversteigerung und die Zwangsverwaltung vorgesehene Frist erst mit dem Ablauf der Frist, für deren Dauer die Einstellung angeordnet ist[4].

1. Normalerweise sind vom Standpunkt des Schuldners aus die Zinsen und Tilgungsbeträge einer hypothekarisch gesicherten Forderung aus den Einnahmen des Grundstücks zu decken. Durch die Bestimmungen über die Zwangswirtschaft (Reichsmietengesetz, Mieterschutzgesetz, Pachtschutzordnung) ist der Eigentümer verhindert, die Erträgnisse des belasteten Grundstücks so zu steigern, wie es ohne das Bestehen der Zwangswirtschaft möglich sein würde; es ist ihm ferner erschwert, wenn nicht gar unmöglich gemacht, den säumigen Mieter oder Pächter innerhalb der sonst üblichen Frist zu exmittieren und durch anderweitige Vermietung oder Verpachtung sich die notwendigen Einnahmen zu verschaffen. Der Eigentümer muß aber dagegen geschützt sein, daß er im Wege der Zwangsversteigerung sein Grundstück nur deshalb verliert, weil er infolge der Zwangswirtschaft, d. h. also eines staatlichen Eingriffs, seinen Verpflichtungen nicht nachkommen kann. Diesen Schutz schafft § 30 dadurch, daß er ihm das Recht gibt, die Einstellung der Zwangsversteigerung für die Dauer bis zu 6 Monaten zu beantragen. Dem Antrag darf jedoch nur stattgegeben werden, wenn die Einstellung zur Abwendung einer unbilligen Härte erforderlich erscheint. Es genügt also nicht, daß der Eigentümer nachweist, daß Miet- und Pachtzinszahlungen ausgeblieben sind und daß auch eine anderweitige Vermietung oder Verpachtung nicht so rechtzeitig möglich war, um seinen Verpflichtungen rechtzeitig nachkommen zu können, weil er infolge der Zwangswirtschaft nicht rechtzeitig das vermietete Grundstück oder die vermieteten Räume frei bekam, sondern er muß auch nachweisen, daß diese Ausfälle im Verhältnis zu dem Gesamtreinertrag des Grundstücks so wesentlich sind, daß ihm dadurch die Zahlung der Zins- und Tilgungsbeträge wirtschaftlich unmöglich geworden ist. Inwieweit der Eigentümer als verpflichtet anzusehen ist, aus seinem sonstigen Vermögen die Zins- und Tilgungsbeträge zu leisten, läßt sich nur von Fall zu Fall sagen; eine solche Verpflichtung wird regelmäßig dann nicht bestehen, wenn der Eigentümer nicht zugleich auch der persönliche Schuldner ist, sie wird aber regelmäßig dann anzunehmen sein, wenn die durch die Hypothek gesicherte Forderung wirtschaftlich außer Zusammenhang mit dem Grundstück steht, wenn also z. B. ein Kaufmann für ein Geschäftsdarlehen ein nicht zum Geschäftsvermögen gehörendes Miethaus belastet hat.

Gegen die Einstellung sowie gegen die Ablehnung des Antrages auf Einstellung kann gemäß § 95 ZwVG. Beschwerde eingelegt werden.

2. Die von den Parteien vorgebrachten tatsächlichen Behauptungen sind nur glaubhaft zu machen; es sind also nicht die für einen Prozeß geltenden scharfen Bestimmungen hinsichtlich des Nachweises der Richtigkeit der gemachten Behauptungen maßgebend, sondern es genügt, daß in dem Richter in irgendeiner Form die Überzeugung wachgerufen wird, daß die vorgebrachten Behauptungen den Tatsachen entsprechen; neben anderen

Beweismitteln kommt auch die Versicherung der Richtigkeit der gemachten Behauptungen an Eides Statt in Frage.

3. Die Einstellung kann beliebig oft erfolgen, niemals jedoch auf länger als 6 Monate. Bei jeder erneuten Einstellung muß der Eigentümer die Voraussetzung derselben erneut glaubhaft machen.

4. Nach Ablauf der Frist, für die das Verfahren eingestellt worden ist, muß der Gläubiger die Fortsetzung desselben beantragen; dieser Antrag muß innerhalb von 6 Monaten nach Ablauf der Einstellungsfrist gestellt sein, widrigenfalls das Verfahren gemäß § 31 Abs. 2 ZwVG. einzustellen ist.

Dritter Abschnitt

Aufwertung von Grundschulden, Rentenschulden und Reallasten, Schiffs- und Bahnpfandrechten

I. Grundschulden, Rentenschulden und Reallasten

§ 31.

(1) Auf Grundschulden[1] finden die Vorschriften der §§ 4 bis 8 und der §§ 14 bis 30 entsprechende Anwendung. Dasselbe gilt hinsichtlich der §§ 4 bis 9 und §§ 14 bis 24 für Rentenschulden und Reallasten[2]; für Reallasten jedoch mit der Maßgabe, daß die Eintragung der Aufwertung (§ 6) nicht verlangt werden kann, wenn die Eintragung der Reallast unterblieben war.

(2) Wiederkehrende Leistungen, die auf Grund einer Rentenschuld oder einer Reallast geschuldet werden, sind im Jahre 1925 mit 40 vom Hundert, vom 1. Januar 1926 ab mit 60 vom Hundert und vom 1. Januar 1928 ab in voller Höhe des Aufwertungsbetrags der Jahresleistung zu bewirken. Rückständige Leistungen gelten als erlassen[3].

1. Grundschulden werden ebenso wie die Hypotheken aufgewertet; da eine Grundschuld nicht das Vorhandensein einer persönlichen Forderung zur Voraussetzung hat, kommen alle die Bestimmungen in Fortfall, die durch die Abhängigkeit der Hypothek von der persönlichen Forderung bedingt sind. Würde in dem in § 4 Anm. 3 gebildeten Beispiel also statt der Hypothek eine Grundschuld als Sicherheit bestellt worden sein, dann würde die Grundschuld nicht unter Zugrundelegung des für die persönliche Forderung sich ergebenden Goldmarkbetrages, sondern nach Maßgabe des Goldmarkbetrages aufzuwerten sein, der sich für sie unter Berücksichtigung des § 2 ergibt.

Die Eigentümergrundschuld wird mit dem Erlöschen der Forderung (§ 1163 BGB.), durch Verzicht des Gläubigers auf die Hypothek (§ 1168 BGB.) oder durch Erlaß eines Ausschlußurteils (§ 1170 BGB.) erworben. Ist die Forderung, für welche die Hypothek bestellt worden ist, nicht zur Entstehung gelangt, dann steht die letztere von Anfang an dem Eigentümer als Eigentümergrundschuld zu, doch muß eine gültige Einigung und Eintragung vorliegen (§ 1163 BGB.).

2. Ebenso gelten die für die Aufwertung der Hypothek gegebenen Vorschriften für die Aufwertung der Rentenschulden und Reallasten. Da bei diesen Zinsen und Tilgungsbeträge begrifflich ausgeschlossen sind, konnte eine Bezugnahme auf die §§ 25 bis 30 unterbleiben.

Die auf Grund von Rentenschulden und Reallasten zu bewirkenden Leistungen sind so gestaffelt, daß im Jahre 1925 40 %, in den Jahren 1926 und 1927 60 % und vom 1. Januar 1928 ab 100 % des Aufwertungsbetrages der Jahresleistung zu bewirken sind. Bei einer vor dem Kriege begründeten Rentenschuld von 6000 Mk. jährlich beträgt der Aufwertungsbetrag 1500 Mk. Es sind demgemäß im Jahre 1925 600 Goldmark, in den Jahren 1926 und 1927 je 900 Goldmark, und vom 1. Januar 1928 ab 1500 Goldmark jährlich zu zahlen. Die Ablösungssumme wird in gleicher Weise aufgewertet.

Auch bei Grundschulden, Rentenschulden und Reallasten ist die Herabsetzung des Aufwertungsbetrages gemäß § 8 des Gesetzes zulässig, darf jedoch nicht unter 15 % heruntergehen. Wird bei einer Rentenschuld oder Reallast der Aufwertungsbetrag herabgesetzt, dann erstreckt sich die Herabsetzung auch auf die einzelne Leistung. In dem im vorigen Absatz gebildeten Beispiel kann also eine Herabsetzung für das Jahr 1925 auf 360 Goldmark, für das zweite und dritte Jahr auf 540 GMk. und für die weiteren Jahre auf je 900 GMk. erfolgen.

Bei Eigentümergrundschulden kann auch der Eigentümer eine Herabsetzung des Aufwertungsbetrages beantragen; er kann an einem solchen Antrag ein Interesse haben, wenn seine Eigentümergrundschuld gepfändet worden ist.

3. Die Bestimmung, daß rückständige Leistungen als erlassen gelten, ist nur auf die Leistungen anwendbar, die vor dem 1. Januar 1925 fällig geworden sind. Dies ergibt sich einmal aus § 28, der in dieser Beziehung klarer gefaßt ist, ferner aber aus der Tatsache, daß die Verpflichtungen in ihrer jetzigen Höhe erst durch das Aufwertungsgesetz begründet worden sind. Ist eine Rentenschuld am 1. April eines jeden Jahres zu zahlen, dann kann der Gläubiger den vollen aus § 31 sich ergebenden Betrag auch dann beanspruchen, wenn der Grundstückseigentümer mit der sich aus der III. StNVO. ergebenden Leistung im Rückstand geblieben ist, und er ihn im Hinblick auf die kommende gesetzliche Regelung nicht gemahnt hat.

II. Schiffs- und Bahnpfandrechte

§ 32.

Auf Pfandrechte an im Schiffsregister eingetragenen Schiffen[1] und an Bahneinheiten[2] sowie die durch Schiffspfandrecht oder Bahnpfandrecht gesicherten Forderungen finden die Vorschriften der §§ 4 bis 6, und der §§ 8 bis 29 entsprechende Anwendung[3].

1. Bezüglich der Schiffspfandrechte vgl. §§ 1259—1272 BGB.

2. Bezüglich der Bahnpfandrechte vgl. das preußische Gesetz vom 8. Juli 1902 (Gesetzsammlung S. 237).

3. Pfandrechte an im Schiffsregister eingetragenen Schiffen und an Bahneinheiten werden ebenso wie die Hypothek und die durch sie gesicherten Forderungen aufgewertet. Die persönliche Forderung kann, wenn die Voraussetzungen des § 10 gegeben sind, mit einem über 25 % hinausgehenden oder dahinter zurückbleibenden Betrage aufgewertet werden. Ebenso kann gemäß § 8 eine Herabsetzung der Aufwertung sowohl des dinglichen Rechts wie auch der persönlichen Forderung bis auf 15 v. H. erfolgen. Handelt es sich um ein Kaufgeld für den Erwerb des mit dem Pfandrecht belasteten Schiffs oder der mit dem Pfandrecht belasteten Bahneinheit, dann findet § 10 Ziffer 5 mit den Beschränkungen des § 10 Abs. 3 entsprechende Anwendung.

§ 7 des Aufwertungsgesetzes ist nicht mit als anwendbar erklärt. Der Eigentümer hat also nicht die Möglichkeit, sich im Range nach dem an erster Stelle stehenden Recht einen Rangvorbehalt eintragen zu lassen, ebenso kommt ein Einrücken solcher Rechte, die auf wertbeständiger Basis begründet worden sind, in die vorbehaltene Rangstelle nicht in Frage.

Vierter Abschnitt

Aufwertung von Industrieobligationen und verwandten Schuldverschreibungen

I. Aufwertung des Anspruchs aus der Schuldverschreibung

1. Gegenstand der Aufwertung — Aufwertungsbetrag

§ 33.[1]

Ansprüche aus verzinslichen oder an Stelle der Verzinsung mit einem Aufgeld rückzahlbaren Schuldverschreibungen, die auf den Inhaber lauten, oder durch Indossament übertragbar sind[2], und die von natürlichen Personen, Personenvereinigungen oder juristischen Personen des Privatrechts ausgegeben sind, werden ohne Rücksicht darauf, ob sie durch Hypothek gesichert sind, auf 15 vom Hundert des Goldmarkbetrages aufgewertet[3, 4].

1. Der 4. Abschnitt behandelt die Aufwertung von Industrieobligationen und verwandten Schuldverschreibungen. Die Industrieobligationen sind in der Überschrift herausgehoben worden, weil sie die bekannteste Gruppe der für diesen Abschnitt in Betracht kommenden Wertpapiere darstellen. Bei ihnen ist es grundsätzlich bei der Aufwertung von 15 % verblieben, da eine allgemeine höhere Aufwertung sich angesichts der Belastung der in Betracht kommenden Unternehmungen durch das Dawes-Gutachten, die wiederum mit der Befreiung der Industrie von ihren Obligationenschulden begründet wurde, nicht rechtfertigen ließ. Lediglich dem Altbesitzer ist neben dem normalen Aufwertungssatz von 15 % noch ein Genußrecht zugestanden worden, dem ein Nennwert von 10 % des Goldmarkbetrages zugrunde zu legen ist, das aber an sich keine Erhöhung des Aufwertungsbetrages darstellt.

2. Der Aufwertung unterliegen verzinsliche oder mit einem Aufgeld rückzahlbare Schuldverschreibungen, die auf den Inhaber lauten, oder durch Indossament übertragbar sind. Wechsel- und Scheckverpflichtungen unterliegen demnach nicht der Aufwertung, da bei ihnen das Merkmal der Verzinslichkeit fehlt; im übrigen steht der Aufwertung dieser Forderungen auch die formale Rechtsnatur des Papiers entgegen (RGE. 110, 40), die aber nicht ausschließt, daß aus dem dem Wechsel oder Scheck zugrunde liegenden Rechtsgeschäft ein Aufwertungsanspruch hergeleitet wird.

Handelt es sich um ein Rektapapier, d. h. lautet die Schuldverschreibung auf den Namen eines bestimmten Berechtigten, ohne an Order gestellt zu sein, dann kommt § 33 nicht zur Anwendung; die Aufwertung derartiger Ansprüche regelt sich, wenn sie hypothekarisch sichergestellt sind, nach den Vorschriften des 1. Abschnittes, während andernfalls die Frage, ob und wie hoch aufgewertet ist, gemäß § 62 auf Grund der allgemeinen Bestimmungen zu beantworten ist, wobei jedoch § 63 Abs. 1 die Aufwertung nach oben auf 25 % des Goldmarkbetrages begrenzt.

Auch Vorzugsaktien fallen nicht unter § 33; dies gilt auch dann, wenn sie „obligationsähnlich" sind. Mag die Ausstattung dieser Vorzugsaktien noch so sehr der der Obligationen angenähert sein, so sind sie doch stets ihrer Rechtsnatur nach — ebenso wie jede andere Aktie — als Beteiligung an der Aktiengesellschaft anzusehen. Für sie gilt deshalb die Goldbilanzverordnung vom 28. Dezember 1923 (RGBl. Teil I S. 1253), — vgl. aber § 28 Abs. 7 der II. Durchführungsverordnung vom 28. März 1924 RGBl. Teil I S. 385 —. Waren Vorzugsaktien bereits vor der Umstellung auf Goldmark zur Rückzahlung gekündigt, dann beantwortet sich die Frage nach der Höhe ihrer Aufwertung lediglich nach den allgemeinen Vorschriften, ohne daß die Höchstgrenze des § 63 Abs. 1 gilt, weil es sich um eine Beteiligung im Sinne des § 63 Abs. 2 Ziffer 1 handelt. (Vgl. § 63 Anm. 4.)

3. Die unter § 33 fallenden Schuldverschreibungen sind vielfach hypothekarisch gesichert. Nach dem Recht der III. StNVO. war zweifelhaft, ob in einem solchen Fall die Vorschriften über die Aufwertung der Hypotheken und der hypothekarisch gesicherten Forderungen oder die Vorschriften über die Aufwertung von Schuldverschreibungen eingreifen. Angesichts der Heraufsetzung des Aufwertungssatzes für hypothekarisch gesicherte Forderungen auf 25 % im Gegensatz zum Festhalten an der Aufwertung auf 15 % bei Industrieobligationen würde dieser Zweifelsfrage nach dem Aufwertungsgesetz erheblich größere Bedeutung kommen, wenn nicht durch § 33 klargestellt wäre, daß die Tatsache der hypothekarischen Sicherung ohne Einfluß auf das Maß der Aufwertung ist. Darüber hinaus ist festzustellen, daß sich die Aufwertung der Industrieobligationen lediglich nach den Vorschriften des 4. Abschnittes richtet, daß also insbesondere keine Rückwirkung bei vorbehaltloser Annahme stattfindet.

4. Für die Berechnung des Goldmarkbetrages ist gemäß § 2 Abs. 2 der Ausgabetag maßgebend. Liegt dieser vor dem 1. Januar 1918, dann ist der Goldmarkbetrag gleich dem Nennbetrag, liegt er nach dem 31. Dezember 1917, dann erfolgt die Feststellung auf Grund des für den Ausgabetag maßgebenden Umrechnungsverhältnisses.

2. Herabsetzung der Aufwertung

§ 34.

Der Schuldner kann eine Herabsetzung der Aufwertung verlangen, wenn dies mit Rücksicht auf seine wirtschaftliche Lage zur Abwendung einer groben Unbilligkeit unabweisbar erscheint. Die Herabsetzung der Aufwertung ist nur zulässig, wenn das Ver-

langen vor dem 1. April 1926 bei der Aufwertungsstelle gestellt wird. In den Fällen der §§ 203, 204, 206, 207 der Bürgerlichen Gesetzbuches kann das Verlangen noch bis zum Ablauf von drei Monaten nach Fortfall des Hindernisses gestellt werden.

1. Vgl. die Anmerkungen zu § 8, mit dem § 34 übereinstimmt; er weicht nur darin von ihm ab, daß eine Grenze für die Herabsetzung nicht gezogen ist, so daß unter Umständen auch von der Aufwertungsstelle ein Ausschluß jeder Aufwertung festgesetzt werden kann. Eine Herabsetzung oder ein völliger Ausschluß der Aufwertung berührt jedoch die Rechte der Altbesitzer auf die Gewährung des Genußrechts nicht.

Eine Herabsetzung der Aufwertung kann, wenn es sich um Teilschuldverschreibungen handelt, nur einheitlich mit Wirkung gegen alle Gläubiger erfolgen. Über das Verfahren vor der Aufwertungsstelle, insbesondere über die Vertretung der Gläubiger werden noch Durchführungsbestimmungen zu erlassen sein (vgl. § 46).

3. Aufwertung bei Vorbehalt der Rechte, Kündigung und Auslosung

§ 35.

(1) Trotz Bewirkung der Leistung findet die Aufwertung statt, wenn der Gläubiger sich bei der Annahme der Leistung seine Rechte vorbehalten hat[1, 2].

(2) Schuldverschreibungen, die ausgelost oder gekündigt sind, aber sich noch im mittelbaren oder unmittelbaren Besitz des Gläubigers befinden, werden zu seinen Gunsten auch dann aufgewertet, wenn bereits eine Abrechnung mit dem Schuldner oder eine Hinterlegung zugunsten des Gläubigers stattgefunden hat[3].

(3) Schuldverschreibungen, die bei Banken zur Einlösung eingereicht sind, werden, wenn sie sich noch im Besitze der Bank befinden, zugunsten des einreichenden Gläubigers auch dann aufgewertet, wenn bereits eine Abrechnung mit dem Gläubiger oder mit dem Schuldner oder eine Hinterlegung zugunsten des Gläubigers stattgefunden hat[4]. Eine Aufwertung zugunsten der Bank findet nicht statt[5]. Ablieferungen aus dem Besitz der Bank an den Schuldner, die seit dem 1. Juni 1925 erfolgt sind, gelten als nicht geschehen[6]. Entsprechendes gilt für Bankiers und andere Unternehmungen, die die Aufbewahrung und Verwaltung fremder Wertpapiere gewerbs- oder geschäftsmäßig betreiben. Die Reichsregierung wird ermächtigt, Vorschriften über die Anmeldung und den Nachweis des Rechtes der Gläubiger und für den Fall, daß die Rechte nicht rechtzeitig oder ordnungsmäßig angemeldet oder nachgewiesen werden, über den Ausschluß der Rechte zu erlassen[7].

(4) Gezahlte Beträge sind in Fällen der Abs. 1 bis 3 in Höhe des Goldmarkbetrags (§§ 2, 3) auf den Aufwertungsbetrag anzurechnen. Hinterlegte Beträge kann der Schuldner auch dann

zurücknehmen, wenn er auf das Recht zur Rücknahme verzichtet hatte.

(5) Liegen die Voraussetzungen der Abs. 1 bis 3 nicht vor, so kann im Falle der Bewirkung der Leistung eine Aufwertung, auch wegen ungerechtfertigter Bereicherung oder auf Grund einer Anfechtung wegen Irrtums oder aus einem anderen Rechtsgrunde nicht verlangt werden. Ansprüche wegen arglistiger Täuschung bleiben unberührt[3].

1. Die für Hypotheken vorgesehene Aufwertung kraft Rückwirkung findet bei Industrie-Obligationen nicht statt. Sachlich ist diese verschiedenartige Behandlung nicht gerechtfertigt, sie war aber notwendig, weil es technisch undurchführbar ist, das ganze Einlösungsgeschäft seit dem 15. Juni 1922 wieder rückgängig zu machen. Im Interesse der Obligationäre ist jedoch im Absatz 2 und 3 eine gewisse Rückwirkung bezüglich der Stücke eingeführt worden, auf die der Gläubiger durch mittelbaren Besitz noch Einfluß hat oder die noch bei den Banken liegen.

Der Vorbehalt muß bei der Annahme der Leistung, d. h. in dem Zeitpunkt gemacht sein, in dem der Gläubiger oder sein Vertreter die Gegenleistung empfing. Da derartige Einlösungen regelmäßig in der Weise erfolgt sind, daß die Schuldverschreibungen zum Zwecke der Einlösung bei dem Schuldner selbst oder seiner Zahlstelle eingereicht wurden, kann aus der stillschweigenden Annahme eines minimalen Betrages nicht um deswillen auf einen stillschweigenden Vorbehalt geschlossen werden, weil es selbstverständlich sei, daß der Gläubiger sich nicht mit diesem geringfügigen Betrag habe begnügen wollen und weil ihm nicht zugemutet werden könne, für briefliche Mitteilungen erheblich höhere Aufwendungen zu machen (vgl. § 14 Anm. 1). Die Tatsache, daß bei Schuldverschreibungen regelmäßig der Schuldner an den Gläubiger und nicht der Gläubiger an den Schuldner herangetreten ist, zwingt auch dann dazu, eine Annahme der Gegenleistung als gegeben anzusehen, wenn man in dieser Annahme nicht nur das körperliche Hinnehmen, sondern zugleich die Willenserklärung, den gezahlten Betrag als Erfüllung anzunehmen, sieht.

Hat eine Bank auf Grund des Depotvertrages oder auf Grund ihrer allgemeinen Geschäftsbedingungen die Stücke eingelöst, dann sind die Rechte des Eigentümers nicht dadurch gewahrt, daß er sofort nach erfolgter Gutschriftsaufgabe seiner Bank gegenüber einen Vorbehalt gemacht hat. In diesem Falle ist nicht der Zeitpunkt maßgebend, in welchem der Gläubiger die Nachricht von der Gutschrift des Einlösungsbetrages erhalten, sondern der Zeitpunkt, in welchem die Bank den Gegenwert von dem Schuldner empfangen hat. Nur dann, wenn die Bank zugleich für den Schuldner als Zahlstelle tätig war, ist ein ihr gegenüber gemachter Vorbehalt als rechtzeitig erfolgt anzusehen, da in diesem Fall die Bank bei der Erfüllung der sich aus der Schuldverschreibung ergebenden Verpflichtungen den Schuldner vertrat und deshalb auch zur Empfangnahme von Erklärungen des Gläubigers, die sich auf die Erfüllung bezogen, befugt war.

Die Banken haben regelmäßig bei den von ihnen bewirkten Einlösungen keinen Vorbehalt gemacht; dies verbot sich schon deshalb, weil die Schuldner dann die Einlösung abgelehnt hätten. Außerdem bestand für die Banken keinerlei Veranlassung, einen solchen Vorbehalt zu machen, weil sowohl der Stand der Gesetzgebung wie auch der der Rechtsprechung noch im

Sommer 1923 eine allgemeine Aufwertung als ausgeschlossen erscheinen ließ. Davon abgesehen ist es aber auch gleichgültig, ob die Banken damals schon mit einer Aufwertung rechnen mußten, weil durch die vorbehaltlose Annahme das Recht des Gläubigers auf Aufwertung nicht verloren gegangen ist (vgl. Urt. d. RG. vom 3. Dezember 1924 JW. 25, 45). Erst durch die Schaffung des § 11 der III. StNVO. und des ihn hinsichtlich der Obligationen bestätigenden § 35 des Aufwertungsgesetzes sind die Aufwertungsansprüche derjenigen Gläubiger, deren Obligationen ohne einen Vorbehalt eingelöst worden sind, vernichtet worden. Die Frage kann also nicht dahin gestellt werden, ob die allgemeine Anerkennung des Aufwertungsgedankens vorauszusehen war, sondern nur dahin, ob mit dem § 11 der III. StNVO. und dem § 35 des AufwGes. gerechnet werden mußte. Daß diese Frage zu verneinen ist, liegt auf der Hand (vgl. v. Karger im Bank-Archiv Jahrg. 24 S. 197 und Urteil des Landgerichts Dortmund vom 6. April 1925 — nicht veröffentlicht —). Im Gegenteil mußte damals angenommen werden, daß bei einer Regelung der Aufwertungsfrage an den Fällen nicht vorbeigegangen würde, bei denen die Zahlung der Schuldsumme in der Zeit der schlimmsten Inflation erfolgt ist. Angesichts des § 79 des AufwGes. ist diese ganze Frage jetzt jedoch kaum noch von praktischer Bedeutung.

Hat ein Gläubiger seine Schuldverschreibung vorbehaltlos eingelöst, und hat der Schuldner ihm später freiwillig noch eine Sondervergütung gewährt (vgl. z. B. Bekanntmachung der Farbenfabriken vorm. Friedr. Bayer & Co. vom 15. Nov. 1923 — Reichsanzeiger vom 23. Nov. 1923 —, in der diese Gesellschaft sich erbietet, auf je 1000 Mk. ihrer bereits eingelösten Teilschuldverschreibungen 1 Dollar Goldanleihe zu vergüten), dann muß der Vorbehalt, um wirksam zu sein, bei der Einlösung gemacht worden sein. Ein bei Gewährung der nachträglichen Sondervergütung gemachter Vorbehalt löst nicht die Wirkungen des § 35 Abs. 1 aus.

2. Die Tatsache, daß eine Schuldverschreibung gekündigt oder ausgelost ist, schließt den Anspruch des Gläubigers auf Aufwertung nicht aus, sofern er die Gegenleistung nicht vorbehaltlos angenommen hat. Diese an sich selbstverständliche Folgerung ist durch die Fassung des Abs. 2 ausdrücklich klargestellt.

3. Abs. 2 gibt dem Gläubiger das Recht auf Aufwertung auch dann, wenn schon eine Abrechnung mit dem Schuldner oder eine Hinterlegung zugunsten des Gläubigers stattgefunden hat, sofern der Gläubiger noch im mittelbaren oder unmittelbaren Besitz der Schuldverschreibung ist. Voraussetzung ist jedoch, daß die Schuldverschreibung ausgelost oder gekündigt ist. War z. B. in einer Schuldverschreibung von vornherein der 1. Januar 1923 als Fälligkeitstermin vorgesehen und hat bereits eine Abrechnung mit dem Schuldner stattgefunden, befindet sich die Schuldverschreibung aber noch im mittelbaren oder unmittelbaren Besitz des Gläubigers, dann findet eine Aufwertung nicht statt.

Im Falle einer Abrechnung wird ein unmittelbarer Besitz des Gläubigers regelmäßig nicht mehr in Betracht kommen, da der Schuldner ohne Einlieferung der Schuldverschreibung eine Abrechnung nicht vorgenommen haben wird; Ausnahmen können bei Banken vorkommen, die in ihrem Eigenbesitz befindliche Schuldverschreibungen mit dem Schuldner, für den sie als Zahlstelle tätig waren, verrechnet haben, ohne die Stücke an ihn abzuliefern. Die Banken würden in diesem Fall auch dann eine Aufwertung verlangen können, wenn sie die Stücke weisungsgemäß in das Depot des Schuldners gelegt haben, da auch in diesem Fall die Tatsache eines unmittelbaren Besitzes gegeben ist und Eigenbesitz vom Gesetz nicht gefordert wird.

Für den Fall einer Hinterlegung geht der Wortlaut des § 35 Abs. 2 sicherlich zu weit und muß deshalb sinngemäß einschränkend ausgelegt werden. Es ist geboten, nur solche Hinterlegungen unberücksichtigt zu lassen, die in einer Zeit erfolgt sind, in welcher der Gläubiger nicht mehr den Papiermarknennbetrag als Erfüllung anzunehmen brauchte. Es besteht aber keine Veranlassung einer z. B. im Jahre 1911 erfolgten Hinterlegung ihre schuldbefreiende Wirkung zu nehmen, sofern der Schuldner z. B. wegen Annahmeverzuges des Gläubigers zur Hinterlegung berechtigt war, da er in diesem Fall einwandfrei das hinterlegt hat, was er zu leisten schuldig war: die Entwertung des hinterlegten Betrages muß in einem solchen Fall zu Lasten des säumigen Gläubigers gehen. Es kann deshalb nicht angenommen werden, daß § 35 auf diesen Fall anzuwenden ist und daß der säumige Gläubiger noch die Aufwertung soll verlangen können, ohne daß der hinterlegte Betrag angerechnet werden könnte (Abs. 4). Das dem Schuldner zugestandene Recht, den hinterlegten Betrag auch dann zurückzunehmen, wenn er auf das Recht zur Rücknahme verzichtet hat, würde kein Ausgleich für eine auch für diesen Fall bestehende Aufwertungsverpflichtung sein, da die Hinterlegungsstellen vorläufig und auch mit Recht jede Aufwertung ablehnen (vgl. Mügel S. 169).

Praktisch wichtiger sind die Fälle, in denen trotz erfolgter Abrechnung noch ein mittelbarer Besitz des Gläubigers gegeben ist. Im Laufe des Jahres 1923 sind bei den Banken an sich beträchtliche, im Verhältnis zur Gesamtmenge allerdings geringfügige Mengen gekündigter und eingelöster Obligationen liegen geblieben, die dem Depot der Kunden entnommen und diesen bereits gutgeschrieben waren. Wie das Reichsgericht (RGE. 109, 30) entschieden hat, sind die Banken in einem solchen Fall verpflichtet, die Stücke dem Kunden zurückzugeben, weil bis zur erfolgten Abrechnung mit dem Schuldner der Verwahrungsvertrag zugunsten des Gläubigers fortbesteht.

Unter Zugrundelegung der in dem erwähnten Urteil des Reichsgerichts entwickelten Gedankengänge ist folgendes zu sagen:

Die Bank, die auf Grund des Depotvertrages dem Depot ihres Kunden eine gekündigte oder ausgeloste Obligation entnimmt, hat regelmäßig noch nicht die Absicht, sie nunmehr für den Schuldner in Verwahrung zu nehmen, sondern will die endgültige Abrechnung erst vorbereiten. Bevor diese nicht erfolgt ist, hat der Schuldner keinen Anspruch auf die Stücke (§ 797 BGB.), so daß der Verwahrungsvertrag zugunsten des Bankkunden fortbesteht. Besteht dieser Verwahrungsvertrag aber fort, dann ist der Bankkunde auch jederzeit in der Lage, die Herausgabe der Stücke zu verlangen. Erst wenn die Bank mit dem Schuldner abgerechnet hat, besteht die Möglichkeit, daß sie die Stücke nunmehr für diesen in Verwahrung nimmt. Das ist zweifellos immer dann der Fall, wenn die Bank zugleich Zahlstelle des Schuldners, also auch dessen Vertreterin ist.

Solange die Bank mit dem Schuldner noch nicht abgerechnet hat, ist also nach der Auffassung des Reichsgerichts der Verwahrungsvertrag als fortbestehend anzusehen. Damit besteht aber auch der mittelbare Besitz des Schuldners fort und die Voraussetzungen des § 35 Abs. 2 sind gegeben. Hat bereits eine Abrechnung stattgefunden, dann ist es wesentlich, ob die Bank den Willen, die Stücke nunmehr für den Schuldner zu besitzen, in irgendeiner Form bekundet hat. Ist dies geschehen, dann ist der mittelbare Besitz des Gläubigers erloschen. § 35 Abs. 2 kann keine Anwendung finden; in diesem Fall ist aber § 35 Abs. 3 anzuwenden, da solche Stücke zum Zwecke der Einlösung in den Besitz der Bank gelangt sind. Hat die Bank dagegen ihren Willen, die Stücke nunmehr für den Schuldner zu besitzen, noch nicht in irgendeiner Form betätigt, dann besteht auch trotz erfolgter Abrechnung der Verwahrungsvertrag mit dem Gläubiger fort, und dieser hat aus § 35 Abs. 2 einen Anspruch auf Aufwertung.

Die Durchführungsverordnung vom 10. August 1925 befaßt sich nur mit den Fällen des Abs. 3. In den Fällen des Abs. 2 sind die Banken auf Grund des Depotvertrages verpflichtet, von sich aus die erforderlichen Maßnahmen zu treffen und die noch im mittelbaren Besitz der Gläubiger befindlichen Stücke in die Depots derselben zurückzuleiten.

4. Abs. 3 behandelt den Fall, daß Schuldverschreibungen bei Banken zur Einlösung eingereicht sind, sich aber noch im Besitz der Bank befinden. Auch in diesen Fällen findet eine Aufwertung zugunsten des einreichenden Gläubigers statt. Abs. 3 erfaßt auch die Fälle, in denen die Stücke von der Bank dem Depot ihres Kunden in einer Form entnommen sind, die den Verlust des mittelbaren Besitzes des letzteren bedingt, während das Besitzverhältnis der Bank unberührt blieb. Zweifel bestehen, ob Abs. 3 auch auf die Fälle anwendbar ist, in denen die Bank die Stücke dem Depot des Schuldners beigefügt hat. An sich besteht sachlich keine Veranlassung, den Fall, daß die Stücke dem Schuldner übersandt worden sind, anders zu behandeln als den wirtschaftlich gleichliegenden Fall, daß die Stücke in das Depot des Schuldners gelegt sind. Trotzdem wird man im letzteren Fall die Aufwertungsansprüche des Gläubigers als noch bestehend ansehen müssen, weil das Gesetz das Fortbestehen derselben lediglich von der Tatsache des Besitzes der Bank abhängig macht und ein solcher Besitz zweifellos gegeben ist. Die Durchführungsverordnung vom 10. August 1925 hat diese Streitfrage bewußt nicht endgültig geregelt, da es zum mindesten zweifelhaft ist, ob die Reichsregierung berechtigt ist, durch eine Durchführungsverordnung eine Streitfrage in dem einen oder anderen Sinne zu entscheiden. Ihr ist in § 2 der Verordnung dadurch Rechnung getragen, daß die Herausgabe der Schuldverschreibungen in diesem Fall von der Zustimmung des Schuldners abhängig gemacht ist; wird diese Zustimmung nicht erteilt, dann bleibt es den Gläubigern überlassen, ihre Rechte im Klagewege geltend zu machen.

Durch die genannte Durchführungsverordnung in Verbindung mit der VO. vom 9. Oktober 1925 ist ferner bestimmt, daß die Ansprüche auf Herausgabe solcher Stücke bei der Stelle anzumelden sind, bei der sie seinerzeit zur Einlösung eingereicht wurden. Nur wenn der Anspruch auf Herausgabe bereits anerkannt ist, bedarf es einer Anmeldung nicht. Für die Anmeldung ist eine Ausschlußfrist bis zum 30. November 1925 gesetzt. Sie soll die erforderlichen Angaben, insbesondere Name, Wohnort und Wohnung des Einreichenden, den Zeitpunkt der Einreichung, die Bezeichnung der Schuldverschreibungen nach der Zahl der Stücke, Nennwert, Schuldner, Ausgabejahr, Zinssatz, Serie und Nummer und wenn der Anmeldende nicht der Einreichende gewesen ist, auch Angaben über die Berechtigung des Anmeldenden zur Geltendmachung des Anspruchs enthalten.

Die erforderlichen Beweisstücke (Quittung, Nummernverzeichnis) sollen beigefügt oder bezeichnet werden. Sofern die Stelle, bei der die Einreichung stattgefunden hat, die Stücke nicht unmittelbar an den Schuldner abgeliefert, sondern an eine andere Bank zum Zwecke der Einlösung weitergegeben hat, muß sie die Anmeldung unverzüglich an ihren Nachmann weiterreichen.

Die Bank ist verpflichtet, die Anmeldung zu prüfen und, wenn sie sie als berechtigt anerkennt, die Schuldverschreibungen gegen Vergütung des Goldwertes des ausgezahlten Einlösungsbetrages herauszugeben. Ist die Schuldverschreibung vor dem 1. Juni 1925 an den Schuldner abgeliefert oder erscheint der Anspruch aus einem anderen Grunde nicht begründet, so ist dies dem Anmeldenden sofort mitzuteilen, dem es überlassen bleibt, seine Rechte im Klagewege geltend zu machen. Bereits entwertete Schuldverschreibungen sind mit einem Vermerk zu versehen, daß die Rechte trotz der Entwertung nach Maßgabe des Aufwertungsgesetzes ausgeübt werden können, doch können an Stelle solcher Stücke auch Ersatzstücke geliefert werden.

Hat der Gläubiger seine Ansprüche nicht bis zum 30. November 1925 angemeldet, dann darf eine Herausgabe nicht mehr erfolgen. Das gleiche gilt dann, wenn der Anspruch zwar rechtzeitig angemeldet, von der Bank aber nicht anerkannt ist und der Gläubiger nicht schon vor dem 31. Januar 1926 Klage erhoben hat.

Hat der Gläubiger seinen Wohnsitz oder gewöhnlichen Aufenthalt innerhalb Europas, dann läuft die Anmeldefrist bis zum 28. Februar 1926. Eine etwaige Klageerhebung muß bis zum 30. April 1926 erfolgt sein.

5. Die Bestimmung, daß eine Aufwertung zugunsten der Bank nicht stattfindet, gilt nur bezüglich der Stücke, die bei den Banken zur Einlösung eingereicht worden sind, sich aber noch im Besitz derselben befinden. Dagegen sind die Banken selbstverständlich berechtigt, die Aufwertungsansprüche bezüglich solcher Stücke geltend zu machen, die zu ihrem Eigenbesitz gehören. Ob ein solcher Eigenbesitz gegeben ist, wird sich regelmäßig aus der Art des Erwerbes feststellen lassen. Sind die Stücke angekauft, dann ist von einer Einlösung nicht die Rede. Die Tatsache des Ankaufs muß sich durch Vorlegung des Schlußscheins nachweisen lassen.

6. Hat eine Bank nach dem 31. Mai 1925 noch Stücke an die Gesellschaft abgeliefert, so gilt diese Ablieferung nicht als geschehen. Die Stücke sind unverzüglich an die Bank zurückzugeben oder es sind, falls sie bereits vernichtet worden sind, Ersatzstücke zu liefern. In Fällen der Entwertung sind die Stücke gleichfalls mit einem Vermerk zu versehen, daß aus ihnen die Rechte nach Maßgabe des Aufwertungsgesetzes ausgeübt werden können.

7. Vgl. die Verordnung über die Anmeldung, den Nachweis und den Ausschluß von Rechten aus aufgewerteten Industrie-Obligationen und verwandten Schuldverschreibungen vom 10. August 1925 (RGBl. I S. 187) und die Verordnung über die Verlegung der zur Aufwertung von Industrieobligationen und verwandten Schuldverschreibungen bestimmten Terminen vom 29. September 1925 abgedruckt auf S. 185.

8. Vgl. § 19 und die dort gegebene Erläuterung.

4. Rückzahlung, Verzinsung, Kündigung

§ 36.

Für die Rückzahlung[1], Verzinsung[2] und Tilgung[3] des Aufwertungsbetrags gelten die Vorschriften der §§ 25, 26, 28, 29

entsprechend, soweit nicht die Reichsregierung etwas anderes bestimmt[4].

1. Hinsichtlich der Rückzahlung sind die Vorschriften der §§ 25 und 26, nicht aber auch die Vorschriften des § 27 für anwendbar erklärt. Eine gänzliche oder teilweise vorzeitige Rückzahlung auf Antrag des Gläubigers ist also nicht zulässig. Im übrigen vgl. die Anm. zu §§ 25 und 26. Von der Befugnis des § 26 werden die Aufwertungsstellen insbesondere dann Gebrauch zu machen haben, wenn der Schuldner in der Inflationszeit seine Anleihe gekündigt hat, trotzdem diese über das Jahr 1932 hinaus für den Gläubiger unkündbar war. Eine solche Entscheidung rechtfertigt sich im Hinblick darauf, daß die Schuldner die Kündigung unter ganz anderen Voraussetzungen ausgesprochen haben und nicht wußten oder auch nur wissen konnten, welche Belastung ihnen durch die Aufwertungsgesetzgebung auferlegt werden würde. Denkbar ist übrigens auch, daß die Reichsregierung auf Grund der ihr im § 36 erteilten Ermächtigung die Behandlung solcher gekündigten Schuldverschreibungen einheitlich regelt.

2. Wegen der Verzinsung vgl. die Anm. zu § 28. Die Verzinsung der Teilschuldverschreibungen wird praktisch dadurch große Schwierigkeiten machen, daß sich insbesondere bei den in der Inflationszeit aufgenommenen Anleihen ganz minimale Beträge ergeben, die ohne dem Berechtigten einen wirtschaftlichen Vorteil zu bringen, die Gesellschaften und die Banken mit einem Übermaß an unproduktiver Arbeit belasten. Es wird sich deshalb empfehlen, die Zinszahlungsperiode allgemein auf ein Jahr zu erstrecken und bei Zinsbeträgen, die einen bestimmten Mindestbetrag nicht erreichen, von der regelmäßigen Auszahlung abzusehen und sie bei der Rückzahlung der Schuld in einem Betrage zu vergüten.

3. Die Bezugnahme auf § 29 ist praktisch bedeutungslos, da es kaum eine Anleihe geben wird, die so ausgestattet ist, daß sie durch einen Zuschlag zu den Zinsen amortisiert wird. Da es aber rechtlich unzweifelhaft zulässig ist, Schuldverschreibungen auch in dieser Form zu begeben, durfte der Gesetzgeber aus gesetzestechnischen Gründen diesen Fall nicht unbeachtet lassen, zumal ihm die Möglichkeit fehlte, einwandfrei festzustellen, ob nicht doch irgendwo derartige Schuldverschreibungen existieren. Aus der vermutlichen Bedeutungslosigkeit der Bezugnahme auf § 29 darf deshalb nicht geschlossen werden, daß diese Bezugnahme auf die allgemein üblichen Tilgungspläne zu beziehen ist, die eine allmähliche Tilgung der Anleihe durch regelmäßige Auslosungen und Rückzahlung der ausgelosten Stücke vorsehen. Vgl. auch die Bem. zu § 29 über den Unterschied von Tilgungs- und Abzahlungshypotheken und die dort gegebene Begründung für die Nichteinbeziehung der letzteren in den Geltungsbereich des § 29.

Wenn auch die allmähliche Tilgung bis zum 1. Januar 1932 suspendiert ist, so müssen die in den Anleihebedingungen vorgesehenen Auslosungen doch planmäßig stattfinden. Auf diese Auslosungen haben die Gläubiger einen Anspruch, weil eine Obligation, die zum 1. Januar 1932 zurückzahlbar ist, gegenwärtig höher bewertet werden muß als solche Obligationen, bei denen der Gläubiger mit einer noch weiter hinaus liegenden Fälligkeit zu rechnen hat. Diese höhere Bewertung rechtfertigt sich aus dem Unterschied der vom Aufwertungsgesetz vorgesehenen Zinsen und der höheren Zinssätze, mit denen voraussichtlich auch noch im Jahre 1932 zu rechnen sein wird.

Von den Auslosungen kann dann abgesehen werden, wenn die Anleihe gekündigt ist oder noch gekündigt wird, so daß sie am 1. Januar 1932 in vollem Umfang zurückgezahlt werden muß. Ebenso werden sich Auslosungen erübrigen, wenn nach dem Tilgungsplan bis zum 1. Januar 1932 alle Teilschuldverschreibungen ausgelost und eingelöst sein müssen.

Unbedenklich können zum Zweck der Kostenersparnis schon jetzt sämtliche Auslosungen, die vor dem 1. Januar 1932 zu erfolgen haben, auf einmal stattfinden, da durch die Auslosung das Gläubigerrecht, wie vorstehend ausgeführt, nicht wertloser, sondern wertvoller wird. Auf der anderen Seite werden die nicht ausgelosten Obligationen kaum um deswillen niedriger bewertet werden, weil ihnen dadurch die Chance, noch vor dem 1. Januar 1932 ausgelost zu werden, genommen ist.

Bei Stellung eines Antrages aus § 27 des Gesetzes ist die Aufwertungsstelle befugt, einen Tilgungsplan aufzustellen und regelmäßige, mit dem Jahre 1930 beginnende Auslosungen vorzuschreiben, da eine andere ratenweise Tilgung in der Form, daß auf die einzelnen Teilschuldverschreibungen Ratenzahlungen zu leisten sind, praktisch auf große Schwierigkeiten stoßen und allzu große Kosten verursachen wird.

4. Die der Reichsregierung im § 36 eingeräumte Ermächtigung, etwas anderes zu bestimmen, ist außerordentlich weitgehend. Die Reichsregierung ist also z. B. befugt, für das Jahr 1925 einen einheitlichen Zinssatz festzusetzen, die Zinsperiode auf ein Jahr zu verlängern, die Fälligkeitstermine auf den Jahresschluß zu verlegen, die regelmäßige Verzinsung unter gleichzeitiger Zuschlagung der Zinsen zum Kapital aufzuheben, den Fälligkeitstermin allgemein über den 1. Januar 1932 und auch über das Jahr 1938 hinaus zu verlegen und trotz erfolgter Kündigungen den Tilgungsplan wieder in Kraft zu setzen.

II. Genußrecht

1. Kreis der Berechtigten

§ 37[1].

(1) Wer Schuldverschreibungen der im § 33 bezeichneten Art vor dem 1. Juli 1920 erworben hat und bis zur Anmeldung (§ 39 Abs. 1) Gläubiger geblieben ist (Altbesitzer)[2], erwirbt mit dem 1. Juli 1924 neben der Aufwertung einen Anspruch auf Beteiligung am Reingewinn des Schuldners und am Liquidationserlös nach Maßgabe der §§ 40 bis 42 (Genußrecht)[3]. Der Beteiligung werden 10 vom Hundert des Goldmarkbetrags der Schuldverschreibung als Nennwert des Genußrechts zugrunde gelegt[4, 5].

(2) Der Erwerb der im Abs. 1 bezeichneten Genußrechte durch den ersten Inhaber ist von der Gesellschaftssteuer des Kapitalverkehrssteuergesetzes befreit.

1. § 37 bevorzugt bei der Aufwertung der Industrie-Obligationen und verwandten Schuldverschreibungen die Altbesitzer durch die Gewährung eines Genußrechts.

2. Altbesitzer ist nur, wer die Schuldverschreibungen vor dem 1. Juli 1920 erworben hat. Damit entfällt die Gewährung eines Genußrechts grundsätzlich für alle die Schuldverschreibungen, die erst nach dem 30. Juni 1920 ausgegeben worden sind. Bei dem Erwerb derartiger Schuldverschreibungen glaubte man angesichts der damals bereits stark fortgeschrittenen Markentwertung allgemein eine Spekulationsabsicht feststellen zu können, die die Beschränkung auch der Ersterwerber auf den Aufwertungssatz von 15% rechtfertigt.

In den Fällen des § 3 Abs. 1 Ziff. 2—11 wird auch hier der Erwerb durch den Rechtsvorgänger dem jetzigen Berechtigten zugerechnet. Über zwei weitere Fälle, in denen trotz Erwerbs nach dem 30. Juni 1920 Altbesitz angenommen wird, vgl. § 38 Ziff. 1 und 2.

Der Altbesitzer muß bis zur Anmeldung ununterbrochen Gläubiger geblieben sein; er kann also auch nach dem Inkrafttreten des Aufwertungsgesetzes seinen Besitz an Industrie-Obligationen erst veräußern, nachdem er die Anmeldung vorgenommen hat. Dabei braucht er aber nicht den Aufruf durch die Gesellschaft abzuwarten, sondern kann auch schon vor erfolgtem Aufruf die Anmeldung vornehmen und seine Obligationen sodann einschließlich des auf sie entfallenden Genußrechts veräußern.

2. Das Genußrecht ist nicht ein Teil der Aufwertung, sondern wird neben ihr gewährt; trotzdem ist es kein selbständiges Recht, sondern mit der Schuldverschreibung eng verbunden, so daß in Zukunft von jeder, vor dem 1. Juli 1920 begebenen Anleihe zwei Arten von Schuldverschreibungen in Umlauf sein werden; eine, die nur eine Aufwertung von 15% verbrieft und eine zweite, die daneben noch das Genußrecht verkörpert. Börsenmäßig werden danach für derartige Anleihen zwei Notizen eingeführt werden müssen. Der Schuldner ist jedoch berechtigt, über die Genußrechte besondere Urkunden auszugeben (vgl. § 43 Ziff. 1); macht er von diesem Recht Gebrauch, dann wird das Genußrecht verselbständigt und verliert jede Beziehung zu der Schuldverschreibung, auf Grund deren es gewährt worden ist.

3. Das Genußrecht gewährt eine Beteiligung am Reingewinn des Schuldners und am Liquidationserlös nach Maßgabe der §§ 40 und 42.

4. Das Genußrecht erhält einen Nennwert, welcher 10% des Goldmarkbetrages der Schuldverschreibung entspricht.

5. Die bilanzmäßige Behandlung der Genußrechte ist nicht unbestritten. Während Schlegelberger (§ 37 Anm. 5), Mügel (§ 37 Anm. 2), Flechtheim (Bank-Archiv Jahrg. 24 S. 414) und Reichardt (D. Allg. Ztg. Nr. 340 vom 22. Juli 1925) die Auffassung vertreten, daß die aus dem Genußrecht sich ergebenden Verpflichtungen in die Bilanz nicht aufzunehmen sind, begründet Konrad Müller in der D. Allg. Ztg. Nr. 290 vom 23. Juni 1925 die gegenteilige Ansicht. Müller geht von der falschen Auffassung aus, daß die Genußrechte durch den Zwang zur Tilgung ihres Charakters als reine Genußrechte am Gewinn des Unternehmens entkleidet werden und nur noch einen Teil des Aufwertungsbetrages darstellen; als solche müßten sie aus der Bilanz unzweideutig ersichtlich sein. Müller fühlt aber selbst, daß seine Forderung der Aufnahme in die Bilanz praktisch undurchführbar ist, weil dadurch die Passivseite der Bilanz ungerechtfertigt belastet werden würde. Er will deshalb den dafür erforderlichen Betrag dem Reservefonds entnehmen und, wo dieser nicht ausreicht, auf der Aktivseite ein Ausgleichskonto einsetzen, für das er den schönen Namen „Zusatzaufwertungsverpflichtungskonto" in Vorschlag bringt. Er will also auf der einen Seite eine Schuld in die Bilanz aufnehmen, die zwar als solche besteht, aber immer nur aus dem Reingewinn zu decken ist, während er auf der

Aktivseite der Bilanz einen Posten einfügen will, der kein Aktivum darstellt und deshalb praktisch keine andere Bedeutung hat, als die Einstellung der aus dem Genußrechte sich ergebenden Verpflichtungen in die Passivseite praktisch bedeutungslos zu machen. Der Erfolg einer solchen Maßnahme wäre nur der, daß die Genußrechte überhaupt in der Bilanz in Erscheinung treten, was sicherlich zu wünschen ist, sich aber auch durch Aufnahme vor dem Strich oder in den Erläuterungen der Bilanz durchführen läßt.

Es ist deshalb der anderen Auffassung zuzustimmen, daß die Genußrechte nicht in die Bilanz hineingehören. Gerade weil sie nur aus dem Gewinn zu tilgen sind, sind sie keine eigentliche Schuld, sondern belasten nur den jeweiligen Jahresgewinn. Würden sie in die Bilanz eingestellt werden, dann würde dadurch der erste Jahresgewinn in unzulässiger Weise vermindert werden und für die Zukunft würde durch die allmähliche Beseitigung dieses Passivpostens der bilanzmäßig ausgewiesene Gewinn als zu groß erscheinen.

Auch die Tatsache, daß die Genußrechte im Falle der Liquidation einen Anspruch auf Berücksichtigung haben, führt zu keinem anderen Ergebnis, da dieser Anspruch keine eigentliche Belastung des Schuldners darstellt, sondern nur die Art der Durchführung der Liquidation regelt.

Etwas anderes ist es, wenn der Schuldner sich entschließt, die Genußrechte durch Zahlung des Nennbetrags abzulösen, oder dem Gläubiger eine Zusatzaufwertung oder eine Barabfindung zu gewähren. Sobald in dieser Hinsicht bindende Beschlüsse gefaßt sind, sind echte Schulden entstanden, die durch die Bilanz ausgewiesen werden müssen.

§ 38.

Schuldverschreibungen gelten auch dann als vor dem 1. Juli 1920 erworben[1], wenn sie

1. **dem Gläubiger nach dem 30. Juni 1920 zur Erfüllung eines vor dem 1. Juli 1920 begründeten Anspruchs auf Übereignung von einer Bank, einem Bankier, einer Sparkasse oder einer Versicherungsgesellschaft übereignet worden[2] sind,**
2. **der Gläubiger von einer Bank, einem Bankier oder einer Sparkasse nach dem 30. Juni 1920 in Erfüllung eines darlehnsartigen Verwahrungsvertrags übereignet erhalten hat, falls er der Bank, dem Bankier oder der Sparkasse auf Grund des gleichen Vertrags vor dem 1. Juli 1920 erworbene Schuldverschreibungen übergeben hat und der Anspruch auf Übereignung von Schuldverschreibungen gleicher Art und gleichen Betrags von dieser Übergabe bis zum Erwerb ununterbrochen bestanden hat[3],**
3. **der Gläubiger von Todes wegen oder in einem der sonstigen Fälle des § 3 Abs. 1 Ziffer 2 bis 11 nach dem 30. Juni 1920, der Erblasser oder andere Rechtsvorgänger aber vorher erworben hat.**

1. § 38 behandelt einige Fälle, in denen es der Billigkeit entspricht, den Inhabern von Industrie-Obligationen das Recht auf Altbesitz zuzugestehen, trotzdem sie das Eigentum an ihren Stücken erst nach dem 30. Juni 1920 erworben haben. In erster Linie gehören hierher gemäß

Ziff. 3 die in § 3 Abs. 1 Ziff. 2—11 erwähnten Fälle, die sich mit den Fällen decken, in denen bei der Berechnung des Goldmarkbetrages einer Forderung dem jetzigen Gläubiger der Zeitpunkt des Erwerbes durch einen Rechtsvorgänger zugute kommt. Die beiden anderen Fälle, Ziff. 1 und 2 ergeben sich aus der Technik des bankgeschäftlichen Verkehrs, bei der der Gläubiger unter Umständen zwar schon vor dem 1. Juli 1920 ein Anrecht auf die Stücke hatte, diese aber erst nach diesem Termin erworben hat.

2. Ziff. 1 trifft den Fall, daß ein Gläubiger zwar vor dem 1. Juli 1920 bereits den Anspruch auf Übereignung der Obligationen von einer Bank, einem Bankier, einer Sparkasse oder einer Versicherungsgesellschaft erworben hat, die Stücke aber erst nach dem 30. Juli 1920 in Erfüllung seines Anspruches übereignet worden sind. Hierher gehört einmal der Fall, daß jemand vor dem 1. Juli 1920 einen Auftrag auf Anschaffung von Obligationen erteilt hat und dieser Auftrag auch noch vor dem 1. Juli 1920 ausgeführt worden ist, daß die Lieferung der Stücke, aber erst nach dem 30. Juni 1920 bewirkt ist. Sofern der Auftrag einer Bank einem Bankier, einer Sparkasse oder einer Versicherungsanstalt gegeben worden ist, wird die Voraussetzung der Ziff. 1 regelmäßig gegeben sein, da diese Stellen derartige Aufträge durch Selbsteintritt auszuführen pflegen, also dem Auftraggeber gegenüber selbst zur Lieferung der Obligationen verpflichtet waren. Anders liegt der Fall, wenn ein Gläubiger vor dem 1. Juli 1920 mit einer Privatperson, die nicht Bankier ist, einen Vertrag auf Lieferung von Obligationen geschlossen hat, die Stücke ihm aber erst nach dem 30. Juni 1920 übereignet worden sind. Ferner fällt unter Ziff. 1 der Fall, daß dem Gläubiger die fraglichen Stücke vor dem 1. Juli 1920 auf Stückkonto gutgebracht worden und ihm nach dem 30. Juni 1920 effektive Stücke geliefert worden sind.

Ziff. 1 erfaßt aber nicht nur wie Schlegelberger (§ 38 Anm. 1) anscheinend annimmt, den letzteren Fall, sondern auch die Fälle, in denen die Bank die Stücke in das offene Depot des Kunden zu legen pflegt, die Lieferung aber aus irgend einem Grunde verzögert hat. Ziff. 1 ist auch dann anwendbar, wenn es sich um die Zeichnung einer neu aufgelegten Anleihe handelt, sofern die Zeichnung vor dem 1. Juli 1920, die Lieferung der Stücke aber erst nach dem 30. Juli 1920 erfolgt ist. Bedingung ist jedoch, daß der Zeichner durch die Zeichnung einen Anspruch gegen eine Bank, einen Bankier, eine Versicherungsgesellschaft oder Sparkasse erlangt hat, daß diese also ihm gegenüber die Verpflichtung zur Lieferung der Stücke übernommen hat. Ist durch die Zeichnung nur ein Anspruch gegen den die Anleihe aufnehmenden Schuldner begründet worden, dann kann Ziff. 1 keine Anwendung finden.

3. Ziff. 2 trifft den Fall, daß ein Gläubiger seine Obligationen, die er vor dem 1. Juli 1920 erworben hat, in der Weise in Verwahrung gegeben hat, daß die Bank, der Bankier oder die Sparkasse berechtigt war, gleichartige Stücke zurückzugeben. Auch hier liegt wirtschaftlich ein ununterbrochener Besitz des Gläubigers vor, so daß es gerechtfertigt ist, ihn als Altbesitz zu behandeln.

§ 39.

(1) Schuldverschreibungen, für die die Vorrechte des Altbesitzes in Anspruch genommen werden, sind zur Vermeidung des Verlustes des Genußrechtes spätestens innerhalb einer Frist von einem

Monat seit Aufforderung durch den Schuldner bei diesem oder der von ihr bestimmten Stelle anzumelden[1]. Die erforderlichen Beweismittel sind der Anmeldung beizufügen oder binnen einer weiteren Frist von einem Monat nachzureichen[2]. Die Aufforderung erfolgt durch Bekanntmachung im Deutschen Reichsanzeiger und in den anderen für die Veröffentlichungen des Schuldners bestimmten Blättern, und zwar spätestens am 30. September 1925[3]. Ist der Schuldner eine Aktiengesellschaft oder eine Kommanditgesellschaft auf Aktien, so können Revisoren gemäß §§ 266, 267, 320 Abs. 3 des Handelsgesetzbuchs auch zur Nachprüfung der Vorgänge bei der Anerkennung des Altbesitzes bestellt werden[4]. Das gleiche gilt für Gesellschaften mit beschränkter Haftung, eingetragene Genossenschaften, Gewerkschaften und Vereine; die Vorschriften der §§ 266, 267 des Handelsgesetzbuchs finden insoweit entsprechende Anwendung[5]. Bei eingetragenen Genossenschaften und Vereinen bedarf es zur Ernennung von Revisoren durch das Gericht eines Antrages des zehnten Teiles der Mitglieder. Revisoren sind durch das Gericht, in dessen Bezirk der Schuldner seinen Sitz hat, auch dann zu bestellen, wenn eine gemäß §§ 3—10 des Gesetzes betreffend die gemeinsamen Rechte der Besitzer von Schuldverschreibungen vom 4. Dezember 1899 in der Fassung des Gesetzes vom 14. Mai 1914 (Reichsgesetzbl. 1899 S. 691, 1914 S. 121) einberufene und abgehaltene Versammlung der als Altbesitzer bereits anerkannten Gläubiger dies mit einfacher Stimmenmehrheit beschließt[6].

(²) Die Anerkennung der Eigenschaft als Altbesitz ist auf den Schuldverschreibungen durch Stempelaufdruck kenntlich zu machen[7].

1. Die Geltendmachung des Anspruchs auf das Genußrecht ist an eine verhältnismäßig kurze Frist gebunden. Diese Frist beträgt einen Monat und beginnt mit der Aufforderung des Schuldners zur Anmeldung des Altbesitzes zu laufen. Die ersten Aufforderungen erschienen alsbald nach Verkündung des Gesetzes, sämtliche bis Ende August 1925 erschienenen Aufforderungen sind jedoch durch die Verordnung über die Aufforderung zur Anmeldung des Altbesitzes von Industrie-Obligationen vom 29. August 1925 hinfällig geworden. Diese Verordnung schreibt für die Aufforderung zur Anmeldung folgenden Wortlaut vor:

„Aufforderung zur Anmeldung des Altbesitzes von Industrie-Obligationen.

Gemäß § 39 des Aufwertungsgesetzes vom 16. Juli 1925 (RGBl. I S. 117) fordern wir die Altbesitzer unserer

........% igen Anleihe vom Jahre ... bzw. der nachstehend aufgeführten Anleihen:

1. ....

2. ....

auf, ihre Schuldverschreibungen, für die die Vorrechte des Altbesitzes in Anspruch genommen werden, zur Vermeidung des Verlustes des Genußrechts, innerhalb einer Frist von einem Monat seit dem Erscheinen dieser Aufforderung im Deutschen Reichsanzeiger bei:

1. . . . . oder

2. . . . .

anzumelden.

Der Anmeldung sind die Mäntel der Schuldverschreibungen oder der Nachweis ihrer Hinterlegung beizufügen.

Altbesitzer sind die Inhaber von Schuldverschreibungen, die ihre Schuldverschreibungen vor dem 1. Juli 1920 erworben haben und die bis zur Anmeldung Obligationengläubiger geblieben sind. Den Altbesitzern stehen gleich die Inhaber von Schuldverschreibungen, die gemäß § 38 des Aufwertungsgesetzes als vor dem 1. Juli 1920 erworben anzusehen sind.

Beweismittel für den Altbesitz sind binnen einer Frist von zwei Monaten seit dem Erscheinen dieser Aufforderung im Deutschen Reichsanzeiger einzureichen."

Ferner muß die Aufforderung den Zeitpunkt der Veröffentlichung in den übrigen Publikationsblättern enthalten, und zwar in folgender Form:

„Die Aufforderung ist in den nachstehenden Gesellschaftsblättern erschienen:

1. . . . . . . am . . . . .

2. . . . . . . am . . . . ."

Nur eine Aufforderung, die der vorstehend wiedergegebenen Fassung entspricht, setzt gemäß § 3 der Verordnung vom 29. August 1925 die Frist des § 39 in Lauf. Da keine vor dem Erlaß dieser Verordnung ergangene Aufforderung dem vorgeschriebenen Wortlaut entspricht, sind alle bis dahin ergangenen Aufforderungen hinfällig geworden und müssen wiederholt werden. Die Bestimmung des § 3, daß nur eine dem vorgeschriebenen Muster entsprechende Aufforderung die Frist in Lauf setzt, ist streng auszulegen; der Reichsregierung haben bei dem Erlaß dieser Durchführungsverordnung die zahlreichen bereits vorher ergangenen Aufforderungen vorgelegen und wenn sie trotzdem dies Muster mit der Bestimmung gewählt hat, daß nur seine genaue Beachtung die Frist in Lauf setzt, dann ergibt sich daraus, daß auch eine an sich geringfügige Abweichung von dem Muster der Aufforderung die Wirkung, daß durch sie der Fristenlauf beginnt, nimmt.

An der Rechtsgültigkeit der Verordnung ist nicht zu zweifeln, da die Reichsregierung auf Grund des § 88 des Aufwertungsgesetzes zu ihrem Erlaß berechtigt war. Wenn — wie verlautet — einzelne Gesellschaften es ablehnen wollen, die Aufforderung zu wiederholen, so würde ein solches Verhalten zur Folge haben, daß die Frist zur Anmeldung des Altbesitzes nicht in Lauf gesetzt wird und daß die schuldnerische Gesellschaft jede noch nach Jahr und Tag erfolgende Altbesitzanmeldung berücksichtigen muß.

Die Vorschrift, daß der Anmeldung die Mäntel der Schuldverschreibungen oder der Nachweis ihrer Hinterlegung beizufügen sind, ist nicht in dem Sinne zu verstehen, daß eine Anmeldung, die dieser Bestimmung nicht entspricht, hinfällig ist; es ist zulässig, die Mäntel oder die Hinterlegungsbescheinigung noch nachzureichen.

Unter Hinterlegung ist eine Hinterlegung bei den von der Gesellschaft bestimmten Stellen (Banken) zu verstehen. Die vielfach zu beobachtende Fassung der Bekanntmachungen, daß der Anmeldung die Mäntel der Schuldverschreibungen oder der Nachweis ihrer Hinterlegung beizufügen ist, ohne daß zugleich Hinterlegungsstellen bestimmt werden, ist sinnlos, da dann, wenn die Gesellschaft eine Hinterlegungsstelle nicht bestimmt, dem anmeldenden Gläubiger nichts anderes übrig bleibt, als die Mäntel seiner Schuldverschreibungen der Gesellschaft selbst einzusenden.

Die Frist von einem Monat ist durch § 7 der Verordnung vom 10. August 1925 für die Gläubiger, die ihren Wohnsitz oder gewöhnlichen Aufenthalt außerhalb Europas haben, auf vier Monate verlängert worden. Es ist nicht ganz unzweifelhaft, ob diese Verlängerung allgemein für die Gläubiger, die ihren Wohnsitz oder gewöhnlichen Aufenthalt außerhalb Europas haben, gilt oder ob sie sich nur auf die Fälle bezieht, in denen gemäß der Verordnung vom 10. August 1925 die noch bei den Banken befindlichen Stücke zurückgegeben worden sind. Der Wortlaut der genannten Bestimmung zwingt jedoch zu dem Schluß, daß die Fristverlängerung allgemein erfolgen soll.

Es ist nicht notwendig, daß der Gläubiger die Aufforderung zur Anmeldung abwartet; schon vor erfolgter Aufforderung kann er seinen Anspruch auf das Genußrecht mit gleicher Wirkung zur Anmeldung bringen.

Die Anmeldung muß die Schuldverschreibung für die das Recht des Altbesitzes in Anspruch genommen wird, genau bezeichnen; Serie und Nummer sind also anzugeben. Eine nur die Anleihe bezeichnende Anmeldung, etwa in der Form: „Ich melde Mk. 3000 Obligationen der X-Gesellschaft als Altbesitz an" genügt nicht und begründet deshalb auch keinen Anspruch auf das Genußrecht. Eine Nachholung dieser Angaben nach Ablauf der Anmeldefrist ist unzulässig.

Die Anmeldung hat die Wirkung, daß der Anspruch des Anmeldenden auf das Genußrecht zur Entstehung gelangt, sofern es sich tatsächlich um Altbesitz oder um einen der Fälle des § 38 handelt. Von diesem Augenblick an kann deshalb der Gläubiger auch sein Gläubigerrecht mit dem Recht des Altbesitzes veräußern; der Erwerber ist befugt, die Gewährung des Genußrechts für sich zu verlangen. Eine selbständige Veräußerung des Genußrechts ist dagegen nicht eher zulässig, ehe der Schuldner nicht von der Möglichkeit des § 43 Ziff. 1 Gebrauch gemacht hat.

Die Anmeldung kann auch durch einen Bevollmächtigten erfolgen. Die Banken sind auf Grund des Depotvertrages berechtigt, für die bei ihnen im Depot liegenden Stücke die Anmeldung vorzunehmen, eine Pflicht hierzu besteht jedoch nicht, da es der Bank nicht zugemutet werden kann, Nachforschungen darüber anzustellen, ob es sich um Altbesitz handelt; dies gilt auch dann, wenn die Bank an sich in der Lage wäre, aus den ihr vorhandenen Unterlagen die Tatsache des Altbesitzes festzustellen. Dagegen ist die Bank auf Grund des Depotvertrages verpflichtet, ihre Kunden über den erfolgten Aufruf der Gesellschaft zur Anmeldung zu unterrichten. Das Maß der Haftung der Bank für die Erfüllung dieser Verpflichtungen ist regelmäßig durch ihre allgemeinen Geschäftsbedingungen geregelt.

Gläubiger, die noch nicht im mittelbaren oder unmittelbaren Besitz von Anleihestücken sind, sondern diese auf Stückekonto guthaben, müssen sich vor der Anmeldung bestimmte Stücke übereignen lassen, um eine Grundlage für die Anmeldung zu haben.

2. Der Anmeldung sind von dem Gläubiger diejenigen Unterlagen beizufügen, aus denen sich die Tatsache des Altbesitzes ergibt. In erster Linie kommen Schlußnoten, Abrechnungen und Depotauszüge in Betracht und zwar auch dann, wenn die angemeldeten Stücke während der ganzen in Betracht kommenden Zeit bei einer Bank im Depot gelegen haben, da diese angesichts der Kürze der Frist unmöglich jedem einzelnen ihrer Kunden bezüglich jeder einzelnen in Frage kommenden Schuldverschreibung eine besondere Bescheinigung ausstellen kann. Nur dann, wenn der Gläubiger selbst nicht mehr über die notwendigen Unterlagen verfügt, wird er die Hilfe der Bank in Anspruch nehmen müssen.

Den Gläubigern ist nachgelassen, die erforderlichen Beweismittel auch noch innerhalb eines weiteren Monats, der sich an die erste Monatsfrist anschließt, nachzubringen. Diese zweite Frist von einem Monat beginnt nicht etwa schon mit der Anmeldung, sondern erst mit dem Ablauf der Anmeldefrist zu laufen. Versäumt der Gläubiger diese zweite Frist, dann ist seine Anmeldung hinfällig. Stellen sich die von ihm beigebrachten Beweismittel jedoch als unzureichend heraus, dann bestehen keine Bedenken, eine Ergänzung derselben auch nach Ablauf der zweiten Frist zuzulassen.

3. Die Aufforderung durch die Gesellschaft soll spätestens am 30. September 1925 erfolgen; ein Zwang hierzu wird jedoch nicht ausgeübt und es entstehen dem Gläubiger keine Rechtsnachteile, wenn die Aufforderung erst später ergeht. Unterläßt die Gesellschaft die Aufforderung überhaupt, so besteht für die Gläubiger keine Möglichkeit, sie hierzu zu zwingen; letzteres ist auch nicht erforderlich, da die Gläubiger berechtigt sind, die Anmeldung vor der Aufforderung vorzunehmen.

Bei den Aufforderungen, die erst am 30. September erfolgen, ist zu beachten, daß die Frist von einem Monat gemäß § 181 Abs. 2 BGB. bereits am 30. Oktober abläuft, so daß eine am 31. Oktober eingehende Anmeldung als verspätet zurückgewiesen werden kann.

4. Die Vorgänge bei der Anerkennung des Altbesitzes können bei Aktiengesellschaften und Kommanditgesellschaften auf Aktien einer Revision unterzogen werden. An dieser Revision haben sowohl die Aktionäre wie auch die Altbesitzer ein Interesse, da durch eine allzu großzügige Anerkennung der Altbesitzrechte die Interessen beider geschädigt werden. Die Bestellung von Revisoren kann zunächst von der Generalversammlung mit einfacher Stimmenmehrheit beschlossen werden (§ 266 Abs. 1 HGB.). Hat eine Generalversammlung den Antrag auf Bestellung der Revisoren abgelehnt, und haben im Zeitpunkt der Abstimmung die auf die Anmeldung des Altbesitzes bezüglichen Vorgänge noch nicht länger als zwei Jahre zurückgelegen, dann kann das Gericht, in dessen Bezirk die Gesellschaft ihren Sitz hat, Revisoren bestellen sofern Aktionäre, deren Anteile zusammen den 10. Teil des Grundkapitals erreichen, dies beantragen. Bei der Stellung eines solchen Antrages muß glaubhaft gemacht werden, daß bei der Anerkennung des Altbesitzes Unredlichkeiten oder grobe Verletzungen des Gesetzes stattgefunden haben; letzteres wäre z. B. dann anzunehmen, wenn in größerem Ausmaß verspätete Anmeldungen berücksichtigt worden sind, oder in größerem Umfange aus Billigkeitserwägungen heraus die Tatsache des Altbesitzes anerkannt worden ist, trotzdem der Wortlaut des Aufwertungsgesetzes dies nicht rechtfertigt. Dagegen kann nicht durch Revisoren nachgeprüft werden, ob die Gesellschaft angemeldete Altbesitzrechte zu Unrecht abgelehnt hat (a. A. Mügel § 39 Anm. 2 mit der Begründung, daß eine unberechtigte Ablehnung der Anerkennung wegen der damit verbundenen Umstände und Kosten des Verfahrens den Interessen der Gesellschaft widerstreitet; wenn auch richtig ist, daß durch eine unberechtigte Ablehnung der Gesellschaft gewisse Nachteile entstehen, so können diese doch nicht so erheblich sein, daß sie die mit immerhin recht erheblichen Umständen und Kosten verknüpfte Bestellung von Revisoren rechtfertigen). Die Antragsteller müssen ihre Aktien bis zur Entscheidung über den Antrag hinterlegen und glaubhaft machen, daß sie mindestens sechs Monate von der Generalversammlung, die den Antrag auf Bestellung der Revisoren abgelehnt hat, zurückgerechnet Besitzer der Aktien sind. Das Gericht hat vor der Ernennung der Revisoren den Vorstand und Aufsichtsrat zu hören; es kann (nicht muß) die Ernennung der Revisoren auf Verlangen des Vorstands oder Aufsichtsrats von einer nach freiem Ermessen zu bestimmenden Sicherheit abhängig machen. Sind die Voraussetzungen des § 266 Abs. 2 und 3 gegeben, dann ist das Gericht nicht nur berechtigt, sondern auch verpflichtet, die Revisoren zu bestellen (vgl. Staub § 266 Anm. 15).

Sind durch die Generalversammlung oder das Gericht Revisoren bestellt, dann hat gemäß § 267 HGB. der Vorstand ihnen die Einsicht der Bücher und Schriften der Gesellschaft zu gestatten. Eine Untersuchung des Bestandes der Gesellschaftskasse sowie der Bestände an Wertpapieren und barem Geld ist nicht zulässig, doch werden die Revisoren die Vorweisung der bereits eingelösten aber noch nicht vernichteten Obligationen der Gesellschaft verlangen können.

Der Bericht über das Ergebnis der Prüfung ist von den Revisoren unverzüglich dem Handelsregister einzureichen und vom Vorstande bei der Berufung der nächsten Generalversammlung als Gegenstand der Beschlußfassung anzukünden. Sind die Revisoren durch das Gericht bestellt, dann beschließt die Generalversammlung darüber, ob die entstandenen Kosten von der Gesellschaft zu tragen sind.

5. Auch für Gesellschaften mit beschränkter Haftung, eingetragene Genossenschaften, Gewerkschaften und Vereine können Revisoren bestellt werden, in diesem Fall finden die §§ 266, 267 HGB. entsprechende Anwendung. Bei eingetragenen Genossenschaften und Vereinen muß im Fall des § 266 Abs. 2 der Antrag vom 10. Teil der Mitglieder gestellt werden.

6. Wie weiter oben bereits ausgeführt, können auch die Altbesitzer ein Interesse an der Nachprüfung der die Anerkennung des Altbesitzes betreffenden Vorgänge haben. Das Gericht, in dessen Bezirk der Schuldner seinen Sitz hat, ist deshalb verpflichtet worden, die Revisoren auch dann zu bestellen, wenn eine auf Grund des Gesetzes vom 4. Dezember 1899 einberufene und abgehaltene Versammlung anerkannter Altbesitzer dies mit einfacher Mehrheit beschließt. In diesem Fall ist nicht notwendig, daß Unredlichkeiten oder grobe Verletzungen des Gesetzes glaubhaft gemacht werden.

7. Die Anerkennung der Eigenschaft als Altbesitz muß auf der Schuldverschreibung durch einen Stempelaufdruck kenntlich gemacht werden. Selbstverständlich ist es zulässig, daß die Anerkennung auch in anderer Weise, z. B. durch briefliche Bestätigung erfolgt. In diesem Fall erlangt der Schuldner einen Rechtsanspruch auf Vornahme des Aufdrucks. Lehnt die Gesellschaft die Anerkennung ab, so ist die Frage, ob es sich um Altbesitz handelt, vor dem ordentlichen Gericht im Prozeßwege zu klären (a. A.

Mügel § 39 Anm. 2, der die Aufwertungsstellen für zuständig hält. Diese Ansicht erscheint nicht haltbar, weil es sich bei der Gewährung des Genußrechts nicht um einen Anspruch auf Aufwertung handelt und der Streit deshalb nicht die Höhe der Aufwertung betrifft).

Die Abstempelung der Schuldverschreibungen ist notwendig, weil die Bewertung der als Altbesitz anerkannten Schuldverschreibungen eine höhere sein muß; wird das Genußrecht in der Form von der Schuldverschreibung getrennt, daß gemäß § 43 Ziff. 1 besondere Urkunden ausgegeben werden, dann ist auch dieser Tatbestand auf den Schuldverschreibungen zu vermerken, die dadurch wieder dem als Neubesitz anzusehenden Schuldverschreibungen gleichwertig werden.

Löst der Schuldner gemäß § 43 Ziff. 3 die Genußrechte durch Zahlung des Nennbetrages ab, dann ist die Kenntlichmachung des Altbesitzes durch Stempelaufdruck nicht mehr erforderlich; das gleiche gilt, wenn der Schuldner gemäß § 43 Abs. 2 an Stelle der Genußrechte eine Barabfindung gewährt; wird eine Zusatzaufwertung gewährt, dann wird diese auf der Schuldverschreibung zu vermerken sein.

2. Beteiligung am Reingewinn

§ 40.

(1) Mit Beginn des am 1. Juli 1925 lautenden Geschäftsjahrs, jedoch frühestens seit Beginn des am 31. Dezember 1925 endenden Geschäftsjahrs wird der nach der Bilanz zur Ausschüttung an die Gewinnberechtigten zur Verfügung stehende Jahresreingewinn in folgender Weise verwendet[1]: Vorweg stehen 6 vom Hundert, berechnet auf das gewinnberechtigte Gesamtkapital, zur Verteilung an die Geschäftsinhaber oder Gesellschafter zur Verfügung. Der Überschuß des Reingewinns wird auf die Gesamtheit der gewinnberechtigten Geschäftsinhaber oder Gesellschafter und der Inhaber der Genußrechte in der Weise verteilt, daß für je 1 vom Hundert, das als Gewinnanteil in irgendeiner Form den Geschäftsinhabern oder Gesellschaftern zugewiesen wird, je 2 vom Hundert bis insgesamt 6 vom Hundert des Gesamtnennbetrags der Genußrechte auf die Inhaber der Genußrechte entfallen[2].

(2) Die auf die Genußrechte entfallenden Beträge sind bis zur Höhe des ursprünglichen Zinssatzes der Schuldverschreibung, jedoch nicht über 5 vom Hundert hinaus, zur Verzinsung, im übrigen zur Tilgung des Nennwerts des Genußrechts zu verwenden. Eine Verwendung von Mitteln für die Genußrechte findet jeweils nur für das Geschäftsjahr statt, aus dessen Gewinn die Mittel bereitgestellt werden. Die Tilgung erfolgt durch Auslosung zum Nennwert, und zwar mindestens einmal im Verlanf zweier Geschäftsjahre[3].

1. Das Genußrecht gewährt den Altbesitzern in erster Linie eine Beteiligung am Reingewinn. Diese Beteiligung erfolgt zum ersten Mal für das am 1. Juli 1925 laufende Geschäftsjahr, sofern dieses nicht vor dem 31. Dezember 1925 endet, d. h. mit anderen Worten, daß die Rechte der Genußrechtsinhaber zum ersten Mal bei den zum 31. Dezember 1925 und später aufzustellenden Bilanzen zu berücksichtigen sind.

Auf die Höhe des zur Ausschüttung zur Verfügung stehenden Reingewinnes haben die Genußrechtsinhaber keinen Einfluß; die Aufstellung der Bilanz ist lediglich Sache des Schuldners. Dieser ist dabei berechtigt, nicht nur die gesetzmäßigen Abschreibungen und Rückstellungen vorzunehmen, sondern kann auch solche Abschreibungen und Rückstellungen bewirken, die er für notwendig hält, ohne daß die Genußrechtsinhaber in der Lage sind, eine solche Maßnahme zu beanstanden, sofern sie sich kaufmännisch rechtfertigen läßt. Liegt dagegen eine Beeinträchtigung der Beteiligung der Genußrechtsinhaber vor, dann können diese die sich aus § 41 ergebenden Rechte geltend machen. Ebenso ist der Schuldner in der Lage, die Beteiligung der Genußrechtsinhaber für das abgelaufene Geschäftsjahr dadurch auszuschließen, daß er den Gewinn nicht ausschüttet, sondern für das nächste Jahr vorträgt (a. A. Mügel § 40 Anm. 1); dies ergibt sich daraus, daß die Beteiligung der Genußrechtsinhaber in ein bestimmtes Verhältnis zu dem Gewinnanteil gebracht ist, der den Geschäftsinhabern oder Gesellschaftern „zugewiesen wird", (wäre die Auffassung von Mügel richtig, dann hätte es statt „zugewiesen wird" heißen müssen „zugewiesen werden kann"). Selbstverständlich darf auch hier von einer Verteilung des Gewinnes zum Nachteil der Genußrechtsinhaber nur abgesehen werden, wenn wirtschaftliche Gründe dies rechtfertigen, da andernfalls die Genußrechtsinhaber diese Maßnahme gemäß § 41 nicht gegen sich gelten zu lassen brauchen.

Die Beteiligung erfolgt in der Weise, daß zunächst auf das Gesamtkapital 6 % Vorzugsdividende zu berechnen sind; wie die Verteilung unter die einzelnen Aktionäre erfolgt, ist unerheblich. Auch in den Fällen, wo Vorzugsaktionäre zunächst mehr als 6 % Dividende erhalten, ehe den Stammaktionären ein Anspruch auf Dividende zusteht, ist lediglich ein Betrag von 6 % vom Gesamtkapital zu errechnen, der nach Maßgabe der Satzungsbestimmungen unter die verschiedenen Aktionärgruppen zur Verteilung kommt. Bei Einzelfirmen sind die 6 % von dem in der Bilanz ausgewiesenen Vermögen des Inhabers, bei offenen Handelsgesellschaften von der Summe der Kapitalsanteile zu berechnen, bei Kommanditgesellschaften tritt zu der Summe der Kapitalsanteile noch die Kommanditeinlage hinzu. Bei einer stillen Gesellschaft ist auch die Einlage des stillen Gesellschafters zu berücksichtigen. Darlehen sind dem gewinnberechtigten Gesamtkapital nur dann zuzurechnen, wenn sie am Gewinn des Unternehmens beteiligt sind; dies gilt auch dann, wenn ein Mindestzinssatz vereinbart ist. Was bei Gewerkschaften als gewinnberechtigtes Gesamtkapital anzusehen ist, wird im Wege der Durchführungsverordnung zu klären sein.

2. Der Überschuß des Reingewinns über die in Anm. 1 erwähnten 6 % wird in der Weise verteilt, daß für je 1 % des gewinnberechtigten Gesamtkapitals, das den Geschäftsinhabern oder Gesellschaftern in irgendeiner Form zugewiesen wird, je 2 % bis höchstens 6 % des Gesamtnennbetrages der Genußrechte auf die Inhaber derselben entfällt (a. A. Wagemann Anm. zu § 40, der die 2 % vom gewinnberechtigten Gesamtkapital berechnet). Der ursprüngliche Gesamtnennbetrag ist auch dann für die Berechnung maßgebend, wenn ein Teil der Genußrechte bereits durch Auslosung und Rückzahlung getilgt ist (ebenso Mügel § 39 Anm. 5).

Beträgt z. B. das Aktienkapial 1 Million Mark und ist ferner der Gesamtnennbetrag der Genußscheine 50 000 Mark und beträgt der bilanzmäßige Reingewinn 100 000 Mark, dann gehen zunächst 60 000 Mark = 6 % des Aktienkapitals vorweg für die Aktionäre ab. Für jede weiteren 10 000 Mark, die als Dividende zur Verteilung gelangen, sind je 1000 Mark für die Inhaber der Genußrechte zu reservieren; wird also eine Dividende von 9 % verteilt, die eine Aufwendung von 90 000 Mark erforderlich macht, dann entfallen auf die Genußrechtsinhaber 3000 Mark, während der Rest von 7000 Mark auf neue Rechnung vorgetragen werden kann. Würde der Reingewinn 110 000 Mark betragen haben und würden 10 % Dividende zur Verteilung gelangen, dann würde es für die Genußrechtsinhaber bei 3000 Mark sein Bewenden haben, da diese Summe gleich 6 % des Gesamtnennbetrages ist und damit den Höchstbetrag des auf die Genußrechtsinhaber entfallenden Anteils am Reingewinn darstellt.

Reicht der zur Ausschüttung an die Berechtigten zur Verfügung stehende Reingewinn nicht aus, um den Genußrechtsinhabern einen Anteil zukommen zu lassen, dann besteht nicht etwa in den folgenden Jahren ein Nachforderungsrecht, vielmehr ist der Anspruch auf Beteiligung am Reingewinn für das abgelaufene Geschäftsjahr insoweit erloschen, als er nicht nach Maßgabe des § 40 befriedigt ist.

3. Aus dem auf die Inhaber der Genußrechte entfallenden Betrag sind diese zunächst zu verzinsen: Die Höhe der Zinsen richtet sich nach der Höhe der zur Verfügung stehenden Summe, darf jedoch nicht den ursprünglichen Zinssatz der Schuldverschreibungen, für die das Genußrecht gewährt worden ist, und in keinem Fall 5 % übersteigen. Bleibt nach Gewährung des höchst zulässigen Zinssatzes noch ein Restbetrag übrig, dann ist dieser zur allmählichen Tilgung der Genußrechte zu verwenden. Die Tilgung erfolgt durch Auslosung und Rückzahlung zum Nennbetrag; sie muß mindestens einmal im Verlauf zweier Geschäftsjahre erfolgen, vorausgesetzt selbstverständlich, daß Mittel hierfür haben zurückgestellt werden können. Die Zahl der auszulosenden Genußrechte richtet sich jeweils nach der Höhe der zur Tilgung verfügbaren Mittel.

Hat in einem Jahr der Höchstbetrag der Zinsen gezahlt werden können und ist außerdem noch ein Restbetrag für die Tilgung übrig geblieben, dann darf dieser nicht im kommenden Jahr zur Verzinsung mit herangezogen werden, wenn in diesem Jahr der auf die Genußrechte entfallende Gewinnanteil eine Verzinsung bis zum Höchstbetrag nicht zuläßt.

§ 41.

Die Beteiligung der Genußrechtsinhaber am Reingewinn darf durch Kapitalserhöhungen oder sonstige Maßnahmen des Schuldners nicht beeinträchtigt werden[1]. Ein für die als Altbesitzer anerkannten Gläubiger (§ 39) bestellter Vertreter kann darüber, ob eine solche Beeinträchtigung vorliegt und wie sie auszugleichen ist, die Entscheidung der gemäß der Vierten Verordnung zur Durchführung der Verordnung über Goldbilanzen vom 28. August 1924 (Reichsgesetzbl. I S. 697) gebildeten Spruchstelle anrufen[1]). Der Schuldner hat der Spruchstelle alle Auskünfte zu erteilen, die für die Beurteilung der Frage, ob eine Beeinträchtigung vorliegt, zweckdienlich sind. Stellt die Spruchstelle das

Vorliegen einer Beeinträchtigung fest, so ist die Maßnahme insoweit den Genußrechtsinhabern gegenüber unwirksam.

1. Die Beteiligung der Genußrechtsinhaber kann sowohl durch Kapitalserhöhungen wie auch durch zu starke Abschreibungen und Reservestellungen oder durch die Nichtvornahme einer Gewinnverteilung beeinträchtigt werden. Mügel (Anm. 1 des § 41) nimmt — wohl noch durch die Verhältnisse der Inflationszeit beeinflußt — an, daß die Genußrechtsinhaber Kapitalserhöhungen grundsätzlich nicht gegen sich gelten zu lassen brauchen; diese Auffassung ist nicht zutreffend, da durch eine Kapitalserhöhung die Beteiligung der Genußrechtsinhaber nicht beeinträchtigt zu werden braucht. Normalerweise erfolgt eine Kapitalserhöhung, um der Gesellschaft neue Mittel zu verschaffen, die ihr ein wirtschaftlicheres Arbeiten ermöglichen oder neue Gewinnmöglichkeiten (z. B. durch Erweiterungen oder Angliederungen) schaffen. War die Kapitalserhöhung gerechtfertigt und erfüllt sie ihren Zweck, dann wird sie den Erfolg haben, daß der Reingewinn sich entsprechend steigert. Es besteht nun aber keine Veranlassung, die Genußrechtsinhaber dadurch besonders zu begünstigen, daß bei der Berechnung ihrer Beteiligung zwar der erhöhte Gewinn, nicht aber auch das erhöhte Kapital zugrunde gelegt wird. Nur dann, wenn die Kapitalserhöhung tatsächlich eine Beeinträchtigung bedeutet, das heißt also nach wirtschaftlicher Voraussicht nicht zu einer Steigerung der Gewinne führen muß (z. B. Verwässerung des Kapitals durch Ausgabe von Gratisaktien), brauchen die Genußrechtsinhaber die Kapitalserhöhung nicht gegen sich gelten zu lassen.

Die zweite Form, durch die die Rechte der Genußrechtsinhaber beeinträchtigt werden können, ist die Vornahme zu starker Abschreibungen und Reservestellungen, die den zur Verteilung zur Verfügung stehenden Reingewinn schmälern, oder der Verzicht auf die Ausschüttung des Gewinns und der Vortrag desselben auf neue Rechnung.

Das Gesetz sagt nicht, daß solche Maßnahmen unzulässig sind, es bestimmt nur, daß sie die Beteiligung der Genußrechtsinhaber nicht beeinträchtigen dürfen. Wird eine solche Beeinträchtigung festgestellt, dann sind die betreffenden Maßnahmen den Genußrechtsinhabern gegenüber unwirksam, d. h., diese sind so zu behandeln, wie wenn sie nicht getroffen worden wären. Im Falle einer Kapitalserhöhung sind also die 6 %, die vorweg den Aktionären zustehen, nur vom alten Kapital zu berechnen; ebenfalls entfallen auf je 1 % Gewinnanteil des alten Kapitals 2 % Gewinnanteil an die Genußrechtsinhaber. Bei zu starken Abschreibungen und Reservestellungen ist der Gewinn festzustellen, der sich ergeben würde, wenn ordnungsmäßige Abschreibungen und Reservestellungen vorgenommen worden wären; dem sich bei dieser Berechnung ergebenden Betrag ist eine fiktive Gewinnverteilung zugrunde zu legen, aus der sich ergibt, welcher Betrag auf die Genußrechtsinhaber entfällt. Dabei kann die zur Entscheidung berufene Spruchstelle auch feststellen, daß eine Maßnahme nur teilweise die Beteiligung der Genußrechtsinhaber beeinträchtigt; bei der Schaffung von nur mit 25 % eingezahlten Aktien kann also z. B. festgestellt werden, daß insoweit keine Beeinträchtigung vorliegt, als der Gesellschaft aus der Kapitalserhöhung tatsächlich neue Mittel zugeflossen sind; in diesem Fall wären demnach bei der Gewinnverteilung nach Maßgabe des § 40 nur 75 % der neuen Aktien nicht zu berücksichtigen.

2. Für die als Altbesitzer anerkannten Gläubiger kann auf Grund des Gesetzes vom 4. Dezember 1899 ein Vertreter bestellt werden; dieser ist berechtigt, die gemäß der IV. Durchführungsverordnung zur Goldbilanzverordnung gebildeten Spruchstellen anzurufen, um feststellen zu lassen, ob eine Beeinträchtigung vorliegt und wie sie auszugleichen ist. Die Spruchstelle ist in Preußen bei den Oberlandesgerichten gebildet und entscheidet in der Besetzung von einem Richter und zwei sachverständigen Beisitzern.

3. Beteiligung am Liquidationserlös

§ 42.

Sind im Falle der Auflösung oder Liquidation des Unternehmens des Schuldners die Genußrechte noch nicht getilgt oder auf andere Weise abgelöst[1], so ist das nach Berichtigung der Schulden verbleibende Vermögen auf die Geschäftsinhaber oder Gesellschafter einerseits und die Genußrechtsinhaber andererseits nach Maßgabe der Bestimmungen des § 40 Abs. 1 Satz 3 so lange zu verteilen, bis auf die Genußscheininhaber der Nennwert der Genußrechte ausgeschüttet ist. Die überschießenden Beträge fallen den Geschäftsinhabern oder Gesellschaftern zu[2].

1. Das zweite Recht, das den Genußrechtsinhabern zusteht, ist eine Beteiligung am Liquidationserlös. Diese kommt nur in Frage, wenn die Genußrechte noch nicht getilgt oder auf andere Weise (vgl. § 43 Ziffer 2 und 3) abgelöst sind. Voraussetzung ist, daß das Unternehmen aufgelöst oder in Liquidation getreten ist. Sind die Schuldverschreibungen von einem Einzelkaufmann ausgegeben, dann tritt an die Stelle der Liquidation die Aufgabe des Geschäftsbetriebes.

2. Die Beteiligung am Liquidationserlös geschieht in der Weise, daß auf je 1 %, das den Geschäftsinhabern oder Gesellschaftern zufällt, je 2 % den Genußrechtsinhabern zuzuweisen sind. Diese erhalten jedoch niemals mehr als ihren Nennbetrag; ist dieser erreicht, dann fällt das dann noch vorhandene Vermögen restlos den Geschäftsinhabern oder Gesellschaftern zu. Bei der Aufgabe des Geschäftsbetriebes durch einen Einzelkaufmann muß, um die Beteiligung der Genußrechtsinhaber am Liquidationserlös zu verwirklichen, eine Liquidation, d. h. eine Umsetzung der Aktiven in Geld stattfinden, sofern dieser es nicht vorzieht, die Genußrechtsinhaber gemäß § 43 Ziffer 3 abzufinden.

4. Verbriefung und Ablösung der Genußrechte

§ 43.

Der Schuldner ist berechtigt:

1. über die Genußrechte besondere, von den Schuldverschreibungen getrennte, auf den Inhaber oder, wenn die Schuldverschreibungen an Order lauten, an Order lautende Genußscheine auszugeben[1]. Genußscheine werden nur über Nennbeträge von mindestens 20 Reichsmark und nur über durch 10 teilbare Beträge ausgegeben; die entstehenden Spitzenbeträge sind durch Zahlung des Nennbetrags abzulösen[2]. Die Ausgabe von Genußscheinen ist auf den Schuldverschreibungen zu vermerken[3];

2. an Stelle der Genußrechte eine Zusatzaufwertung oder eine Barabfindung zu gewähren, die den Wert, den die Genußrechte im Zeitpunkt der Gewährung haben, nicht unterschreiten dürfen. Ob dies der Fall ist, entscheidet auf Antrag des Schuldners oder eines für die Genußrechtsinhaber bestellten Vertreters die gemäß der Vierten Verordnung zur Durchführung der Verordnung über Goldbilanzen vom 28. August 1924 (Reichsgesetzblatt I S 697) gebildete Spruchstelle. Die Spruchstelle kann die Entscheidung über einen Antrag des Schuldners gemäß Satz 2 auf Zeit zurückstellen, wenn sie der Ansicht ist, das durch die alsbaldige Entscheidung die Gefahr einer unbilligen Benachteiligung der Genußrechtsinhaber entstehen könnte[4].

3. die Genußrechte durch Zahlung des Nennbetrags abzulösen[5].

1. Der Schuldner ist berechtigt, das Genußrecht in der Weise zu verselbständigen, daß er besondere Urkunden darüber ausgibt. Diese können an Order gestellt werden, sofern die Schuldverschreibung an Order gestellt war, im übrigen können sie immer — also auch dann, wenn die Schuldverschreibung an Order gestellt war — auf den Inhaber lauten. Im letzteren Falle ist für die Ausgabe die staatliche Genehmigung nicht erforderlich, da diese durch den Erlaß des § 43 vom Gesetzgeber ganz allgemein erteilt ist; davon abgesehen wäre sie auch deshalb nicht notwendig, weil die Genußscheine, wenn sie auch einen bestimmten Nennwert haben, doch nicht auf einen bestimmten Geldbetrag lauten; auch handelt es sich nicht um wertbeständige Schuldverschreibungen im Sinne des Gesetzes vom 23. Juni 1923 (RGBl. Teil I S. 407).

Über die Frist, innerhalb welcher sich der Schuldner über die Ausgabe selbständiger Schuldurkunden schlüssig werden muß, vgl. § 44.

2. Im Interesse der Verkehrserleichterung sind Genußscheine, deren Nennbetrag auf weniger als 20 Reichsmark lautet und nicht durch 10 teilbar ist, unzulässig; ergeben sich Spitzenbeträge, was bei den nach dem 31. September 1917 ausgegebenen Schuldverschreibungen regelmäßig der Fall sein wird, dann sind diese durch Zahlung des entsprechenden Differenzbetrages abzulösen.

3. Auch die Ausgabe der Genußscheine muß auf den Schuldverschreibungen vermerkt werden, die dadurch wieder den gleichen Verkehrswert wie die nicht als Altbesitz anerkannten Schuldverschreibungen erhalten.

4. Eine weitere Möglichkeit, die der Schuldner hat, besteht in der Gewährung einer Zusatzaufwertung oder einer Barabfindung, die an Stelle der Genußrechte zu gewähren ist. Diese Zusatzaufwertung oder Barabfindung darf den Wert, den die Genußrechte im Zeitpunkt der Gewährung haben, nicht unterschreiten. Bei der Feststellung des Wertes wird in erster Linie der im Verhältnis zu den sonst üblichen Zinssätzen geringfügige Zinssatz, dessen Gewährung noch dazu von dem Vorhandensein eines Gewinnes abhängig ist, zu berücksichtigen sein; andererseits darf mit Rücksicht darauf, daß in einem Jahr überhaupt kein Gewinn erzielt ist und eine Ausschüttung an die Genußrechtsinhaber infolgedessen nicht stattgefunden hat, nicht dazu benutzt werden, um den Wert der Genußscheine zu tief herunterzudrücken, sofern für die Zukunft mit besseren Ergebnissen zu rechnen ist. Über die Angemessenheit entscheidet auf Antrag des Schuldners oder eines für die Genußrechtsinhaber bestellten Vertreters die auch schon im § 41 erwähnte Spruchstelle. Diese kann die Entscheidung über einen vom Schuldner gestellten Antrag auf einen bestimmten Zeitraum zurückstellen, sofern sie glaubt, daß bei einer sofortigen Entscheidung die Gefahr einer unbilligen Benachteiligung der Genußrechtsinhaber besteht.

Selbstverständlich ist der Schuldner berechtigt, jederzeit im Wege freier Vereinbarung mit einzelnen Genußrechtsinhabern deren Genußrechte zum Tageskurs zurückzukaufen. Der in diesem Fall gezahlte Kaufpreis unterliegt hinsichtlich seiner Angemessenheit nicht der Nachprüfung durch die Spruchstelle. Eine Maßnahme gemäß § 43 Ziffer 2 kann jedoch nur allen Genußrechtsinhabern gegenüber einheitlich erfolgen.

5. Daß der Schuldner berechtigt ist, das Genußrecht zum Nennbetrag abzulösen, ist an sich eine Selbstverständlichkeit, da eine solche Ablösung nur dem Interesse der Gläubiger dient. Der Vollständigkeit halber ist diese Befugnis im § 43 Ziffer 3 besonders erwähnt.

§ 44.

Ein Beschluß über die Ausübung der im § 43 bezeichneten Befugnisse ist spätestens drei Monate nach Ablauf des im § 40 Abs. 1 bezeichneteu Geschäftsjahrs in den im § 39 Abs. 1 bezeichneten Blättern bekanntzumachen. Ein Beschuß über die Ausübung der im § 43 Ziffer 2 und 3 bezeichneten Rechte kann innerhalb von drei Monaten nach Ablauf jedes Geschäftsjahrs gefaßt werden; er ist in der gleichen Weise bekanntzumachen. In der Bekanntmachung kann eine Frist bestimmt werden, nach deren Ablauf die Genußrechte nur noch in der bekanntgemachten Form ausgeübt werden können; die Frist darf nicht weniger als sechs Monate betragen[1].

1. Macht die Gesellschaft von der ihr nach § 43 zustehenden Befugnis Gebrauch, so muß sie einen dahin zielenden Beschluß spätestens 3 Monate nach Ablauf des am 1. Juli 1925 laufenden Geschäftsjahres im Reichsanzeiger und in den Gesellschaftsblättern veröffentlichen; endet das Geschäftsjahr vor dem 31. Dezember 1925, dann besteht dieses Recht noch innerhalb von 3 Monaten nach Ablauf des folgenden Geschäftsjahres. Nach Ablauf dieser Frist kann die Gesellschaft selbständige Urkunden über die Genußrechte nicht mehr ausgeben; dagegen kann sie einen Beschluß über die Gewährung einer Zusatzaufwertung oder einer Barabfindung oder über die Ablösung zum Nennbetrag innerhalb von 3 Monaten nach Ablauf eines jeden Geschäftsjahres fassen und bekannt machen. Diese Bekanntmachung kann eine Frist von mindestens 6 Monaten enthalten, nach deren Ablauf die Inhaber der Genußrechte nur noch die aus der Bekanntmachung sich ergebenden Rechte ausüben können.

5. Rückwirkung

§ 45.

Auf Schuldverschreibungen, die nach dem 13. Februar 1924 zurückgezahlt sind, finden die Vorschriften der §§ 37 bis 44 An-

wendung. Die Genußrechte können nur in einer der im § 43 Ziffer 1 bis 3 vorgesehenen Weise gewährt werden.

1. Nach dem 13. Februar 1924 haben die Schuldner von Schuldverschreibungen diese vielfach freiwillig vorzeitig eingelöst. Auch in diesen Fällen steht den ehemaligen Gläubigern, die Altbesitzer sind, ein Anspruch auf das Genußrecht zu. Da dies in diesem Falle nur in Form einer besonderen Urkunde gewährt werden kann, kommt die Frist des § 44 nicht zur Anwendung. An Stelle der Ausstellung einer besonderen Urkunde kann der Schuldner auch eine Barabfindung oder Zusatzaufwertung gewähren, oder das Genußrecht zum Nennbetrag ablösen.

§ 45 findet keine Anwendung, wenn der Schuldner Schuldverschreibungen nach dem 13. Februar 1924 börsenmäßig aufgekauft hat, da in diesem Falle eine Rückzahlung nicht vorliegt. Hat der Schuldner die Stücke dem Gläubiger unmittelbar abgekauft, dann ist im Einzelfall festzustellen, ob es sich um ein reguläres Kaufgeschäft gehandelt hat, bei dem die Schuldverschreibung mit allen Rechten, d. h. auch mit der Chance einer künftigen höheren Aufwertung auf den Käufer übergehen sollte, oder ob es sich nur um eine vorzeitige Einlösung handelt, bei der angesichts des Vorteils, den der Schuldner durch diese hatte, der Einlösungsbetrag herabgesetzt wurde. Nur wenn letzteres der Fall gewesen ist, stehen dem Gläubiger noch die Rechte aus dem Altbesitz zu, es sei denn, daß die vorzeitige Einlösung auch deshalb erfolgte, um das Schuldverhältnis endgültig zur Erledigung zu bringen; in letzterem Falle würde ein Vergleich vorliegen, bei dem Gläubiger auf alle sich aus einer Änderung der Gesetzgebung etwa ergebenden Rechte verzichtet hat. Ein solcher Verzicht kann aber nur angenommen werden, wenn er bei der Einlösung in irgendeiner Form zum Ausdruck gekommen ist.

III. Gemeinsame Verfahrungsvorschrift

§ 46.

Bei Teilschuldverschreibungen[1] kann über die Höhe der Aufwertung[2] über das Verlangen auf Herabsetzung des Aufwertungsbetrags und über die Rechte aus den §§ 37 bis 45 nur einheitlich gegenüber allen Gläubigern entschieden werden[2]. Die Entscheidung wirkt auch für und gegen die Gläubiger, die an dem Verfahren nicht beteiligt waren[3].

1. Einer besonderen Regelung bedurften die Teilschuldverschreibungen, da bei ihnen eine verschiedenartige Behandlung der Gläubiger nicht ihrem Wesen entspricht. Der Begriff der Teilschuldverschreibungen setzt voraus, daß eine einheitliche Anleihe nicht in einer Schuldverschreibung, sondern in mehreren Einzelschuldverschreibungen ausgefertigt ist; wenn es auch nicht notwendig ist, daß die einzelnen Urkunden als Teilschuldverschreibungen bezeichnet sind, so muß sich doch aus ihrem Inhalt (z. B. durch Nummernangabe) ergeben, daß es sich nicht um eine selbständige Schuldverschreibung, sondern um einen Teil einer größeren Anleihe handelt (vgl. Schlegelberger § 4 Anm. 61).

2. Eine Entscheidung über die Höhe der Aufwertung ist notwendig, wenn bei nach dem 31. Dezember 1917 angegebenen Teilschuldverschreibungen der Ausgabetag und damit die Berechnung des Goldmarkbetrages streitig ist. Bei dem Verlangen auf Herabsetzung (§ 34) können nur die Verhältnisse des Schuldners berücksichtigt werden, da infolge der Notwendigkeit einer einheitlichen Entscheidung eine Berücksichtigung auch der Verhältnisse der Gläubiger praktisch undurchführbar ist. Dies gilt auch dann, wenn zufällig einmal alle Teilschuldverschreibungen in einer Hand sein sollten.

3. Für das Verfahren wird es noch einer Durchführungsverordnung bedürfen, damit sichergestellt wird, daß alle Gläubiger in der Lage sind, sich an demselben zu beteiligen. Nur dann ist es auch gerechtfertigt, die Entscheidung für und gegen alle Gläubiger, die an dem Verfahren nicht beteiligt waren, wirken zu lassen.

Fünfter Abschnitt

Aufwertung von Pfandbriefen und verwandten Schuldverschreibungen

I. Art der Aufwertung

§ 47.

Ansprüche aus Pfandbriefen, Rentenbriefen, Kommunalobligationen und anderen verzinslichen oder an Stelle der Verzinsung mit einem Aufgeld rückzahlbaren Schuldverschreibungen oder aus für Grundkredit- oder Kommunalkreditzwecke aufgenommenen verbrieften Darlehen von Grundkreditanstalten, privatrechtlichen Kommunalkreditanstalten, von Schiffsbeleihungsbanken sowie von Ablösungsanstalten[1] werden in der Weise aufgewertet[2], daß die Teilungsmasse gleichmäßig unter die Gläubiger im Verhältnis der Goldmarkbeträge ihrer Ansprüche verteilt wird. Hierbei ist es unerheblich, ob den Gläubigern an der Deckung ein Pfandrecht oder ein Recht auf vorzugsweise Befriedigung im Konkurse zusteht.

1. Der 5. Abschnitt regelt die Aufwertung von Pfandbriefen und verwandten Schuldverschreibungen. Die III. StNVO. behandelte die Pfandbriefe unterschiedlich, je nachdem ob dem Gläubiger an der ihnen zugrunde liegenden Deckung ein Pfandrecht oder ein Recht auf vorzugsweise Befriedigung im Konkurse zustand oder nicht. Diese rechtlich begründete Unterscheidung ließ sich praktisch nur schwer durchführen; bereits die III. Durchführungsverordnung zur III. StNVO. ermächtigte daher die Landesregierungen, für die Pfandbriefe ohne Vorrecht allgemeine Grundsätze über die Herabsetzung des Aufwertungsbetrages und die Durchführung der Aufwertung festzusetzen. Von dieser Möglichkeit hat unter anderem Preußen durch die Verordnung vom 15. November 1924 Gebrauch gemacht und die Aufwertung der Pfandbriefe, für welche ein Vorrecht an der Deckung nicht bestand, ebenso geregelt wie die der anderen Pfandbriefe. Dieser Regelung hat sich das neue Gesetz angeschlossen.

Durch § 47 werden folgende Arten von Wertpapieren erfaßt:

a) die Pfandbriefe der Hypothekenbanken, d. h. derjenigen Gesellschaften, die auf der einen Seite Grundstücke hypothekarisch beleihen und auf der anderen Seite Schuldverschreibungen auf Grund der erworbenen Hypotheken ausgeben. Es muß sich aber um Hypothekenbanken im Sinne des Hypothekenbankengesetzes handeln; eine Baugesellschaft z. B., die auch Beleihungen vornimmt und sich im Wege einer Obligationenanleihe die notwendigen Mittel hierfür beschafft hat, hat diese nach § 33 und nicht nach § 47 aufzuwerten.

b) Die Rentenbriefe der Rentenbanken.

c) Die Kommunalobligationen d. h. Schuldverschreibungen, die auf Grund nicht hypothekarischer Darlehn an inländische Körperschaften des öffentlichen Rechts oder gegen Übernahme der Gewährleistung durch eine solche Körperschaft von den unter a bezeichneten Instituten ausgegeben sind.

d) Kleinbahnobligationen, die von den unter a bezeichneten Gesellschaften auf Grund von Darlehen an Kleinbahnunternehmungen unter hypothekarischer Verpfändung der Bahneinheit ausgegeben sind.

e) Die Pfandbriefe der Landschaften und Stadtschaften.

f) Darlehen von Grundkreditanstalten, die von diesen für Grundkredit- oder Kommunalkreditzwecke aufgenommen sind, sofern dieselben in einer Urkunde verbrieft sind.

2. Die Aufwertung erfolgt in der Weise, daß aus der aufgewerteten Deckung eine Teilungsmasse gebildet wird, die anteilig unter die Gläubiger zur Verteilung kommt.

II. Teilungsmasse

§ 48.

(1) Die Teilungsmasse besteht aus:

1. den bei Ablauf des 13. Februar 1924 als Deckung für die aufgewerteten Pfandbriefe, Rentenbriefe, Kommunalobligationen, anderen Schuldverschreibungen und Schuldurkunden bestimmten Werten[2];
2. den Werten, die früher zur Deckung gehört haben, soweit die Aufwertung 15 vom Hundert des Goldmarkbetrags übersteigt oder soweit die Aufwertung auf Grund der Vorschriften des § 15 über die Rückwirkung erfolgt ist[3].
3. einem etwa aus dem sonstigen Vermögen des Schuldners zu leistenden Beitrag[4].

(2) Von der Teilungsmasse ist nach näherer Bestimmung der Reichsregierung oder der von ihr bestimmten Stelle ein Beitrag zu den Verwaltungskosten abzuziehen, der 10 vom Hundert der Teilungsmasse nicht überschreiten darf[5].

1. Für jede Gattung der im § 47 aufgeführten Wertpapiere ist eine besondere Teilungsmasse zu bilden; hat ein Pfandbriefinstitut also z. B. sowohl Pfandbriefe als auch Kommunalobligationen ausgegeben, dann muß es zwei Teilungsmassen bilden.

2. In die Teilungsmasse fließt in erster Linie die am 13. Februar 1924 vorhandene Deckung der aufzuwertenden Schuldverschreibungen. Die Deckung ergibt sich aus dem durch das Hypothekenbankgesetz vorgeschriebenen Register.

3. Ferner gehören zur Teilungsmasse die Werte, die früher zur Deckung gehört haben, soweit die Aufwertung 15% des Goldmarkbetrages übersteigt oder soweit sie auf Grund der Vorschriften über die Aufwertung kraft Rückwirkung erfolgt.

4. Schließlich ist die Möglichkeit vorgesehen, daß der Schuldner aus seinem sonstigen Vermögen einen Beitrag zur Teilungsmasse leistet; die näheren Bestimmungen hierüber trifft die Reichsregierung.

5. Mit Rücksicht auf die Belastung, die dem Schuldner durch die Durchführung der Aufwertung erwächst, ist die Möglichkeit vorgesehen, daß ihm aus der Teilungsmasse ein Beitrag zu den Verwaltungskosten gewährt wird, der jedoch 10% derselben nicht übersteigen darf. Die näheren Bestimmungen trifft die Reichsregierung.

III. Beteiligung bei Vorbehalt der Rechte, Kündigung und Auslosung

§ 49.

(1) Trotz Bewirkung der Leistung ist der Gläubiger bei der Verteilung zu berücksichtigen, wenn er sich bei der Annahme der Leistung seine Rechte vorbehalten hat.

(2) Schuldverschreibungen, die gekündigt oder ausgelost sind, aber sich noch im unmittelbaren oder mittelbaren Besitze des Gläubigers befinden, werden zu seinen Gunsten auch dann aufgewertet, wenn bereits eine Abrechnung mit dem Schuldner oder eine Hinterlegung zugunsten des Gläubigers stattgefunden hat.

(3) Schuldverschreibungen, die bei Banken zur Einlösung eingereicht sind, werden, wenn sie sich noch im Besitze der Bank befinden, zugunsten des einreichenden Gläubigers auch dann aufgewertet, wenn bereits eine Abrechnung mit dem Gläubiger oder mit dem Schuldner oder eine Hinterlegung zugunsten des Gläubigers stattgefunden hat. Eine Aufwertung zugunsten der Bank findet nicht statt. Ablieferungen aus dem Besitze der Bank an den Schuldner, die seit dem 1. Juni 1925 erfolgt sind, gelten als nicht geschehen. Entsprechendes gilt für Bankiers und andere Unternehmungen, die die Aufbewahrung und Verwaltung fremder Wertpapiere gewerbs- oder geschäftsmäßig betreiben. Die Reichsregierung wird ermächtigt, Vorschriften über die Anmeldung und den Nachweis des Rechtes der Gläubiger und für den Fall, daß die Rechte nicht rechtzeitig oder ordnungsgemäß angemeldet oder nachgewiesen werden, über den Ausschluß der Rechte zu erlassen.

(4) Gezahlte Beträge sind in den Fällen der Abs. 1 bis 3 in Höhe des Goldmarkbetrages (§§ 2, 3) auf den Aufwertungsbetrag anzurechnen. Hinterlegte Beträge kann der Schuldner auch dann zurücknehmen, wenn er auf das Recht zur Rücknahme verzichtet hatte.

(5) Liegen die Voraussetzungen der Abs. 1 bis 3 nicht vor, so kann im Falle der Bewirkung der Leistung eine Aufwertung auch wegen ungerechtfertigter Bereicherung oder auf Grund einer Anfechtung wegen Irrtums oder aus einem anderen Rechtsgrund

nicht verlangt werden. Ansprüche wegen arglistiger Täuschung bleiben unberührt.

1. § 49 deckt sich inhaltlich mit § 35, so daß es unverständlich ist, daß er hier und im § 53 noch einmal abgedruckt worden ist, anstatt daß lediglich auf ihn Bezug genommen wurde. Die zu § 35 erlassene Durchführungsverordnung vom 10. August 1925 bezieht sich jedoch nur auf diesen und nicht auch auf § 45, so daß eine Frist für die Geltendmachung der Ansprüche auf Rückgabe der bei der Bank zur Einlieferung eingerichteten und noch in deren Besitz befindlichen Stücke noch nicht läuft.

Im übrigen vgl. die Anmerkungen zu § 35.

IV. Durchführung der Aufwertung

§ 50.

Die Reichsregierung oder die von ihr bestimmte Stelle trifft die näheren Bestimmungen zur Feststellung der bei der Verteilung zu berücksichtigenden Ansprüche, über die Bildung und Verteilung der Teilungsmasse sowie über den von dem Schuldner zu der Teilungsmasse zu leistenden Beitrag; sie kann bestimmen, daß die Gläubiger durch Gewährung von Goldpfandbriefen oder sonst in anderer Weise befriedigt werden und kann das Abfindungsverfahren regeln. Sie kann ferner Vorschriften zur Sicherstellung der Teilungsmasse und zur Erleichterung und Beschleunigung ihrer Liquidierung erlassen und darüber hinaus zur Ergänzung der Vorschriften dieses Gesetzes die Anordnungen treffen, die sie zur Durchführung der Aufwertung für notwendig erachtet.

1. Die im 5. Abschnitt geregelte Aufwertung der Pfandbriefe und verwandten Schuldverschreibungen stellt nur ein Rahmengesetz dar, das seinen wesentlichen Inhalt erst durch die Durchführungsbestimmungen der Reichsregierung erhalten wird. Die Grundlage für diese Durchführungsbestimmung gibt § 50, der außerordentlich weit gehalten ist, und insbesondere dadurch, daß er eine Abfindung der Gläubiger durch die Gewährung von Goldpfandbriefen vorsieht, einerseits das Verfahren außerordentlich erleichtert, andererseits die Möglichkeit bietet, den Gläubigern bald Werte in die Hand zu geben bei denen die Ungewißheit, was auf sie bei der Ausschüttung der Teilungsmasse entfällt, in Wegfall kommt.

Sechster Abschnitt

Aufwertung von Schuldverschreibungen der Genossenschaften des öffentlichen Rechtes und verwandter Körperschaften als Unternehmer wirtschaftlicher Betriebe

I. Aufwertungsbetrag

§ 51.

(1) Ansprüche aus verzinslichen oder an Stelle der Verzinsung mit einem Aufgeld rückzahlbaren auf den Inhaber lautenden oder

durch Indossament übertragbaren Schuldverschreibungen, die von juristischen Personen des öffentlichen Rechtes als Unternehmer wirtschaftlicher Betriebe ausgegeben sind, werden ohne Rücksicht darauf, ob sie durch Hypothek gesichert sind, auf 15 vom Hundert des Goldmarkbetrags aufgewertet[1].

(2) Ob im Einzelfalle die Voraussetzungen des Abs. 1 vorliegen, entscheidet der Reichsminister der Justiz mit Zustimmung des Reichsrats.

(3) Die Länder werden ermächtigt, die Aufwertung von Ansprüchen aus Schuldverschreibungen öffentlich-rechtlicher Kreditanstalten, abweichend von den Vorschriften der §§ 51 bis 54, auf der Grundlage §§ 47 bis 50 zu regeln, soweit diese auf die bezeichneten Schuldverschreibungen nicht ohnehin Anwendung finden[2].

1. § 51 regelt die Aufwertung der Schuldverschreibungen, die von juristischen Personen des öffentlichen Rechts als Unternehmer wirtschaftlicher Betriebe ausgegeben sind. Anleihen der Gemeinden und Gemeindeverbände gehören nicht hierher, da deren Aufwertung durch das Anleiheablösungsgesetz geregelt ist. Streitigkeiten darüber, ob eine Anleihe unter § 51 fällt, ist dadurch vorgebeugt, daß der Reichsjustizminister mit Zustimmung des Reichsrates in jedem Einzelfall zu bestimmen hat, ob die Voraussetzungen des § 51 Abs. 1 gegeben sind. Die Aufwertung erfolgt lediglich auf 15% und zwar auch bei hypothekarischer Sicherstellung. Eine höhere Aufwertung — auch in der Form der Gewährung von Genußrenten — kommt in keinem Fall in Frage.

2. Der Geschäftsbetrieb der in Abs. 1 genannten Schuldner deckt sich vielfach mit demjenigen der Schuldner, die unter § 47 fallen. Die Länder sind deshalb ermächtigt worden, an Stelle der festen Aufwertung von 15% die Bildung einer Teilungsmasse und die anteilige Verteilung derselben unter die Gläubiger anzuordnen.

II. Herabsetzung der Aufwertung

§ 52[1].

Der Schuldner kann eine Herabsetzung der Aufwertung verlangen, wenn dies mit Rücksicht auf seine wirtschaftliche Lage zur Abwendung einer groben Unbilligkeit unabweisbar erscheint. Die Herabsetzung der Aufwertung ist nur zulässig, wenn das Verlangen vor dem 1. April 1926 bei der Aufwertungsstelle gestellt wird. In den Fällen der §§ 203, 204, 206, 207 des Bürgerlichen Gesetzbuchs kann das Verlangen noch bis zum Ablauf von drei Monaten nach Fortfall des Hindernisses gestellt werden.

1. § 52 deckt sich mit § 34; vgl. die dort gegebenen Erläuterungen.

III. Aufwertung bei Vorbehalt der Rechte, Kündigung und Auslosung

§ 53[1].

(1) Trotz Bewirkung der Leistung findet die Aufwertung statt, wenn der Gläubiger sich bei der Annahme der Leistung seine Rechte vorbehalten hat.

(2) Schuldverschreibungen, die gekündigt oder ausgelost sind, aber sich noch im unmittelbaren oder mittelbaren Besitze des Gläubigers befinden, werden zu seinen Gunsten auch dann aufgewertet, wenn bereits eine Abrechnung mit dem Schuldner oder eine Hinterlegung zugunsten des Gläubigers stattgefunden hat.

(3) Schuldverschreibungen, die bei Banken zur Einlösung eingereicht sind, werden, wenn sie sich noch im Besitze der Bank befinden, zugunsten des einreichenden Gläubigers auch dann aufgewertet, wenn bereits eine Abrechnung mit dem Gläubiger oder mit dem Schuldner oder eine Hinterlegung zugunsten des Gläubigers stattgefunden hat. Eine Aufwertung zugunsten der Bank findet nicht statt. Ablieferungen aus dem Besitze der Bank an den Schuldner, die seit dem 1. Juni 1925 erfolgt sind, gelten als nicht geschehen. Entsprechendes gilt für Bankiers und andere Unternehmungen, die die Aufbewahrung und Verwaltung fremder Wertpapiere gewerbs- oder geschäftsmäßig betreiben. Die Reichsregierung wird ermächtigt, Vorschriften über die Anmeldung und den Nachweis des Rechtes der Gläubiger und für den Fall, daß die Rechte nicht rechtzeitig oder ordnungsgemäß angemeldet oder nachgewiesen werden, über den Ausschluß der Rechte zu erlassen.

(4) Gezahlte Beträge werden in den Fällen der Abs. 1 bis 3 zum Goldmarkbetrag (§§ 2, 3) auf der Betrag der Aufwertung angerechnet. Hinterlegte Beträge kann der Schuldner auch dann zurücknehmen, wenn er auf das Recht zur Rücknahme verzichtet hatte.

(5) Liegen die Voraussetzungen der Abs. 1 bis 3 nicht vor, so kann im Falle der Bewirkung der Leistung eine Aufwertung auch wegen ungerechtfertigter Bereicherung oder auf Grund einer Anfechtung wegen Irrtums oder aus einem anderen Rechtsgrund nicht verlangt werden. Ansprüche wegen arglistiger Täuschung bleiben unberührt.

1. § 53 deckt sich mit den §§ 35 und 49; vgl. die dort gegebenen Erläuterungen: die zu § 35 erlassene Durchführungsverordnung vom 10. August 1925 bezieht sich nicht auf § 53, so daß die dort vorgesehene Ausschlußfrist für die Rückforderung der unter ihn fallenden, noch bei den Banken liegenden Schuldverschreibungen nicht gilt.

IV. Rückzahlung, Verzinsung, Tilgung

§ 54[1].

Für die Rückzahlung, Verzinsung und Tilgung der Aufwertungsbeträge gelten die Vorschriften der §§ 25, 26, 28, 29 entsprechend, soweit nicht die Reichsregierung etwas anderes bestimmt.

1. § 54 deckt sich mit § 36; vgl. die dort gegebenen Erläuterungen.

Siebenter Abschnitt

Aufwertung von Sparkassenguthaben

I. Art der Aufwertung

§ 55.

(1) Sparguthaben bei öffentlichen oder unter Staatsaufsicht stehenden Sparkassen[1] werden in der Weise aufgewertet, daß die Teilungsmasse von einem Treuhänder[2] unter die Gläubiger verteilt wird[3]. Der von dem Treuhänder aufgestellte Teilungsplan bedarf der Genehmigung der obersten Landesbehörde oder einer von ihr bestimmten Stelle. Mit der Genehmigung wird der Teilungsplan verbindlich[4].

(2) Der bei der Verteilung auf die Sparguthaben entfallende Betrag soll mindestens 12½ vom Hundert des Goldmarkbetrags erreichen, möglichst aber dem Aufwertungssatz entsprechen, der sich für die Anleihen des Schuldners oder seines Garanten ergibt.

1. Nur Sparguthaben, die bei öffentlichen oder unter Staatsaufsicht stehenden Sparkassen unterhalten worden sind, unterliegen der Aufwertung. Es handelt sich hier um die Sparkassen der Länder, Gemeindeverbände und Gemeinden, sei es, daß sie in Form einer selbständigen juristischen Person aufgezogen sind, sei es, daß sie nur eine besondere Abteilung der Verwaltung der betreffenden öffentlichrechtlichen Körperschaft bilden. Guthaben bei Privatsparkassen unterliegen nur dann der Aufwertung, wenn diese unter Staatsaufsicht stehen. Wegen der in Schleswig-Holstein bestehenden Privatsparkassen vgl. KGJ. 30, A 165 und 33, A 109. Dagegen unterliegen dem § 55 nicht die sonstigen privaten Sparkassen, insbesondere nicht die Fabriksparkassen, die Sparkassenguthaben bei eingetragenen Genossenschaften und Bankguthaben, die unter dem Namen „Sparguthaben" geführt worden sind.

Der Begriff des Sparkassenguthabens setzt voraus, daß es sich um eine Einlage handelt, für die satzungsmäßig ein Sparbuch auszustellen war. Nicht als Sparkassenguthaben sind eigentliche Darlehn anzusehen, wie sie von den Sparkassen in der Inflationszeit verschiedentlich aufgenommen wurden, mag auch ein Sparbuch für sie ausgestellt worden sein.

2. Die rechtliche Stellung des Treuhänders dürfte der des Konkursverwalters gleichzustellen sein; er ist weder Vertreter der Sparkasse, noch Vertreter der Gläubiger der letzteren, sondern handelt auf Grund gesetzlichen Auftrags.

3. Über die Bildung und Verteilung der Teilungsmasse vgl. §§ 56 und 57.

4. Dies bedeutet, daß nunmehr die Gläubiger der Sparguthaben einen selbständigen Rechtsanspruch in Höhe des sich für sie aus dem Verteilungsplan ergebenden Aufwertungsbetrages gegen die Sparkasse, sofern dieselbe juristische Person ist, oder gegen die Gemeinde bzw. den Gemeindeverband, um deren Sparkasse es sich handelt, erlangen.

5. In der Regel dürfte die Teilungsmasse ihrer Höhe nach je nach der Art der Anlegung des Vermögens der Sparkassen sehr verschieden ausfallen. Um eine gewisse Einheitlichkeit zu schaffen, setzt das Gesetz einen Mindestbetrag von 12½% des Goldmarkbetrages fest, der auf die Sparguthaben entfallen soll. Da es sich aber nur um eine Soll-Vorschrift handelt, sind Abweichungen nach unten zulässig, doch werden ganz besondere Gründe vorliegen müssen, um ein derartiges Abweichen von der Regel zu rechtfertigen. Das gleiche gilt für die Bestimmung, daß der Aufwertungsbetrag möglichst dem Aufwertungssatz entsprechen soll, der sich für die Anleihe des Schuldners ergibt. Bei letzterem handelt es sich um den Betrag, mit dem das den Altbesitzern dieser Anleihen zustehende Auslosungsrecht eingelöst wird (vgl. § 43 des Ges. über die Ablösung öffentlicher Anleihen). Diese Einlösung erfolgt bei Gemeinden und Gemeindeverbänden regelmäßig mit dem Fünffachen des Nennbetrages des Auslosungsrechts, d. h. mit 12½% des Goldmarkbetrages der Anleihe. Der Einlösungsbetrag kann jedoch auf Antrag des Schuldners oder des für die Anleihegläubiger bestellten Treuhänders bis auf das Zehnfache des Nennbetrages des Auslosungsrechts, d. h. bis auf 25% des Goldmarkbetrages der Anleihe erhöht werden.

II. Teilungsmasse

§ 56.

Die Teilungsmasse besteht aus dem aufgewerteten Sparkassenvermögen[1] und einem etwa aus dem sonstigen Vermögen des Schuldners oder durch den Garanten zu leistenden Beitrag[2] unter Abzug eines etwa zu den Verwaltungskosten zu gewährenden Beitrags[3].

1. Die Teilungsmasse besteht aus dem aufgewerteten Sparkassenvermögen, d. h. aus demjenigen Teil des Vermögens der Sparkasse, der der Aufwertung unterliegt (ebenso Quassowski Anm. zu § 56). Es handelt sich hierbei um dasjenige Vermögen der Sparkasse, das durch die Nutzbarmachung der jetzt aufzuwendenden Guthaben entstanden ist.

2. Vgl. § 58 Ziff. 4 und 5.

3. Vgl. § 58 Ziff. 11.

III. Beteiligung an der Teilungsmasse

§ 57.

(1) Die Gläubiger werden im Verhältnis des Goldmarkbetrags[1] ihrer Forderungen berücksichtigt[2]. Ist ein Guthaben von einer Sparkasse auf eine andere Sparkasse überwiesen worden, so ist der Gläubiger mit dem Goldmarkbetrage zur Zeit des Erwerbes der Forderung gegen die erste Sparkasse bei der Teilungs-

masse zu berücksichtigen, die bei der zweiten Sparkasse zu bilden ist[3]. Die oberste Landesbehörde oder die von ihr bestimmte Stelle ordnet einen Ausgleich zwischen beiden Sparkassen an; sind mehrere Länder beteiligt, so entscheiden sie in gegenseitigem Einvernehmen[4].

([2]) Bereits ausgezahlte Guthaben werden bei der Verteilung berücksichtigt, wenn der Gläubiger sich bei der Annahme der Leistung seine Rechte vorbehalten hat[5]. Die Zahlung ist unbeschadet der Vorschrift im § 58 Ziffer 3[6] in Höhe des Goldmarkbetrags (§§ 2[7], 3) anzurechnen[8]. Mangels eines Vorbehalts der Rechte kann unbeschadet einer etwa auf Grund des § 58 Ziffer 3 angeordneten Rückwirkung die Aufwertung ausgezahlter Guthaben auch wegen ungerechtfertigter Bereicherung oder auf Grund einer Anfechtung wegen Irrtums oder aus einem anderen Rechtsgrund nicht verlangt werden. Ansprüche wegen arglistiger Täuschung bleiben unberührt.

1. Bei Einlagen, die vor dem 1. Januar 1918 gemacht sind, ist der Goldmarkbetrag gleich dem Nennbetrag; bei später erfolgten Einlagen ist das sich aus der Anlage zum Aufwertungsgesetz ergebende Umrechnungsverhältnis, das für den Tag der Einzahlung festgesetzt ist, maßgebend.

2. Die III. StNVO. sah Befriedigung der Gläubiger in zwei Gruppen vor. Diejenigen Ansprüche sollten bevorzugt behandelt werden, die auf Grund eines Zwanges zur mündelsicheren Anlage begründet waren. Demgegenüber kennt das Aufwertungsgesetz nur eine einheitliche Behandlung aller Gläubiger derselben Sparkasse.

Der Teil der Teilungsmasse, der dem einzelnen Gläubiger zusteht, errechnet sich auf Grund der Formel $x = \frac{a \cdot m}{b}$, wobei x der dem einzelnen Gläubiger zustehende Teil an der Teilungsmasse ist, a der Goldmarkbetrag der Forderung des betreffenden Gläubigers, b der Gesamtgoldmarkbetrag aller Forderungen und m die Summe der Teilungsmasse.

3. Nur dann, wenn eine unmittelbare Übertragung des Guthabens von einer Sparkasse auf die andere erfolgt ist, wird der Gläubiger in der Weise begünstigt, daß der Goldmarkbetrag seiner Forderung nach dem Zeitpunkt des Erwerbes seiner Forderung gegen die erste Sparkasse berechnet wird. Bei mehrfacher Überweisung gilt die Vorschrift entsprechend; es ist stets auf den Zeitpunkt des Erwerbs der Forderung gegen die erste Sparkasse zurückzugehen. Hat der Gläubiger dagegen sein Guthaben bei einer Sparkasse aufgehoben, um es sofort bei einer anderen Sparkasse wieder einzuzahlen, dann kommt diese Vergünstigung für ihn nicht in Frage.

4. Die in Anm. 3 bezeichnete Vergünstigung hat zunächst für die zweite Sparkasse nachteilige Folgen, da der gegen sie gerichteten Forderung ein höherer Goldwert beigelegt wird, als sie tatsächlich empfangen hat. Die oberste Landesbehörde ist deshalb ermächtigt, hier einen Ausgleich zwischen den beiden Sparkassen zu schaffen; für den Fall, daß es sich um Sparkassen, die in verschiedenen Ländern ihren Sitz haben, handelt, sieht das Gesetz eine Regelung bezüglich des Ausgleichs nicht vor, sondern überläßt es den beteiligten Ländern, in gegenseitigem Einvernehmen einen Ausgleich zu finden. Wenn ein solches Einvernehmen nicht zu erzielen ist, dann kommt ein Ausgleich nicht in Frage; insbesondere ist die Austragung eines solchen Streites im ordentlichen Rechtswege nicht möglich, da sich aus allgemeinen Rechtsvorschriften ein Anspruch der zweiten Sparkasse gegen die erste nicht herleiten läßt.

5. Der Vorbehalt muß bei der Annahme der Leistung erfolgt sein; ein nachträglicher Vorbehalt wahrt die Rechte nicht.

6. Eine allgemeine Rückwirkung sieht das Gesetz bei Sparkassenguthaben nicht vor, sondern ermächtigt nur die oberste Landesbehörde, anzuordnen, daß Auszahlungen, die nach einem bestimmten Stichtag, jedoch frühestens nach dem 14. Juni 1922, erfolgt sind, als nicht geschehen zu betrachten sind. Ergeht eine solche Anordnung, dann bleibt auch der Goldmarkbetrag dieser Auszahlungen außer Betracht. Mügel (Anm. zu § 57) hält die Landesregierung für berechtigt, statt vollkommener Nichtberücksichtigung die Anrechnung des Goldmarkbetrages vorzuschreiben. Ob dies angesichts des Wortlauts des Gesetzes richtig ist, erscheint zweifelhaft.

7. Hat der Gläubiger sich bei der Annahme der Leistung seine Rechte vorbehalten, dann ist ihm die geleistete Zahlung in Höhe ihres Goldmarkbetrages auf den Goldmarkbetrag seiner Forderung anzurechnen. Es ist also zunächst der Gesamtgoldmarkbetrag der Forderung des Gläubigers festzustellen und von diesem Gesamtbetrag ist dann der Goldmarkbetrag der geleisteten Zahlungen, bei denen ein Vorbehalt der Rechte erfolgt ist, abzuziehen.

8. Auszahlungen, bei denen ein Vorbehalt nicht gemacht worden ist, sind auf die jeweils ältesten Einzahlungen zu verrechnen und nur der Goldwert der dann übrig bleibenden späteren Einlagen ist der Aufwertung zugrunde zu legen. Es ist also nicht angängig, daß der Goldwert der Einzahlungen dem Goldwert der Auszahlungen gegenübergestellt und der Differenzbetrag aufgewertet wird; gemäß § 366 Abs. 2 BGB. muß vielmehr angenommen werden, daß durch die Auszahlungen das jeweils älteste Guthaben getilgt worden ist. Quassowski § 57 Anm. II vertritt die Auffassung, daß in sinngemäßer Anwendung des § 366 Abs. 2 BGB. die Anrechnung auf die spätere Einzahlung vorzunehmen ist, weil diese dem Gläubiger die geringere Sicherheit bietet. Was Quassowski hier als Sicherheit ansieht, ist nicht recht ersichtlich, da die Forderungen alle die gleiche Sicherheit besaßen. Seine Auffassung ist deshalb abzulehnen, wobei vor allem auch zu beachten ist, daß die Frage, welcher Teil der Einlagen durch die Abhebung getilgt worden ist, nicht aus der Erfahrung heraus beantwortet werden darf, die wir heute nach Erlaß des Aufwertungsgesetzes besitzen; maßgebend sind die Verhältnisse, wie sie im Zeitpunkt der Rückzahlung bestanden, und da damals niemand daran dachte, den verschiedenen Einlagen einen anderen als ihren Nennwert beizulegen, kann die Regel des § 366 Abs. 2 auch nur in der Weise angewandt werden, daß jeweils die älteste Einlage als getilgt anzusehen ist.

IV. Durchführung der Aufwertung

§ 58.

Die obersten Landesbehörden oder die von ihnen bestimmten Stellen werden ermächtigt,

1. die Anmeldung der Guthaben innerhalb einer Ausschußfrist vorzuschreiben[1];
2. einen Goldmarkbetrag zu bestimmen, den die Guthaben erreichen müssen, um bei der Verteilung berücksichtigt zu werden und Vorschriften über die Ablösung der Guthaben, die bei der Verteilung nicht berücksichtigt werden zu erlassen[2];
3. anzuordnen, daß Einzahlungen und Auszahlungen, die nach bestimmtem Stichtag erfolgt sind, bei der Aufwertung unberücksichtigt bleiben; die Stichtage dürfen jedoch nicht vor dem 15. Juni 1922 liegen[3];
4. die Leistung eines Beitrags zur Teilungsmasse aus dem sonstigen Vermögen des Schuldners oder durch den Garanten vorzuschreiben[4]. Hierbei kann eine Beitragsleistung auch solcher öffentlichrechtlicher Körperschaften vorgeschrieben werden, die ohne Garant der Sparkasse zu sein, nach deren Satzung an den Überschüssen der Sparkasse zu beteiligen sind oder ohne satzungsmäßige Bestimmung tatsächlich innerhalb der letzten 15 Jahre regelmäßig mit einem erheblichen Anteil an den Überschüssen teilgenommen haben;
5. nähere Bestimmungen über den zur Teilungsmasse zu leistenden Beitrag zu treffen[4];
6. sonstige Bestimmungen über die Bildung und Verteilung der Teilungsmasse sowie über ihre Liquidierung zu treffen; insbesondere zu gestatten, daß den Schuldnern aufgewerteter Rechte der Sparkassen und den Eigentümern zur Sicherung dieser Rechte belasteter Grundstücke für den Fall vorzeitiger Leistung zur Teilungsmasse eine Kürzung der Schuld oder andere Vergünstigungen gewährt werden;
7. einen einheitlichen Aufwertungssatz (Einheitssatz) für sämtliche Sparkassen eines Landes oder einzelner Landesteile oder für bestimmte Arten von Sparkassen (städtische, Bezirks-, Kreis-, Provinzialsparkassen und ähnliche) festzusetzen und zu bestimmen, daß in solchem Falle die Bildung einer Teilungsmasse sowie die Bestellung eines Treuhänders unterbleiben darf. Der Einheitssatz wird unter Zugrundelegung des Gesamtbetrags der aufgewerteten Sparkassenvermögen schätzungsmäßig festgesetzt und darf nicht unterhalb desjenigen Satzes liegen, der sich aus dem Verhältnis der aufgewerteten Sparkassenvermögen zu den aufgewerteten Sparguthaben ergibt[5];
8. Vorschriften über die Aufbringung der für die Aufwertung zu einem Einheitssatze (Ziffer 7) erforderlichen Beiträge zu treffen; hierbei kann eine Beitragsleistung auch solcher öffentlichrechtlicher Körperschaften vorgeschrieben werden, die, ohne Garant der Sparkasse zu sein, nach deren Satzung an den

Überschüssen der Sparkasse zu beteiligen sind oder ohne satzungsmäßige Bestimmung tatsächlich innerhalb der letzten 15 Jahre regelmäßig mit einem erheblichen Anteil an den Überschüssen teilgenommen haben;

9. einen Mindestsatz für die Aufwertung zu bestimmen[7];

10. für mehrere Sparkassen die Zusammenlegung der Teilungsmassen und ihre einheitliche Verteilung unter die Gläubiger dieser Sparkassen anzuordnen;

11. Die Gewährung eines Beitrags zu den Verwaltungskosten vorzuschreiben und Grundsätze für die Bemessung des Verwaltungskostenbeitrags zu geben[8]:

12. zu bestimmen, daß die Auswechslung von zum Sparkassenvermögen gehörigen Hypotheken zwischen zwei Sparkassen aus Anlaß der Abtretung deutschen Gebiets auf Grund des Versailler Vertrags für die Feststellung des Erwerbstags außer Betracht bleibt[9].

1. Die Versäumung einer etwa vorgeschriebenen Anschlußfrist hat zur Folge, daß jeder Anspruch des säumigen Gläubigers erlischt.

2. Mit Rücksicht auf die zahlreichen in entwertetem Geld begründeten Guthaben, die nur einen minimalen Goldwert haben und demgemäß nur einen ganz geringfügigen Aufwertungsbetrag ergeben, ist die oberste Landesbehörde ermächtigt, Guthaben, die einen gewissen Goldmarkbetrag nicht erreichen, von der Berücksichtigung bei der Verteilung auszuschließen. Hierbei kann die oberste Landesbehörde auch Vorschriften über die Ablösung dieser ausgeschlossenen Guthaben erlassen, wobei sie aber als befugt anzusehen ist, auch eine völlige Streichung derselben anzuordnen.

3. Wird bestimmt, daß Einzahlungen, die nach einem bestimmten, nach dem 14. Juni 1922 liegenden Termin erfolgt sind, unberücksichtigt bleiben, dann kommt eine Aufwertung derselben nicht in Frage; ebenso wird dann, wenn auf Grund besonderer Anordnung Auszahlungen, die nach einem solchen Stichtag erfolgt sind, unberücksichtigt zu bleiben haben, deren Goldmarkbetrag nicht auf die Forderung des Aufwertungsberechtigten angerechnet (vgl. § 57 Anm. 6).

4. Die Möglichkeit einer Beitragsleistung sieht § 56 vor. Ziff. 4 und 5 des § 58 überlassen es der obersten Landesbehörde, nähere Bestimmungen über die Verpflichtung zur Beitragsleistung überhaupt und über die Art und Höhe derselben zu erlassen.

5. Ziff. 6 bezweckt insbesondere, eine schnellere Bildung der Teilungsmasse zu ermöglichen. Eine vorzeitige Rückzahlung der Schuld begünstigt den Gläubiger insofern, als er das Geld anderweit zu günstigeren Zinssätzen, als sie das Aufwertungsgesetz zugesteht, anlegen kann. Es ist daher sachlich gerechtfertigt, bei vorzeitiger Rückzahlung dem Schuldner einen gewissen Nachlaß zu gewähren.

6. Durch die in Ziff. 7 eingeräumten Rechte sollen die Gläubiger nicht benachteiligt werden; deswegen muß der Einheitssatz mindestens dem Satz entsprechen, der sich aus dem Verhältnis der aufgewerteten Sparkassenvermögen zu dem Gesamtbetrag der Sparguthaben ergibt.

7. § 55 Abs. 2 hat bereits als Soll-Vorschrift bestimmt, daß der Aufwertungssatz mindestens $12\frac{1}{2}$% betragen und möglichst dem Aufwertungssatz der Anleihe des Schuldners entsprechen soll. Ziffer 9 gibt der obersten Landesbehörde das Recht, derartige Mindestsätze zwingend vorzuschreiben.

8. Die Möglichkeit des Abzuges eines zu den Verwaltungskosten zu gewährenden Beitrages sieht § 56 vor. Ziff. 11 überläßt es der obersten Landesbehörde, eine Verpflichtung zur Gewährung dieses Beitrages sowie die Höhe desselben vorzuschreiben.

9. Ziff. 12 bildet insofern eine Ergänzung des § 3, als er bestimmt, daß dann, wenn aus Anlaß der Abtretung deutschen Gebietes auf Grund des Versailler Vertrages Hypotheken zwischen zwei Sparkassen ausgewechselt worden sind, für die Berechnung des Goldmarkbetrages der Erwerb der Sparkasse, die die Hypothek an die andere übertragen hat, zugrunde zu legen ist.

Achter Abschnitt

Aufwertung von Versicherungsansprüchen

I. Geltungsgebiet

§ 59.

(1) Versicherungsansprüche im Sinne der §§ 60, 61 sind die Ansprüche der Versicherten aus Lebensversicherungsverträgen, ferner, die Ansprüche der Versicherten aus solchen Kranken-, Unfall- und Haftpflichtversicherungsverträgen, für die nach gesetzlichen Bestimmungen oder nach Vorschrift der Aufsichtsbehörde vor dem 14. Februar 1924 ein Prämienreservefonds im Sinne der §§ 56 ff. des Versicherungsaufsichtsgesetzes zu bilden war, mit Ausnahme von Ansprüchen aus Haftpflichtversicherungsverträgen mit unbegrenzter Deckung. Als Lebensversicherung gilt die Versicherung auf den Lebensfall, auf den Todesfall, Kapitalversicherung, Rentenversicherung usw., ferner die Invaliditäts-, Alters-, Witwen-, Waisen-, Aussteuer- und Militärdienstversicherung, gleichviel ob auf Kapital oder Rente[1].

(2) Die Reichsregierung oder die von ihr bestimmte Stelle wird ermächtigt, Bestimmungen über die Voraussetzungen, die Art und die Höhe der Aufwertung von Ansprüchen der Versicherten aus Versicherungsverträgen anderer Art zu erlassen[2].

1. Der 8. Abschnitt enthält die Vorschriften über die Aufwertung der Versicherungsansprüche. Im Vordergrunde stehen die Ansprüche aus Lebensversicherungsverträgen und zwar sowohl diejenigen, die auf den Todesfall, wie auch diejenigen, die auf den Erlebensfall gestellt sind, wie auch schließlich diejenigen, die gemischter Natur sind.

Die Aufwertung von Ansprüchen aus Kranken-, Unfall- und Haftpflichtversicherungsverträgen wird durch § 59 nur dann geregelt, wenn für sie nach gesetzlichen Bestimmungen oder nach Vorschriften der Aufsichtsbehörde ein Prämienreservefonds zu bilden war.

2. Absatz 2 enthält eine außerordentlich weitgehende Ermächtigung der Reichsregierung, die Aufwertung der Ansprüche aus Versicherungsverträgen anderer Art im Wege der Durchführungsverordnung zu regeln. Mügel (§ 59 Anm. 2) hält diese Ermächtigung für rechtsungültig, weil sie im Widerspruch mit Art. 68 Abs. 2 der Reichsverfassung steht. Dem ist nicht zuzustimmen, da der Reichstag zweifellos befugt ist, seine Gesetzgebungsgewalt in begrenzter Form an der Regierung zu delegieren, eine solche beschränkte Form ist aber im vorliegenden Fall dadurch gegeben, daß es sich um einen ganz bestimmten Kreis von Ansprüchen handelt, deren Aufwertung die Regierung regeln kann.

II. Gegenstand und Art der Aufwertung

§ 60.

(1) Versicherungsansprüche werden in der Weise aufgewertet, daß das aufgewertete Vermögen der Versicherungsunternehmung nebst einem etwa aus dem sonstigen Vermögen des Schuldners zu leistenden Beitrag einem Treuhänder überwiesen wird.

(2) Der Treuhänder hat den ihm überwiesenen Betrag (Aufwertungsstock) nach Abzug der Verwaltungskosten zugunsten der Versicherten nach einem von der Aufsichtsbehörde genehmigten Teilungsplane zu verwenden. Mit der Genehmigung durch die Aufsichtsbehörde wird der Teilungsplan verbindlich[1].

(3) Trotz der Bewirkung der Leistung nimmt der Gläubiger an der Verteilung des Aufwertungsstocks teil, wenn er sich bei der Annahme der Leistung seine Rechte vorbehalten hat. Hat der Gläubiger die Leistung in der Zeit vom 15. Juni 1922 bis zum 14. Februar 1924 angenommen, so wird er an dem Aufwertungsstock auch dann beteiligt, wenn er sich bei der Annahme der Leistung seine Rechte nicht vorbehalten hat (Rückwirkung). Die Zahlungen sind unbeschadet der Vorschrift im § 61 in Höhe des Goldmarkbetrags (§§ 2, 3) anzurechnen. Liegen diese Voraussetzungen nicht vor, so kann im Falle der Bewirkung der Leistung die Aufwertung auch wegen ungerechtfertigter Bereicherung oder auf Grund einer Anfechtung wegen Irrtums oder aus einem andern Rechtsgrund nicht verlangt werden. Ansprüche wegen arglistiger Täuschung bleiben unberührt[2].

1. Die Aufwertung der Versicherungsansprüche erfolgt ähnlich wie bei den Pfandbriefen und Sparkassenguthaben in der Weise, daß ein Aufwertungsstock gebildet wird, der unter die Berechtigten zur Verteilung gelangt. Praktisch vollzieht sich die Aufwertung in der Form, daß das aufgewertete Vermögen einem Treuhänder überwiesen wird, der einen der Genehmigung der Aufsichtsbehörde unterliegenden Plan aufzustellen hat.

2. Abs. 3 regelt die Frage der Aufwertung auf Grund eines Vorbehalts und kraft Rückwirkung. Wer sich bei der Bewirkung der Leistung seine Rechte vorbehalten hat, nimmt in jedem Fall an der Aufwertung teil. Ist ein Vorbehalt nicht gemacht worden, dann ist der Zeit-

punkt, in dem die Leistung bewirkt worden ist, für die Frage, ob noch eine Aufwertung zusteht, maßgebend. Ist die Leistung vor dem 15. Juni 1922 bewirkt worden, dann findet eine Aufwertung nicht mehr statt, ist sie dagegen nach dem 14. Juni 1922 bis 14. Februar 1924 bewirkt, dann findet eine Aufwertung auch dann statt, wenn ein Vorbehalt nicht gemacht worden ist.

III. Durchführung der Aufwertung

§ 61.

Die Reichsregierung oder die von ihr bestimmte Stelle trifft die näheren Bestimmungen über die Berechnung der Versicherungsansprüche, über die Bildung, Erhaltung, Liquidierung und Verteilung des Aufwertungsstocks sowie über den von dem Schuldner zum Aufwertungsstocke zu leistenden Beitrag; sie kann einen Goldmarkbetrag bestimmen, den die Versicherungsansprüche erreichen müssen, um bei der Verteilung berücksichtigt zu werden. Sie kann zulassen, daß in besonderen Fällen die Durchführung des Aufwertungsverfahrens in anderer Weise als durch Überweisung des Aufwertungsstocks an einen Treuhänder erfolgt und besondere Vorschriften für Ansprüche aus Versicherungsverträgen mit ausländischen, nicht unter Reichsaufsicht stehenden Unternehmungen erlassen. Darüber hinaus kann sie zur Ergänzung der Vorschriften dieses Gesetzes die Anordnungen treffen, die sie zur Durchführung der Aufwertung für notwendig erachtet[1].

1. Die §§ 59—61 des Aufwertungsgesetzes stellen nur ein Rahmengesetz dar, das seine praktische Bedeutung erst durch die Durchführungsbestimmungen der Reichsregierung erlangen wird. Die Rechtsgrundlage für diese Durchführungsbestimmungen schafft § 61.

Neunter Abschnitt

Aufwertung anderer Ansprüche

I. Allgemeine Bestimmung

§ 62.

Die Aufwertung anderer als der in den §§ 4 bis 61 bezeichneten Ansprüche richtet sich nach den allgemeinen Vorschriften, soweit sich nicht aus den Vorschriften der §§ 63 bis 66 ein anderes ergibt[1].

1. Während nach dem Wortlaut des § 1 es den Anschein hat, als ob das Aufwertungsgesetz eine erschöpfende Regelung der Aufwertungsfrage bringt, ordnet es doch nur die Aufwertung eines fest umgrenzten Kreises von Ansprüchen an und nimmt im übrigen auf die allgemeinen Rechtsvorschriften Bezug. Eine gewisse Bedeutung hat § 1 jedoch insofern, als die Vorschriften des ersten Abschnitts, insbesondere die Vorschriften über die

Feststellung des Goldmarkbetrages ganz allgemein gelten; außerdem ist durch ihn klargestellt, daß z. B. auch die §§ 67 Abs. 2 und 79 auf die Fälle anwendbar sind, in denen die Aufwertung gemäß § 62 auf Grund der allgemeinen Vorschriften stattfindet. Unter allgemeinen Vorschriften ist insbesondere der § 242 BGB. zu verstehen; jedoch bringen die §§ 63 bis 66 noch einige Bestimmungen, die den allgemeinen Vorschriften außerhalb des Aufwertungsgesetzes vorgehen. Streitigkeiten über die Höhe der Aufwertung anderer als der in den §§ 4—61 aufgeführten Ansprüche entscheiden nicht die Aufwertungsstellen, sondern die ordentlichen Gerichte.

II. Aufwertung von Vermögensanlagen

§ 63.

(1) Die Aufwertung von Vermögensanlagen[1] darf 25 vom Hundert des Goldmarkbetrags (§§ 2, 3) nicht übersteigen[2]. Die Vorschriften der §§ 14, 15, 17 bis 19 über den Vorbehalt der Rechte und die Rückwirkung finden entsprechende Anwendung[2].

(2) Als Vermögensanlagen im Sinne des Abs. 1 gelten nicht[3]:

1. Ansprüche aus Gesellschaftsverträgen und anderen Beteiligungsverhältnissen[4];
2. Ansprüche aus Gutsüberlassungsverträgen sowie Ansprüche, die auf den Beziehungen aus der Auseinandersetzung unter Miterben, unter Ehegatten, unter geschiedenen Ehegatten, unter Eltern und Kindern oder zwischen Erben und Pflichtteilberechtigten oder Vermächtnisnehmern beruhen[5];
3. Ansprüche, die auf den Beziehungen zwischen unterhaltsberechtigten und unterhaltsverpflichteten Personen beruhen[5];
4. Ansprüche auf wiederkehrende Leistungen, die bei Abfindungen, Auseinandersetzungen, Überlassungen oder ähnlichen Rechtsvorgängen begründet sind[5];
5. Ansprüche auf Entrichtung eines Erbbauzinses[6];
6. Guthaben bei Fabrik- oder Werksparkassen sowie Ansprüche an Betriebs-Pensionskassen (§ 64)[7]. Die Vorschrift, daß die Guthaben und Ansprüche kraft Gesetzes nicht Vermögensanlage sind, gilt nicht, soweit die Mittel der Kasse aus freiwilligen Zuwendungen des Arbeitgebers herrühren; sie gilt auch nicht, sofern das Vermögen der Kasse gesondert vom Betriebsvermögen des Arbeitgebers zu verwalten und anzulegen war und verwaltet und angelegt worden ist[8].

(3) Als Vermögensanlagen im Sinne des Abs. 1 gelten ferner nicht Ansprüche aus gegenseitigen Verträgen[9]. Soweit zum Zwecke der Versorgung von Arbeitern oder Angestellten eine Versicherung abgeschlossen ist, bleiben etwa daneben bestehende Versorgungsansprüche aus dem Anstellungsverhältnis unberührt. Ist der Arbeiter oder Angestellte bei seinen Arbeitgeber versichert, so wird das Vorliegen eines solchen Versorgungsanspruchs aus dem Dienstvertrage vermutet[10].

(4) In den Fällen des Abs. 1 sowie des Abs. 2 Ziffer 1 bis 4 kann das Gericht über die Fälligkeit und die Verzinsung nach billigem Ermessen entscheiden. Über das aus §§ 25, 26, 28 ersichtliche Maß hinaus darf jedoch ohne Zustimmung des Gläubigers Stundung oder Zinsermäßigung nicht gewährt werden[11].

(5) Die Länder werden ermächtigt, im Wege der Gesetzgebung Vorschriften über die Aufwertung von Erbpachtzinsen (Kanon), Grundmieten, Erbleihen und ähnlichen Ansprüchen zu erlassen.

1. Der Begriff der Vermögensanlage ist neu. Im Reichstagsausschuß ist der Versuch gemacht worden, ihn gesetzlich festzulegen, ohne daß es jedoch zu einer Einigung gekommen ist. Er wird im Sinne des Aufwertungsgesetzes dahin festzulegen sein, daß er alle Fälle der Anlegung vom Geld zum Zwecke der Nutzung oder Verwahrung umfaßt. Nicht erforderlich ist, daß es sich um eine Maßnahme handelt, die im Interesse des Gläubigers erfolgt ist. Auch ein Gefälligkeitsdarlehen, das dem Gläubiger nicht den Nutzen bringt, den er anderweit erzielen könnte, ist eine Vermögensanlage (a. A. Schlegelberger § 63 Anm. 2, Mügel § 63 Anm. 1, Quassowski § 63 Anm. I und OLG. Köln in JW. 25, 280). Es ist eine durch nichts gerechtfertigte Härte, den Darlehnsschuldner besser zu stellen der das Darlehn nur auf Grund geschäftlicher Überlegungen des Gläubigers erhalten hat, als denjenigen, dem das Geld aus Gefälligkeit geliehen worden ist, und es liegt keine Veranlassung dafür vor, den Gläubiger zu bevorzugen, der das Darlehen in erster Linie aus Gefälligkeit und erst in zweiter Linie auf Grund geschäftlicher Überlegungen gegeben hat. In der Praxis wird sich das Gefälligkeitsdarlehen im übrigen nicht immer leicht von anderen Darlehen abgrenzen lassen, da die Fälle häufig sein werden, daß die Zinsen den allgemein üblichen Zinsen entsprechen, der Gläubiger das Darlehen aber ohne die persönlichen Gründe nicht gegeben haben würde, weil er Gelegenheit hatte, sein Geld anderweit günstiger anzulegen.

Nicht erforderlich ist zum Begriff der Vermögensanlage, daß ein Nutzen mit ihr bezweckt wird, wenn dies auch regelmäßig der Fall sein wird. Auch ein Bankguthaben in laufender Rechnung ist eine Vermögensanlage, trotzdem die Zinsen in diesem Fall für den Gläubiger regelmäßig keine Rolle spielen. Schließlich ist grundsätzlich für die Annahme des Begriffs der Vermögensanlage nicht eine gewisse Zeitdauer erforderlich, wenn auch ganz kurzfristige Vermögensanlagen für die Aufwertung nicht in Frage kommen.

Kautionen fallen nicht unter den Begriff der Vermögensanlagen (vgl. Hein in JW. 24, 1034), weil es bei ihnen an der freien Entschließung des Gläubigers fehlt. Über ihre Aufwertung ist unter Berücksichtigung der wirtschaftlichen Verhältnisse und der Leistungsfähigkeit des Schuldners zu entscheiden.

2. Die Aufwertung solcher Vermögensanlagen, für die nicht irgendwelche besonderen Vorschriften erlassen sind, darf grundsätzlich 25 % nicht übersteigen; die Vorschriften des Aufwertungsgesetzes über den Vorbehalt der Rechte und über die Rückwirkung finden entsprechende Anwendung, ohne daß es in letzterem Fall, wie bei den Hypotheken einer besonderen Anmeldung bedarf. Alle nach dem 14. Juni 1922 zurückgezahlten nicht hypothekarisch gesicherten Darlehen unterliegen deshalb gleichfalls nachträglich der Aufwertung. Auch im Falle der Abtretung hat der Abtretende noch einen Anspruch auf Aufwertung, wenn die Abtretung erst nach dem 14. Juni 1922 erfolgt ist.

§ 63 Abs. 1 wird von erheblicher praktischer Bedeutung für die Fälle sein, in denen Schuldverschreibungen ausgegeben worden sind, die weder auf den Inhaber lauten noch an Order gestellt sind. Derartige Schuldverschreibungen laufen in verhältnismäßig großer Zahl um; die Höhe ihrer Aufwertung richtet sich nicht nach den Vorschriften der §§ 33 ff., sondern wird von den Gerichten auf Grund des § 62 gemäß den allgemeinen Vorschriften festgesetzt, wobei nur eine Aufwertung über 25 % hinaus unzulässig ist. Einer Anmeldung des Altbesitzes bedarf es bei diesen Papieren deshalb nicht, ebensowenig kommt die Gewährung eines Genußrechts in Betracht. Angesichts der Tatsache, daß die auf den Inhaber lautenden Schuldverschreibungen regelmäßig nur mit 15 % aufgewertet werden und daneben nur für die Altbesitzer noch ein Genußrecht vorgesehen ist, dessen heutiger Wert kaum mit 10 % des Goldmarkbetrages der Schuldverschreibung angenommen werden kann, wird es der Billigkeit entsprechen, auch bei den Rektaschuldverschreibungen regelmäßig nicht bis zur vollen 25 %igen Aufwertung zu gehen. Hier kommt noch hinzu, daß das Gericht gemäß Abs. 4 in der Lage ist, sowohl einen höheren Zinssatz wie einen früheren Fälligkeitstermin festzusetzen. Der der Aufwertung zugrunde zu legende Goldmarkbetrag ist jedoch auch in diesen Fällen nach den §§ 2 und 3 des Aufwertungsgesetzes zu berechnen.

3. Absatz 2 bestimmt für eine Reihe von Ansprüchen, die im wirtschaftlichen Sinne zweifellos Vermögensanlagen sind, daß sie im Sinne des Abs. 1 nicht als solche gelten. Das hat zur Folge, daß bei ihnen allen die Beschränkung der Aufwertung auf höchstens 25 % in Fortfall kommt. Über die Aufwertung auf Grund eines Vorbehalts oder kraft Rückwirkung ist nichts besonderes bestimmt. Bezüglich des Vorbehalts ergibt sich aus der Bedeutung des Vorbehalts von selbst, daß er auch in den Fällen des Abs. 2 sich voll auswirkt, so daß derjenige, der bei der Befriedigung eines unter Abs. 2 fallenden Anspruchs einen Vorbehalt gemacht hat, in der Lage ist, noch nachträglich die ihm zustehende Aufwertung zu fordern. Ist kein Vorbehalt gemacht, kommt also eine Aufwertung kraft Rückwirkung in Frage, dann ist daran zu erinnern, daß das Reichsgericht in seiner Entscheidung vom 3. Dezember 1924 — JW. 25, 45 — festgestellt hat, daß die Annahme des Nennbetrages noch nicht den Verlust der Aufwertungsansprüche zur Folge hatte. Da hier die Grenze des 15. Juni 1925 nicht gezogen ist, können also Aufwertungsansprüche auch dann noch geltend gemacht werden, wenn vor dem 15. Juni 1925 eine vorbehaltlose Annahme der Gegenleistung erfolgt ist. Wie weit zurückgegangen werden kann, erscheint zweifelhaft; das Reichsgericht wird nicht umhin können, nunmehr in bezug auf Abs. 2 festzustellen, von welchem Zeitpunkt an Treu und Glauben die Gewährung einer Aufwertung gebot.

4. Vgl. § 10 Ziffer 1 und dazu die Anm. 3.

Besonders zu erörtern sind die Vorzugsaktien, die vor der Umstellung auf Goldmark zur Rückzahlung zum Nennbetrag zuzüglich des meist in der Satzung vorgesehenen geringfügigen Aufgeldes gekündigt worden sind. Das sich aus den Vorzugsaktien ergebende Recht stellt sich begrifflich nicht als die Forderung eines Gläubigers dar, sondern es ist als eine

Beteiligung an der Gesellschaft anzusehen, die zwar regelmäßig stark begrenzt ist, aber insbesondere durch die Zubilligung des Stimmrechts klar zum Ausdruck kommt. Deshalb können auch die Vorzugsaktionäre im Fall der Liquidation oder des Konkurses immer erst dann mit einer Befriedigung ihrer eigenen Ansprüche rechnen, wenn alle Gläubiger voll befriedigt worden sind. Daß der Kauf von Vorzugsaktien regelmäßig zum Zwecke einer Vermögensanlage erfolgt, will nichts besagen, da Abs. 2 nicht feststellt, daß die in ihm aufgewerteten Ansprüche keine Vermögensanlagen *sind*, sondern nur bestimmt, daß sie nicht als solche im Sinne des Abs. 1 *gelten*.

Eine Unterstellung der gekündigten Vorzugsaktien unter Abs. 1 würde auch insofern eine Unbilligkeit bedeuten, als dann, wenn die Kündigung der Vorzugsaktien nicht erfolgt wäre, ihre Inhaber das Recht auf eine den Vorschriften der Goldbilanzverordnung entsprechende Umstellung gehabt hätten, wobei sie den Stammaktien gleichberechtigt gewesen wären, mindestens aber, sofern sie obligationsähnlich sind, 15 % ihres Goldmarkbetrages hätten erhalten müssen.

Die Aufwertung der vor der Goldmarkumstellung gekündigten Vorzugsaktien richtet sich deshalb nach den allgemeinen Rechtsgrundsätzen, ohne daß die Begrenzung des Abs. 1 auf 25 % zur Anwendung kommt. Den Maßstab für die Aufwertung gibt die erfolgte Umstellung der Stammaktien auf Goldmark ab, wobei einmal beachtet werden muß, daß auf die Vorzugsaktien bei der Umstellung mindestens 15 % ihres Goldmarkbetrages hätten entfallen müssen, während andererseits berücksichtigt werden muß, daß bei der erfolgten Umstellung mit der Aufwertung der gekündigten Vorzugsaktien nicht gerechnet wurde und daß, wenn dies geschehen wäre, sich vielleicht eine schärfere Zusammenlegung als notwendig erwiesen haben würde.

Sind Vorzugsaktien bereits eingelöst, dann rechtfertigt sich der Anspruch auf eine nachträgliche Aufwertung — auch ohne daß ein Vorbehalt gemacht worden ist — aus den Gründen des mehrfach erwähnten Urteils des Reichsgerichts vom 3. Dezember 1924 (JW. 25, 45).

Unter Abs. 2 Ziffer 1 fallen nicht nur Ansprüche der Gesellschafter gegen die Gesellschaft, sondern auch umgekehrt solche der Gesellschaft gegen ihre Gesellschafter. Insbesondere gehören hierher auch die Ansprüche der Aktiengesellschaften gegen diejenigen Aktionäre, die ihre Aktien noch nicht voll eingezahlt haben; die Aufwertung hat in diesem Fall nach dem gleichen Maßstab zu erfolgen, nach dem die Aktien umgestellt worden sind; ist eine Aktie also nur mit 25 % eingezahlt worden, dann erstreckt sich die Nachzahlungspflicht auf 75 % des jetzigen Nennbetrages der Aktie (vgl. Hartmann im Bank-Archiv 23. Jahrg. S. 273).

5. Die Ziffern 2, 3 und 4 entsprechen den gleichen Ziffern des § 10; (vgl. das dort in den Anm. 4—7 Gesagte).

6. Der Anspruch auf Entrichtung eines *Erbbauzinses* ist von dem Begriff der Vermögensanlage ausgenommen, trotzdem an sich gemäß § 9 Abs. 1 der Verordnung vom 15. Januar 1919 die Bestimmungen über die Reallasten auf ihn entsprechend anwendbar sind. Sein wirtschaftlicher Zweck ist aber von dem Zweck der Reallast so verschieden, daß die unterschiedliche Behandlung durch das Aufwertungsgesetz sachlich gerechtfertigt ist.

7. Ziffer 6 ist aus sozialen Gründen in das Gesetz eingefügt worden. Wenn die *Guthaben der Arbeiter und Angestellten bei Fabrik- und Werksparkassen* auch grundsätzlich wirtschaftlich eine Vermögensanlage darstellen, so ist doch auf der andern Seite zu bedenken, daß das Geld regelmäßig im Betriebe des Arbeitgebers gearbeitet hat und daß diesem deshalb eine erhöhte Aufwertung zugemutet werden kann, sofern er selbst in der Lage war, sich seine Substanz in einem größeren Ausmaß zu erhalten. Der gleiche Gesichtspunkt trifft für Betriebspensionskassen zu. Aus dem Zweck der Vorschrift folgt aber, daß nur bei solchen Guthaben die Grenze des § 63 Abs. 1 nicht gelten kann, die sich wirtschaftlich als eigene Einlagen des Arbeitnehmers, seiner Ehefrau oder seiner Kinder darstellen. Hat der Arbeitnehmer bei der Fabrik- oder Werksparkasse Guthaben unterhalten, für die ihm die Mittel aus seinem weiteren Verwandten- und Bekanntenkreis zur Verfügung gestellt worden sind, z. B. weil er die Möglichkeit hatte, auf diese Weise eine höhere Verzinsung als bei einer Sparkasse zu erzielen, dann können solche Guthaben nicht mehr durch Ziffer 6 erfaßt werden.

8. Guthaben bei Fabrik- und Werksparkassen, sowie Ansprüche an Betriebspensionskassen gelten im Sinne des § 63 Abs. 1 doch als Vermögensanlagen, sind also mit höchstens 25 % aufwertbar, soweit die Mittel der Kasse aus freiwilligen Zuwendungen des Arbeitgebers herrühren; hat z. B. der Arbeitgeber bei irgendeiner besonderen Gelegenheit seinen Arbeitnehmern eine Gratifikation gewährt, auf die ein Rechtsanspruch nicht bestand, und hat er diese auf dem Konto der Werksparkasse gutbringen lassen, dann kommt höchstens eine Aufwertung von 25 % in Betracht. Das gleiche gilt, wenn das Vermögen der Kasse gesondert zu verwalten und anzulegen war und auch gesondert verwaltet und angelegt worden ist; in diesem Fall kommt eine Aufwertung nur nach Maßgabe der Mittel der Kasse in Betracht.

9. Die Ansprüche aus gegenseitigen Verträgen waren bereits nach dem Recht der III. StNVO. nach allgemeinen Grundsätzen aufwertbar; bei ihnen handelt es sich regelmäßig auch wirtschaftlich nicht um Vermögensanlagen.

10. Eine besonders eigenartige Regelung haben die Versicherungsansprüche erfahren, die der Arbeitgeber zum Zwecke der Versorgung von Arbeitern oder Angestellten abgeschlossen hat. Zwei Fälle sind zunächst zu unterscheiden: Der Arbeitgeber sichert dem Arbeitnehmer eine Altersversorgung zu und sichert sich gegen das dadurch übernommene Risiko durch das Eingehen einer Versicherung. In diesem Fall ist die Tatsache der Versicherung auf den Versorgungsanspruch des Arbeitnehmers zunächst ohne Einfluß; die Aufwertung der Versorgungsansprüche erfolgt nach allgemeinen Rechtsgrundsätzen, wobei aber im Gegensatz zur Auffassung des Reichsgerichts (JW. 24, 1428) nicht der Unterhaltscharakter, sondern der Gesichtspunkt der Äquivalenz von Leistung und Gegenleistung den entscheidenden Gesichtspunkt abgibt (vgl. Krückmann in JW. 24, 1428). Dieser Unterschied ist deshalb bedeutungsvoll, weil die Auffassung des Reichsgerichts logisch eine Berücksichtigung der wirtschaftlichen Lage des Arbeitgebers nicht zuläßt, während im andern Fall eine solche Berücksichtigung nicht nur zulässig, sondern geboten ist. Dabei wird auch die Tatsache zu berücksichtigen sein, daß sich der Arbeitgeber durch das Eingehen einer Versicherung gedeckt und diese Deckung durch die Inflation ganz oder zum Teil eingebüßt hat.

Andere Dienstverträge sehen nur die Verpflichtung des Arbeitgebers vor, für eine angemessene Versicherung des Arbeitnehmers Sorge zu tragen; hier hat der Arbeitgeber mit dem Eingehen und der Aufrechterhaltung einer solchen Versicherung seinen Pflichten genügt und die Entwertung derselben durch die Inflation geht zu Lasten des Arbeitnehmers.

Abs. 3 Satz 3 ist auf einen bestimmten Sonderfall zugeschnitten, den er in juristisch nicht einwandfreier Weise zugunsten der Arbeitnehmer zu regeln sucht; hat nämlich ein Arbeitgeber seinen Arbeitnehmer bei sich selbst versichert, dann soll vermutet werden, daß ein Versorgungsanspruch aus dem Dienstverhältnis vorliegt. Tatsächlich hätte die gegenteilige Vermutung aufgestellt werden müssen, denn wenn ein Arbeitgeber derart verfahren ist, dann hat er die Versorgungsansprüche seiner Arbeitnehmer versicherungstechnisch behandeln und für die üblicherweise notwendige Deckung sorgen wollen. Es entspricht deshalb durchaus der Billigkeit und dem Willen der Parteien, solche Ansprüche nach dem für die Aufwertung von Versicherungsansprüchen geltenden Grundsätzen zu behandeln und die Gerichte werden trotz der gesetzlich aufgestellten Vermutung den Gegenbeweis als geführt ansehen müssen, wenn der Arbeitgeber nachweist, daß er die Versicherungsansprüche seiner Arbeitnehmer versicherungstechnisch in einwandfreier Weise genau ebenso behandelt hat wie die Versicherungen betriebsfremder Personen.

11. In den Fällen des Abs. 1 und des Abs. 2 Ziff. 1—4 sind den Gerichten hinsichtlich der Festsetzung der Fälligkeitstermine und der Zinsen weitestgehende Befugnisse eingeräumt. Die Entscheidungen haben nach billigem Ermessen zu ergehen, doch darf keine Stundung oder Zinsermäßigung erfolgen, die den Gläubiger ungünstiger als den Hypothekengläubiger stellt, es sei denn, daß er — der Gläubiger — zustimmt.

III. Aufwertung von Guthaben bei Fabrik- und Werksparkassen sowie von Ansprüchen an Betriebs-Pensionskassen

§ 64.

Über die Höhe der Aufwertung der Guthaben bei Fabrik- und Werksparkassen sowie der Ansprüche an Betriebs-Pensionatskassen entscheidet im Streitfall die Aufwertungsstelle[1]. Die Reichsregierung wird ermächtigt, nähere Bestimmungen über die Abgrenzung des Begriffs der Fabrik- und Werksparkasse und der Betriebs-Pensionskasse, der freiwilligen Zuwendungen und der gesonderten Verwaltung und Anlegung über den Ausgleich der Guthaben durch geleistete Zahlungen sowie über Zeit und Art der Auszahlung der Guthaben, ferner über die Zusammensetzung und das Verfahren der Aufwertungsstelle zu treffen[2].

1. § 64 bringt für die Guthaben bei Fabrik- und Werksparkassen sowie für die Ansprüche an Betriebs-Pensionskassen insofern eine Besonderheit, als er für die Entscheidung von Streitigkeiten über die Höhe der Aufwertung die Aufwertungsstellen für zuständig erklärt. Außerdem ist die Reichsregierung ermächtigt, für derartige Streitigkeiten besondere Bestimmungen über die Zusammensetzung und das Verfahren der Aufwertungsstelle zu treffen.

2. Die sich aus § 63 Ziff. 6 mit Naturnotwendigkeit ergebenden Streitigkeiten über die Abgrenzung des Begriffs der Fabrik- und Werksparkasse und der Betriebs-Pensionskasse, sowie über den Begriff der freiwilligen Zuwendungen, der gesonderten Verwaltung und Anlegung können durch die Reichsregierung im Verordnungswege geklärt werden; das gleiche gilt für Streitfragen über den Ausgleich der Guthaben durch geleistete Zahlungen sowie über Zeit und Art der Auszahlung der Guthaben.

IV. Aufwertung von Kontokorrentforderungen und Bankguthaben

1. Aufwertung von Kontokorrentforderungen

§ 65.

Ansprüche aus einem Kontokorrent oder einer anderen laufenden Rechnung[1], einschließlich der Ansprüche aus dem Postscheckverkehr, werden ohne Rücksicht darauf, ob sie durch Hypothek gesichert sind, unbeschadet anderweitiger Vereinbarungen nicht aufgewertet[2], es sei denn, daß es sich um eine Einlage des Arbeitnehmers bei seinem Arbeitgeber oder um Ansprüche der im § 63 Abs. 2 bezeichneten Art handelt.

1. Die Fassung des § 65 stellt klar, daß er auch die Aufwertung der Ansprüche aus einer sogenannten uneigentlichen laufenden Rechnung ausschließt. Damit ist eine Streitfrage, die sich aus § 12 Abs. 3 der III. StNVO. ergab, geklärt worden. Ferner sind die in der genannten Bestimmung der III. StNVO. enthaltenen Worte „die den Saldo als solchen betreffen" gestrichen worden; dies ist um so mehr zu begrüßen, als es weder der Rechtsprechung noch der Wissenschaft gelungen war, die Bedeutung dieses Satzes zu klären.

Ein Kontokorrentverhältnis (§ 355 HGB.) liegt vor, wenn jemand mit einem Kaufmann derart in Geschäftsverbindung steht, daß die aus der Verbindung entspringenden beiderseitigen Ansprüche und Leistungen nebst Zinsen in Rechnung gestellt und in regelmäßigen Zeitabschnitten durch Verrechnung und Feststellung des für den einen oder anderen Teil sich ergebenden Überschusses ausgeglichen werden. Im Gegensatz zu dieser Begriffsbestimmung genügt es für die Annahme der sogenannten uneigentlichen laufenden Rechnung, daß einer einmaligen Einzahlung des einen Teils in der Folge nur Leistungen des andern Teils gegenüberstehen. Notwendig ist jedoch in jedem Fall, daß eine Vereinbarung über eine derartige Form der Geschäftsverbindung vorliegt und daß periodisch durch Ausgleich der Gutschriften und Belastungen ein Saldo gezogen wird, der auf neue Rechnung vorgetragen wird. Ist der eingezahlte Betrag — wie es bei den festen Geldern der Banken der Fall ist — auf eine bestimmte Zeit festgelegt, nach deren Ablauf er in voller Höhe zurückgezahlt wird, dann liegt eine uneigentliche laufende Rechnung auch dann nicht vor, wenn äußerlich die Form einer solchen gewahrt ist und regelmäßig Rechnungsauszüge erteilt sind (vgl. KG. in JW. 25, 805).

2. Die Ansprüche aus einem Kontokorrentverhältnis oder einer anderen laufenden Rechnung sind grundsätzlich von jeder Aufwertung ausgeschlossen. Dieser Ausschluß rechtfertigt sich deshalb, weil die Parteien durch die Art der Verrechnung davon ausgingen, daß die Währungseinheit, die den Gutschriften und Belastungen zugrunde lag, einen einheitlichen Begriff darstellte, und weil es zu unabsehbaren Konsequenzen führen würde, wenn alle Kontokorrentverhältnisse nachträglich wieder aufgerollt werden sollten. Hinzu kommt, daß der Saldo regelmäßig anerkannt zu werden pflegt und daß in diesem Anerkenntnis nicht nur die Billigung der zahlenmäßigen Richtigkeit, sondern auch das Anerkenntnis liegt, daß er im Zeitpunkt der Anerkennung den sich aus den damaligen Kursen und Preisen ergebenden Papiermarkwert hatte.

Haben die Parteien anderweitige Vereinbarungen getroffen, dann ist eine Aufwertung selbstverständlich zulässig, doch ist anzunehmen, daß in der Praxis solche Vereinbarungen nicht vorgekommen sind.

3. Von dem Ausschluß der Aufwertung nach Maßgabe des § 65 gelten zwei Ausnahmen: die eine bezieht sich auf die im § 63 Abs. 2 bezeichneten Ansprüche; sie wird keine große Bedeutung haben, weil bei derartigen Ansprüchen die Form des Kontokorrentverhältnisses oder der uneigentlichen laufenden Rechnung eine große Seltenheit bilden wird. Wichtiger ist dagegen die zweite Ausnahme, die sich auf die Einlagen des Arbeitnehmers bei seinem Arbeitgeber bezieht. Der sozialen Tendenz dieser Bestimmung entsprechend, kann sie nur auf solche Einlagen bezogen werden, die sich wirtschaftlich auch wirklich als Einlagen des Arbeitnehmers darstellen; es genügt nicht, daß der Arbeitnehmer formell seinem Arbeitgeber als derjenige, der die Einlagen machte, gegenüberstand; war dem Arbeitnehmer das Geld von dritter Seite zur Verfügung gestellt worden, z. B. weil er durch die Einlage bei seinem Arbeitgeber eine günstigere Verzinsung erzielen konnte, dann dürfen solche Guthaben nicht auf Grund der Ausnahmevorschrift von dem Ausschluß der Aufwertung ausgenommen sein.

Das Gesetz nimmt zwar die Einlagen des Arbeitnehmers bei seinem Arbeitgeber von dem Ausschluß der Aufwertung aus, äußert sich aber nicht darüber, wie derartige Fälle bei der Aufwertung zu behandeln sind. Zunächst ist festzustellen, daß es sich hier stets um Vermögensanlagen handelt, so daß eine Aufwertung über 25% hinaus nicht in Frage kommt; eine Aufwertung bis zu diesem Satz ist aber nur dann möglich, wenn sie sich auf Grund der allgemeinen Vorschriften (§ 242 BGB.) rechtfertigen läßt. Maßgebend wird neben der wirtschaftlichen Lage des Arbeitnehmers also auch die Tatsache sein, in welchem Umfange der Arbeitgeber in der Lage war, sich seine Substanz zu erhalten. Je weniger dies der Fall war, desto niedriger muß der Aufwertungssatz festgesetzt werden.

Eine besondere Behandlung verdienen in diesem Zusammenhange die Guthaben der Bankbeamten, die diese bei ihrem Institut unterhalten haben. Wie durch die §§ 65 und 66 jetzt einwandfrei klargelegt ist, unterliegen Bankguthaben in keinem Fall der Aufwertung. Dieser Ausschluß der Aufwertung ist nicht etwa eine besondere Vergünstigung, die das Gesetz den Banken gewährt hat, sondern er ist die notwendige Folgerung aus der Erkenntnis, daß für Bankguthaben auch unter Berücksichtigung der Grundsätze von Treu und Glauben eine Aufwertung nicht in Frage kommt, weil die Banken als ordentliche Kaufleute für ihre Markverpflichtungen Markdeckungen unterhalten mußten. Als solche kamen neben barem Geld und Guthaben bei anderen Banken nur Kredite an die Wirtschaft und Ankauf von Reichsschatzwechseln in Frage, alles Werte, die der Aufwertung nicht unterliegen. Da es nun nicht angängig ist, demjenigen, der auf der einen Seite Geld hereinnimmt, um es auf der anderen Seite wieder herauszugeben, Verpflichtungen aufzuerlegen, denen nicht die gleichen Rechte gegenüberstehen, mußten Bankguthaben in jeder Form von der Aufwertung ausgeschlossen werden. Diese auf allgemeine Rechtserwägungen sich stützenden Gesichtspunkte treffen in vollem Umfange auch für die Angestelltenkonten zu, so daß keine Veranlassung besteht, diese trotz des § 65 aufzuwerten. Zu berücksichtigen ist dabei auch, daß der Angestellte jederzeit in der Lage war, über sein Guthaben zu verfügen; die Bank mußte einerseits also immer mit derartigen Verfügungen rechnen und die entsprechenden Mittel bereithalten, während der Angestellte, der die Markentwertung aus unmittelbarster Nähe miterlebte, sich über die Konsequenzen klar sein mußte, die sich aus der Unterhaltung eines Markguthabens ergaben. Die Bank war weder berechtigt noch verpflichtet, noch auch nur in der Lage, die bei ihr eingezahlten Gelder wertbeständig zu erhalten; die sich daraus ergebende Folgerung, nämlich die Ausschließung jeder Aufwertung, muß auch der Angestellte tragen.

Sofern die Aufwertung von Ansprüchen, die einem Angestellten aus einem Kontokorrent oder einer anderen laufenden Rechnung zustehen, in Betracht kommt, ist die Frage zu prüfen, in welcher Weise Auszahlungen zu verrechnen sind. Es wird dies, ebenso wie bei den Sparkassenguthaben in der Weise zu geschehen haben, daß jede Auszahlung auf das jeweils älteste Guthaben verrechnet wird, so daß für die Aufwertung nur der Goldwert der letzten Einzahlungen bis zur Höhe des verbleibenden Guthabens zu berücksichtigen ist. Eine derartige Regelung kann allerdings nur bis zum 15. Juni 1922 gelten, da für die spätere Zeit auf Grund der Vorschriften über die Rückwirkung der Goldmarkbetrag der Einzahlungen dem der Auszahlungen gegenüberzustellen und aus der Vergleichung beider der Saldo zu ziehen ist.

2. Aufwertung von Bankguthaben

§ 66.

(1) **Ansprüche aus einem Darlehen oder einem Verwahrungsvertrage der im § 700 des Bürgerlichen Gesetzbuchs bezeichneten Art werden ohne Rücksicht darauf, ob sie durch Hypothek gesichert sind, unbeschadet anderweitiger Vereinbarungen, nicht aufgewertet, wenn sie sich gegen ein Unternehmen richten, dessen Geschäftsbetrieb der Anschaffung und Darleihung von Geld dient und nicht der Schuldner das Geld vereinbarungsgemäß in wertbeständigen oder aufgewerteten Vermögensgegenständen anzulegen hat**[1].

(2) **Die Vorschrift des Abs. 1 gilt nicht, wenn es sich um eine Einlage des Arbeitnehmers bei seinem Arbeitgeber oder um Ansprüche der im § 63 Abs. 2 bezeichneten Art handelt**[3].

(3) **Darlehnsansprüche der im Abs. 1 bezeichneten Art sind wie Vermögensanlagen aufzuwerten, wenn sie aus einer ehemaligen Geschäftsbeteiligung entstanden sind und als solche mehr als 5 Jahre bestanden haben**[2].

1. § 66 schließt grundsätzlich die Aufwertung aller Ansprüche, die sich gegen Banken auf Grund eines Darlehns- oder Depositenvertrages richten, von der Aufwertung aus. Veranlaßt ist diese Bestimmung insbesondere durch die sogenannten festen Gelder, über deren Aufwertung in Rechtsprechung und Literatur ein lebhafter Streit herrschte. Die Pflicht zur Aufwertung derartiger Forderungen wurde verneint von mir selbst im Bankarchiv 23. Jahrgang S. 257 sowie in der Börsenzeitung vom 1. Februar 1925, ferner von Rauschenplatt im Bankarchiv 24. Jahrgang S. 155, Bernstein ebenda S. 258 und von Fischer ebenda S. 163, ferner auch von Sontag im Berl. Tagebl. Nr. 555 vom 22. November 1924. Von Gerichtsurteilen sind das Urteil des Kammergerichts vom 2. Mai 1925 (30 U 1427/25), das Urteil des Landgerichts Magdeburg vom 26. November 1924 (2 O 141/24), das Urteil des Landgerichts Breslau vom 10. Juli 1924 (6 O 197/24) und das Urteil des Landgerichts Torgau vom 28. November 1924 (3 S 159/24) zu erwähnen, die sich alle gegen die Aufwertung von Bankguthaben aussprechen. Für die Aufwertung der festen Gelder hat sich dagegen der 8. Zivilsenat des Kammergerichts in der Entscheidung vom 2. Januar 1925 (JW. 25, 805) eingesetzt, und zwar mit der befremdlichen Begründung, daß die Banken in der Lage waren, die bei ihnen eingezahlten Gelder wertbeständig zu erhalten. Mit diesem Urteil war den Gläubigern fester Gelder aber auch nicht viel gedient, weil das Kammergericht nur nach dem Goldwert aufwerten wollte, den das Guthaben im Zeitpunkt der letzten Festlegung hatte: dieser Goldmarkbetrag war regelmäßig so gering, daß nur ein ganz minimaler Aufwertungsbetrag herauskam.

Bei der Bedeutung der Frage konnte das neue Aufwertungsgesetz nicht an ihr vorübergehen, weil, wie Schlegelberg § 66 Anm. 1 zutreffend ausführt, die vom Kammergericht erachtete Aufwertungspflicht Gefahren für die deutsche Gesamtwirtschaft in greifbare Nähe rückte, denen der Gesetzgeber unter allen Umständen Rechnung tragen mußte. Es ist anzuerkennen, daß die Regierung in dieser Frage im allgemeinen durchgehalten hat, trotzdem sie sich über die Unpopularität des Ausschlusses der Bankguthaben nicht im unklaren war. Wie der Kommissionsbericht (S. 58—96) ergibt, ist im Ausschuß verschiedentlich der Versuch unternommen worden, den Grundsatz durch Ausnahmebestimmungen zu durchlöchern; insbesondere wurde erwogen, sogenannte Sparguthaben in die Aufwertung einzubeziehen. Zu dieser Frage heißt es in dem Bericht wie folgt:

„Zu diesem Punkte gab der Reichswirtschaftsminister eine ausführliche Darstellung über die Lage der Banken in bezug auf ihre Depositenverpflichtungen und den Erfolg einer etwaigen Aufwertungspflicht. Zunächst wies er auf die Unmöglichkeit hin, den ‚reinen Sparkassenverkehr‘ der Banken gegenüber sonstigen Depositengeschäften abzugrenzen. Die Verhältnisse lägen so verschieden, daß die Entscheidung letzten Endes dem reinen Zufall anheimfalle und daß Richtlinien für die Abgrenzung überhaupt nicht aufzustellen wären. Der Nutznießer einer solchen Aufwertungspflicht werde auch in ganz überwiegendem Maße das Ausland sein. Auf der anderen Seite bringe schon eine noch so geringe Aufwertungspflicht den Ruin zahlreicher Banken unvermeidlich mit sich. Dies beleuchtete er alsdann unter vergleichsweiser Darstellung der Wirtschaftslage der Banken 1914 und 1924 mit dem Schluß, daß kaum ein Zweig des Wirtschaftslebens solche Inflationsverluste erlitten habe, wie gerade die Banken. Er zeigte an einer Reihe von Beispielen norddeutscher und süddeutscher angesehener Provinzbanken, daß eine Aufwertung ihrer langfristigen Depositengelder schon bei 1 bis 5 proz. Aufwertung dieser Verpflichtungen eine Last bedeuten würde, die dem gesamten Aktivvermögen nach der Goldumstellung gleichkomme, und daß unter den Aktiven der Banken außer reinen Gebäudewerten kaum wertbeständige Anlagen zu finden seien. Durch eine Aufwertung im Rahmen des Antrags der Kompromißparteien werde daher den Banken und dem Wirtschaftsleben, für das sie unentbehrlich seien, ein unverantwortlicher Schlag versetzt.

Die Vertreter der Kompromißparteien erklärten dazu, daß sie nach diesen Ausführungen und nach inzwischen erfolgter Durchsicht des ihnen zugegangenen Materials verschiedener Banken nicht in der Lage seien, ihren Antrag aufrechtzuerhalten."

Die Vorgeschichte des § 66 ergibt, daß er weitestgehend auszulegen ist; selbstverständlich fallen unter ihn aber nicht Verpflichtungen der Banken, die sich aus anderen als reinen Geldgeschäften ergeben. Wenn Quassowski § 66 Anm. I 2 darauf hinweist, daß Guthaben, die der Kunde aus der Ausführung von Aufträgen durch die Bank erlangt hat, nicht unter § 66 fallen, so ist das unzweifelhaft richtig; er vergißt aber hinzuzufügen, daß derartige Gutschriften regelmäßig in laufender Rechnung erfolgt sind, so daß sich der Ausschluß der Aufwertung bereits aus § 65 ergibt.

Auch hypothekarisch gesicherte Darlehn, die einer Bank gegeben sind, unterliegen nicht der Aufwertung, doch muß in diesem Fall vom Schuldner gemäß § 12 bis zum 31. Dezember 1925 ein entsprechender Antrag bei der Aufwertungsstelle gestellt sein. Da die Hypothek nicht höher als die persönliche Forderung aufgewertet werden kann, kommt in diesem Falle auch eine Aufwertung des dinglichen Rechts nicht in Frage.

2. Von dem Grundsatz des § 66 sind einige Ausnahmen gemacht worden:

a) Eine Aufwertung ist zulässig, wenn anderweitige Vereinbarungen vorliegen. Hat eine Bank sich also mit ihren Gläubigern über eine etwaige Aufwertung verständigt, dann hat es dabei sein Bewenden und die Bank kann sich jetzt nicht auf § 66 berufen.

b) Eine Aufwertung findet dann statt, wenn der Schuldner das Geld vereinbarungsgemäß in wertbeständigen oder aufgewerteten Vermögensgegenständen anzulegen hatte; ob solche Vereinbarungen jemals getroffen worden sind, erscheint zweifelhaft, große praktische Bedeutung wird diese Vorschrift jedenfalls nicht erlangen. Im Reichstagsausschuß war angeregt worden, eine Aufwertung nicht nur dann zuzulassen, wenn eine wertbeständige Anlage vereinbarungsgemäß erfolgen sollte, sondern auch dann, wenn sie ohne eine Vereinbarung tatsächlich erfolgt ist. Mit Recht ist diese Anregung fallen gelassen worden, weil einerseits der Gläubiger kaum in der Lage gewesen wäre, einen derartigen Nachweis zu führen, andererseits aber bei der allgemeinen Mentalität in Aufwertungsfragen damit zu rechnen war, daß eine solche Bestimmung eine Hochflut von Prozessen auslösen würde.

c) Die Einlagen des Arbeitnehmers sind ebenso wie im § 65 gleichfalls angenommen. Diese Ausnahme macht insofern Schwierigkeiten als, wie bereits dargelegt, § 66 nur das in der Form einer Gesetzesvorschrift ausspricht, was sich bei verständiger Auslegung des § 242 BGB. auch ohne eine solche Vorschrift ergeben haben würde. Wenn Abs. 2 die Einlagen der Arbeitnehmer von der Vorschrift des Abs. 1 ausschließt, dann kann diese Regelung doch nur bedeuten, daß nunmehr die Einlagen der Angestellten gemäß den allgemeinen Vorschriften (§ 62) zu behandeln sind. Auf diesem Wege muß man aber mit Naturnotwendigkeit zu demselben Ergebnis kommen, zu dem § 66 Abs. 1 kommt.

d) Weiter fallen die sich aus § 63 Abs. 2 ergebenden Ansprüche nicht unter den Ausschluß der Aufwertung.

e) Schließlich sind Darlehnansprüche ausgenommen, wenn sie aus einer ehemaligen Geschäftsbeteiligung entstanden sind und als solche mehr als fünf Jahre bestanden haben. Diese Bestimmung rechtfertigt sich aus dem Gesichtspunkt, daß beim Ausscheiden eines Teilhabers oder im Todesfalle eines solchen vielfach das sich ergebende Guthaben als Darlehn im Geschäft stehen geblieben ist. In diesem Falle erschien es geboten, dem Beteiligten wenigstens insoweit eine Aufwertung zuzugestehen, als die Substanz des Geschäfts hatte erhalten werden können. Über das Maß der Aufwertung ist nach § 242 BGB. zu entscheiden. Die Grenze des § 63 Abs. 1 wird dann Platz greifen, wenn das Darlehn zu einer reinen Vermögensanlage geworden ist und nicht mehr auf dem Beteiligungsverhältnis beruht. Dieser Fall ist insbesondere dann anzunehmen, wenn das Geld auf Wunsch des Berechtigten stehen geblieben ist, während der Verpflichtete in der Lage war, es auszuzahlen. Handelt es sich dagegen um eine in der Form einer Darlehnsgewährung erfolgten Stundung, dann greift § 62 Abs. 2 Ziff. 1 ein, und es sind der Aufwertung nach oben keine Grenzen gezogen.

Zehnter Abschnitt

Vergleiche und andere Vereinbarungen über die Aufwertung. — Gerichtliche Entscheidungen

I. Vergleiche und andere Vereinbarungen

§ 67.

(1) Vergleiche über Ansprüche der in den §§ 4 bis 61 und im § 63 Abs. 1 bezeichneten Art, die den Zweck hatten, den Streit oder die Ungewißheit über die Höhe des infolge der Geldentwertung zu zahlenden Betrags zu beseitigen, bleiben mit der aus Abs. 2 sich ergebenden Ausnahme unberührt[2]. Soweit der vereinbarte Aufwertungsbetrag 25 vom Hundert des Goldmarkbetrages übersteigt, gilt die Vereinbarung als Begründung eines neuen Schuldverhältnisses[3]. Betrifft der Vergleich eine Hypothek, Grundschuld, Rentenschuld oder Reallast oder ein Schiffs- oder Bahnpfandrecht, so findet die Vorschrift des § 6 bis zur Höhe von 25 vom Hundert des Goldmarkbetrags Anwendnng.

(2) Der Aufwertung nach den Vorschriften dieses Gesetzes steht ein Vergleich nicht entgegen, wenn er in der Zeit vom 15. Juni 1922 bis zum 14. Februar 1924 geschlossen ist[4]. Dies gilt nicht, wenn der Gläubiger Kaufmann war und den Vergleich im Betriebe seines Handelsgewerbes geschlossen hat[5]; soweit die Aufwertung zugunsten einer Teilungsmasse (Aufwertungsstock) erfolgt (§§ 48, 51 Abs. 3, §§ 56, 60), bewendet es bei der Vorschrift des Satzes 1[6].

(3) Vereinbarungen über die Aufwertung können auch in Zukunft getroffen werden. Die Vorschriften des Abs. 1 Satz 2, 3 finden Anwendung[6].

1. § 67 ist die unerfreulichste Bestimmung des ganzen Aufwertungsgesetzes. Während das Aufwertungsrecht auf den Grundsätzen von Treu und Glauben beruht, verstößt diese Bestimmung gegen diesen Grundsatz in ungeheuerlichster Weise. Sie stellt einen Eingriff in die Vertragsfreiheit dar, wie er schlimmer kaum gemacht werden kann, und sie schafft für die Zukunft eine Rechtsunsicherheit, die lähmend auf den Verkehr einwirken muß. Es wäre noch verständlich gewesen, wenn der Gesetzgeber gewisse Vergleiche, die eigentlich keine solche waren, weil die gewährte Aufwertung gleichfalls ein Nichts darstellte, ausgenommen hätte; in allen den Fällen aber, wo Gläubiger und Schuldner in klarer Erkenntnis der Tragweite ihrer Handlungsweise sich über die Aufwertung einigten, der eine, weil er das Risiko einer unbegrenzten Aufwertung vermeiden wollte, der andere, weil er fürchtete, sonst überhaupt nichts zu erhalten, durfte der Gesetzgeber nicht in die privaten Rechtsbeziehungen eingreifen. Er durfte vor allem nicht denjenigen, der im Vergleichswege bereits ein Entgegenkommen gezeigt hat, insofern schlechter stellen, als nunmehr der andere Teil im Genuß der vorzeitigen Leistung bleibt, trotzdem aber die vollen Aufwertungsansprüche geltend machen kann.

Ebenso unlogisch wie die Bestimmung überhaupt ist die Ausnahmestellung der Kaufleute, sofern es sich nicht um die Aufwertung zugunsten eines Aufwertungsstocks handelt. Wenn zuungunsten der Gläubiger, welche Kaufleute waren, eine Ausnahmevorschrift eingefügt wurde, dann ist diese nur verständlich, wenn man erwägt, daß der Kaufmann seine Entschließungen regelmäßig mit großem Vorbedacht zu treffen pflegt; dieser Gesichtspunkt trifft aber auf die Pfandbriefanstalten und Versicherungsgesellschaften genau so zu, so daß ihre doppelte Ausnahmestellung auf reiner Willkür beruht.

2. Grundsätzlich bleiben Vergleiche unberührt, wenn sie den Zweck hatten, den Streit oder die Ungewißheit über die Höhe des infolge der Geldentwertung zu zahlenden Betrages zu beseitigen. § 67 spricht zwar nur von den Ansprüchen in den §§ 4—61 und § 63 Abs. 1 bezeichneten Art, es ist aber selbstverständlich, daß auch Vergleiche, die einen Streit oder die Ungewißheit über die Aufwertung sonstiger Ansprüche beseitigen sollten, in Kraft bleiben.

Über die nach dem 13. Februar 1925 geschlossenen Vergleiche ist folgendes zu sagen:

Ein solcher Vergleich konnte einen doppelten Zweck haben; er konnte lediglich auf eine vorzeitige Auszahlung der Forderung hinauslaufen, in welchem Falle sich der Vergleich nur auf die Höhe des Abschlages erstreckte, der angesichts des Vorteils, den die vorzeitige Auszahlung für den Gläubiger bedeutete, zu machen war. In diesem Fall ist der Gläubiger berechtigt, die sich für ihn auf Grund des Aufwertungsgesetzes ergebenden weiteren Ansprüche geltend zu machen, er muß aber durch die geleistete Zahlung den Teil seiner Forderung als erloschen gelten lassen, der durch die Zahlung getilgt werden sollte. In anderen Fällen bezweckte der Vergleich, die Unsicherheit zu beseitigen, die durch die vielfach erörterte Möglichkeit einer künftigen Gesetzesänderung in den Verkehr hineingetragen wurde. In derartigen Fällen mußte der Gläubiger auf alle Rechte verzichten, die sich aus einer künftigen Änderung der Rechtsprechung oder der Gesetzgebung für ihn an sich ergeben konnten, und derartige Vereinbarungen bleiben nach wie vor in Kraft.

3. Übersteigt der vereinbarte Aufwertungsbetrag 25%, so wird angenommen, daß in Höhe des Mehrbetrages ein neues Schuldverhältnis begründet wurde. Eine Schenkung liegt jedoch in diesem Falle nicht vor (vgl. Entscheidung des Reichsfinanzhofs in JW. 25, 1158).

4. Ein in der Zeit zwischen dem 15. Juni 1922 bis zum 14. Februar 1924 geschlossener Vergleich bleibt an sich aufrecht erhalten und gibt nur dem Gläubiger das Recht, die sich für ihn aus dem Aufwertungsgesetz ergebende Aufwertung zu verlangen. Diese Bestimmung enthält auch insofern eine unbillige Härte gegen den Schuldner, als dieser ohne den Vergleich seine Schuld frühestens am 1. Januar 1932 hätte zu tilgen brauchen; die Tatsache der vorzeitigen Zahlung, die durch § 67 Abs. 2 nicht berücksichtigt wird, wird den Aufwertungsstellen Anlaß zu geben haben, Anträge aus § 8 des Aufwertungsgesetzes auf Herabsetzung des Aufwertungsbetrages insoweit stattzugeben, als der Gläubiger durch die durch den Vergleich bedingte vorzeitige Zahlung eines Teils seiner Forderung begünstigt worden ist.

Sehr zweifelhaft ist, ob § 67 Abs. 2 auch auf Industrie-Obligationen und Pfandbriefe anwendbar ist. Für die Anwendbarkeit wird ins Feld geführt, daß derartige Fälle so zu behandeln sind, wie wenn der Vergleich nicht geschlossen worden wäre; in diesem Fall würden die Gläubiger noch im Besitze ihrer Obligationen oder Pfandbriefe sein und die vollen sich aus dem Aufwertungsgesetz ergebenden Rechte geltend machen können.

Diese auch von mir an anderer Stelle vertretene Ansicht habe ich aus folgenden Erwägungen heraus preisgegeben:

Eine Aufwertung auf Grund der Vorschrift des § 67 Abs. 2 kann immer nur eine Aufwertung kraft Rückwirkung sein, da anderenfalls der Hypothekenschuldner, der sich verglichen hat, nicht in der Lage wäre, sich auf die Härteklausel des § 15 zu berufen, während der andere, der nur den Nennbetrag gezahlt hat, dieses tun könnte. Ein solches Ergebnis würde offenbar unbillig sein; diese Unbilligkeit läßt sich auch nicht damit rechtfertigen, daß ohne die Gewährung des Aufgeldes eine vorbehaltlose Annahme nicht erfolgt wäre, so daß auch dann der Schuldner sich nicht auf die Härteklausel des § 16 berufen könnte. Eine solche Beweisführung geht an der Tatsache vorbei, daß in vielen Fällen die vergleichsweise Aufwertung eine rein freiwillige war, weil der Gläubiger noch nicht mit der Möglichkeit einer Aufwertung zu rechnen wagte. Außerdem hatte, wie die Erfahrung lehrt, ein energischer Gläubiger es fast regelmäßig in der Hand, eine vorbehaltlose Annahme des Nennbetrages zu erzwingen, wenn er für den Fall der Nichtannahme oder für den Fall eines Vorbehalts mit Klageerhebung drohte. Wie die Dinge in den Jahren 1922/1923 lagen, wagten nur wenige angesichts der für damalige Verhältnisse außerordentlich hohen Prozeßkosten, es auf einen Rechtsstreit ankommen zu lassen, zumal die überwiegende Meinung in Rechtsprechung und Literatur damals noch der Aufwertung ablehnend gegenüberstand.

Erkennt man aber an, daß im Falle des § 67 Abs. 2 eine Aufwertung nur auf Grund der Vorschriften über die Aufwertung kraft Rückwirkung möglich ist, dann ergibt sich zwingend der Schluß, daß diese Bestimmung auf Obligationen und Pfandbriefe nicht anwendbar ist, weil bei diesen eine Aufwertung kraft Rückwirkung nicht stattfindet.

5. Sofern der Gläubiger ein Kaufmann war, bleibt er an den Vergleich gebunden und kann nicht noch nachträglich eine Aufwertung beanspruchen; der Vergleich muß aber im Betrieb seines Handelsgewerbes geschlossen sein, wofür eine gesetzliche Vermutung spricht (vgl. § 344 HGB.).

6. Hypothekenbanken, Pfandbriefanstalten und Versicherungsgesellschaften sind regelmäßig Kaufleute, würden also an die gerade von ihnen in großer Zahl geschlossenen Vergleiche, die vielfach von ihnen selbst angeregt waren, gebunden bleiben. Dadurch würden weniger sie selbst als die Pfandbriefgläubiger und die Versicherten geschädigt werden; deshalb gewährt das Gesetz auch ihnen die Vergünstigung, trotz des Vergleichs noch eine Aufwertung zu beanspruchen.

II. Gerichtliche Entscheidungen

§ 68.

(1) Ist die Aufwertung von Ansprüchen der in den §§ 4—61 und im § 63 Abs. 1 bezeichneten Art durch eine rechtskräftige gerichtliche Entscheidung geregelt, so behält es dabei mit den aus Abs. 2 sich ergebenden Maßnahmen sein Bewenden[1].

(2) Der Anwendung der §§ 15 bis 24 über die Aufwertung kraft Rückwirkung steht eine rechtskräftige gerichtliche Entscheidung nicht entgegen.

1. § 68 bestimmt, daß rechtskräftige gerichtliche Entscheidungen in Geltung bleiben sollen. Nur dann, wenn eine Aufwertung kraft Rückwirkung stattfindet, ist diese trotz einer rechtskräftigen gerichtlichen Entscheidung möglich. Die in dieser Bestimmung getroffene Regelung legt die Annahme nahe, daß auch § 67 Abs. 2 sich nur auf den 2. Abschnitt des Aufwertungsgesetzes bezieht.

Elfter Abschnitt

Aufwertungsverfahren

I. Zuständigkeit der Aufwertungsstelle

1. Gesetzliche Zuständigkeit

§ 69.

Besteht Streit darüber, in welcher Höhe Ansprüche der im §§ 4 bis 54 bezeichneten Art aufgewertet sind, so entscheidet hierüber ausschließlich die Aufwertungsstelle[1]. Dies gilt auch für den Fall, daß die Höhe der Aufwertung der durch Hypothek gesicherten Forderung sich nach allgemeinen Vorschriften bestimmt (§ 10)[2].

1. Streitigkeiten über die Höhe der Aufwertung werden durch die Aufwertungsstellen entschieden, sofern es sich um die durch das Aufwertungsgesetz endgültig und nicht nur unter Bezugnahme auf die allgemeinen Vorschriften geregelte Fälle handelt. Ausgenommen sind nur die

Streitigkeiten über die Aufwertung der Sparkassenguthaben und der Versicherungsansprüche. Keine gesetzliche Zuständigkeit der Aufwertungsstelle ist also in den Fällen der §§ 62 und 63 des Aufwertungsgesetzes gegeben; ebenso sind zur Entscheidung von Streitigkeiten auf Grund der §§ 65 und 66 nur die ordentlichen Gerichte berufen.

Die Zuständigkeit der Aufwertungsstelle ist eine ausschließliche, die Parteien sind also genötigt, ihre Hilfe in Anspruch zu nehmen und können nicht die Zuständigkeit der ordentlichen Gerichte vereinbaren.

Die Aufwertungsstellen haben nur über die Höhe der Aufwertung zu entscheiden. Ihrer Entscheidung unterliegt also nicht die Frage, ob überhaupt ein aufwertbarer Anspruch besteht oder ob dieser infolge Verjährung, Aufrechnung oder aus einem ähnlichen Grunde erloschen ist. Über derartige Streitigkeiten ist im ordentlichen Rechtsweg eine Entscheidung herbeizuführen; die Aufwertungsstellen werden, bis eine solche Entscheidung vorliegt, das Verfahren auszusetzen haben. Auch die Fragen, ob ein wirksamer Vorbehalt gemacht worden ist, ob die Annahme der Leistung nach dem 15. Juni 1922 erfolgt ist oder schon vorher, und ob überhaupt eine Annahme im Sinne des § 14 vorliegt, gehören nicht zur gesetzlichen Zuständigkeit der Aufwertungsstellen, sondern sind von den ordentlichen Gerichten zu entscheiden. In derartigen Fällen ist bei den ordentlichen Gerichten eine Feststellungsklage zu erheben, da eine Leistungsklage nicht möglich ist, sofern neben dem grundsätzlichen Streit über das Bestehen der Forderung auch noch über die Höhe der Aufwertung Streit besteht. Nur wenn die Parteien sich darüber einig sind, in welcher Höhe aufzuwerten ist, sofern die Vorfrage (Bestehen der Forderung, Vorhandensein eines Vorbehalts u. dgl.) zu bejahen ist, ist eine Leistungsklage möglich. Der von Schlegelberger (§ 69 Anm. 2) vorgeschlagene Weg, das Verfahren bei den ordentlichen Gerichten anhängig zu machen, bis zur Entscheidung über die Aufwertung fortzuführen und dann auszusetzen, damit die Aufwertungsstelle die Entscheidung trifft, scheint mir nicht gangbar, weil die Aufwertungsstelle eine rechtskräftige Feststellung über das Bestehen der Forderung braucht, um ihrerseits über die Höhe der Aufwertung sich schlüssig werden zu können. Eine solche rechtskräftige Feststellung ist aber nicht möglich, wenn das Verfahren vor den ordentlichen Gerichten ausgesetzt wird. Deshalb ist in diesem Fall der Weg der Feststellungsklage allein gangbar, da dieser eine rechtskräftige Feststellung über die der Entscheidung der Aufwertungsstelle nicht unterliegende Vorfrage ermöglicht.

2. Die Aufwertungsstelle ist auch zur Entscheidung über die Höhe der Aufwertung berufen, wenn eine durch eine Hypothek gesicherte Forderung nach allgemeinen Vorschriften über oder unter dem Normalhöchstsatz aufgewertet werden kann; in diesem Fall kann also die Aufwertungsstelle auch über die Aufwertung nach allgemeinen Vorschriften befinden, während in den Fällen des § 62 derartige Entscheidungen zur Zuständigkeit der ordentlichen Gerichte gehören.

Beruft sich der Antragsteller darauf, daß einer der Fälle des § 10 gegeben ist, die eine Aufwertung über oder unter dem Normalhöchstsatz zulassen, dann erstreckt sich die Zuständigkeit der Aufwertungsstelle auch auf die Vorentscheidung, ob die Voraussetzungen des § 10 überhaupt gegeben sind (ebenso Schlegelberger § 69 Anm. 3).

§ 70.

Die Aufwertungsstelle ist, soweit es sich um Ansprüche der in den §§ 4 bis 54 und im § 64 bezeichneten Art handelt, weiter zuständig[1]:

1. für die Ermittlung des Wehrbeitragswerts im Falle des § 7 Abs. 2;
2. für die Entscheidung über die Härtevorschriften der §§ 8, 15 16, 34, 52;
3. für die Aufteilung einer Gesamthypothek im Falle des § 23;
4. für die Anordnung einer Teil- oder Vorleistung im Falle der §§ 26, 27;
5. für die Entscheidung über die Höhe der Aufwertung der Guthaben bei Fabrik- und Werksparkassen und der Ansprüche an Betriebs-Pensionskassen gemäß § 64.

1. § 70 bringt eine Zusammenstellung aller der Fälle, in denen die Aufwertungsstelle auf Grund der einzelnen Bestimmungen des Gesetzes für zuständig erklärt worden ist. Neu ist nur die in Ziffer 2 erfolgte Erwähnung des § 15, in welchem nicht ausdrücklich die Entscheidung über die Anwendbarkeit der Härteklauseln der Aufwertungsstelle zugewiesen ist. Doch würde sich, worauf Mügel (§ 70 Anm. 1) zutreffend hinweist, die Zuständigkeit auch ohne die Erwähnung im § 70 aus § 69 ergeben, weil es sich auch da um einen Streit über die Höhe der Aufwertung handelt.

2. Vereinbarte Zuständigkeit

§ 71.

Die Zuständigkeit der Aufwertungsstelle kann für die Entscheidung der Frage, ob ein nach den Vorschriften dieses Gesetzes aufgewerteter Anspruch besteht, sowie auch für andere mit der Aufwertung zusammenhängende Ansprüche vereinbart werden, auf die sich die Vorschriften der §§ 1 bis 54 und des § 64 nicht erstrecken[1].

1. Neben der gesetzlichen Zuständigkeit der Aufwertungsstellen sind diese berufen, in den Fällen eine Entscheidung zu treffen, in denen die Parteien sich *über ihre Zuständigkeit einigen*. Eine solche Vereinbarung kann einmal dann getroffen werden, wenn ein Streit darüber besteht, ob ein nach den Vorschriften des Aufwertungsgesetzes aufgewerteter Anspruch besteht. Die Aufwertungsstelle ist also beim Vorliegen einer solchen Vereinbarung berechtigt, nicht nur über die Höhe der Aufwertung, sondern auch über die Vorfrage, ob überhaupt ein aufgewerteter Anspruch besteht, ob z. B. ein wirksamer Vorbehalt gemacht worden ist, zu entscheiden. Ferner können die Parteien eine Vereinbarung über die Zuständigkeit der Aufwertungsstelle bezüglich solcher Ansprüche treffen, auf die sich die §§ 1 bis 54 und § 64 des Aufwertungsgesetzes nicht beziehen. Es sind dies vor allem die Fälle der §§ 62 und 63 sowie der §§ 65 und 66. In diesen Fällen kann die Zuständigkeit der Aufwertungsstelle sowohl wegen der Vorfrage, ob ein aufgewerteter Anspruch besteht, wie auch wegen der weiteren Frage, in welcher Höhe eine Aufwertung zu erfolgen hat, vereinbart werden.

II. Einrichtung der Aufwertungsstelle

§ 72.

Die Aufwertungsstelle wird von der Reichsregierung nach Anhörung des Reichsrats bestimmt. Die Reichsregierung kann mit Zustimmung des Reichsrats die obersten Landesbehörden zur Bezeichnung von Aufwertungsstellen ermächtigen[1].

1. Durch Verordnung vom 21. Juli 1925 (RGBl. I S. 154) sind die Amtsgerichte zu Aufwertungsstellen bestimmt. Die obersten Landesbehörden können jedoch bestimmen, daß an Stelle der Amtsgerichte andere Landesbehörden zuständig sind oder daß die Amtsgerichte einzelne Verrichtungen den Notaren übertragen können. Ferner können die obersten Landesbehörden für mehrere Amtsgerichtsbezirke eine gemeinsame Aufwertungsstelle errichten.

Die Zuständigkeitsfrage ist dahin geregelt, daß, wenn es sich um die Aufwertung von Hypotheken, Schiffs- oder Bahnpfandrechten einschließlich der gesicherten persönlichen Forderungen oder um die Aufwertung von Grundschulden, Rentenschulden oder Reallasten handelt, das Amtsgericht zuständig ist, in dessen Bezirk das Grundbuch, Schiffsregister oder Bahngrundbuch geführt wird. Liegt eine Gesamtbelastung vor, dann ist dasjenige Gericht, welches zuerst angegangen ist, auch für die Entscheidung über die Aufwertung hinsichtlich der mitbelasteten Grundstücke zuständig. Im übrigen ist das Amtsgericht zuständig, bei welchem der Schuldner seinen allgemeinen Gerichtsstand hat; dieses Amtsgericht ist auch in den im vorigen Satz genannten Fällen zuständig, wenn das Grundbuch, Schiffsregister oder Bahngrundbuch nicht im Inland geführt wird. Ist für mehrere Schuldner ein gemeinsamer Gerichtsstand nicht begründet, so wird das zuständige Amtsgericht durch das gemeinschaftliche Obergericht und, falls dieses das Reichsgericht ist, durch dasjenige Oberlandesgericht bestimmt, zu dessen Bezirk das zuerst angegangene Gericht gehört.

Hat der Schuldner im Inland keinen allgemeinen Gerichtsstand, so ist dasjenige Gericht zuständig, in dessen Bezirk sich sein Vermögen ganz oder teilweise befindet.

III. Verfahren vor der Aufwertungsstelle

1. Allgemeine Vorschriften

§ 73.

(1) Soweit nicht in diesem Abschnitt oder auf Grund des § 64 etwas anderes bestimmt ist, finden auf das Verfahren die Vorschriften des Reichsgesetzes über die Angelegenheiten der freiwilligen Gerichtsbarkeit sinngemäß Anwendung[1]; die Reichsregierung kann mit Zustimmung des Reichsrats die Bestimmungen treffen, die sie zum Zwecke der Anpassung an die besonderen Bedürfnisse des Aufwertungsverfahrens für nötig erachtet[2].

(2) Die Aufwertungsstelle hat den Versuch einer gütlichen Einigung zu machen, sofern nicht die Erfolglosigkeit des Sühneverfahrens mit Bestimmtheit vorherzusehen ist.

1. Für das Verfahren vor den Aufwertungsstellen sind die Grundsätze maßgebend, die für das Verfahren in den Angelegenheiten der freiwilligen Gerichtsbarkeit gelten. Das Verfahren setzt stets einen Antrag voraus, der in bestimmter Form gestellt sein muß, ist im übrigen aber von Amts wegen zu betreiben. Insbesondere finden die Vorschriften über das Armenrecht, über die Vertretung der Parteien, über die Notwendigkeit einer mündlichen Verhandlung und über die Beweisführung Anwendung. Die Entscheidung, die nicht auf Grund einer mündlichen Verhandlung zu ergehen braucht, hat die Höhe des Aufwertungsbetrages in Ziffern anzugeben (KG. in JW. 25, 798).

2. Besondere Vorschriften enthält die Verordnung vom 21. Juli 1925 (RGBl. I S. 154). Dort ist der Aufwertungsstelle das Recht gegeben, mehrere gegen denselben Schuldner anhängige Verfahren zu verbinden. Sie kann von den Beteiligten die Glaubhaftmachung einer tatsächlichen Behauptung verlangen und muß ihre Entscheidung mit Gründen versehen. Der Wert des Streitgegenstandes ist von ihr unter Berücksichtigung der gestellten Anträge nach freiem Ermessen festzusetzen. Sie ist verpflichtet, Bescheinigungen darüber zu erteilen, ob bei ihr bis zum 1. Januar 1926 ein Anspruch auf Aufwertung auf Grund des Vorbehalts der Rechte kraft Rückwirkung oder im Falle der Annahme der Leistung nach dem 13. Februar 1924 oder ein Anspruch auf Aufwertung zugunsten des früheren Gläubigers angemeldet ist, oder ob ein Antrag auf Herabsetzung des Aufwertungsbetrages oder auf eine von dem Normalhöchstsatz abweichende Aufwertung der hypothekarisch gesicherten persönlichen Forderung vor dem 1. April 1926 gestellt ist. Die Entscheidung ist gebührenfrei, ist aber nur dem zu erteilen, der ein berechtigtes Interesse darlegt. Darüber hinaus können die obersten Landesbehörden bestimmen, daß die Bescheinigung auch ohne Darlegung eines berechtigten Interesses erteilt werden kann, daß in diesem Fall aber eine Gebühr zu erheben ist.

2. Rechtsmittel

§ 74.

(1) Gegen die Entscheidung der Aufwertungsstelle findet die sofortige Beschwerde statt[1]. Über die sofortige Beschwerde entscheidet das Landgericht[2]. Gegen die Entscheidung des Beschwerdegerichts ist die sofortige weitere Beschwerde[3] an das Oberlandesgericht zulässig, wenn die Entscheidung auf einer Verletzung des Gesetzes beruht[4]. Die Frage, ob im einzelnen Falle[5] die Vorschriften der §§ 8 Abs. 1, 15, 34, 52 richtig angewendet sind, unterliegt nicht der Nachprüfung durch das Oberlandesgericht[4]. Die Vorschriften des § 28 Abs. 2, 3 und des § 199 des Reichsgesetzes über die Angelegenheiten der freiwilligen Gerichtsbarkeit finden entsprechende Anwendung[6].

(2) Gegen die Entscheidung der Aufwertungsstelle kann unter Übergehung der Beschwerdeinstanz unmittelbar die sofortige weitere Beschwerde eingelegt werden, wenn der Gegner einwilligt. Die schriftliche Erklärung der Einwilligung ist bei der Einlegung der sofortigen weiteren Beschwerde einzureichen[7].

1. Die Entscheidungen der Aufwertungsstelle können mit Rechtsmitteln angefochten werden. Sofern es sich um eine in der Sache ergehende Endentscheidung handelt, ist sie mit der sofortigen Beschwerde anfechtbar. Verfügungen und Beschlüsse der Aufwertungsstelle, die vor der Endentscheidung ergehen, können nur mit der einfachen Beschwerde angefochten werden. An Stelle der sofortigen Beschwerde kann jedoch gemäß Abs. 2 die sofortige weitere Beschwerde eingelegt werden, wenn der Gegner einverstanden ist (vgl. Anm. 7).

Die Beschwerde muß innerhalb einer Notfrist von 2 Wochen nach erfolgter Zustellung der Entscheidung eingelegt sein. Bezüglich der Einlegung bestimmt § 6 der Verordnung vom 21. Juli 1925, daß sie sowohl bei der Aufwertungsstelle selbst, wie auch beim Landgericht eingelegt werden kann; die Einlegung erfolgt durch die Einreichung einer Beschwerdeschrift oder durch Erklärung zum Protokoll des Gerichtsschreibers des zuständigen Gerichts oder eines Amtsgerichts. Durch diese Bestimmung ist jeder in die Lage versetzt, bei dem Amtsgericht des Ortes, an dem er sich gerade aufhält, die Beschwerde zum Protokoll des Gerichtsschreibers einzulegen. Erfolgt die Einlegung der Beschwerde durch Erklärung zum Protokoll des Gerichtsschreibers, so ist die Beschwerdefrist gewahrt, wenn die Erklärung innerhalb derselben stattgefunden hat; es ist in diesem Falle also nicht notwendig, daß die Beschwerde innerhalb der Frist bei der Aufwertungsstelle oder bei dem zuständigen Landgericht eingegangen ist.

2. Für die Entscheidung über die Beschwerde ist das Landgericht zuständig, das dem als Aufwertungsstelle fungierenden Amtsgericht übergeordnet ist. Das Verfahren vor dem Landgericht regelt sich gleichfalls nach den Bestimmungen des Gesetzes über die freiwillige Gerichtsbarkeit. Vor dem Landgericht wird der Streit sowohl in tatsächlicher wie in rechtlicher Beziehung in vollem Umfange neu aufgerollt, auch ist es zulässig, neue Tatsachen und Beweismittel vorzubringen.

3. Die Entscheidungen, die die Landgerichte als Beschwerdegerichte fällen, sind mit der sofortigen weiteren Beschwerde anfechtbar, die an das übergeordnete Oberlandesgericht geht. Auch für die Einlegung dieser Beschwerde gilt die Notfrist von 2 Wochen. Über die Form der Einlegung bestimmt § 6 der Verordnung vom 21. Juli 1925, daß sie sowohl bei der Aufwertungsstelle, wie bei dem Landgericht, wie auch beim Oberlandesgericht eingelegt werden kann. Die Einlegung erfolgt entweder durch Einreichung einer Beschwerdeschrift oder durch Erklärung zum Protokoll des Gerichtsschreibers des zuständigen Gerichts oder eines beliebigen Amtsgerichts. Erfolgt die Einlegung durch Einreichung einer Beschwerdeschrift, dann muß diese von einem Anwalt unterzeichnet sein, sofern es sich nicht um die Beschwerde einer Behörde oder eines Notars handelt, der in der Angelegenheit für den Beschwerdeführer einen Antrag bei der Aufwertungsstelle gestellt hat.

4. Die weitere Beschwerde ist eine Rechtsbeschwerde; sie ist nur zulässig, wenn die Entscheidung auf der Verletzung des Gesetzes beruht. Eine solche Verletzung liegt vor, wenn eine Rechtsnorm nicht oder nicht richtig angewendet worden ist (vgl. §§ 550, 551 ZPO.). Das Oberlandesgericht ist jedoch nicht in der Lage, die Frage nachzuprüfen, ob im einzelnen Falle die Vorschriften der §§ 8 Abs. 1, 15, 34 und 52 richtig angewendet worden sind. Auffallenderweise ist § 9 nicht mit erwähnt; da er jedoch auf § 8 Bezug nimmt, anstatt wie es in den §§ 34 und 52 geschehen ist, ihn zu wiederholen, ist anzunehmen, daß auch bei der Entscheidung über einen Antrag auf Herabsetzung der Aufwertung der persönlichen Forderung das Oberlandesgericht nicht befugt ist, nachzuprüfen, ob die Grundsätze des § 8 richtig angewendet sind.

5. Die Worte „im einzelnen Falle" sind dahin zu verstehen, daß das Oberlandesgericht zwar befugt ist, allgemeine Grundsätze, die die angefochtene Entscheidung aus den genannten Bestimmungen herleitet, nachzuprüfen und nur die Frage nicht untersuchen darf, ob diese Grundsätze im einzelnen Falle richtig zur Anwendung gebracht worden sind. Wenn also z. B. im Falle des § 8 die angefochtene Entscheidung den Satz enthält, daß die Verhältnisse des vom Eigentümer des belasteten Grundstücks verschiedenen persönlichen Schuldners nicht mit zurücksichtigen sind, dann unterliegt dieser Satz der Nachprüfung des Oberlandesgerichts; der Nachprüfung würde dagegen nicht eine Entscheidung unterliegen, die die Heranziehung der Verhältnisse des persönlichen Schuldners grundsätzlich bejaht, sie aber aus irgendwelchen nur durch den Einzelfall gegebenen Gründen ablehnt.

6. Gemäß § 199 FGG. kann die oberste Landesbehörde die Entscheidung über die weitere Beschwerde in Preußen dem Kammergericht, in Bayern dem Bayerischen Obersten Landesgericht zuweisen. Eine solche Zuweisung ist auf Grund der III. StNVO. erfolgt und wird voraussichtlich für das Aufwertungsgesetz wiederholt werden.

Will ein Oberlandesgericht oder das Bayerische Oberste Landesgericht von einer Entscheidung abweichen, die von einem anderen Oberlandesgericht oder, sofern das Reichsgericht bereits eine Entscheidung gefällt hat, von diesem gefällt ist, dann hat es die weitere Beschwerde dem Reichsgericht vorzulegen. Die Rechtsauffassung, die zu dieser Maßnahme geführt hat, ist dabei zu begründen; der Beschluß über die Vorlegung ist dem Beschwerdeführer bekanntzumachen. In derartigen Fällen entscheidet das Reichsgericht über die weitere Beschwerde.

7. Entsprechend dem § 566a Abs. 2 ZPO. sieht Abs. 2 die Möglichkeit einer sofortigen Einlegung der weiteren Beschwerde unter Übergehung der Beschwerdeinstanz vor. Da durch eine solche Maßnahme eine Instanz ausgeschaltet wird, muß der Gegner einverstanden sein; seine schriftliche Einwilligungserklärung muß mit der sofortigen weiteren Beschwerde zusammen eingereicht werden, andernfalls diese als unzulässig zu verwerfen ist. Die Übergehung des Landgerichts ist besonders dann zweckmäßig, wenn es sich um die Entscheidung einer reinen Rechtsfrage handelt, die grundsätzliche Bedeutung hat und deshalb doch zur Entscheidung der höchsten Instanz gebracht wird.

3. Rechtskraft und Vollstreckbarkeit

§ 75.

Die rechtskräftige Entscheidung der Aufwertungsstelle ist für die Gerichte und Verwaltungsbehörden bindend[1]. Aus der rechtskräftigen Entscheidung der Aufwertungsstelle über die Kosten, sowie aus einem vor der Aufwertungsstelle abgeschlossenen Vergleich findet die Zwangsvollstreckung nach den Vorschriften der Zivilprozeßordnung statt[2]; das gleiche gilt für rechtskräftige Entscheidungen, für die die Zuständigkeit der Aufwertungsstelle vereinbart ist.

1. § 75 bestimmt nur, daß die rechtskräftige Entscheidung der Aufwertungsstelle für die Gerichte und Verwaltungsbehörden bindend ist; diese haben sich also nach ihr zu richten und dürfen auch dann nicht von ihr abweichen, wenn sie sie für verfehlt erachten. Andererseits tritt eine solche Bindung nur dann ein, wenn die Entscheidung der Aufwertungsstelle innerhalb ihrer Zuständigkeit ergangen ist; hat die Aufwertungsstelle ihre Zuständigkeit überschritten, durfte die Entscheidung also nicht ergehen, dann kann sie auch die Gerichte und Verwaltungsbehörden nicht binden.

2. Grundsätzlich sind die Entscheidungen der Aufwertungsstelle nicht vollstreckbar, wobei zu bemerken ist, daß sie sich regelmäßig auch für eine Vollstreckbarkeit nicht eignen. Weigert sich also der Schuldner, den von der Aufwertungsstelle festgesetzten Aufwertungsbetrag zu zahlen, dann muß der Gläubiger auf Grund der Entscheidung vor den ordentlichen Gerichten Klage auf Zahlung erheben; in diesem Verfahren ist das Gericht an die Entscheidung der Aufwertungsstelle über die Höhe der Aufwertung gebunden, kann aber zu einer Abweisung kommen, wenn es z. B. der Auffassung ist, daß die von der Aufwertungsstelle aufgewertete Forderung nicht besteht. Ist z. B. eine aus dem Jahre 1915 stammende Restkaufgeldforderung gemäß § 10 Ziffer 5 auf 100 % aufgewertet worden und weist in dem auf Zahlung des Aufwertungsbetrages gerichteten Prozeß der Beklagte nach, daß er bereits vor dem 15. Juni 1922 seine Schuld getilgt hat, ohne daß der Kläger sich bei der Annahme seine Rechte vorbehalten hat, dann muß das Gericht trotz der Entscheidung der Aufwertungsstelle die Klage abweisen. Würde dagegen z. B. ein Streit darüber entstehen, ob die Restkaufgeldforderung vor dem 1. Januar 1912 oder erst später begründet worden ist und hat die Aufwertungsstelle das letztere angenommen und demgemäß auf 100 % aufgewertet, dann ist das Gericht an diese Entscheidung gebunden, auch wenn es der Auffassung ist, daß die Forderung bereits vor dem genannten Stichtag begründet war und deshalb höchstens mit 75 % (§ 10 Abs. 3) aufgewertet werden durfte.

Lediglich bezüglich der Kosten sind die Entscheidungen der Aufwertungsstelle vollstreckbar; sie sind es auch dann, wenn die Parteien die Zuständigkeit der Aufwertungsstelle vereinbart hatten. Besteht also zwischen den Parteien z. B. ein Streit darüber, ob die Annahme der Schuldsumme vor oder nach dem 15. Juni 1922 erfolgt ist und haben die Parteien für diesen Streit die Zuständigkeit der Aufwertungsstelle anerkannt, dann würde die Entscheidung vollstreckbar sein. Schließlich findet auch aus Vergleichen, die vor der Aufwertungsstelle geschlossen sind, eine Zwangsvollstreckung statt; selbstverständlich muß der Inhalt des Vergleichs eine Vollstreckung ermöglichen.

4. Kosten

§ 76.

Die Aufwertungsstelle erhebt nach Maßgabe der Durchführungsbestimmungen eine Gebühr[1] und verteilt die Kosten auf die Beteiligten nach billigem Ermessen[2].

Die Reichsregierung wird ermächtigt, weitere Vorschriften über die in Aufwertungssachen erwachsenden Gebühren und Kosten zu erlassen.

1. Über die **Gebühren** im Aufwertungsverfahren bestimmt § 7 der Verordnung vom 21. Juli 1925, daß sie nach dem Wert des Streitgegenstandes zu erheben sind und daß der Wert des Streitgegenstandes von der Aufwertungsstelle unter Berücksichtigung der gestellten Anträge nach freiem Ermessen festgesetzt wird. Im übrigen ist der Erlaß der näheren Bestimmungen über die Bemessung der Gebühren den obersten Landesbehörden überlassen (vgl. für Preußen Verordnung über das Kostenwesen bei den Aufwertungsstellen vom 28. Juli 1925 — Gesetzessammlung S. 103 —.

2. Die **Verteilung der Kosten auf die Beteiligten** erfolgt durch die Aufwertungsstelle nach billigem Ermessen; sie ist also nicht verpflichtet, dem unterliegenden Teil stets die vollen Kosten aufzuerlegen, sondern kann auch den obsiegenden Teil einen Teil der Kosten tragen lassen. Selbstverständlich können aber auch einer Partei die ganzen Kosten auferlegt werden. Eine Anfechtung der Kostenentscheidung ist unzulässig, wenn nicht auch zugleich die in der Hauptsache ergangene Entscheidung angefochten wird (KG. in JW. 25, 492).

IV. Aussetzung des Verfahrens vor dem Prozeßgericht

§ 77.

In bürgerlichen Rechtsstreitigkeiten ist das Verfahren auf Antrag auszusetzen, soweit die Entscheidung von der Höhe der Aufwertung eines der in den §§ 4 bis 61, § 64 bezeichneten Ansprüche abhängt. Der Antrag auf Aussetzung kann vor dem Gerichtsschreiber zu Protokoll erklärt werden[1].

1. § 77 ermöglicht es den Parteien, die Aussetzung eines anhängigen Rechtsstreits herbeizuführen, soweit die Entscheidung von der Höhe der Aufwertung des eingeklagten Anspruchs abhängig ist. Handelt es sich um Ansprüche, bei denen die Höhe der Aufwertung nach allgemeinen Vorschriften festzusetzen ist, für die aber die Aufwertungsstelle nicht zuständig ist (§§ 62, 63), oder handelt es sich um Ansprüche, bei denen eine Aufwertung überhaupt ausgeschlossen ist (§§ 65, 66), dann kommt keine Aussetzung nicht in Frage, weil in diesem Falle nicht die Vorentscheidung der Aufwertungsstelle oder, wie bei dem Versicherungsanspruch, einer anderen Stelle über die Höhe der Aufwertung abzuwarten ist.

Da die Aussetzung von einem Antrag der Parteien abhängig ist, muß angenommen werden, daß trotz der ausschließlichen Zuständigkeit der Aufwertungsstelle die Gerichte befugt sind, auch in den Fällen des § 70 über die Höhe der Aufwertung zu entscheiden, wenn die Parteien einen Antrag auf Aussetzung nicht stellen. Das Gericht hat jedoch die Parteien auf die Zuständigkeit der Aufwertungsstelle und auf die Möglichkeit, das Verfahren aussetzen zu lassen, hinzuweisen. Machen die Parteien von dieser Möglichkeit keinen Gebrauch, dann bleibt es bei der Entscheidung des ordentlichen Gerichts, die nicht nachträglich durch eine Entscheidung der Aufwertungsstelle abgeändert werden kann (vgl. Mügel § 77 Anm. 3).

Zwölfter Abschnitt

Schluß und Übergangsbestimmungen

I. Leistungen aus der Zeit vor dem Inkrafttreten des Gesetzes

§ 78.

Eine Aufwertung nach den Vorschriften dieses Gesetzes findet auch dann statt, wenn der Gläubiger nach dem 13. Februar 1924 eine Leistung angenommen hat[1]. Dies gilt auch dann, wenn die Leistung auf Grund einer gerichtlichen Entscheidung bewirkt ist[2]. Die Leistung ist in Höhe des Goldmarkbetrags (§§ 2, 3) auf den Aufwertungsbetrag anzurechnen. Die Vorschriften der §§ 16, 18 bis 24 finden entsprechende Anwendung.

1. § 78 regelt die Fälle, in denen der Gläubiger nach dem 13. Februar 1924 eine Leistung angenommen hat. Die unterschiedliche Behandlung der Fälle, in denen die Annahme der Leistung vor dem 14. Februar 1924 erfolgt ist (vgl. § 15) und der Fälle, in denen die Annahme der Leistung erst nach dem 13. Februar 1924 erfolgte, rechtfertigt sich aus folgender Erwägung:

Vor dem 14. Februar 1924 war der Gläubiger nicht verpflichtet, den Papiermarknennbetrag als Leistung anzunehmen. § 11 der III. StNVO. versagte ihm deshalb jedes Recht auf Aufwertung. Aus Billigkeitsgründen hat § 15 des Aufwertungsgesetzes eine gewisse Rückwirkung eintreten lassen, hat hierbei aber in besonderem Maße den Interessen des Schuldners Rechnung getragen.

Anders lagen die Dinge nach dem 13. Februar 1924. Nach diesem Zeitpunkt war der Gläubiger verpflichtet, die ihm angebotene Leistung, die in diesem Falle stets auf den Vorschriften der III. StNVO. basieren mußte, anzunehmen, er war nicht berechtigt, die Annahme im Hinblick auf die Möglichkeit einer späteren Gesetzesänderung zu verweigern. Auch konnte er sich nach richtiger Ansicht nicht auf die Stundung bis zum 1. Januar 1932 berufen, da diese nur den Interessen des Schuldners, nicht aber auch denen des Gläubigers diente und deshalb nicht dahin verstanden werden konnte, daß auch dieser einen Anspruch darauf hatte, daß eine Rückzahlung nicht früher stattfindet. In diesen Fällen, in denen der Gläubiger sich der Annahme der Leistung nicht entziehen konnte, war es eine Notwendigkeit, ihn an den Vorteilen, die ihm das Aufwertungsgesetz bot, unbeschränkt teilnehmen zu lassen. Eine besondere Härteklausel für den Schuldner ist deshalb hier nicht vorgesehen. Daß die Härteklauseln des § 15 in diesem Falle nicht anwendbar sind, ergibt sich einmal daraus, daß dieser in § 78 Satz 4 nicht mit aufgeführt ist, ergibt sich aber auch aus der ganzen Sachlage, weil es eben nicht angängig ist, den Gläubiger, der die ihm nach dem 13. Februar 1924 angebotene Leistung annehmen mußte, schlechter zu behandeln als denjenigen, dessen Schuldner zu einer vorzeitigen Leistung nicht bereit war (a. A. Mügel § 78 Anm. 1).

Zweifel können bestehen, wie die Fälle zu behandeln sind, in denen nach dem 13. Februar 1924 der Gläubiger eine Leistung angenommen hat, die ziffernmäßig von 15% des Goldmarkbetrages seiner Forderung abwich In diesem Falle ist zu unterscheiden, ob die Parteien von einer 15%igen

Aufwertung ausgegangen sind und nur deshalb einen Abzug gemacht haben, weil eine erst am 1. Januar 1932 fällige Forderung angesichts der niedrigen Zinssätze der III. StNVO. heute einen nicht unbeträchtlich geringeren Wert hat oder ob sie das Risiko einer künftigen Gesetzesänderung ausschalten wollten. In dem ersteren Falle findet eine Aufwertung nach Maßgabe des Aufwertungsgesetzes statt, doch darf dann die geleistete Zahlung nicht mit ihrem Nennbetrag, sondern muß mit dem Betrag angerechnet werden, den sie ablösen sollte. In letzterem Falle liegt ein wirksamer Vergleich vor, der gemäß § 67 Abs. 1 bestehen bleibt und weitere Forderungen des Gläubigers ausschließt. Hat z. B. A dem B im Jahre 1912 ein hypothekarisch gesichertes Darlehn von 10000 Mark gegeben und hat er sich im Mai 1924 zur Zahlung des sich aus der III. StNVO. ergebenden Aufwertungsbetrages entschlossen, um seine Schuld endgültig zu tilgen, dann kann B keine weiteren Ansprüche mehr stellen, wenn ihm bekannt war, daß A unter der Bedingung der endgültigen Tilgung seiner Schuld die Summe vorzeitig zur Verfügung gestellt hat. Sind dagegen A und B von der 15%igen Aufwertung ausgegangen und haben den Wert der erst am 1. Januar 1932 fälligen Forderung des B für Mai 1924 auf nur 1000 Mark geschätzt, dann kann B jetzt noch den sich aus dem Aufwertungsgesetz ergebenden Mehrbetrag verlangen; auf den sich aus dem Aufwertungsgesetz ergebenden Aufwertungsbetrag von 2500 Mark sind jedoch nicht nur die gezahlten 1000 Mark anzurechnen, sondern es müssen 1500 Mark abgesetzt werden, weil der Wille von A und B dahinging, durch die Zahlung von 1000 Mark die am 1. Januar 1932 fällige Schuld von 1500 Mark abzulösen.

Das Mehr, das der Gläubiger auf Grund des Aufwertungsgesetzes trotz einer bewirkten Leistung beanspruchen kann, beschränkt sich nicht nur auf die Differenz zwischen 15 und 25%, sondern bezieht sich auch auf alle die Vorteile, die sich für den Gläubiger durch die Umrechnung nach den Meßzahlen an Stelle der Dollarkurse, durch die erweiterte Anrechnung des Erwerbstages des Rechtsvorgängers oder durch die Erweiterung der Fälle ergibt, in denen die persönliche Forderung über den normalen Höchstsatz aufgewertet werden kann.

2. Auch eine rechtskräftige gerichtliche Entscheidung steht der Geltendmachung weiterer Ansprüche des Gläubigers, die sich erst auf Grund des Aufwertungsgesetzes ergeben, nicht entgegen. Dies gilt nicht nur dann, wenn es sich um einen der in Aufwertungsgesetz endgültig geregelten Fälle handelt, sondern auch dann wenn die Aufwertung auf Grund der allgemeinen Vorschriften (§ 62) stattfindet. Hat das Aufwertungsgesetz an dem bis zu seinem Inkrafttreten bestehenden Rechtszustand nichts geändert, dann liegt keine Veranlassung vor, den Rechtsstreit erneut aufzurollen; in diesem Falle bleibt dem Schuldner die Einrede der rechtskräftig entschiedenen Sache gewahrt.

3. Die Bezugnahme auf § 16 ergibt, daß der Gläubiger, der trotz Annahme der Leistung auf Grund des Aufwertungsgesetzes weitere Ansprüche geltend macht, diese bis zum 1. Januar 1926 bei der Aufwertungsstelle anmelden muß. Handelt es sich um hypothekarisch gesicherte Forderungen, dann findet eine Wiedereintragung nach Maßgabe der §§ 20ff. statt. Eine nach dem 13. Februar 1924 erfolgte Abtretung der Forderung gibt dagegen dem Zedenten auch dann nicht das Recht, für sich eine Aufwertung zu beanspruchen, wenn er nur mit einer 15%igen Aufwertung gerechnet und auch nur den einer solchen Aufwertung entsprechenden Gegenwert erhalten hat.

§ 79.

(1) Dem Verwalter eines fremden Vermögens fällt ein zum Schadenersatz verpflichtendes Verschulden nicht zur Last[1], wenn er im Vertrauen auf den Stand der Gesetzgebung oder der Rechtsprechung bei der Annahme von Leistungen oder den sonstigen Verfügungen über Ansprüche, die der Aufwertung nach den Vorschriften dieses Gesetzes unterliegen, mit einer Aufwertung nicht gerechnet hat[3].

(2) Die Vorschrift des Abs. 1 findet entsprechende Anwendung auf Personen, die bei der Erteilung von Rat oder Auskunft mit einer Aufwertung nicht gerechnet haben[4].

1. Die Notwendigkeit, den § 79 in das Aufwertungsgesetz aufzunehmen, ergab sich aus der Rechtsprechung einzelner Gerichte (vgl. insbesondere das Urteil des OLG. Breslau vom 18. Dezember 1924, JW. 25, 648, und meine Kritik dieses Urteils im „Bank-Archiv" Jahrg. 24, 197), die nicht in der Lage waren, sich in die Verhältnisse der Inflationszeit zurückzuversetzen, und die für das von den Verwaltern eines fremden Vermögens damals geübte Verhalten einen Maßstab anlegten, der sich auf die Kenntnisse gründete, die erst nachträglich erworben worden sind. Es muß mit aller Schärfe betont werden, daß der Satz Mark = Mark seine tragische Bedeutung erst durch die Rechtsprechung der Gerichte erlangt hat, die jahrelang an ihm festhielten und ihn erst im allerletzten Augenblick preisgaben. Wenn eben diese Gerichte jetzt den Verwaltern eines fremden Vermögens den Vorwurf machen, daß diese sich auf diesen Satz verlassen haben, so ist das, wie im Reichstagsausschuß mit Recht festgestellt worden ist, „erstaunlich" (vgl. den Ausschußbericht S. 27). Daß auch das Reichsgericht der Versuchung unterlegen ist, aus der nachträglich gewonnenen Erkenntnis an dem Verhalten dessen Kritik zu üben, der nicht auf den Niedergang der Mark spekulierte, beweist das in der amtlichen Sammlung Bd. 109 S. 181 abgedruckte Urteil (vgl. meine Besprechung in JW. 25, 1367).

§ 79 führt zu genau demselben Ergebnis, zu dem eine Rechtsprechung kommen müßte, die in sachgemäßer und auf den Erfahrungen des Jahres 1923 basierender Erkenntnis über das damals geübte Verfahren zu befinden hat; § 79 war deshalb *theoretisch überflüssig*, er war aber *praktisch notwendig*, weil die Praxis der Gerichte, diejenigen verantwortlich zu machen, die angesichts der Rechtsprechung und Gesetzgebung im Jahre 1923 an eine Aufwertung nicht glaubten, ein Riegel vorgeschoben werden mußte.

§ 79 bezieht sich nicht nur auf die Banken, die vor allem der Anlaß zu seiner Aufnahme in das Gesetz waren. Er deckt auch die Maßnahmen, die Bevollmächtigte, Vormünder, Testamentsvollstrecker und sonstige Personen, denen die Verwaltung eines fremden Vermögens übertragen ist, getroffen haben.

2. „*Im Vertrauen auf den Stand der Gesetzgebung oder der Rechtsprechung*" bedeutet, daß vor dem 28. November 1923 niemand schuldhaft gehandelt hat, der nicht mit einer kommenden Aufwertung rechnete. Erst nachdem das Reichsgericht die Aufwertungspflicht grundsätzlich anerkannt hatte, mußte mit einer solchen gerechnet werden; demgemäß kann sich nach Erlaß dieses Urteils niemand mehr hinsichtlich seiner

Maßnahmen auf den Stand der Rechtsprechung berufen. Trotzdem ist denen kein Vorwurf zu machen, die nach Erlaß dieses Urteils sich als Verwalter eines fremden Vermögens mit einem Schuldner verglichen haben, weil die Gesetzgebung der Rechtsprechung des Reichsgerichts noch nicht Rechnung getragen hatte und eine Zeitlang ein völliges Aufwertungsverbot drohte.

Nicht nur die vorbehaltlose Annahme der Leistung wird durch § 79 gedeckt, sondern auch sonstige Verfügungen über aufwertbare Ansprüche; hierher gehören insbesondere Vergleiche sowie auch die Annahme von Umtauschangeboten, die in der zweiten Hälfte des Jahres 1923 vielfach von Schuldnern von Industrie-Obligationen und von Pfandbriefinstituten gemacht wurden.

3. Auch dann, wenn der Verwalter zwar mit einer Aufwertung gerechnet hat, aber im Hinblick auf den Stand der Rechtsprechung von einem Vorbehalt absah, weil der Schuldner vorbehaltlose Annahme der Gegenleistung forderte und mit Erhebung der Klage auf Erteilung der Löschungsbewilligung drohte, kann von einem schuldhaften Verhalten nicht die Rede sein. Wichtig ist für derartige Fälle das Urteil des Reichsgerichts vom 3. Dezember 1924 (JW. 25, 45), aus dem sich ergibt, daß die vorbehaltlose Annahme noch nicht einen Verlust der Aufwertungsansprüche zur Folge hatte.

4. § 79 ist ferner in den Fällen anwendbar, in denen ein Rechtsberater bei der Erteilung von Rat oder Auskunft mit einer Aufwertung nicht gerechnet hat; diese Vorschrift deckt insbesondere Rechtsanwälte, Notare und Rechtsauskunftsstellen.

II. Bilanzvorschriften

§ 80.

Ist vor dem Inkrafttreten dieses Gesetzes eine Bilanz nach Maßgabe der bisherigen Vorschriften über die Aufwertung aufgestellt worden, so hat es hierbei sein Bewenden. Eine auf die Vorschriften dieses Gesetzes gegründete Beanstandung der Bilanz durch die Beteiligten wird, soweit eine hierfür bestimmte Frist bei Inkrafttreten dieses Gesetzes noch nicht abgelaufen ist, hierdurch nicht ausgeschlossen[1].

1. Da die vor dem Inkafttreten des Aufwertungsgesetzes aufgestellten Bilanzen nur von den Vorschriften der III. StNVO. ausgehen konnten, müßten sie an sich nach Maßgabe des Aufwertungsgesetzes berichtigt werden; gemäß § 80 soll es jedoch bei der aufgestellten Bilanz sein Bewenden haben; doch ist eine Beanstandung der Bilanz zulässig, wenn die hierfür bestimmte Frist beim Inkrafttreten des Aufwertungsgesetzes noch nicht abgelaufen war. In diesem Falle muß auf eine solche Beanstandung hin die Bilanz den Vorschriften des Aufwertungsgesetzes entsprechend aufgestellt werden (vgl. aber § 81).

§ 81.

(1) Hat eine Aktiengesellschaft einen der Aufwertung unterliegenden Anspruch als Passivum in die Bilanz eingestellt, und ergibt sich auf Grund der Vorschriften dieses Gesetzes für den Anspruch eine höhere Aufwertung als bisher, so ist die Aktien-

gesellschaft berechtigt, den Unterschied zwischen dem nach dem bisherigen Vorschriften maßgebenden Aufwertungsbetrag und dem höheren Betrage, der sich auf Grund der neuen Vorschriften ergibt, als Aufwertungsausgleichsposten in die Aktiva der Bilanz einzustellen. Entsprechendes gilt, wenn ein in der Bilanz nicht berücksichtigter Anspruch erst durch dieses Gesetz aufgewertet ist[1].

(2) Macht die Gesellschaft von dieser Befugnis Gebrauch, so ist sie verpflichtet,

1. in der Bilanz den Bestand an den durch dieses Gesetz erhöht oder neu aufgewerteten Schulden gesondert anzugeben und sie gesondert von anderen Schulden zu bewerten;
2. das Aufwertungsausgleichskonto durch jährliche Abschreibungen nach den Grundsätzen kaufmännischer Geschäftsgebarung zu tilgen. Die Länder können allgemein oder für den einzelnen Fall den Mindestbetrag der Abschreibungen festsetzen.

(3) Diese Vorschriften finden auf eingetragene Genossenschaften, auf Unternehmungen anderer Art, für deren Bilanzen kraft Gesetzes oder auf Grund der Satzung die für Aktiengesellschaften geltenden bilanzrechtlichen Bestimmungen des Handelsgesetzbuchs maßgebend sind, sowie auf Gesellschaften mit beschränkter Haftung entsprechende Anwendung.

(4) Der Reichsminister der Justiz wird ermächtigt, Unternehmungen, die den Verpflichtungen gemäß Abs. 2, 3 zuwiderhandeln, die im Abs. 1 gewährte Befugnis zu entziehen.

1. Die Vorschrift des § 81 ist außerordentlich bedenklich, weil sie gegen die Grundsätze der Bilanzwahrheit verstößt. Es ist nicht angängig, daß den Schuldnern Verpflichtungen auferlegt werden und ihnen gleichzeitig das Recht gegeben wird, diese Verpflichtung zunächst einmal bilanzmäßig nicht als eine solche zu behandeln. Aufgabe einer Bilanz ist es, Klarheit über den Stand eines Unternehmens zu geben, und dieser Aufgabe wird eine Bilanz nicht gerecht, die auf ihrer Aktivseite Scheinposten führt. Die Bestimmung, daß das Ausgleichskonto nach den Grundsätzen kaufmännischer Geschäftsgebarung durch jährliche Abschreibung zu tilgen ist, müßte deshalb bei gewissenhafter Auslegung dahin führen, daß die Abschreibung sofort zu erfolgen hat, da derart fingierte Aktiven mit den Grundsätzen kaufmännischer Geschäftsgebarung nicht zu vereinbaren sind (vgl. auch Mügel § 81 Anm. 2).

III. Anhängige Rechtsstreitigkeiten

1. Erledigung

§ 82.

Findet infolge der Vorschriften dieses Gesetzes ein anhängiger Rechtsstreit seine Erledigung, so trägt jede Partei die ihr entstandenen außergerichtlichen Kosten. Die Gerichtskosten werden niedergeschlagen[1].

1. § 82 behandelt die Kostenfolgen für den Fall, daß ein anhängiger Rechtsstreit durch den Erlaß des Aufwertungsgesetzes seine Erledigung findet. Die Bestimmung ist nur dann anwendbar, wenn das Aufwertungsgesetz über einen bisherigen Streitfall Klarheit schafft, so daß der Prozeß nicht weitergeführt wird; geschieht dies doch, dann regelt sich die Frage der Kostentragung nach den Bestimmungen der Zivilprozeßordnung. Als Beispiel mögen die Prozesse wegen Aufwertung von Bankguthaben dienen, die durch die §§ 65 und 66 restlos zugunsten der Banken entschieden sind: sollte trotz dieser Bestimmungen ein Kläger auf seinem bisherigen Standpunkt verharren und es auf eine Abweisung seiner Klage ankommen lassen, dann liegt keine Veranlassung vor, ihn von der Pflicht zur Kostentragung zu befreien.

2. Fortbetrieb

§ 83.

Hat in einem anhängigen Rechtsstreit auf Grund des Gesetzes, betreffend Aussetzung des Verfahrens vor Gerichten und Aufwertungsstellen, vom 17. Februar 1925 (Reichsgesetzbl. I S. 15) eine Aussetzung der Verhandlung stattgefunden, so hat das Gericht auf Antrag einer Partei die Anordnung der Aussetzung wieder aufzuheben; entsprechendes gilt für das Verfahren vor der Aufwertungsstelle. Dies gilt nicht für das Rechtsmittelverfahren vor den Finanzgerichten und dem Reichsfinanzhof, soweit es sich um Ansprüche auf Grund der Vorschriften der Dritten Steuernotverordnung über den Geldentwertungsausgleich bei Schuldverschreibungen und der zu ihrer Durchführung erlassenen Bestimmungen handelt[1].

1. Das Gesetz vom 17. Februar 1925 (RGBl. I S. 15) bestimmte, daß in Rechtsstreitigkeiten über die Aufwertung die Verhandlung auf Antrag einer Partei auszusetzen ist. Diese Vorschrift galt entsprechend für das Verfahren vor den Aufwertungsstellen und für das Rechtsmittelverfahren vor den Finanzgerichten und dem Reichsfinanzhof, soweit es sich um Ansprüche des Reiches aus der Geldentwertungsausgleichssteuer handelte. § 83 bestimmt, daß auf Antrag einer Partei die Anordnung der Aussetzung wieder aufzuheben ist, soweit es sich nicht um das Rechtsmittelverfahren vor den Finanzgerichten und dem Reichsfinanzhof handelt.

IV. Aufwertungsansprüche Hilfsbedürftiger

§ 84.

Bei der Festsetzung einer Unterstützung öffentlich-rechtlicher Art bleibt das Einkommen des Hilfsbedürftigen aus Ansprüchen, die der Aufwertung nach diesem Gesetz unterliegen, außer Ansatz, soweit es den Betrag von 270 Reichsmark für das Jahr nicht übersteigt. Erhält der Hilfsbedürftige zugleich eine Vorzugsrente nach Maßgabe der §§ 18 bis 26, 37 des Gesetzes über die Ablösung öffentlicher Anleihen, so bleiben die im Satz 1 bezeichneten Ein-

nahmen und die Vorzugsrente bis zum Gesamtbetrage von 270 Reichsmark für das Jahr außer Ansatz[1].

1. § 84 will verhindern, daß die Vorteile, die Hilfsbedürftige aus der Aufwertung erlangen, in vollem Umfange den zu ihrer Unterstützung verpflichteten Stellen zugute kommen. Deshalb bleibt ein Betrag von 270 Reichsmark für das Jahr bei der Festsetzung einer Unterstützung außer Betracht, sofern dieser aus Ansprüchen stammt, die der Aufwertung unterliegen. Erhält der Hilfsbedürftige zugleich eine Vorzugsrente, dann wird diese dem Einkommen aus Ansprüchen, die der Aufwertung unterliegen, hinzugerechnet, so daß nur 270 Reichsmark von der Gesamtsumme bei der Festsetzung der Unterstützung außer Ansatz bleiben.

§ 85.

Soweit die öffentliche Fürsorge ihre Hilfe davon abhängig machen darf, daß die Rückzahlung der für den Hilfsbedürftigen aufgewendeten Kosten sichergestellt wird (§ 9 der Reichsgrundsätze über Voraussetzung, Art und Maß der öffentlichen Fürsorge vom 4. Dezember 1924, Reichsgesetzbl. I S. 765) dürfen Ansprüche des Hilfsbedürftigen, die der Aufwertung nach diesem Gesetz unterliegen, nur nach Maßgabe von Vorschriften herangezogen werden, die die Reichsregierung mit Zustimmung des Reichsrats hierüber erläßt.

1. § 85 ermächtigt die Reichsregierung, mit Zustimmung des Reichsrats Bestimmungen darüber zu treffen, inwieweit Ansprüche von Hilfsbedürftigen, die der Aufwertung nach Maßgabe des Aufwertungsgesetzes unterliegen, zur Sicherstellung der Kosten der öffentlichen Fürsorge herangezogen werden können.

V. Fremdenrecht

§ 86.

(1) Soweit Reichsangehörige in einem fremden Staate hinsichtlich der Aufwertung ungünstiger behandelt werden als dessen eigene Angehörige, wird die Reichsregierung ermächtigt, eine entsprechende unterschiedliche Behandlung der Angehörigen dieses Staates anzuordnen[1].

(2) Sofern nach der Gesetzgebung eines fremden Staates dieser Staat oder seine Angehörigen nicht verpflichtet sind, Reichsangehörigen einen höheren Betrag zu zahlen, als den, der ihnen im Deutschen Reiche unter den gleichen Bedingungen auf Grund der deutschen Aufwertungsbestimmungen zufallen würde, wird die Reichsregierung ermächtigt, einem solchen Staate gegenüber eine entsprechende Regelung zu treffen[2].

(3) Die Reichsregierung wird ermächtigt, die Aufwertung der im § 1 bezeichneten Ansprüche zugunsten der Angehörigen solcher Staaten auszuschließen, nach deren Recht diese Ansprüche einer Aufwertung nicht unterliegen.

1. Abs. 1 gibt der Reichsregierung ein weitgehendes Retorsionsrecht für die Fälle, daß Reichsangehörige in einem fremden Staat hinsichtlich der Aufwertung ungünstiger behandelt werden als dessen eigene Angehörige.

2. Abs. 2 ist besonders durch das polnische Aufwertungsgesetz vom 14. Mai 1924 veranlaßt worden. Nach diesem Gesetz darf ein polnischer Bürger nicht angehalten werden, an den Angehörigen eines fremden Staates mehr zu zahlen als ihm selbst in diesem fremden Staate zustehen würde. Eine ähnliche Bestimmung findet sich im § 11 des Danziger Aufwertungsgesetzes vom 7. April 1925, welche lautet:

„Schuldner, gegen welche Ansprüche nach Maßgabe dieses Gesetzes geltend gemacht werden, können sich einem ausländischen Gläubiger gegenüber darauf berufen, daß in dem Staate des ausländischen Gläubigers eine für den Schuldner günstigere Regelung besteht, und verlangen, daß die Gesetze des betreffenden Staates zur Anwendung kommen. Als günstigere Regelung gilt auch eine Kapital- oder Zinsstundung."

3. Abs. 3 ermächtigt schließlich die Reichsregierung, die Aufwertung der in § 1 bezeichneten Ansprüche zugunsten der Angehörigen solcher Staaten auszuschließen, nach deren Recht diese Ansprüche einer Aufwertung nicht unterliegen. Diese Bestimmung kann von außerordentlicher Tragweite sein, da das Recht fast aller Kulturstaaten (England, Frankreich, Österreich, Italien) eine Aufwertung nicht kennt. Ob es dazu kommen wird, daß die Reichsregierung von der Ermächtigung des Abs. 3 Gebrauch machen wird, erscheint sehr zweifelhaft, da es politisch nicht klug sein dürfte, dem Aufwertungsgedanken nur deshalb nicht Rechnung zu tragen, weil das Recht des Heimatlandes des Gläubigers ihn nicht kennt. Eine solche Praxis könnte leicht dazu führen, grundsätzlich ausländische Gläubiger nach dem Rechte des eigenen Staates nicht besser zu behandeln, als sie nach dem Rechte ihres eigenen Staates behandelt werden würden, ein Grundsatz, der die Rechtssicherheit in schwerster Weise erschüttern würde.

VI. Internationale Vereinbarungen

§ 87.

Rechte, Ansprüche und Befugnisse, die auf internationalen Vereinbarungen oder den zu ihrer Durchführung erlassenen Gesetzen beruhen, oder die zur Erfüllung von Verpflichtungen aus solchen Vereinbarungen begründet sind, bleiben unberührt[1].

1. In erster Linie ist an die Schweizer Goldhypotheken zu denken, die durch die Abkommen vom 6. Dezember 1920 und vom 25. März 1923 (vgl. RGBl. 20, S. 2023 und 23, II, S. 2894) einer besonderen Reglung unterzogen worden sind. Ferner bleiben die in dem Friedensvertrage enthaltenen Vorschriften unberührt. Bezüglich der letzteren ist besonders an Art. 297 e des Versailler Friedensvertrages zu erinnern, der die deutsche Regierung zum Ersatz jeglichen Schadens verpflichtet, der alliierten und assoziierten Staatsangehörigen infolge der Anwendung außerordentlicher Kriegsmaßnahmen innerhalb des deutschen Gebietes entstanden ist. Wie aus der Rechtsprechung der Gemischten Schiedsgerichtshöfe hervorgeht, fallen hierunter auch die Schäden, die aus der Wertminderung von während des Krieges der Verfügung feindlicher Eigentümer entzogenen Wertpapieren herrühren. Als Schadensersatz ist hierbei die Differenz zwischen dem Vorkriegswert und dem Wert zu dem Zeitpunkt, an dem der ehemals feindliche Staatsangehörige frühestens wieder über sein Eigentum verfügen konnte, zugesprochen worden. Die Wertberechnung erfolgte unter Zugrundelegung der Währung des Landes des betreffenden feindlichen Staatsangehörigen.

Es ergibt sich hieraus das Problem, ob neben der Entschädigung nach Art. 297 e des Versailler Vertrages noch Ansprüche aus dem Ablösungsgesetz begründet sind. Diese Frage dürfte zu verneinen sein.

Für die Aufwertungs- und Entschädigungsansprüche amerikanischer Staatsbürger gelten noch folgende Besonderheiten:

Auf Grund eines Abkommens zwischen dem deutschen und amerikanischen Staatsvertreter hat die Mixed Claims-Kommission unter dem 7. Mai 1925 eine allgemeine Entscheidung (Rules) über die Abwicklung amerikanischer Vorkriegsguthaben (Mark, Dollar und andere Währungen) sowie über die Regelung der Entschädigungsansprüche amerikanischer Staatsangehöriger gegen das Deutsche Reich wegen öffentlicher Anleihen einschließlich Schatzanweisungen sowie wegen Schuldverschreibungen anderer Art, zu denen z. B. die Industrie-Obligationen gehören, gefällt. Die einschlägigen Bestimmungen für letztgenannte Gruppe lauten in Übersetzung wie folgt:

Ziffer 11. Die amerikanischen Eigentümer von Schuldverschreibungen jeglicher Art sind berechtigt, vom Deutschen Reich Ersatz des Schadens zu verlangen, der ihrem Besitz auf deutschem Gebiet, so wie es am 1. August 1914 bestand, durch die Anwendung der in §§ 1 und 3 des Anhanges zu Sec. IV des Teiles X des Versailler Vertrages, der in dem Vertrag von Berlin übernommen worden ist, erwähnten außerordentlichen Kriegsmaßnahmen oder Übertragungsanordnungen zugefügt worden ist.

Ziffer 12. Alle Amerikanern gehörigen Schuldverschreibungen, die am 10. November 1917 sich im Gebiet des Deutschen Reiches befanden, werden im Hinblick auf den Erlaß der Verordnung von diesem Tage (es handelt sich um das Verbot der Ausfuhr von Wertpapieren feindlicher Staatsangehöriger, RGBl. S. 1050) als von einer außerordentlichen Kriegsmaßnahme betroffen betrachtet.

Ziffer 13. Ungeachtet der Aufhebung aller außerordentlichen Kriegsmaßnahmen Deutschlands durch das Gesetz vom 11. Januar 1920 bleibt es einem amerikanischen Kläger unbenommen, nachzuweisen, daß seine Güter, Rechte oder Interessen innerhalb des deutschen Reichsgebietes außerordentlichen Kriegsmaßnahmen der in Ziffer 11 vorstehend beschriebenen Art vor dem 10. November 1917 oder nach dem 11. Januar 1920 unterworfen gewesen sind. Gelingt ihm dieser Nachweis, so ist die deutsche Regierung zum Ersatz jeglichen als Folge derartiger Maßnahmen nachgewiesenen Schadens verpflichtet.

Ziffer 14. Die Tatsache, daß Amerikanern gehörige Schuldverschreibungen den Gegenstand einer außerordentlichen Kriegsmaßnahme gebildet haben, begründet als solche noch nicht einen Schadensersatzanspruch wegen Wertverminderung, vielmehr muß der Kläger den Nachweis dafür erbringen, daß der erlittene Schaden eine unmittelbare Folge hiervon gewesen ist.

Ziffer 15. Ob eine außerordentliche Kriegsmaßnahme die unmittelbare Ursache des Schadens gewesen ist, hängt von den Umständen des einzelnen Falles ab. Bei Beurteilung dieser Umstände sind folgende Grundsätze maßgebend:

a) wenn der Kläger geeignete Schritte unternahm, um die Schuldverschreibungen in Deutschland zu verkaufen oder umzutauschen und wenn er hieran durch eine außerordentliche Kriegsmaßnahme gehindert worden ist, so soll die außerordentliche Kriegsmaßnahme als die unmittelbare Ursache des infolge einer Wertverminderung derartiger Schuldverschreibungen eingetretenen Schadens betrachtet werden;

b) die außerordentliche Kriegsmaßnahme wird als unmittelbare Ursache des infolge einer Wertverminderung derartiger Schuldverschreibungen, die in jedem einzelnen Fall bewiesen werden muß, einzusehen sein, wenn nach den gesamten Tatumständen gefolgert werden kann, daß der Kläger seine Schuldverschreibungen von Deutschlands zwecks Verkaufs oder Umtausch zurückgezogen haben würde, wenn er nicht durch die außerordentliche Kriegsmaßnahme hieran gehindert worden wäre;

c) war der Eigentümer der Schuldverschreibungen durch Vertrag oder die Schuldverschreibungsbedingungen verpflichtet, die Schuldverschreibungen während des Krieges in Deutschland zu belassen, so muß er selbst die Folgen einer Wertminderung innerhalb eines Zeitraums, während dessen er derart gebunden war, tragen;

d) ergibt sich aus den gesamten Umständen und den vorgebrachten Nachweisen, daß der Besitzer der Schuldverschreibungen in Deutschland verpflichtet war, die Schuldverschreibungen dem Kläger ohne eine Aufforderung zu übersenden, und erfüllte er diese Verpflichtung im Hinblick auf die Kriegsgesetzgebung nicht, so sollen die in der Administrative Decision IV betreffend Nachlässe enthaltenen Regeln Platz greifen (d. h. Schadensersatzpflicht des Deutschen Reiches).

Vorstehende „rules" enthalten keine ausdrücklichen Bestimmungen darüber, daß die Geltendmachung der Ansprüche von einer fristgemäßen Anmeldung bei der Mixed Claims-Kommission abhängig ist, was aber wohl ohne weiteres angenommen werden darf. Soweit bekannt, ist die von der U. S. A.-Regierung bei Anmeldung von Ansprüchen bei der M. C.-K. gesetzte Frist bereits Ende 1922 abgelaufen. Die Erfahrungen bei der Abwicklung der amerikanischen Vorkriegsmarkforderungen haben gezeigt, daß nachträgliche Anmeldungen nicht zugelassen werden.

VII. Inkrafttreten und Durchführung des Gesetzes

§ 88.

(1) Dieses Gesetz tritt mit Wirkung vom 15. Juli 1925 in Kraft.

(2) Die Reichsregierung wird ermächtigt, die zur Durchführung dieses Gesetzes, insbesondere auch zur Erleichterung des Grundbuchverkehrs, erforderlichen Rechtsverordnungen und allgemeinen Verwaltungsvorschriften zu erlassen; sie kann die Erteilung eines Hypotheken- oder Grundschuldbriefs für Rechte, deren Aufwertungsbeträge ein gewisses Maß nicht übersteigen, nachträglich ausschließen. Die Reichsregierung oder die von ihr bestimmte Stelle kann ferner besondere Vorschriften über den Ausgleich von Ansprüchen und Gegenansprüchen zwischen denselben Parteien und über die Zulässigkeit und Anrechnung von Sachleistungen sowie die Berücksichtigung eines mit Rücksicht auf eine vorzeitige Zahlung angemessenen Zwischenzinses erlassen[1].

1. Die Vorschriften der III. StNVO. treten nach dem Gesetz vom 27. Mai 1925 (RGBl. I S. 829) mit dem Inkrafttreten des Aufwertungsgesetzes außer Kraft. Es bedurfte deshalb keiner besonderen Aufhebung derselben durch eine Bestimmung des Aufwertungsgesetzes. Mit dem Außerkrafttreten der Bestimmungen der III. StNVO. sind auch die zu ihrer Durchführung erlassenen Bestimmungen außer Kraft getreten. Neben einer Reihe von Sonderermächtigungen, die sich an verschiedenen Stellen des Aufwertungsgesetzes befinden, gibt § 88 Abs. 2 noch einmal eine allgemeine Ermächtigung zum Erlaß von Durchführungsbestimmungen. Die in dieser Bestimmung enthaltene Aufzählung der durch den Erlaß von Durchführungsbestimmungen zu regelnden Fragen ist nur beispielsweise erfolgt; daneben kann die Reichsregierung, soweit es erforderlich ist, durch Durchführungsbestimmungen auch solche Fragen regeln, die im § 88 Abs. 2 nicht ausdrücklich erwähnt sind.

Verordnung über die Einrichtung und das Verfahren der Aufwertungsstellen

Vom 21. Juli 1925. (RGBl. I S. 154)

Auf Grund der §§ 72, 73, 88 des Aufwertungsgesetzes vom 16. Juli 1925 (Reichsgesetzbl. I S. 117) wird nach Zustimmung des Reichsrats verordnet:

§ 1. (1) Aufwertungsstelle ist das Amtsgericht.

(2) Die obersten Landesbehörden können bestimmen, daß an Stelle der Amtsgerichte andere Landesbehörden zuständig sind oder daß die Amtsgerichte einzelne Verrichtungen den Notaren übertragen können oder daß für mehrere Amtsgerichtsbezirke eine gemeinsame Aufwertungsstelle errichtet wird.

§ 2. (1) Zuständig ist, soweit es sich um die Aufwertung von Hypotheken, Schiffs- oder Bahnpfandrechten einschließlich der gesicherten persönlichen Forderungen, um Grundschulden, Rentenschulden oder Reallasten handelt (§§ 4 bis 32 des Aufwertungsgesetzes), das Amtsgericht, in dessen Bezirk das Grundbuch, Schiffsregister oder Bahngrundbuch geführt wird; im Falle einer Gesamtbelastung bleibt dasjenige Gericht, welches zuerst angegangen ist, auch für die Entscheidung über die Aufwertung hinsichtlich der mitbelasteten Grundstücke, Schiffe oder Bahneinheiten zuständig.

(2) In allen anderen Fällen ist das Amtsgericht zuständig, bei welchem der Schuldner seinen allgemeinen Gerichtsstand hat; dasselbe gilt für die Aufwertung der durch Hypothek, Schiffspfandrecht oder Bahnpfandrecht gesicherten persönlichen Forderung, wenn das Grundbuch, Schiffsregister oder Bahngrundbuch im Inland nicht geführt wird. Hat der Schuldner im Inland keinen allgemeinen Gerichtsstand, so ist das Gericht zuständig, in dessen Bezirk sich sein Vermögen ganz oder zum Teil befindet. Ist nach diesen Vorschriften für mehrere Schuldner ein gemeinschaftlicher Gerichtsstand nicht begründet, so wird das zuständige Amtsgericht durch das gemeinschaftliche obere Gericht und, falls dieses das Reichsgericht ist, durch dasjenige Oberlandesgericht bestimmt, zu dessen Bezirk das zuerst angegangene Gericht gehört.

§ 3. Die Aufwertungsstelle kann die Verbindung mehrerer bei ihr gegen denselben Schuldner anhängiger Aufwertungsverfahren zum Zwecke der gleichzeitigen Verhandlung und Entscheidung anordnen; die Aufwertungsstelle kann eine solche Anordnung wieder aufheben.

§ 4. Die Aufwertungsstelle kann von den Beteiligten die Glaubhaftmachung einer tatsächlichen Behauptung verlangen.

§ 5. Die Entscheidung der Aufwertungsstelle ist mit Gründen zu versehen.

§ 6. (1) Die sofortige Beschwerde kann bei der Aufwertungsstelle oder beim Landgericht eingelegt werden. Die Einlegung erfolgt durch Einreichung einer Beschwerdeschrift oder durch Erklärung zum Protokoll des Gerichtsschreibers des zuständigen Gerichts oder eines Amtsgerichts.

(2) Die sofortige weitere Beschwerde kann bei der Aufwertungsstelle, dem Landgericht oder dem Oberlandesgericht eingelegt werden. Die Einlegung erfolgt durch Einreichung einer Beschwerdeschrift oder durch Erklärung zum Protokoll des Gerichtsschreibers des zuständigen Gerichts oder eines Amts-

gerichts. Die Beschwerdeschrift muß von einem Rechtsanwalt unterzeichnet sein. Der Zuziehung eines Rechtsanwalts bedarf es nicht, wenn die Beschwerde von einer Behörde oder von einem Notar eingelegt wird, der in der Angelegenheit für den Beschwerdeführer einen Antrag bei der Aufwertungsstelle gestellt hat.

(3) Wird die Beschwerde durch Erklärung zum Protokoll des Gerichtsschreibers eingelegt, so genügt es zur Wahrung der Beschwerdefrist, daß die Erklärung innerhalb der Frist erfolgt.

(4) Erfolgt die Einlegung der sofortigen Beschwerde oder der sofortigen weiteren Beschwerde durch Erklärung zum Protokoll des Gerichtsschreibers eines Amtsgerichts, so hat der Gerichtsschreiber dieses Gerichts innerhalb 24 Stunden dem Gerichtsschreiber der Aufwertungsstelle von der Einlegung Nachricht zu geben. Diese Vorschrift findet entsprechende Anwendung, sofern die sofortige weitere Beschwerde beim Oberlandesgericht unter Übergehung des Landgerichts eingelegt wird.

(5) Der Gerichtsschreiber der Aufwertungsstelle darf Zeugnisse über die Rechtskraft erst eine Woche nach Ablauf der Beschwerdefrist erteilen.

§ 7. (1) Die Gebühr im Aufwertungsverfahren ist nach dem Werte des Streitgegenstandes zu erheben. Der Wert des Streitgegenstandes wird von der Aufwertungsstelle unter Berücksichtigung der gestellten Anträge nach freiem Ermessen festgesetzt.

(2) Die näheren Bestimmungen über die Bemessung der Gebühr treffen die obersten Landesbehörden.

§ 8. (1) Die Aufwertungsstelle hat jedem, der ein berechtigtes Interesse darlegt, auf Antrag eine Bescheinigung darüber zu erteilen, ob bei ihr

> bis zum 1. Januar 1926 ein Anspruch auf Aufwertung auf Grund des Vorbehalts der Rechte, kraft Rückwirkung oder im Falle der Annahme der Leistung nach dem 13. Februar 1924 oder ein Anspruch auf Aufwertung zugunsten des früheren Gläubigers (§§ 16, 17, 78 des Aufwertungsgesetzes) angemeldet, oder bis zum 1. April 1926 ein Antrag auf Herabsetzung des Aufwertungsbetrags (§§ 8, 34, 52 des Aufwertungsgesetzes) oder auf eine von dem normalen Höchstsatz abweichende Aufwertung der durch Hypothek gesicherten persönlichen Forderung (§§ 12, 32 des Aufwertungsgesetzes)

eingegangen ist. Die Bescheinigung ist gebührenfrei.

(2) Die obersten Landesbehörden können bestimmen, daß die Bescheinigung auch ohne Darlegung eines berechtigten Interesses erteilt werden kann, und daß in diesem Falle eine Gebühr erhoben wird.

§ 9. (1) Die auf Grund der Dritten Steuernotverordnung und ihrer Durchführungsverordnungen bei einer Aufwertungsstelle oder in der Beschwerdeinstanz anhängigen Verfahren gelten als Verfahren, die auf Grund des Aufwertungsgesetzes und dieser Verordnung anhängig sind.

(2) Ist gegen eine Entscheidung, die auf Grund der bisherigen Vorschriften ergangen ist, Beschwerde noch nicht eingelegt, so gelten für die Einlegung der Beschwerde und den Rechtsmittelzug die Vorschriften des Aufwertungsgesetzes.

(3) Ist die Beschwerde bereits eingelegt, so gilt das Verfahren in der Beschwerdeinstanz als ein Verfahren auf Grund sofortiger weiterer Beschwerde. Einer Nachreichung der Einwilligung des Gegners gemäß § 74 Abs. 2 des Aufwertungsgesetzes bedarf es nicht. Auf Antrag eines Beteiligten hat das Beschwerdegericht die Sache an das Landesgericht zu verweisen. Das Verfahren gilt in diesem Falle als ein Verfahren auf Grund sofortiger Beschwerde. Das Beschwerdegericht kann den Beteiligten zur Stellung des Antrags eine Ausschlußfrist setzen.

(4) Die Vorschriften des § 83 des Aufwertungsgesetzes über die Aufhebung einer Anordnung der Aussetzung des Verfahrens bleiben unberührt.

§ 10. Soweit auf Grund der Vorschriften des Artikels I der Dritten Steuernotverordnung und der dazu erlassenen Durchführungsverordnungen Ansprüche angemeldet oder Anträge gestellt sind, für die es nach den entsprechenden Vorschriften des Aufwertungsgesetzes der Einhaltung bestimmter Fristen bedarf, gelten diese Fristen als gewahrt.

§ 11. (1) Der Nachweis des Erwerbstages und des Erwerbspreises bedarf für die Eintragung der Aufwertung im Grundbuch, Schiffsregister oder Bahngrundbuch nicht der im § 29 der Grundbuchordnung und der im § 107 Abs. 2 des Reichsgesetzes über die Angelegenheiten der freiwilligen Gerichtsbarkeit vorgeschriebenen Form.

(2) Die Kosten der Eintragung der Aufwertung trägt der Eigentümer.

(3) Soweit eine Aufwertung bereits abweichend von den Vorschriften des Aufwertungsgesetzes eingetragen ist, ist die Eintragung auf Antrag zu berichtigen; der Antrag bedarf keiner Form. Die Berichtigung erfolgt gebührenfrei.

§ 12. Diese Verordnung tritt mit Wirkung vom 15. Juli 1925 in Kraft.

Berlin, den 21. Juli 1925.

Der Reichsminister der Justiz.
Dr. Frenken.

Verordnung über die Anmeldung, den Nachweis und den Ausschluß von Rechten aus aufgewerteten Industrieobligationen und verwandten Schuldverschreibungen

Vom 10. August 1925. (RGBl. I S. 187)

Auf Grund der § 35 Abs. 3, § 88 Abs. 2 des Aufwertungsgesetzes vom 16. Juli 1925 (Reichsgesetzbl. I S. 117) verordnet die Reichsregierung:

§ 1. (1) Ansprüche auf Herausgabe von ausgelosten oder gekündigten Schuldverschreibungen im Sinne des § 33 des Gesetzes, die darauf gestützt werden, daß die Schuldverschreibungen bei einer Bank zur Einlösung eingereicht sind und daß sie sich noch im Besitze der Bank befinden (§ 35 Abs. 3 des Gesetzes), sind bei der Stelle, bei der sie eingereicht sind, anzumelden. Einer Anmeldung bedarf es nicht, wenn der Anspruch auf Herausgabe bereits anerkannt ist.

(2) Die Anmeldung hat bis zum 30. September 1925 zu erfolgen; sie soll die erforderlichen Angaben, insbesondere Namen, Wohnort und Wohnung des Einreichenden, den Zeitpunkt der Einreichung, die Bezeichnung der Schuldverschreibungen nach Zahl der Stücke, Nennwert, Schuldner, Ausgabejahr, Zinssatz, Serie und Nummer, und wenn der Anmeldende nicht der Einreichende gewesen ist, auch Angaben über die Berechtigung des Anmeldenden zur Geltendmachung des Anspruchs enthalten. Die erforderlichen Beweisstücke (Quittungen, Nummernverzeichnisse usw.) sollen beigefügt oder bezeichnet werden.

(3) War die Stelle, bei der die Einreichung stattgefunden hat, nicht eine vom Schuldner bezeichnete Einlösungsstelle und hatte sie die Schuldverschreibung unmittelbar oder mittelbar zur Einlösung weitergereicht, so hat sie die Anmeldung unverzüglich an die Einlösungsstelle weiterzugeben. Die gleiche Verpflichtung liegt den etwa sonst noch an der Vermittlung der Einlösung beteiligten Stellen ob.

§ 2. (1) Die Bank hat die angemeldeten Ansprüche auf Grund der eingereichten und der sonst bei ihr vorhandenen Unterlagen zu prüfen und im Falle ihrer Anerkennung die Schuldverschreibungen an den Anmeldenden gegen Vergütung des Goldwerts (§ 2 des Gesetzes) eines etwa ausgezahlten Einlösungsbetrags herauszugeben. Liegen die Schuldverschreibungen im Depot des Schuldners, so ist die Herausgabe nur mit seiner Zustimmung zulässig. Ist die Schuldverschreibung vor dem 1. Juni 1925 an den Schuldner abgeliefert worden oder erscheint der Anspruch aus einem andern Grunde nicht begründet, so ist dies dem Anmeldenden unverzüglich mitzuteilen; diesem bleibt es überlassen, seine Rechte im Klagewege geltend zu machen.

(2) Bereits entwertete Schuldverschreibungen sind vor der Herausgabe durch den Schuldner oder einen Beauftragten des Schuldners mit einem mit Unterschrift versehenen Vermerke des Inhalts zu versehen, daß die Rechte aus der Schuldverschreibung trotz der Entwertung nach Maßgabe des Aufwertungsgesetzes vom 16. Juli 1925 (Reichsgesetzbl. I S. 117) ausgeübt werden können; die Unterschrift kann im Wege der mechanischen Vervielfältigung hergestellt werden. Der Schuldner ist berechtigt, an Stelle der mit dem Vermerke zu versehenden Stücke Ersatzstücke zu liefern.

§ 3. Hat die Bank die Schuldverschreibung seit dem 1. Juni 1925 an den Schuldner abgeliefert, so ist sie vom Schuldner unverzüglich an die Bank zurückzugeben; vor der Rückgabe ist sie im Falle der Entwertung mit dem im § 2 Abs. 2 bezeichneten Vermerke zu versehen. Für vernichtete Schuldverschreibungen sind Ersatzstücke zu liefern.

§ 4. (1) Schuldverschreibungen, aus denen Ansprüche gemäß § 1 nicht bis zum 30. September 1925 angemeldet sind, dürfen an den Anmeldenden nicht herausgegeben werden; das gleiche gilt für Schuldverschreibungen, aus denen solche Ansprüche zwar rechtzeitig angemeldet, aber von der Bank nicht anerkannt worden sind, und auf deren Anerkennung oder Herausgabe auch nicht bis zum 30. November 1925 Klage erhoben worden ist.

(2) In den Fällen des Abs. 1 sind die Schuldverschreibungen unverzüglich nach dem 30. November 1925 an den Schuldner zur Vernichtung abzuliefern.

§ 5. Sind Ansprüche gemäß § 1 angemeldet worden, so tritt ein Verlust des Anspruchs auf Genußrechte (§ 37 Abs. 1 des Gesetzes) unerachtet des Ablaufs der im § 39 Abs. 1 des Gesetzes vorgesehenen Fristen frühestens einen Monat nach Herausgabe der Schuldverschreibungen an den Anmeldenden und im Falle der Klageerhebung nach § 2 Abs. 1, § 4 frühestens einen Monat nach rechtskräftiger Entscheidung über den Klageanspruch ein.

§ 6. Hat der Gläubiger seinen Wohnsitz oder gewöhnlichen Aufenthalt außerhalb Europas, so kann die Anmeldung bis zum 31. Dezember 1925 und die Klageerhebung (§ 2 Abs. 1, § 4) bis zum 28. Februar 1926 erfolgen.

§ 7. Hat der Gläubiger seinen Wohnsitz oder gewöhnlichen Aufenthalt außerhalb Europas, so tritt an die Stelle der im § 39 Abs. 1 Satz 1 des Gesetzes bezeichneten Frist von einem Monat eine solche von 4 Monaten.

§ 8. Den Banken stehen im Sinne dieser Verordnung Bankiers und anderen Unternehmungen, die die Aufbewahrung und Verwaltung fremder Wertpapiere gewerbs- oder geschäftsmäßig betreiben, gleich.

Berlin, den 10. August 1925.

Der Reichsminister der Justiz.
Dr. Frenken.

Der Reichswirtschaftsminister.
Neuhaus.

Verordnung über die Verlegung der zur Durchführung der Aufwertung von Industrieobligationen und verwandten Schuldverschreibungen bestimmten Termine

Vom 29. September 1925

Auf Grund des § 35 Abs. 3, § 88 Abs. 2 des Aufwertungsgesetzes vom 16. Juli 1925 (RGBl. I S. 117) verordnet die Reichsregierung:

Artikel I

Die in der Verordnung über die Anmeldung, den Nachweis und den Ausschluß von Rechten aus aufgewerteten Industrie-Obligationen und verwandten Schuldverschreibungen vom 10. August 1925 (RGBl. I S. 187) bestimmten Termine werden wie folgt verlegt:

Der Termin vom 30. September 1925 (§§ 1, 4) auf den 30. November 1925,
Der Termin vom 30. November 1925 (§ 4) auf den 31. Januar 1926,
Der Termin vom 31. Dezember 1925 (§ 6) auf den 28. Februar 1926,
Der Termin vom 28. Februar 1926 (§ 6) auf den 30. April 1926.

Artikel II

Diese Verordnung tritt mit dem Tage der Verkündigung in Kraft.

Berlin, den 29. September 1925.

Der Reichsminister der Justiz.
Dr. Frenken.

Der Reichswirtschaftsminister.
J. F. Trendelenburg.

Verordnung über die Aufforderung zur Anmeldung des Altbesitzes von Industrieobligationen

Vom 29. August 1925

Auf Grund des § 88 des Aufwertungsgesetzes vom 16. Juli 1925 — RGBl. I S. 117 — verordnet die Reichsregierung:

§ 1. Die Aufforderung zur Anmeldung des Altbesitzes von Schuldverschreibungen auf Grund des § 39 des Aufwertungsgesetzes hat in nachstehender Form zu erfolgen:

„Aufforderung zur Anmeldung des Altbesitzes von Industrieobligationen.

Gemäß § 39 des Aufwertungsgesetzes vom 16. Juli 1925 — RGBl. I S. 117 — fordern wir die Altbesitzer unserer

.... %igen Anleihe vom Jahre ....

bzw. der nachstehend aufgeführten Anleihen:

1.

2.

auf, ihre Schuldverschreibungen, für die die Vorrechte des Altbesitzes in Anspruch genommen werden, zur Vermeidung des Verlustes des Genußrechts, innerhalb einer Frist von einem Monat seit dem Erscheinen dieser Aufforderung im Deutschen Reichsanzeiger bei:

1. .... oder
2. ....
anzumelden.

Der Anmeldung sind die Mäntel der Schuldverschreibungen oder der Nachweis ihrer Hinterlegung beizufügen.

Altbesitzer sind die Inhaber von Schuldverschreibungen, die ihre Schuldverschreibungen vor dem 1. Juli 1920 erworben haben und die bis zur Anmeldung Obligationengläubiger geblieben sind. Den Altbesitzern stehen gleich die Inhaber von Schuldverschreibungen, die gemäß § 38 des Aufwertungsgesetzes als vor dem 1. Juli 1920 erworben anzusehen sind.

Beweismittel für den Altbesitz sind binnen einer Frist von zwei Monaten seit dem Erscheinen dieser Aufforderung im Deutschen Reichsanzeiger einzureichen."

§ 2. In der Aufforderung im Deutschen Reichsanzeiger ist ferner der Zeitpunkt der Veröffentlichung in den übrigen von den Unternehmen gewählten Zeitungen anzugeben, und zwar in folgender Form:

„Die Aufforderung ist in den nachstehenden Gesellschaftsblättern erschienen:
1. .... am ....
2. .... am ...."

§ 3. Die in § 39 des Aufwertungsgesetzes vorgesehene Frist von einem Monat wird nur durch eine Aufforderung im Deutschen Reichsanzeiger, die der in §§ 1 und 2 vorgesehenen Fassung entspricht, in Lauf gesetzt. Der Lauf der Frist beginnt mit der Veröffentlichung im Reichsanzeiger.

§ 4. Diese Verordnung tritt mit Wirkung vom 16. Juli 1925 in Kraft.

Berlin, den 29. August 1925.

Der Reichsminister der Justiz.
J. V.: Bumke.

Der Reichswirtschaftsminister.
J. V.: Trendelenburg.

Verordnung über die Eintragung der Aufwertungsbeträge von Hypotheken und anderen dinglichen Rechten

vom 9. Oktober 1925

Auf Grund des § 88 Abs. 2 des Aufwertungsgesetzes vom 16. Juli 1925 (RGBl. I S. 117) wird hiermit verordnet:

§ 1.

Die Höhe der Geldsumme, die auf Grund eines nach den §§ 4 bis 32 des Aufwertungsgesetzes aufgewerteten Rechts zu zahlen ist, wird in der Weise bestimmt, daß eine Goldmark des Aufwertungsbetrags dem jeweiligen Preise von $^{1}/_{2790}$ kg Feingold gleichgesetzt wird. Maßgebend ist der für den Tag der Fälligkeit amtlich festgestellte Preis; § 2 der Verordnung zur Durchführung des Gesetzes über wertbeständige Hypotheken vom 29. Juni 1923 (RGBl. I S. 482) findet Anwendung.

§ 2.

Bei der Eintragung der Aufwertung im Grundbuch, Schiffsregister oder Bahngrundbuch ist der Aufwertungsbetrag in Goldmark einzutragen; eine Goldmark ist die Bezeichnung für den amtlich festgestellten Preis von $^{1}/_{2790}$ kg Feingold.

§ 3.

Soweit eine Aufwertung bereits abweichend von den Vorschriften der §§ 1 und 2 eingetragen ist, ist die Eintragung von Amts wegen zu berichtigen; die Berichtigung erfolgt gebührenfrei.

Berlin, den 9. Oktober 1925.

Der Reichsminister der Justiz.
J. V.: Dr. Joel.

Verordnung über das Kostenwesen bei den Aufwertungsstellen

Vom 28. Juli 1925

(Pr. Gesetz-Sammlung S. 103)

Auf Grund des § 7 Abs. 2 der Verordnung über die Einrichtung und das Verfahren der Aufwertungsstellen vom 21. Juli 1925 (Reichsgesetzbl. I S. 154) wird folgendes verordnet:

§ 1. Für das Verfahren vor der Aufwertungsstelle werden Gebühren und Auslagen nach Maßgabe der folgenden Vorschriften berechnet.

§ 2. Für die Gebührenberechnung ist der Wert des Streitgegenstandes maßgebend. Dieser Wert ist von der Aufwertungsstelle, im Beschwerdeverfahren von dem Beschwerdegericht, unter Berücksichtigung der gestellten Anträge nach freiem Ermessen festzusetzen.

§ 3. Schuldner der Gebühren und Auslagen ist derjenige, dem durch eine Entscheidung der Aufwertungsstelle oder des Beschwerdegerichts die Kosten des Verfahrens auferlegt worden sind (§ 76 Abs. 1 des Aufwertungsgesetzes vom 16. Juli 1925 — Reichsgesetzbl. I S. 117). In Ermangelung einer solchen Entscheidung kommen die Vorschriften der §§ 1, 2, 4 und 5 des Preußischen Gerichtskostengesetzes vom 28. Oktober 1922 (Gesetzsamml. 1922 S. 363, 1923 S. 107) entsprechend zur Anwendung.

§ 4. Soweit nicht in dieser Verordnung besondere Bestimmungen über die Fälligkeit getroffen sind, werden die Gebühren bei Beendigung des Verfahrens, die Auslagen bei ihrer Entstehung fällig. Im übrigen richtet sich die Berechnung und Einziehung der Kosten sowie das Erinnerungs- und Beschwerdeverfahren über den Kostenansatz nach den Vorschriften, welche für die nach dem Preußischen Gerichtskostengesetze zu erhebenden Gerichtskosten maßgebend sind. Der § 8 des Preußischen Gerichtskostengesetzes vom 28. Oktober 1922 (Gesetzsamml. 1922 S. 363, 1923 S. 107) ist entsprechend anwendbar.

§ 5. Volle Gebühr im Sinne dieser Verordnung ist die im § 32 des Preußischen Gerichtskostengesetzes vom 28. Oktober 1922 (Gesetzsamml. 1922 S. 363, 1923 S. 107) bestimmte Gebühr[1]). Der Mindestbetrag einer Gebühr ist zwei Reichsmark.

§ 6. Für die Entgegennahme des Antrags auf Einleitung des Verfahrens gemäß §§ 69, 70 des Aufwertungsgesetzes werden von dem Antragsteller zwei Zehnteile der vollen Gebühr erhoben. Die Gebühr ist bei Eingang des Antrags fällig; sie wird auf die für das Verfahren zu erhebende Gebühr (§ 7 Abs. 1) angerechnet.

§ 7. (1) Für das Verfahren vor der Aufwertungsstelle einschließlich der Anordnung und Vornahme von Beweisverhandlungen und der Beurkundung eines Vergleichs werden fünf Zehnteile der vollen Gebühr erhoben.

---

[1]) Vgl. die Verordnung vom 18. Dezember 1923 (Gesetzsamml. S. 556).

(²) Wird eine das Verfahren abschließende Entscheidung der Aufwertungsstelle getroffen, so werden weitere fünf Zehnteile der vollen Gebühr erhoben.

(³) Bei Einleitung des Verfahrens kann ein Vorschuß in Höhe von drei Zehnteilen der vollen Gebühr erhoben werden.

§ 8. (¹) Für die Entscheidung einschließlich des vorangegangenen Verfahrens in der Beschwerdeinstanz (§ 74 des Aufwertungsgesetzes) werden fünf Zehnteile der vollen Gebühr erhoben.

(²) Wird die Beschwerde zurückgenommen, bevor eine Entscheidung ergangen ist, so werden zwei Zehnteile der vollen Gebühr erhoben.

§ 9. (¹) Wird vom Beschwerdegericht eine Sache zur anderweiten Verhandlung an die Vorinstanz zurückverwiesen, so gilt die Fortsetzung des Verfahrens in dieser Instanz hinsichtlich der Gebührenerhebung nicht als neues Verfahren.

(²) Werden gemäß § 3 der Verordnung über die Einrichtung und das Verfahren der Aufwertungsstellen vom 21. Juli 1925 (Reichsgesetzbl. I S. 154) mehrere gegen denselben Schuldner anhängige Aufwertungsverfahren zum Zwecke der gleichzeitigen Verhandlungen und Entscheidung verbunden, so sind die Gebühren während der Dauer der Verbindung von dem Gesamtwerte zu berechnen.

§ 10. (¹) Für die Erhebung der Auslagen gelten die Vorschriften der §§ 109 bis 112 und 114 des Preußischen Gerichtskostengesetzes vom 28. Oktober 1922 (Gesetzsamml. 1922 S. 363, 1923 S. 107). Zur Deckung der baren Auslagen kann von dem Antragsteller ein angemessener Vorschuß erhoben werden.

(²) Eine Erhebung von Stempeln findet nicht statt. Urkunden, von denen im Verfahren Gebrauch gemacht wird, sind nur insoweit einem Stempel unterworfen, als sie es ohne diesen Gebrauch sein würden. Für die Behandlung dieser Stempel gilt der § 29 des Preußischen Gerichtskostengesetzes sinngemäß.

§ 11. Diese Verordnung tritt mit Wirkung vom 15. Juli 1925 in Kraft.

Berlin, den 28. Juli 1925.

Der Preußische Justizminister.
am Zehnhoff.

Aus der Rechtsſprechung

Urteile des Reichsgerichts vom 28. November 1923

Aus den Gründen:

.... Die rechtliche Möglichkeit einer Aufwertung von Hypothekenforderungen iſt nach dem geltenden deutſchen Rechte, insbeſondere nach § 242 BGB. anzuerkennen. Es kommt dafür gerade bei Hypothekenforderungen in Betracht, daß der Schuldner regelmäßig in dem — wenigſtens, wenn man die Berechnung in Papiergeld zugrunde legt — erheblich geſtiegenen Werte des Grundſtücks einen entſprechenden Ausgleich erhalten hat. Ob eine ſolche Wertſteigerung auch bei dem hier in Rede ſtehenden, in Lüderitzbucht belegenen Grundſtück eingetreten iſt, wird gegebenenfalls vom Kammergericht feſtzuſtellen ſein.

Unerheblich iſt es, ob — wie der Kläger hervorhebt — die Zuläſſigkeit einer Hypothekenaufwertung bereits im Jahre 1920 in der Rechtswiſſenſchaft erkannt war oder ob dieſe Erkenntnis erſt ſpäter, unter dem Einfluß der immer mehr geſteigerten Geldentwertung, ſich durchgeſetzt hat. Unrichtige Rechtsauffaſſungen des Jahres 1920 können jetzt nicht mehr ausſchlaggebend ſein.

Nach § 242 BGB. iſt zu berückſichtigen, was Treu und Glauben mit Rückſicht auf die Verkehrsſitte im einzelnen Falle erfordern. Dieſe erfordern billige Rückſichtnahme auf die Intereſſen beider Teile. Daraus folgt, daß nicht ſchlechthin der Grundſatz aufgeſtellt werden kann, daß allgemein jede Hypothekenforderung aufgewertet werden müſſe, oder daß bei allen die Aufwertung in gleichem Maße, etwa gar im Wertverhältnis der Papiermark zur Goldmark, ſtattzufinden habe. Es werden vielmehr neben dem — bei Zugrundelegung der Papiermarkrechnung — geſteigerten Werte des Grundſtücks, der hauptſächlich von Bedeutung ſein wird, auch die anderen Umſtände des Falles in Betracht kommen müſſen, z. B. je nach der Sachlage die wirtſchaftliche Leiſtungsfähigkeit des Schuldners, ferner der Umſtand, ob es ſich um landwirtſchaftliche, induſtrielle oder ſtädtiſche Grundſtücke handelt; ebenſo werden die Laſten, namentlich öffentlicher Art, die dem Grundbeſitz auferlegt ſind, bei Mietgrundſtücken auch die Verminderung ihres Ertrages durch die zum Schutze der Mieter ergangenen Beſtimmungen, Berückſichtigung verdienen.

Die Beſtimmungen des deutſchen Währungsrechts ſtehen der Zuläſſigkeit der Aufwertung nicht entgegen. Zwar ſind nach dem Geſetz über die Abänderung des Bankgeſ. vom 1. Juni 1909 (RGBl. S. 347) die Noten der Reichsbank geſetzliches Zahlungsmittel. Das gleiche gilt bis auf weiteres für Reichskaſſenſcheine nach dem Geſ. vom 4. Auguſt 1914 (RGBl. S. 347). Durch § 2 dieſes Geſetzes iſt ferner bis auf weiteres die Pflicht der Reichsbank zur Einlöſung ihrer Noten aufgehoben; vgl. ferner das Geſ. vom gleichen Tage im RGBl. S. 326 und die BRVO. vom 28. September 1914 (RGBl. S. 417). Aber alle dieſe Beſtimmungen beruhten auf der zur Zeit ihres Erlaſſes bei dem geſunden Zuſtande der deutſchen Volkswirtſchaft durchaus begründeten Auffaſſung, daß die Banknoten und die Kaſſenſcheine an Wert dem Metallgelde gleichſtanden. Noch die VO. vom 28. September 1914 iſt damit begründet, daß der Verkehr die Vollwertigkeit der Noten unbeſchränkt anerkenne und daß die vorübergehende Außerkraftſetzung der Goldklauſel den Gläubiger in keiner Weiſe benachteilige (Denkſchrift über wirtſchaftliche Maßnahmen aus Anlaß des Krieges; Druckſ. des Reichstages, 13. Legislaturp., II. Seſſ. Nr. 26 S. 7). An eine weſentliche Entwertung des Papiergeldes, noch dazu an eine derart hohe, wie ſie nach dem unglücklichen Ausgange des Weltkrieges und nach dem Umſturz immer mehr und mehr Wirklichkeit geworden iſt, hat alſo der Geſetzgeber beim Erlaß jener

Vorschriften nicht gedacht. Nach dem Eintritt des Verfalls der Papiermark entstand nunmehr ein Widerstreit zwischen diesen Währungsvorschriften einerseits, auf der anderen Seite denjenigen sonstigen Gesetzesbestimmungen, die verhüten wollen, daß der Schuldner in der Lage sei, sich seiner Verbindlichkeiten in einer Weise zu entledigen, die mit den Anforderungen von Treu und Glauben und mit der Verkehrssitte nicht vereinbar ist, also namentlich mit der das Rechtsleben beherrschenden Vorschrift des § 242 BGB. Bei diesem Widerstreit muß die letztere Vorschrift den Vorrang haben und müssen die Währungsvorschriften zurücktreten, weil, wie dargetan, bei ihrem Erlaß die Möglichkeit eines derartigen Währungsverfalls, infolgedessen die aus den Währungsbestimmungen sich ergebenden Folgerungen mit den Grundsätzen von Treu und Glauben und mit der Billigkeit nicht mehr vereinbar sind, nicht in Betracht gezogen waren, ein starres Festhalten an ihnen für diesen Fall also nicht vorgesehen war. Tatsächlich hat denn auch die Reichsgesetzgebung in der letzten Zeit immer mehr und mehr gezeigt, daß sie den Grundsatz „Mark = Mark" nicht ohne Einschränkung aufrecht erhalte, weil eben gegenüber den Anforderungen des Wirtschaftslebens und dem Einfluß der Veränderung der wirtschaftlichen Verhältnisse an den Währungsgesetzen nicht mehr festgehalten werden kann, soweit sie die Papiermark der Goldmark gleichstellen. So bildet nach § 16 des Finanzausgleichsgesetzes vom 23. Juni 1923 (RGBl. Teil I S. 494) zur Feststellung des steuerbaren Wertzuwachses im Falle des Überganges von Grundstückseigentum bei dem Erwerbs- und dem Verkaufspreis die innere Kaufkraft der Mark an den beiden Zeitpunkten die Grundlage der Wertbemessung. Nach § 1 des Ges. über die anderweitige Festsetzung von Geldbezügen aus Altenteilsverträgen vom 18. August 1923 (RGBl. Teil I S. 815) Geldleistungen (ebenso die Versorgungsansprüche, welche einzelnen Familienmitgliedern gegenüber den Inhabern von bisherigen Stammhütern und Familienfideikommissen zustehen), entsprechend den veränderten Verhältnissen anderweit festgesetzt werden, soweit dies der Billigkeit entspricht; in § 4 daselbst ist auch die Erweiterung eines dinglichen Rechtes für solche Geldleistungen zugelassen, dabei im Abs. 2 die Erhöhung infolge der allgemeinen Geldentwertung berücksichtigt und in Abs. 3 eine Eintragung der Erweiterung an der nächstbereiten Stelle im Grundbuche vorgesehen. Die VO. des Reichspräsidenten über Steueraufwertung usw. vom 11. und 18. Oktober 1923 (RGBl. Teil I S. 939 und 979; vgl. auch die Durchführungsbestimmungen das. S. 951, S. 1032, S. 1089, S. 1098) schreibt in § 2 vor, daß bei gewissen Steuern die Zahlung auch dann nach dem Goldwert zu leisten ist, wenn die Steuer selbst nicht in Gold berechnet wird, und läßt in § 10 für Nachforderungen von Steuern, bei denen die Schuld vor dem 1. September 1923 entstanden ist, eine Aufwertung des Steuerbetrages unter Berücksichtigung der seit der Entstehung der Steuerschuld eingetretenen Geldentwertung zu. Nach Art. IV des Ges. über Vermögensstrafen und Bußen vom 13. Oktober 1923 (RGBl. Teil I S. 943) ändert sich, falls nach der Verurteilung zu einer in einem bestimmten Geldbetrag ausgedrückten Vermögensstrafe oder nach der Festsetzung einer an den Verletzten zu zahlenden Buße eine Veränderung des Geldwertes eintritt, der zu zahlende Betrag in dem gleichen Verhältnis, in dem sich die vom Statistischen Reichsamt veröffentlichte Reichsrichtzahl für die Lebenshaltungskosten seit dem Erlaß der Entscheidung ändert, welche die Vermögensstrafe oder Buße festgesetzt hat. Ähnlich treten nach der Vierten VO. zur Erhöhung der Gerichtskosten vom 30. Oktober 1923 (RGBl. Teil I S. 1040, vgl. auch die entsprechende VO. über die Gebühren der Gerichtsvollzieher das. S. 1042, und die 3. VO. zur Entlastung der Gerichte vom gleichen Tage, das. S. 1041) an die Stelle der im Gerichtskostengesetze ziffermäßig bestimmten Gebührensätze und Wertgrenzen die Beträge, die sich durch

Vervielfältigung der (näher bestimmten) Grundzahlen mit der jeweiligen Teuerungszahl ergeben. Die große Zahl dieser Anpassungsvorschriften (deren Aufführung unschwer noch erweitert werden könnte; vgl. § 2 der VO. über die Berechnung des Preises bei der Lieferung von elektrischer Arbeit usw. vom 24. Oktober 1923, RGBl. Teil I S. 997; § 1 b des Tabaksteuerges. in der Fassung vom 30. Oktober 1923, RGBl. Teil I S. 1045 u. a. m.) zeigt deutlich, daß sie nicht für besondere Verhältnisse besondere, vom allgemeinen Recht abweichende Anordnungen hat treffen wollen, aus denen sich ein Rückschluß darauf ergeben könnte, daß in anderen Fällen eine Aufwertung nicht zulässig sei; sie lassen vielmehr klar erkennen, daß der Gesetzgeber den Grundsatz, daß die Papiermark mit befreiender Wirkung zu ihrem Nennwert in Zahlung gegeben werden dürfe, durchbrochen hat, weil er ihn den tatsächlichen wirtschaftlichen Verhältnissen gegenüber aufgeben mußte.

In gleicher Richtung hat sich die Rechtsprechung des Reichsgerichts in immer steigendem Maße bewegt. So ist im Urteil RGZ. Bd. 104 S. 394 hinsichtlich der Rückgewähr von Pachtinventar ausgesprochen, daß die Goldmark, die der früheren Schätzung zugrunde lag, und die Papiermark, in der jetzt die Ausgleichung erfolgen muß, trotz ihrer gesetzlichen Gleichstellung wirtschaftlich nicht vergleichbar sind. Ähnlich ist für die Ansprüche aus Unterhalts- und Altenteilsverträgen mehrfach entschieden, daß, falls der Stand des Geldwertes sich nachträglich derart geändert hat, daß es dem Berechtigten auch nicht annähernd mehr möglich ist, aus der ziffermäßig festgesetzten Rentensumme sich das bestimmte Maß des zum Lebensunterhalt Notwendigen zu verschaffen, durch Zahlung einer summenmäßig gleichbleibenden Rente nicht mehr das geleistet wird, was die Vertragschließenden gewollt haben, und daher der Berechtigte grundsätzlich einen Anspruch darauf hat, daß die vereinbarte Rente der verminderten Kaufkraft des Geldes entsprechend erhöht wird (Warn. 1921 Nr. 99, 1925 Nr. 3 und Nr. 36; Urteile des jetzt erkennenden Senats vom 22. September 1923 V 427/23 und vom 3. Oktober 1923 V 865/22, ferner Bd. 106 S. 233). In RGZ. Bd. 106 S. 7 ist für langfristige Grundstückskaufverträge anerkannt, daß eine infolge der Geldentwertung eingetretene erhebliche Verschiebung des Wertverhältnisses zwischen Leistung und Gegenleistung den Einwand der veränderten Umstände rechtfertigen kann, weil infolge des Sturzes der Mark die Geldleistungen wirtschaftlich nur noch einen geringen Bruchteil des Wertes darstellen, der vor Jahren bei ihrer Vereinbarung der Bemessung der Gegenleistung zugrunde gelegt wurde, und weil mit der grundstürzenden Verschlechterung der deutschen Währung die Geschäftsgrundlage, auf der die beiderseitigen Leistungen bestimmt worden sind, weggefallen ist (auch Warn. 1923 Nr. 29). Weiter ist im Urteil vom 16. März 1923 VII 156/22 (auszugsweise in JW. 1923 S. 919 wiedergegeben) für den Fall einer vor mehreren Jahren erfolgten Sicherungsübereignung der Standpunkt des Klägers (des übereignenden, daß er die Aufwendungen des damaligen Beklagten nur zu dem von diesem aufgewendeten Nennbetrage zu erstatten brauche für ungerechtfertigt erklärt mit der Begründung: der Kläger verstoße gegen Treu und Glauben, indem er den Beklagten, der seine Auslagen in vollwertigem Gelde gemacht habe, nunmehr mit einer Summe abfinden wolle, die nur einen kleinen Bruchteil des vom Beklagten aufgewendeten Vermögenswertes darstelle. Auch in der Rechtsprechung der Strafsenate des Reichsgerichts ist wiederholt der Unterschied zwischen Nennwert und Verkehrswert, Papiermark und Goldmark anerkannt worden. (RGSt. Bd. 56 S. 309 Bd. 57 S. 35).

Die vorerwähnten Urteile der Zivilsenate des Reichsgerichts behandeln zwar Ansprüche aus gegenseitigen Verträgen, während hier ein Darlehen gegen Hypothekbestellung in Frage steht. Es kann aber nach dem oben Ausgeführten keinen begründeten Bedenken unterliegen, auf Grund des § 242 BGB. die in jenen Entscheidungen anerkannte Zulässigkeit der Aufwertung der Forderung auch bei hypothekarisch gesicherten Darlehensforderungen für gegeben zu erklären. Auch beim Darlehen besteht seinem Wesen nach die Voraussetzung einer Gleichwertigkeit zwischen Leistung und Gegenleistung; auch bei ihm soll die Substanz dem Gläubiger erhalten bleiben. Das tritt deutlich zutage, in der Vorschrift des § 607 BGB., nach welcher der Darlehensempfänger verpflichtet ist, dem Darleiher das Empfangene in Sachen von gleicher Art, Güte und Menge zurückzugewähren. Auch bei Darlehensgeldschulden geht also die Verpflichtung des Schuldners (und regelmäßig auch der Vertragswille der Parteien) auf Rückzahlung des Geldes nicht nur in gleicher Menge, sondern weiter in gleicher Güte. Wenn die Beteiligten den zurückzuzahlenden Betrag in der Währung ihres Landes bezeichnen, so tun sie das in dem Vertrauen, daß diese Währung einen innerhalb der Grenzen gewisser normaler Schwankungen festen und beständigen Wertmesser darstellt. In gewissem Umfange wird allerdings der Grundsatz, daß der Empfänger eines Gelddarlehens das Empfangene in Sachen von gleicher Güte zurückzugewähren habe, durch die Währungsvorschriften durchbrochen. Denn der Gesetzgeber gibt dadurch, daß er den gesetzlichen Zahlungsmitteln einen Zwangskurs verleiht, seinen Willen kund, daß, wenigstens unter normalen wirtschaftlichen Verhältnissen, eine Zahlung mit ihnen als Zahlung in der in § 607 BGB. erforderten „Güte" zu gelten habe. Insoweit trifft es zu, daß der Gläubiger bei der Gewährung von Kredit die Gefahr einer Geldentwertung zu tragen hat. Aber dieser Grundsatz muß aus den schon oben dargelegten Erwägungen zurücktreten, falls er infolge einer außerordentlich starken, beim Erlaß der Währungsvorschriften nicht vorausgesehenen Entwertung der gesetzlichen Zahlungsmitteln zu Ergebnissen führen würde, die mit § 242 BGB. nicht mehr vereinbar wären. Bei welchem Grade der Geldentwertung sich die Notwendigkeit einer Aufwertung der Forderung des Gläubigers als dem Gesetz entsprechend herausstellt, wird im einzelnen Falle nach den Grundsätzen von Treu und Glauben zu ermessen sein.

Zur Bejahung der Zulässigkeit der Aufwertung gelangt man übrigens auch in wesentlich gleicher Weise auf dem Wege der ergänzenden Auslegung des Vertrags, wenn nämlich vom Gericht geprüft wird, was die Parteien in Gemäßheit des gesamten Vertragszwecks vereinbart haben würden, wenn sie die Möglichkeit einer außergewöhnlich hohen Geldentwertung vorausgesehen, diesen Fall gleichfalls geregelt hätten und dabei dem Gebote von Treu und Glauben gefolgt wären (§ 157 BGB.), und wenn untersucht wird, ob nach diesem Parteiwillen beim Vertragsschluß der Gläubiger Befriedigung nur nach dem Nennwerte des damals festgesetzten Betrags zu beanspruchen haben sollte, ganz gleichgültig welchen wirtschaftlichen Wert das gesetzliche Zahlungsmittel jeweils haben würde, oder ob die Ansicht dahin ging, daß bei außerordentlicher Entwertung der Anspruch des Gläubigers sich gegenüber der ziffermäßigen Festlegung der Geldsumme im Vertrag in angemessenem Umfange vergrößern sollte. Die Zulässigkeit einer Vereinbarung des letzteren Inhalts ist bereits in RGZ. Bd. 100 S. 79 anerkannt. Die Währungsvorschriften stehen keineswegs dem entgegen, daß die Geltung des Zwangskurses vertraglich wegbedungen wird und daß eine solche Wegbedingung stillschweigend erfolgt. Weder aus dem Wortlaute noch aus dem Zwecke der Gesetze vom 1. Juni 1909 oder vom 4. August 1914 kann entnommen werden, daß für Reichsbanknoten oder Reichskassenscheine ein Zwangskurs in dem Sinne eingeführt werden sollte, daß damit eine, ausdrückliche oder stillschweigende, abweichende Vereinbarung hinsichtlich der Höhe des vom Schuldner zu leistenden Betrags ausgeschlossen wurde.

Nach alledem muß die rechtliche Zulässigkeit einer Aufwertung hypothekarisch gesicherter Darlehensforderungen mit Rücksicht auf die starke Entwertung des deutschen Papiergeldes bejaht werden.

Nur eine solche bildet hier den Gegenstand des Rechtsstreits. Demgemäß bedarf es hier keiner Stellungnahme zu der Frage der Zulässigkeit einer Aufwertung bei anderen als Hypothekenforderungen, insbesondere bei Anleiheforderungen von Privatunternehmungen oder Körperschaften des öffentlichen Rechts, bei Sparkassenguthaben, Pfandbriefforderungen usw.

Weiter braucht im vorliegenden Urteile nicht entschieden zu werden, welche Forderungen aus der Aufwertung der Hypothekenforderungen, deren Zulässigkeit nach der schuldrechtlichen Seite anzuerkennen ist, in bezug auf deren dingliche Sicherung sich ergeben; insbesondere kann von einer Erörterung der Frage abgesehen werden, ob dem Hypothekengläubiger für seine aufgewertete Forderung ein unmittelbares dingliches Recht an dem Grundstück, gegebenenfalls ob ihm ein solches dingliches Recht an derselben Rangstelle, wie für die bereits eingetragene Hypothek, also mit dem Vorrange vor den ihr nachstehenden dinglich Berechtigten zuzubilligen ist, oder ob dem die Bestimmungen des Liegenschaftsrechts, namentlich der Grundsatz der Spezialität, entgegenstehen würde. Ebensowenig braucht für den vorliegenden Rechtsstreit entschieden zu werden, welche Ansprüche etwa aus dem Gesichtspunkte der ungerechtfertigten Bereicherung hergeleitet werden können, und wie die Rechtslage sich gestaltet, wenn der Eigentümer und der persönliche Schuldner nicht oder nicht mehr dieselbe Person ist.

Im vorliegenden Falle verlangt nicht der Gläubiger Befriedigung aus dem Grundstück für seine aufgewertete Forderung oder dingliche Sicherstellung ihres aufgewerteten Teils; vielmehr klagt der Schuldner, der zugleich der Eigentümer des belasteten Grundstücks ist, gegen den Gläubiger auf Einwilligung in die Löschung der Hypothek und Zurückgabe des Hypothekenbriefs gegen Zahlung des Nennbetrags der Hypothekenforderung in der im Frühjahr 1920 in Deutschland geltenden gesetzlichen Währung. Dieses Klagebegehren ist, wenn — wie vom Berufungsgericht noch zu prüfen ist — auch die tatsächlichen Voraussetzungen einer Aufwertung der Hypothekenforderung gegeben sind, in jedem Falle ungerechtfertigt. Durch den schuldrechtlichen Vertrag der Parteien, der der Umwandlung der Eigentümergrundschuld von Mk. 13000.— in eine Hypothek für eine gleich hohe Darlehensforderung des Beklagten zugrunde lag, hatte der Kläger sich seinerzeit verpflichtet, für die ganze Forderung des Beklagten Sicherheit durch eine Hypothek zu gewähren. Wenn diese Forderung sich durch eine notwendig werdende Aufwertung ziffermäßig erweitert hat, so ergeben die Gebote von Treu und Glauben die persönliche Verpflichtung des Schuldners, die hypothekarische Belastung seines Grundstücks für diese Forderung fortbestehen zu lassen, so lange, bis der Gläubiger wegen seiner ganzen Forderung befriedigt ist, und es würde mit diesen Geboten nicht vereinbar sein, wenn er die Löschung der Hypothek lediglich gegen Zahlung des Nennbetrags in der eingetragenen Höhe beansprucht. Unter allen Umständen ist aber auch dem Gläubiger das Recht zuzugestehen, wegen seiner aufgewerteten persönlichen Forderung, welche, sofern sie nicht bereits fällig war, durch die Kündigung der Hypothek durch den Schuldner fällig geworden ist und welche aus demselben rechtlichen Verhältnis — aus der Darlehenshingabe und dem ihr zugrunde liegenden Vertrage — hervorgegangen ist, die Löschungsbewilligung und die Herausgabe des Hypothekenbriefs in Ausübung des Zurückbehaltungsrechts gemäß § 273 BGB. zu verweigern. Richtig ist zwar, daß der Gläubiger wegen anderer Ansprüche gegen den Eigentümer die Aushändigung der in § 1144 BGB. bezeichneten Urkunden nicht versagen darf, weil ein solches Recht den tatsächlichen Erfolg hätte, daß der Gläubiger wegen der anderen Ansprüche ebenfalls durch die Hypothek gesichert wäre (RGR.Komm. Anm. 2 a. E. zu § 1144 BGB.); hier steht aber gerade eine Forderung aus dem Darlehen, zu dessen Sicherheit die Hypothek gestellt war, in Frage.

Urteil des Reichsgerichts vom 30. Sept. 1924

Der Kläger hatte Teilschuldverschreibungen der Anleihe der F.K.A.G. von 1893 im Nennbetrag von 19000.— Mk., und zwar bestimmte Stücke der Beklagten in bankmäßige Verwahrung gegeben. Im Jahre 1923 kündigte die Schuldnerin die Anleihe zur Heimzahlung. Am 16. August 1923 schrieb die Beklagte dem Kläger, sie habe ihn „für, seinem Bestand entnommene, zur Rückzahlung fällige Wertpapiere, Eingang vorbehalten, wie bemerkt, erkannt: Mk. 19000.— Anleihe der F.K.A.G. von 1893, Wert 15. August 1923". Der Kläger ließ das Schreiben unbeantwortet.

Der Kläger trägt vor: nach Bekanntwerden der Kündigung habe die Beklagte, entsprechend einer allgemeinen, auch von anderen Großbanken eingehaltenen Übung, die Stücke der gekündigten Anleihe dem Bestand ihrer Kunden entnommen und durch ihre Depotabteilung an ihre Kuponskasse weitergeleitet; die Kuponskasse habe die Stücke entwertet, um einen unrechtmäßigen Gebrauch zu vermeiden; dadurch werde die Abrechnung mit dem Anleiheschuldner vorbereitet, deren endgültige Vornahme Sache des Sekretariats der Beklagten sei. So sei auch mit seinen Stücken verfahren worden; namentlich sei zwischen der Beklagten und der F.K.A.G. eine Abrechnung nicht erfolgt, noch seien die Stücke in irgendeiner Form der F.K.A.G. zur Verfügung gestellt worden, vielmehr seien sie im Depot der Bank verblieben. Die Beklagte gibt die tatsächlichen Behauptungen des Klägers zu.

Mit der Klage verlangt der Kläger auf Grund des Verwahrungsvertrags die Herausgabe seiner Schuldverschreibungen. Die Beklagte, die zugleich Zahlstelle der F.K.A.G. für jene Anleihe ist, will mittels ihres Schreibens vom 16. August 1923 die Stücke für die F.K.A.G. eingelöst haben und verweigert deshalb die Herausgabe.

Das Landgericht hat die Beklagte zur Herausgabe der Stücke verurteilt. Die von der Beklagten gemäß § 566a ZPO. (in der Fassung vom 13. Mai 1924) unter Umgehung der Berufungsinstanz unmittelbar eingelegte Revision ist zurückgewiesen worden.

Gründe:

(Nach Erledigung eines verfahrensrechtlichen Bedenkens wird ausgeführt:)

In der Sache selbst war der Revision der Erfolg zu versagen.

Das Rechtsverhältnis zwischen der beklagten Bank und dem Kläger als ihrem Kunden hat der erste Richter zutreffend und ohne Rüge der Revision als einen Bankverwahrungsvertrag bezeichnet. Dieser Vertrag ist ein Verwahrungsvertrag im Sinne der §§ 688 ff. BGB., nur mit der Besonderheit, daß zu den sonstigen Verpflichtungen des Verwahrers zur Raumgewährung und Obhut, noch gewisse Nebenleistungen der verwahrenden Bank hinzutreten, die ihrem Inhalt nach auf Dienstleistungen in Hinsicht Verwaltung der hinterlegten Wertpapiere hinauslaufen (vgl. Rießer, Bankdepotgesetz 4. Aufl. S. 48 ff.). Mit Rücksicht auf diese Nebenleistungen hat das Landgericht die Rechtssätze über den auf Geschäftsbesorgung gerichteten Dienstvertrag (§ 675 BGB.) herangezogen. Ob das richtig ist, bedarf keiner Entscheidung; das praktische Ergebnis für den zur Aburteilung stehenden Fall ist für beide Auffassungen das nämliche. Denn jedenfalls findet der Klaganspruch auf Herausgabe der Stücke seine ausreichende Rechtfertigung in dem bestehenden Vertragsverhältnis, und der Beklagten, die die Herausgabe verweigert, liegt die Darlegungs- und Beweispflicht für die Berechtigung ihrer Weigerung ob. Auf Grund des Verwahrungsverhältnisses war die Beklagte verpflichtet, die Rechte des Klägers in bezug auf seine bei ihr verwahrten Papiere wahrzunehmen, namentlich im Fall der Kündigung der Anleihe, die in den Schuldverschreibungen des Klägers verbrieften Darlehensteilbeträge von dem Darlehensschuldner gegen Aushändigung der Urkunden (§ 797 BGB.) entgegenzunehmen. Nun war die Beklagte gleichzeitig Zahlstelle der Anleiheschuldnerin. Demzufolge war die Beklagte in der Lage, gemäß § 181 BGB. — es handelte sich, wie das Landgericht richtig bemerkt, nur um die Erfüllung einer Verbindlichkeit der F.K.A.G. — in ihrer doppelten Eigenschaft als Vertreterin der Anleiheschuldnerin und des Klägers als Anleihegläubigers die Darlehensteilforderung des Klägers rechtswirksam zu tilgen. In der Tat will sie das getan haben; das ist die einzige Einwendung, die sie dem Klaganspruch entgegengesetzt hat.

Das Landgericht hat die Einwendung zurückgewiesen. Seine Ausführungen lassen nirgends einen Rechtsirrtum erkennen. Um mit ihrem Einwand durchzudringen, müßte die Beklagte in erster Reihe dartun, daß sie überhaupt mit dem Willen gehandelt habe, die Schuld der F.K.A.G. zu tilgen. Das Landgericht hat dies als ausgeschlossen bezeichnet. Damit bringt es die Überzeugung zum Ausdruck, daß die Beklagte bei ihren aus dem Brief vom 16. August 1923 ersichtlichen Handlungen und Erklärungen nicht den Willen gehabt habe, die Darlehensteilschuld der F.K.A.G. zum Erlöschen zu bringen. Diese Erwägung des Landgerichts liegt ersichtlich auf dem Gebiet tatsächlicher Würdigung; als tatsächliche Feststellung ist sie für das Revisionsgericht bindend und den Angriffen der Revision entzogen; sie trägt auch die Entscheidung.

Für seine Feststellung hatte das Landgericht hauptsächlich die in dem Schreiben der Beklagten enthaltene Klausel „Eingang vorbehalten" verwertet. Diese Klausel mache die angezeigte Gutschrift der Mk. 19000.— auf das Konto des Klägers zu einer nur bedingten und lasse erkennen, daß die Gegenleistung der F.K.A.G., welche doch zur Tilgung ihrer Schuld unbedingt erforderlich war, damals noch nicht bewirkt, sondern erst für eine spätere Zeit vorgesehen war. Gegen die Erwägungen, die das Landgericht mit Bezug auf die Klausel „Eingang vorbehalten" angestellt hat, sind vom Vertreter der Nebenintervenientin Bedenken erhoben worden. Der Senat teilt diese Bedenken nicht. Aber es kommt darauf nicht einmal an. Jene Erwägungen waren für das Landgericht nur der Anhalt, aus dem es seine Überzeugung von der Wahrheit oder Nichtwahrheit der Einredebehauptung geschöpft hat; hätte das Landgericht hierbei gefehlt, so hätte es in tatsächlicher, nicht aber in rechtlicher Hinsicht geirrt; die bindende Kraft seiner tatsächlichen Feststellungen bliebe dessenungeachtet bestehen. Es bedarf daher in diesem Zusammenhang keiner näheren Erörterung der Bemängelungen, die die Nebenintervenientin erhoben hat.

Nicht von Belang ist, daß der Kläger auf den Brief der Beklagten vom 16. August geschwiegen hat. Da nach den Feststellungen des Landgerichts der Brief gar nicht von der Absicht der Beklagten getragen war, die Forderung des Klägers zu tilgen und damit endgültig zum Erlöschen zu bringen, so bestand für diesen kein Anlaß, dem Brief zu widersprechen. Übrigens wäre jene Absicht, selbst wenn sie wirklich bestanden hätte, zum mindesten für den Kläger nicht erkennbar gewesen. Denn die in dem Brief angekündigten Maßnahmen, die Entnahme der Stücke aus dem Bestand des Klägers und die — aus dieser Entnahme nach den Einrichtungen und Gepflogenheiten der bankmäßigen Buchführung folgerichtig sich ergebende — Gutschrift der Mk. 19000.— auf dem Konto des Klägers konnten sich, selbst wenn sie als endgültige gedacht gewesen wären, doch vom Standpunkt des Klägers aus als nur vorläufige Maßnahmen darstellen, welche bezweckten, die künftige Einlösung der Stücke durch den Anleiheschuldner erst vorzubereiten, wie dies der Kläger im einzelnen geschildert und die Beklagte unwidersprochen gelassen hat. Mit Grund konnte der Kläger jene

Maßnahmen als seinen Rechten unvorgreiflich ansehen, wie sie es nach den Feststellungen des ersten Richters in der Tat waren, und er hatte daher keinen Grund zum Widerspruch.

Dem Ausgeführten zufolge entfällt der einzige Grund, aus welchem die Beklagte im Rechtsstreit dem Herausgabeverlangen des Klägers widersprochen hat. ...

Im Rechtszug der Revision hat die Nebenintervenientin die Meinung vertreten, das aus dem Verwahrungsvertrag sich ergebende Recht des Klägers auf Rückgabe seiner Papiere sei schon damit erloschen, daß die Beklagte die Papiere ohne Widerspruch des Klägers dessen Bestand entnommen und ihm zugleich den Nennbetrag der Papiere gutgebracht habe, ohne Rücksicht darauf, ob die Beklagte dabei die Absicht gehabt habe, die Schuld der F.K.A.G. zu tilgen. Dieser Meinung kann nicht beigetreten werden. Indem die Beklagte die Papiere dem Bestand des Klägers entnahm, hat sie den Willen kundgetan, die Papiere fortan nicht mehr als Verwahrerin für den Kläger zu besitzen (§ 868 BGB.). Daraus erhellt noch nicht, in welcher Weise und in welcher Absicht die Beklagte fortan die Papiere besitzen wollte, und darum erhellt auch nicht, daß mit dieser Besitzesänderung die Rechte des Klägers endgültig erloschen wären. Das Landgericht hat ersichtlich angenommen, daß die Beklagte bei der Entnahme nicht den Willen gehabt hat, die Papiere nunmehr für die F.K. A.G. zu besitzen; diese konnte ja erst bei der endgültigen Zahlung der Schuldsumme die Aushändigung der Urkunden verlangen (§ 797 BGB.). Nach der ersichtlichen Annahme des Landgerichts hat vielmehr die Entnahme der Papiere aus dem Bestand des Klägers nur dazu gedient, die künftige Einlösung der gekündigten Papiere vorzubereiten, in der Weise, wie es der Kläger näher schildert und die Beklagte in tatsächlicher Hinsicht als richtig zugestanden hat. Es mag sein, daß die Beklagte auch diese, die künftige Einlösung erst vorbereitenden Handlungen (Verbringung der Urkunden nach der Kuponkasse zur Entwertung) schon als Vertreterin der F.K.A.G. hätte vornehmen können; aber nach der tatsächlichen Annahme des Landgerichts hat die Beklagte nicht in dieser Absicht gehandelt und hat daher auch mit dieser Entnahme den Rechten des Klägers noch nicht endgültig vorgegriffen. Jene Maßnahmen ließen sich im Wege entsprechender Gegenbuchung nötigenfalls rückgängig machen, wie dies z. B. bei Wechseln der Fall ist, für deren Betrag der Kunde erst erkannt, später bei etwaiger Nichteinlösung wieder belastet wird. Selbst eine etwa anzunehmende Entwertung der Schuldurkunden hätte, soviel ersichtlich, nur dazu gedient, die Papiere ihrer Umlaufsfähigkeit zu entkleiden, nicht aber dem Rechte des Klägers hindernd im Wege gestanden, gegen Aushändigung der Papiere Zahlung vom Schuldner zu verlangen. Hiernach ist kein Rechtsirrtum darin zu finden, daß das Landgericht die Entnahme der Papiere und damit auch die Gutschrift des Betrags als nur vorläufige Maßnahmen ansieht, die das Recht des Klägers aus dem Verwahrungsvertrag noch nicht beendigten. Die Möglichkeit einer bedingten Gutschrift hat inzwischen auch der I. Zivilsenat des Reichsgerichts in dem Urteil RGZ. Bd. 108 S. 210 anerkannt. Auch der Hinweis der Nebenintervenientin darauf, daß die Beklagte gemäß § 267 BGB. in eigenem Namen die Schuld der F.K.A.G. hätte tilgen können, scheitert an der tatsächlichen Feststellung des ersten Richters, daß die Beklagte überhaupt nicht in der Absicht der Schuldtilgung die Papiere dem Bestand des Klägers entnommen und ihm Mk. 19000.— gutgeschrieben hat.

Hiernach bewendet es dabei, daß das Verwahrungsverhältnis noch als fortbestehend zu gelten hat. Dieses Vertragsverhältnis rechtfertigt den erhobenen Herausgabeanspruch. Daß die Beklagte etwa ohne ihr Verschulden zur Herausgabe außerstande wäre, hat sie nicht geltend gemacht, und es ist auch nicht ersichtlich. Die Entnahme der Urkunden aus dem Bestand des Klägers begründet keine solche Unmöglichkeit; dies erhellt aus dem bereits Angeführten. Wie es mit dem Eigentum an den Papieren steht, bedarf keiner Erörterung. Selbst wenn der Kläger aus irgendeinem Grunde das Eigentum an den Urkunden verloren hätte, so würde die schuldrechtliche Verbindlichkeit der Beklagten bestehen bleiben, ihm das Eigentum wieder zu verschaffen. Die Eigentumsfrage, wie überhaupt sachenrechtliche Gesichtspunkte sind für die Entscheidung des Rechtsstreits nicht erheblich und daher von den Streitteilen im ersten Rechtszug nicht weiter erörtert worden. Der Nebenintervenient freilich, der bestreitet, daß dem Kläger ein Vertragsanspruch noch zustehe, muß sich mit dem für ihn noch in Betracht kommenden Klagegrund des Eigentums des Klägers auseinandersetzen und hat dies in ausführlicher Weise getan. Hierauf braucht indessen nicht eingegangen zu werden, da nach der bedenkenfreien Auffassung des ersten Richters schon die Vertragsgrundlage zur Rechtfertigung der Klage genügt.

Auszug aus dem Urteil des Reichsgerichts vom 3. Dezember 1924 (Jur. Woch. 25, 45)

Der Bekl. kündigte im September 1922 eine für ihn auf dem Grundstücke des Klägers für ein bereits vor dem Kriege gewährtes Darlehen eingetragene Hypothek von 32400 Mk. Der Kl. zahlte das Hypothekenkapital nebst Zinsen, der Bekl. erteilte ihm im April 1923 eine Quittung mit dem Vorbehalte des Anspruchs auf Aufwertung. Das Grundbuchamt lehnte die Löschung auf Grund dieser Quittung ab. Der Kl. verlangt nunmehr klagend die Verurteilung des Bekl. zur Erteilung einer löschungsfähigen Quittung. Die Klage wurde vom BG. abgewiesen. Die Revision des Kl. hatte keinen Erfolg Aus den Gründen: Der Bekl hat die ihm vom Kl. zur Erfüllung geleistete Zahlung vorbehaltlos als Erfüllung angenommen. Diese Leistung bestand in der Entrichtung des Nennbetrages der Darlehensforderung des Bekl. in Papiermark. Sie stellte tatsächlich eine Bewirkung der „geschuldeten Leistung", welche nach § 362 Abs. 1 BGB. das Schuldverhältnis zum Erlöschen gebracht hätte, nicht dar. Denn der Gläubiger einer Darlehenshypothek konnte, wie in RG. 107, 78 ff. ausführlich dargelegt und seitdem in ständiger Rechtsprechung anerkannt ist, auch schon vor dem Erlasse der 3. SteuerNotVO. wegen der starken Entwertung des deutschen Papiergeldes eine Aufwertung seiner Hypothekenforderung beanspruchen. Die Leistung des Kl. war also, wenn lediglich die zur Zeit ihrer Entrichtung geltenden gesetzlichen Vorschriften in Betracht gezogen werden, eine unvollständige. Auf die Unvollständigkeit der Leistung kann sich, wie § 363 BGB. ergibt, der Gläubiger auch dann berufen, wenn er eine ihm als Erfüllung angebotene Leistung als Erfüllung angenommen hat (Mügel, Aufwertung Anm. 1 zu § 11 der 3. SteuerNotVO.). Die Regelung der Beweislast in § 363 BGB. ist hier ohne Bedeutung, weil die Unvollständigkeit der Leistung i. S. der gesetzlichen Vorschriften außer Streit ist. Dem Bekl. stehen daher an sich die sämtlichen Rechtsbehelfe zur Seite, die das Gesetz gegenüber einer unvollständigen Leistung bietet, insbesondere das Recht, die Löschungsbewilligung zu verweigern, soweit der Kl. seiner Zahlungspflicht nicht genügt hat (RGRKomm. Anm. 2 zu § 363 BGB.). Der Kl. will allerdings diesen Schluß nicht zulassen, weil der Bekl. alles, was er verlangt hatte, auch erhalten und vorbehaltlos angenommen habe; deshalb habe anfangs 1923 eine klare Willenseinigung der Parteien darüber bestanden, daß die Schuld durch die gewährte Leistung getilgt sein sollte. Diese Ausführung könnte zutreffen, wenn die Parteien vereinbarungsmäßig die Höhe der vom Kl. zu gewährenden Leistung auf den Betrag, in dessen Höhe er gezahlt hat, festgesetzt hätten. Eine solche Vereinbarung ist aber zunächst ausdrücklich nicht getroffen, namentlich nicht aus dem Kündigungsschreiben des

Bekl zu entnehmen. In diesem hatte er für den Fall, daß der Kl. mit der Zinserhöhung nicht einverstanden war, zwar die Kündigung des Darlehens zur Rückzahlung auf den 1. Januar 1923 ausgesprochen, aber keinen bestimmten Betrag angegeben, in dessen Höhe er Zahlung verlangte; er hat also darin nicht zum Ausdruck gebracht, daß er, wie auch die Rechtslage sei, lediglich den Nennbetrag des Darlehens in Papiermark haben wolle. Auch eine stillschweigende Vereinbarung kann nach dem Sachverhalt aus dem Verhalten der Parteien nicht gefolgert werden. Der Kl. mag angenommen haben, daß er mit der Zahlung die von ihm geschuldete Leistung bewirkte; daß er damals aber eine besondere dahingehende Vereinbarung hätte treffen und vom Bekl. eine Aufgabe dessen Rechts auf etwaige Aufwertung der Hypothekenforderung hätte verlangen sollen, kann auch aus seiner eigenen Sachdarstellung nicht hergeleitet werden, weil er nach dem Stande der damaligen Rechtsprechung, welche die Aufwertung einer Darlehensforderung noch nicht zugelassen hatte, keinen Anlaß zu einer besonderen dahingehenden Abrede hatte. Ebensowenig lag eine solche Vereinbarung, welche den Verzicht auf seinen etwaigen Aufwertungsanspruch bedeutet, im Willen des Bekl. Dieser hat nach der Feststellung des BU. die Zahlung als Erfüllung vorbehaltlos angenommen nur aus dem Grunde, weil er sich damals darüber noch nicht im klaren war, daß ihm rechtlich der Anspruch auf Aufwertung zustand. Wenn er aber an seinen Aufwertungsanspruch zu jener Zeit selbst nicht glaubte, so kam es für ihn garnicht in Frage, auf diesen zu verzichten oder dem Kl. seine Aufwertungspflicht vertraglich zu erlassen. Zu einer solchen Vereinbarung hätte für die Parteien ein Anlaß allenfalls vorgelegen, wenn sie die Rechtslage für zweifelhaft hielten; das war aber nach dem BU zu Anfang Januar 1923 bei keinem von ihnen der Fall. Einer Anfechtung seitens des Bekl bedurfte es demgemäß nicht, weil er sich seines, ihm damals nicht bekannten Aufwertungsanspruchs nicht begeben, insbesondere keine dahingehende Willenserklärung abgegeben hat. Aus dem BU. ist lediglich zu entnehmen, daß beide Parteien anfangs Januar 1923 der Auffassung gewesen sind, der Kl. habe seine Verpflichtung erfüllt; diese Annahme war indessen, wie die spätere Rechtsprechung klargestellt hat, rechtsirrig. Wann die Parteien darüber aufgeklärt sind, ist mangels Vorliegens einer Vereinbarung des oben erwähnten Inhalts rechtlich unerheblich; daher hat das BG. auf die Parteibehauptung darüber, wann der Bekl. zuerst einen Vorbehalt erklärt und einen Aufwertungsanspruch erhoben hat, mit Recht kein Gewicht gelegt. Ebensowenig ist zu beanstanden, daß es nicht noch erörtert hat, ob man etwa im Wege der ergänzenden Auslegung zu der Annahme gelangen könnte, daß die Parteien, wenn sie der Notwendigkeit einer Aufwertung sich bewußt gewesen wären, vereinbart haben würden, daß der Kl. auch dann nur den Nennbetrag seiner Schuld in Papiermark zahlen sollte und mit einer solchen Zahlung sich völlig befreien, könnte. Denn auch eine ergänzende Auslegung eines Vertrages erfordert die Berücksichtigung der Interessen beider Parteien; mit den Interessen des Bekl. wäre aber eine Vereinbarung solchen Inhalts unvereinbar, da die Goldmark am 2. Jan. 1923 schon auf etwa 1700 Papiermark stand, die Zahlung zum Nennbetrage in Papiermark also nur einen verschwindend geringen Teil seiner Forderung deckte. Bei dieser Sachlage bedarf es keines Eingehens auf die weitere Erwägung des OLG., daß falls der Bekl. die Annahme der unvollständigen Leistung als Erfüllung gelten lassen müßte, eine ungerechtfertigte Bereicherung des Kl. vorliegen würde.

Beschluß des Reichsgerichts vom 17. Juni 1925 — B.B. 14/25

Aus den Gründen:

Die Aufgabe der unter dem rechtlichen Gesichtspunkt des § 242 BGB. stehenden Aufwertung ist es, die mit dem Währungsverfall wertlos gewordene Kaufpreisforderung den jetzt maßgebenden Wertverhältnissen anzupassen. Es ist daher, wie der

V. Zivilsenat des Reichsgerichts in ständiger Rechtsprechung ausgesprochen hat (vgl. Urteile vom 24. September 1924 — V. 572/23, vom 14. Februar 1925 — V. 118/24, vom 28. Februar 1925 — V. 227/24, vom 11. März 1925 — V. 325/24) bei der Aufwertung regelmäßig von dem Vertragspreise auszugehen und zu ermitteln, welcher Geldbetrag jetzt dem inneren Werte des Kaufpreises zur Zeit der Vereinbarung oder seiner damaligen Kaufkraft entspricht. Liegt der vertragsmäßig vereinbarte Kaufpreis über dem angemessenen Werte des Grundstücks, so muß dieser Umstand auch bei der Aufwertung dem Verkäufer zugute kommen und der aufgewertete Kaufpreis entsprechend höher ausfallen. Auf der anderen Seite ist die Aufwertung nicht dazu bestimmt, einen zu billigen und unvorteilhaften Verkauf für den Verkäufer nachträglich vorteilhafter zu gestalten (RGE. 109, 163/4). Bei der Ermittlung, welcher Geldbetrag jetzt dem Vertragspreise nach seiner damaligen Kaufkraft oder seinem inneren Werte entspricht, ist allerdings eine Umwertung lediglich nach dem Dollarstande oder nach dem Stande einer anderen wertbeständig gebliebenen ausländischen Währungseinheit nicht zulässig, denn die Kaufkraft der Mark im Inlande und zwar gerade auch auf dem Grundstücksmarkt, war lange Zeit bedeutend größer als im Auslande. Ebensowenig darf ausschließlich die Reichsrichtzahl zugrunde gelegt werden, die, weil sie im wesentlichen nach den Kosten der Lebenshaltung berechnet ist, im Grundstücksverkehr nicht unbedingt maßgebend sein kann. Immerhin sind auch diese Wertverhältnisse als Vergleichsmaßstäbe bei der Aufwertung zu berücksichtigen. Ausgangspunkt für die Aufwertung muß aber regelmäßig die Kaufkraft des Geldwertes des Kaufpreises zur Zeit seiner Festsetzung, nicht etwa zur Zeit seiner Fälligkeit, sein. Jedoch ist auch sie nicht allein maßgebend. Vielmehr sind bei der Aufwertung, durch die kein Vertragsteil auf Kosten des anderen bereichert oder benachteiligt werden soll, alle Umstände des Einzelfalles zu berücksichtigen und ein gerechter und billiger Ausgleich zwischen den Interessen beider Parteien zu suchen. Dabei ist es zulässig, die weitere Entwicklung der Verhältnisse auf dem Grundstücksmarkt in Betracht zu ziehen und demnach auch den gegenwärtigen — gesunkenen oder gestiegenen — Grundstückswerten gebührend Rechnung zu tragen. Keinesfalls darf aber der gegenwärtige Grundstückswert ausschließlich zugrunde gelegt und ohne weiteres mit dem jetzt von dem Kläger zu entrichtenden angemessenen Kaufpreis für wesensgleich erachtet werden.

In den Fällen, bei denen sich das Reichsgericht über die Aufwertung von Grundstückskaufpreisen ausgesprochen hat, handelte es sich durchweg um Kaufgeldforderungen, die nicht hypothekarisch gesichert waren. Für die Bemessung der Aufwertung kann es aber grundsätzlich nicht von Bedeutung sein, ob die aufzuwertende Kaufgeldforderung auf dem Kaufgrundstück hypothekarisch eingetragen ist oder nicht. Insbesondere läßt sich aus den Vorschriften der 3. Steuernotverordnung nicht entnehmen, daß durch Hypothek gesicherte Restkaufgeldforderungen nach dem Dollarkurse aufzuwerten seien oder ihre nach anderen Gesichtspunkten vorzunehmende Aufwertung ihr Höchstmaß in dem Betrage finden müßte, der einer hundertprozentigen Aufwertung nach dem Dollarkurse entspricht. In der genannten Verordnung ist die Aufwertung der genannten Forderungen nach den allgemeinen Vorschriften über das sich aus § 2 ergebende Höchstmaß für die Aufwertung der dinglichen Ansprüche hinaus zugelassen worden, ohne daß dabei eine Einschränkung hinsichtlich der Berechnungsart oder der Höchstgrenze des Aufwertungsbetrages gemacht worden wäre. Die Aufwertung hypothekarisch gesicherter Restkaufgeldforderungen bestimmt sich hiernach in gleicher Weise nach den in der Rechtsprechung für die Anwendung des § 242 BGB auf Aufwertungsfragen aufgestellten Grundsätzen, wie dies für nicht hypothekarisch eingetragene Kaufgeldforderungen der Fall ist. Mit Recht sind daher sowohl das Kammergericht wie auch das Oberlandesgericht in Rostock davon ausgegangen, daß für die Ermittelung des Aufwertungsbetrages durch Hypothek gesicherter Restkaufgeldforderungen die Umrechnung nach dem Dollarkurs nicht maßgebend sein kann, sofern sie nicht nach den besonderen Umständen des einzelnen Falles zu einem Ergebnis führt, das einem billigen, den Interessen beider Teile gerecht werdenden Ausgleich entspricht. Das ist im vorliegenden Falle zu verneinen. Der vom Amtsgericht nach dem Dollarkurs errechnete Goldmarkwert von 1413,79 Mk würde selbst in Anbetracht des dem Verkäufer ausbedungenen Wohnungsrechts kein auch nur annähernd angemessenes Entgelt für das Grundstück sein, dessen gegenwärtigen Wert das Amtsgericht auf 13.900 Goldmark festgestellt hat. Schon die Umwertung des Kaufpreises nach den Reichsteuerungszahlen würde einen Goldmarkwert von über Mk. 4000 ergeben. Erfahrungsmäßig war aber in der in Betracht kommenden Zeit die Kaufkraft der Mark gerade auf dem Grundstücksmarkt vielfach eine wesentlich höhere, als in den nach den Kosten der Lebenshaltung berechneten Reichsrichtzahlen zum Ausdruck kommt. Es wäre daher zu erwägen gewesen, ob nach den Anschauungen, wie sie sich für die in Betracht kommende Zeit in der fraglichen Gegend sichtlich der Kaufkraft der Mark namentlich im Grundstücksverkehr etwa feststellen lassen, Anlaß gegeben wäre, der Aufwertung einen noch höheren Goldmarkwert des vereinbarten Kaufpreises zugrunde zu legen, als er sich bei der Umrechnung der vereinbarten Papiermarksumme nach den Reichsrichtzahlen ergeben würde, wobei freilich andererseits zu beachten ist, daß, wie nachstehend noch erörtert wird, die in einzelnen Fällen nachweislich gezahlten Grundstückspreise nicht ohne weiteres als den Grundstückswerten angemessen behandelt werden dürfen.

Die Entscheidung des Amtsgerichts, die der Aufwertung des Restkaufgeldes lediglich den nach dem Dollarkurse berechneten Goldmarkwert zugrunde legt, unterliegt hiernach der Aufhebung und die Sache muß zur anderweitigen Erörterung und Entscheidung an das Amtsgericht zurückverwiesen werden.

Was die weitere Behandlung der Sache anbetrifft, so muß der Standpunkt des Beschwerdeführers, als Aufwertungsbetrag müsse der Bruchteil des gegenwärtigen Grundstückswerts gelten, der dem Verhältnis des Betrages des Restkaufgeldes zu dem Betrage des Gesamtkaufpreises entspricht, als unbegründet zurückgewiesen werden. Den Maßstab, nach dem die eingetretene Veränderung des Grundstückswerts bei der Aufwertung des Restkaufgeldes zu berücksichtigen ist, könnte immer nur die Vergleichung des Wertes des Restkaufgeldes, gemessen an seiner damaligen Kaufkraft, mit dem Grundstückswert zur Zeit des Vertragsschlusses bilden. Dieser Grundstückswert kann aber nicht ohne weiteres mit dem vereinbarten Kaufpreise gleichgesetzt werden. Eine Regel dahin, daß der vereinbarte Kaufpreis dem damaligen Werte des Grundstücks entsprochen habe, von der das Kammergericht glaubt ausgehen zu können, läßt sich für die Zeit seit dem Beginn der Geldentwertung nicht aufstellen. Denn erfahrungsgemäß ist das Wesen und das Maß der Geldentwertung im Inlande nicht hinreichend erkannt worden und sind in zahlreichen Fällen in diesen Zeiten Grundstücke zu Preisen verkauft worden, die auch bei Berücksichtigung der höheren Kaufkraft der Mark im Inlande zu den wahren Grundstückswerten in keinem auch nur annähernd richtigen Verhältnis standen. *Diese bei der Preisbestimmung untergelaufenen Fehler auszugleichen, kann, wie bereits oben erwähnt ist, nicht Aufgabe der Aufwertung des Kaufpreises sein*, die lediglich in der Ermittlung des Betrages in Reichsmark besteht, der unter Berücksichtigung der damaligen und der gegenwärtigen Wirtschafts- und Währungsverhältnisse dem vereinbarten Papiermarkpreise entspricht. Hierbei kann die Veränderung der Grundstückswerte, wie sie einerseits durch die dem Grundbesitz im öffentlichen Interesse auferlegten Beschränkungen und Lasten, andererseits durch die Befestigung der Geldwährung und die Gestaltung der allgemeinen Wirtschaftslage herbeigeführt ist, zu berücksichtigen sein, der gegenwärtige Grundstückswert kann aber als Aufwertungsfaktor höchstens nach dem Verhältnis in Betracht kommen, das sich bei einer Vergleichung des zu ermittelnden Goldwertes des vereinbarten Preises zu dem wahren Wert des Grundstücks im Zeitpunkt des Vertragschlusses ergibt. Dieses Verhältnis will auch das Kammergericht bei der Berechnung des Aufwertungsbetrages des Restkaufgeldes zugrunde legen. Es will aber, indem es zugleich glaubt, in der Regel davon ausgehen zu können, daß der mit dem Erwerber vereinbarte Kaufpreis dem damaligen Werte des Grundstücks entsprochen hat, der bei dieser Berechnungsart gefundenen Summe die Bedeutung als des Normalbetrages der Aufwertung oder wenigstens als des Ausgangspunktes für die Berechnung des Aufwertungsbetrages beimessen. Damit wird dem gegenwärtigen Grundstückswert eine grundsätzliche Bedeutung für die Bestimmung des Aufwertungsbetrages beigelegt, die mit dem in der Rechtsprechung des Reichsgerichts ausgebildeten Grundsatz, daß bei der Anwendung des § 242 BGB. auf Aufwertungsfragen die Gesamtlage der auf beiden Seiten vorhandenen berechtigten Interessen zu berücksichtigen ist, nicht vereinbar ist. Da nach dem Standpunkt dieser Rechtsprechung ein der Billigkeit entsprechender Ausgleich unter Berücksichtigung aller dafür in Betracht kommender Umstände zu suchen ist, kann der Bruchteil des gegenwärtigen Grundstückswertes, der dem Verhältnis der Restkaufgeldforderung zu dem damaligen Grundstückswert entspricht, nicht ohne weiteres als der maßgebende Aufwertungsbetrag angesehen werden. Es mag zugegeben werden, daß diese Berechnungsart unter Umständen einen geeigneten Ausgangspunkt für die unter Heranziehung weiterer Gesichtspunkte vorzunehmenden Bemessung des Aufwertungsbetrages abgeben kann, die Aufstellung dieser Berechnungsart als einer allgemein gültigen Regel kann aber nicht für zulässig erachtet werden. Der gegenwärtige Grundstückswert bildet immer nur einen der mehreren Faktoren, die für die Feststellung des Aufwertungsbetrages in Betracht kommen können. Welche Bedeutung jedem derselben beizumessen ist, kann nur nach der besonderen Lage des einzelnen Falles entschieden werden und unterliegt dem pflichtmäßigen Ermessen der für die Beurteilung der tatsächlichen Verhältnisse allein zuständigen Aufwertungsstelle. Die Aufstellung einer festen, allgemein gültigen Regel, daß dem gegenwärtigen Grundstückswert das ausschlaggebende Gewicht beizulegen und er zur Grundlage der Berechnung zu machen sei, enthält hiernach eine zulässige Beschränkung des Ermessens der Aufwertungsstelle und verstößt gegen den aus § 242 BGB. herzuleitenden Grundsatz, daß jeder Aufwertungsfall nach seiner besonderen Artung individuell zu behandeln ist.

Alphabetisches Register.

Die Zahlen bedeuten die Seiten.

A.

B.

W.

Z.

FSC
www.fsc.org
MIX
Papier | Fördert gute Waldnutzung
FSC® C083411

Kolibri 360 GmbH
Ferdinand-Jühlke-Straße 7
99095 Erfurt, Deutschland
produktsicherheit@kolibri360.de